U0851441

"十四五"职业教育国家规划教材

幼儿园多媒体作品设计与制作

（第三版）

徐爱新◎主　编

颜　丽　侯丽霞　张珊珊◎副主编

中国铁道出版社有限公司
CHINA RAILWAY PUBLISHING HOUSE CO., LTD.

内容简介

本书面向高等职业教育学前教育专业、早期教育专业学生和幼儿园教师，以促进现代信息技术与幼儿园教育从深度融合向创新发展转变为宗旨，以提升信息化时代学习者教与学的信息素养为目标，立足于幼儿园常规工作任务、工作流程和工作标准，针对幼儿园一日生活组织、五大领域主题教学活动、家园沟通及幼儿园日常管理等，开发了设计制作主题教育网络图、教育活动设计方案、多媒体课件、微课、音视频作品、幼儿素质教育报告、微信公众平台作品等七个学习项目，涵盖了幼儿园教师常涉及的现代信息技术应用领域。

本书适合作为高等职业院校学前教育专业、早期教育专业"现代教育技术"及相关课程的教材，也可做为幼儿园教师培训教材。

图书在版编目(CIP)数据

幼儿园多媒体作品设计与制作 / 徐爱新主编.
3版. -- 北京 : 中国铁道出版社有限公司, 2025. 7.
("十四五"职业教育国家规划教材). -- ISBN 978-7
-113-31894-9

Ⅰ. G436

中国国家版本馆 CIP 数据核字第 2025X4D193 号

书　　名： 幼儿园多媒体作品设计与制作
作　　者： 徐爱新

策　　划： 潘星泉　　　　**编辑部电话：** (010) 51873090
责任编辑： 潘星泉　许　璐
封面制作： 刘　颖
责任校对： 安海燕
责任印制： 赵星辰

出版发行： 中国铁道出版社有限公司 (100054，北京市西城区右安门西街 8 号)
网　　址： https://www.tdpress.com/51eds
印　　刷： 河北京平诚乾印刷有限公司
版　　次： 2018 年 2 月第 1 版　2025 年 7 月第 3 版　2025 年 7 月第 1 次印刷
开　　本： 787 mm×1 092 mm 1/16　**印张：** 17　**字数：** 416 千
书　　号： ISBN 978-7-113-31894-9
定　　价： 49.80 元

前言

习近平总书记在中国共产党第二十次全国代表大会上的报告对办好人民满意的教育提出了明确要求。办好教育的关键在于教师，提高幼儿园教师的职业素养，促进幼儿园教师专业化发展，是提升幼儿园教育教学质量的必要手段和根本路径。现代信息技术的发展引发了教育的革命性变革，已经成为教育系统性变革的内生变量。幼儿园教育教学早已突破了传统教学“口授＋演示”的教学方式，声、光、色、形等多媒体元素的运用，极大地促进了教学方法和教学手段的创新。推进新时代教育信息化发展，成为加快教育现代化和教育强国建设的新引擎。毋庸置疑，幼儿园教师的信息素养与新时代的要求仍存在较大差距，教师信息技术应用能力基本具备，但信息化教学创新能力、数字教育资源开发与服务能力尚显不足，利用信息技术推进教学改革的能力有待于加强。有感于此，我们组织有多年教学经验的一线教师编写了本书。

本书针对高等职业教育学前教育、早期教育专业教学需要编写，以提升幼儿园教师的信息素养、推动现代信息技术与教育教学从深度融合向创新发展转化为目的，对传统专业教学中“计算机应用基础”“现代教育技术”两门课程进行融合与改革。针对学生会操作但不会应用、能完成作业但成品不具有使用价值等突出问题，从幼儿园实际应用逆向推导学习内容，以开发具有幼儿园实用价值的教学资源和学习资源为驱动，将计算机技术与学前教育专业知识技能有机结合，还原计算机的工具属性，采用“教育＋计算机＋互联网”的课程建设思路，使课程教学由“教授技术”向“开发作品”转变，从根本上解决学生学习、操作与应用脱节问题。

本书依据 OBE 教育理念和工作过程系统化课程开发方法，突出学生的主体地位和中心地位。基于对幼儿园教师一日生活组织、幼儿教育活动设计与实施、幼儿游戏设计与实施、幼儿行为观察与评价、家园沟通、教研活动等工作中应用现代信息技术的典型工作任务分析，开发了设计制作主题教育网络图、设计制作教育活动设计方案、设计制作多媒体课件、设计制作微课、设计制作音视频作品、设计制作幼儿素质教育报告、设计制作微信公众平台作品七个项目，涵盖了幼儿园教师常涉及的信息技术应用领域。每个项目均采用行动导向的教学模式，采用案例教学法、项目教学法和引导文教学法，将教学过程与工作过程、作品开发过程融于一体，通过观摩、设计、制作、展评、创新五个环节，引导学生边学边做。通过七个项目的学习，学习者能够熟练掌握 Office 办公软件、Camtasia Studio、XMind、剪映、美图秀秀等常用计算机软件的操作技术，掌握应用互联网检索、收集、处理信息的技术，通过模仿、反思、创新，增强终身学习意识和能力，强化质量意识，养成研究、反思、改进的工作习惯，持续提升信息素养和教学设计、教学资源开发能力，持续促进自身专业化发展。

本书吸取了前两版的实践经验。在内容上新增了 AI 等现代信息技术的新发展、新应用，更新了典型案例，进行了岗、课、赛、证的融合，便于不同学习程度的学生学习；在技术上更新了操作软件，充分考虑了操作软件广泛应用和适度超前的要求，促进新技术在教育教学中的应用，努力提高学习者的信息素养和数字素养；在结构设计和内容编写中注重提升学习者的学习体验，配备了二维码，采用线上、线下相结合的方式为学习者提供丰富的学习资源；根据课程思政的要求强化课程的育人属性，落实党的二十大精神，落实立德树人根本任务，推进社会主义核心价值观进教材、进课堂、进头脑，将思想政治教育、人文素质教育、职业素养养成教育融入教学环节，在典型案例开发中特别融入中华优秀传统文化，促进学生文化理解、道德修养、职业能力同步提升。

本书由徐爱新任主编，颜丽、侯丽霞、张珊珊任副主编，张静、徐阳、高洁、郭慧云、刘金莲、范萌参与编写。项目一由侯丽霞、徐爱新编写；项目二由徐爱新、张静、徐阳编写；项目三由张珊珊、高洁编写；项目四由颜丽编写；项目五由郭慧云、刘金莲、高洁编写；项目六由侯丽霞编写；项目七由徐爱新、颜丽、范萌编写。全书由徐爱新统稿。本书编写得到了河北省直机关第四幼儿园李思铭、河北省直机关第六幼儿园广丽芳和齐亚梅以及石家庄市第二幼儿园的大力支持，特此感谢。

由于时间仓促，加之编者水平有限，书中不足之处在所难免，欢迎读者不吝赐教。

编　者

2025 年 1 月

目录

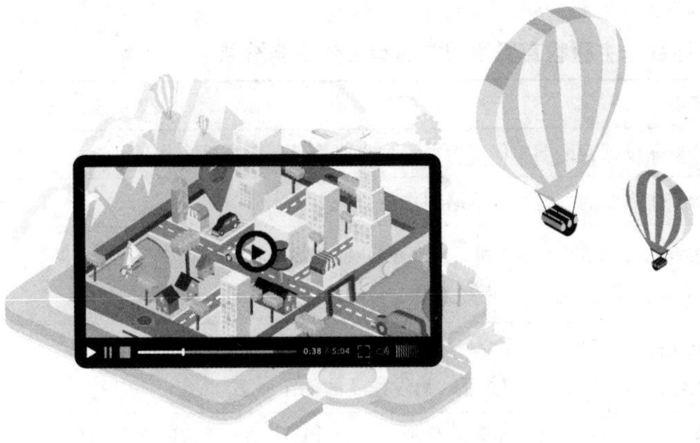

项目一 设计制作主题教育网络图

一、典型工作任务描述

思维导图是一种图形思维工具，可以把大脑中的想法“画”下来，在绘制的过程中充分调动右脑的图像、色彩和空间感知功能，培养全局思维、逻辑思维、发散思维、形象思维，形成记忆、学习、思考的“思维地图”。

幼儿的思维以直觉行动思维和具体形象思维为主，他们喜欢用绘画来表达自己内心的想法。利用思维导图可以帮助幼儿清晰掌握和准确地理解核心概念及概念之间的关系，建立对事物的整体认知。思维导图也常用于幼儿园教师教研、制定教育教学计划，帮助教师从确定的教育主题出发，通过头脑风暴启发灵感，引发联想、深度思考以及创新思维，围绕教育主题建构出若干具有内在逻辑关系的五大领域教育教学活动，得出幼儿教育教学的新策略、新方法、新路径、新方案。

主题教育网络图是幼儿园主题教育活动开发的图形化呈现方式，是思维导图在幼儿园教育教学实践中的一种具体应用，围绕某一中心主题或核心概念，教师通过联想、发散、创新，从健康、语言、社会、科学、艺术等五个领域，建构出一系列相互关联的、可具体实施的子主题，使主题教学活动更科学、系统、完整、可操作。计算机办公普及之前，教师通常使用手绘的方式制作主题教育网络图，手绘网络图费时费力且不易修改和保存，对教师的绘画技能有一定要求。计算机办公普及之后，运用 Office 办公软件中的图形工具也能够制作网络图，但在美观和层级呈现方式上差强人意，且操作复杂，不易被大多数教师所掌握。

XMind 是一款易用性很强的思维导图制作软件，操作便捷，作品版式美观、层级清晰，易于保存和更新，可以通过思维导图、鱼骨图、二维图、树形图、逻辑图、组织结构图等多种结构化的方式展示具体内容，帮助人们在全局视野中思考和理解，起到“一图胜千言”的效果。利用 XMind 软件绘制主题教育网络图，可提高教师的顶层设计能力和现代信息素养，帮助教师快速制定教育教学计划，增强教育教学计划的科学性、整体性、精确性，提高工作质量和工作效率。“设计制作主题教育网络图”典型工作任务分析见表 1-1。

表 1-1 “设计制作主题教育网络图”典型工作任务分析

工作环境	正常办公环境
工作过程	工作需求分析→设计网络图整体框架→添加必要控件→美化输出作品
工作对象	幼儿园实际工作需要的主题教育网络图作品
工具和材料	1. 工具：多媒体计算机、智能手机，XMind、iMindMap、MindMaster 等思维导图制作软件； 2. 材料：文字、图片、音频、视频素材
工作方法	1. 头脑风暴法：与同事研讨开发主题和子主题，形成主题教育方案。 2. 案例教学法：多学习他人的作品，启发作者的创作灵感
劳动组织形式	集体讨论制定主题教育方案，编辑人员独立使用计算机制作完成网络图作品
工作要求	1. 网络图开发要充分考虑幼儿园工作实际，层级不宜过少或过多，一般为三级左右，能够引导和服务实际工作。 2. 给幼儿使用的网络图要考虑幼儿的认知特点，体现童真童趣，使用能激发儿童丰富想象力的素材。 3. 编辑人员要具备一定的信息素养和审美能力

二、学习情境描述

根据主题教育网络图典型工作任务分析，学习情境设计需要让学生经历幼儿园工作需求分析、设计主题教育网络图开发方案、收集素材、制作网络图结构和内容、输出作品的完整开发过程，见表 1-2。

表 1-2 “设计制作主题教育网络图”学习情境设计

学习情境	设计制作主题教育网络图		学时建议：4 学时
学习情境描述	学生根据教师下发的学习任务书，小组合作进行幼儿园工作需求分析，研讨制定主题教育网络图开发方案，独立完成文件操作、插入和编辑主题、添加和编辑控件、设置格式、输出作品等任务，开发出一件完整的主题教育网络图作品		
学习目标	知识目标	1. 了解 XMind 界面及软件功能。 2. 掌握主题教育网络图设计制作的原则和流程	
	能力目标	1. 能够多渠道收集、筛选、处理素材。 2. 能够根据某一主题完成三级幼儿园主题教育网络图结构的开发。 3. 能够利用 XMind 软件制作完成电子版主题教育网络图	
	素质目标	1. 培养逻辑、发散、联想等创新性思维，提高团队合作能力。 2. 增强对幼儿园五大领域教学的理解，提高专业素养。 3. 提高信息素养和审美修养，具有与社会主义核心价值观一致的审美、判断和选择能力	
学习内容	1. 信息收集处理：采集图文和音视频素材，并将素材按照主题层次进行分类。 2. 设计主题教育网络图：根据幼儿园工作需求形成主题教育网络图开发方案。 3. 制作主题教育网络图：下载并安装软件、主题操作、控件操作、格式美化、导出文件		

教学条件	1. 硬件：多媒体机房、每台计算机均能够登录互联网。 2. 软件：主题教育网图设计软件 XMind 8		
教学方法与组织形式	1. 教学方法：案例教学法、任务驱动法、小组教学法。 2. 教学组织形式：分组讨论制定网络图开发方案，学生独立操作计算机完成作品		
教学流程	活动内容	教师活动	学生活动
观摩：获取资讯	布置任务	发放学习任务书和学习资料，引导学生认识网络图在幼儿园的应用，学习网络图的基本知识	了解主题教育网络图在幼儿园的实践应用，掌握网络图的结构与开发方法
	案例分析	展示教学案例，进行案例分析	通过案例分析获得制作网络图需要的知识技能要求
设计：制定计划	设计方案	组织学生分组进行幼儿园工作需求分析，设计主题教育网络图开发方案	以小组为单位进行幼儿园工作需求分析，研讨设计主题教育网络图开发方案
	确定方案	组织学生研讨，帮助学生完善方案	以班级为单位研讨完善并确定方案
制作：实施计划	项目实施	以案例为引导讲解操作技术，引导学生完成学习任务	学习掌握操作技术，根据小组研讨的网络图开发方案完成作品制作任务
展评：评价反思	检查评价	组织学生展示作品、反思改进，评定学生成绩	展示自己的作品，通过自评、互评、教师评反思改进，填写评价表
创新：应用创新	项目延伸	鼓励学生参加职业技能大赛，或与幼儿园在职教师合作，开发参赛或实用作品	参加职业技能大赛，或与幼儿园在职教师合作，开发参赛或实用作品，持续提升主题教育网络图开发能力

三、布置任务（见表 1-3）

表 1-3 “设计制作主题教育网络图”任务书

项目名称		设计制作主题教育网络图
具体任务	课前任务	1. 阅读主题教育网络图典型工作任务分析，观看微课“主题教育网络图在幼儿园的应用”，调研幼儿园主题教育网络图开发需求。 2. 观摩主题教育网络图经典案例“端午节”，根据案例分析了解设计制作主题教育网络图的知识技能点。 3. 小组合作初步制定幼儿园主题教育网络图开发方案
	课中任务	1. 设计主题教育网络图开发方案。 2. 下载安装主题教育网络图制作软件。 3. 制作网络图三层框架。 4. 添加控件。 5. 美化格式并输出作品。 6. 利用人工智能生成网络图
	课后任务	1. 协助幼儿园指导教师开发主题教育网络图作品。 2. 参加职业院校技能大赛幼儿教育技能赛项比赛

续表

任务要求	1. 学生4～6人结成一个教研组。每个教研组选取一个幼儿教育主题，围绕中心主题开发一件不少于三层结构的主题教育网络图作品。 2. 作品设计要符合幼儿园教学实际，要具有科学性、丰富性、操作性等特点，充分考虑到幼儿的主体性、兴趣性、适宜性和家园合作等因素。 3. 全面体现主题教育网络图制作技能，要求素材种类不少于三种，素材可以是网上下载的视频、音频和图文资料，也可以是自己制作的录音、录像等素材。 4. 学生根据小组的设计方案独立完成作品制作，要求网络图制作应与主题配合，对网络图的层次结构、信息关联和界面设计等要有恰当控制

四、典型案例分析

素材

主题教育网络图优秀案例

（一）教学案例

“端午节”主题教育活动，如图1-1所示。

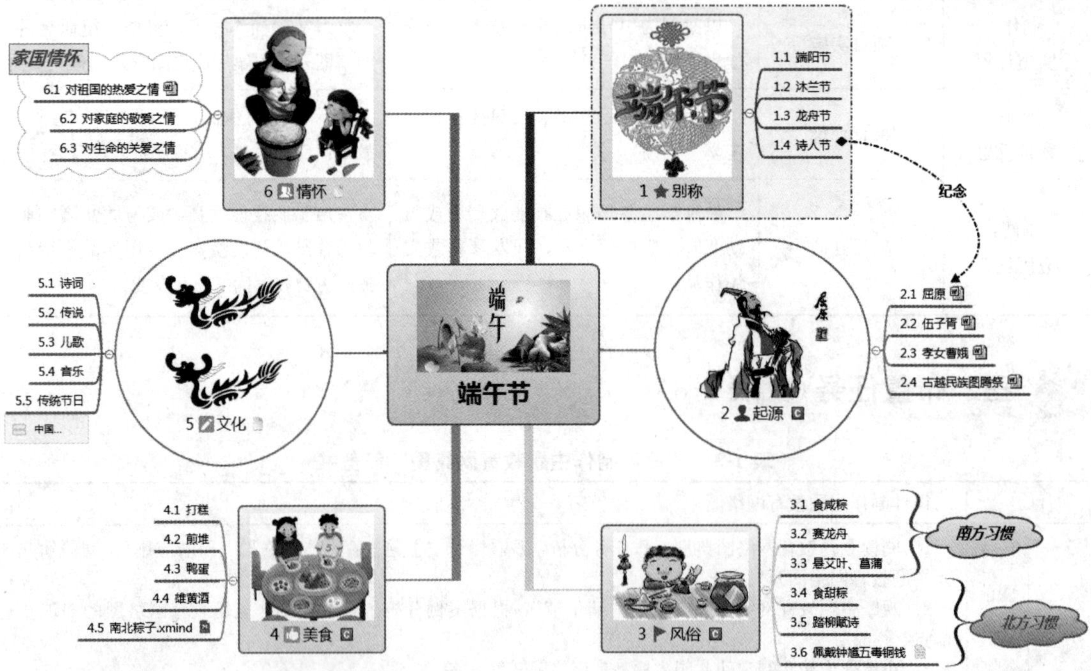

图1-1 “端午节”主题教育网络图案例

（二）案例分析

本案例网络图设计了三层级框架结构，中心主题为“端午节”，围绕中心主题开发了六个二级子主题及若干三级子主题。为便于深入理解与记忆，添加了超链接、附件、编号、图标、图片、概要、标签和备注等控件。为了美观，对主题、控件、画布等通过格式设置进行了美化。制作案例需要收集端午节起源和习俗的介绍以及诗词、儿歌、动画等素材。

【课程思政】

传承中华优秀传统文化

2017年，中办、国办发布《关于实施中华优秀传统文化传承发展工程的意见》提出，要将中华优秀传统文化传承发展贯穿国民教育始终。推进中华优秀传统文化进校园是教育工作者的职责，是落实党和国家推进中华优秀传统文化创造性转化、创新性发展的重要举措，也是对学生进行文化自信教育的有力手段。幼儿园教师应充分利用传统节日等契机对幼儿进行中华优秀传统文化教育，增强幼儿对中华优秀传统文化的理解和喜爱。

（三）主题教育网络图制作技术分析（见表1-4）

表1-4　“设计制作主题教育网络图”知识技能点

类　别	知　识　点	技　能　点
主题操作	1. 中心主题与子主题的操作区别。 2. 同级主题与子主题的操作区别	1. 插入与编辑中心主题。 2. 插入与编辑同级主题和子主题
添加控件	1. 控件的使用环境。 2. 控件的插入与编辑方法	1. 添加超链接、附件、编号、图标、图片、概要、标签和备注。 2. 添加外框和联系，设置外框和联系的格式
格式美化	—	1. 美化主题。 2. 美化画布
导出文件	网络图的结构	1. 画布操作。 2. 导出文件

五、项目实施

任务一：设计主题教育网络图开发方案

【任务引导】观看微课“主题教育网络图在幼儿园的应用”，请思考幼儿园教师哪些工作需要制作主题教育网络图？

视频

主题教育网络图在幼儿园的应用

【任务操作】小组合作进行主题教育网络图开发需求分析，选取一个幼儿教育主题，设计编写主题教育网络图开发方案，研讨完善后将方案填入表1-5。

表1-5　主题教育网络图设计方案

作品名称	
使用场景	
设计方案	
素材清单	

【课程思政】

践行师德

师德是教师的职业道德。教师应贯彻党的教育方针，以立德树人为己任，践行社会主义核心价值观，努力做到具有从教意愿和依法执教意识，具有积极的情感、端正的态度、正确的价值观和儿童观，具有人文底蕴和科学精神，立志成为有理想信念、有道德情操、有扎实学识、有仁爱之心的好老师。开发主题教育网络图是对幼儿教育进行科学规划的一种手段，也是教师践行师德的具体表现，教师需要精心谋划，做幼儿健康成长的启蒙者和引路人。

任务二：下载安装主题教育网络图制作软件

视频

下载安装主题教育网络图设计软件

【任务引导】观看微课“下载安装主题教育网络图设计软件”，了解XMind软件有哪些功能和特点？

【任务操作】请按照以下操作提示，下载安装XMind软件。

操作步骤①：下载 XMind 8 软件

打开XMind中文官方网站，找到并下载XMind 8版本软件，如图1-2所示。

图1-2　搜索下载XMind 8软件

操作步骤②：安装 XMind 8 软件

下载完成后打开文件，进入软件安装界面，按照步骤提示操作，即可将软件安装到计算机中，如图1-3所示。

图 1-3　安装 XMind 软件

【知识拓展】

思维导图制作软件简介

1. XMind 简介

XMind 是颇受欢迎的思维导图制作软件，是集思维导图与头脑风暴于一体的“可视化思考”工具，可以用来捕捉想法、理清思路、管理复杂信息并促进团队协作。XMind 主要有 3 个版本，分别是：XMind Fre（免费版），XMind Plus（增强版），XMind Pro（专业版）。

2. iMindMap 简介

iMindMap 是思维导图创始人托尼·巴赞（Tony Buzan）开发的全球首个 3D 视图的思维导图软件，线条自由，具有手绘功能。结合独特的自由形态头脑风暴视图模式和系统的思维导图视图模式，特别适用于头脑风暴、策划和管理项目、创建演示文稿等。

3. MindMaster 简介

MindMaster 是深圳市亿图软件有限公司推出的一款基于云的跨端思维导图软件。MindMaster 网页版支持在线协作，实现人实时查看与编辑同一个文档，制作完成的作品可以发布到思维导图社区，也可以导出为其他文件，如 Office、PDF 和图片文件等。

4. FreMind 简介

FreMind 是一套由 Java 撰写而成的思维导图软件，是一款跨平台的、基于 GPL 协议的自由软件，可用来做笔记、脑图记录等，具有一键“展开/折叠”功能以及“链接”跟随操作，可将每一个环节用图形表示，将思路图形化、结构化，操作导航更便捷。与其他软件相比，FreMind 更加简约，占用资源更少，启动和运行速度更快。

任务三：制作网络图三层框架

【任务引导】观看微课“主题操作”，请思考添加同级主题和子主题的方法有何异同？

【任务操作】请按照操作提示，完成主题教育网络图主体框架的制作任务。

视频
主题操作

操作步骤①：新建文件

创建 XMind 文件主要有 3 种方法：

（1）启动 XMind 软件，在界面中单击“新建空白图”按钮，可新建一个 XMind 文件，如图 1-4 所示。

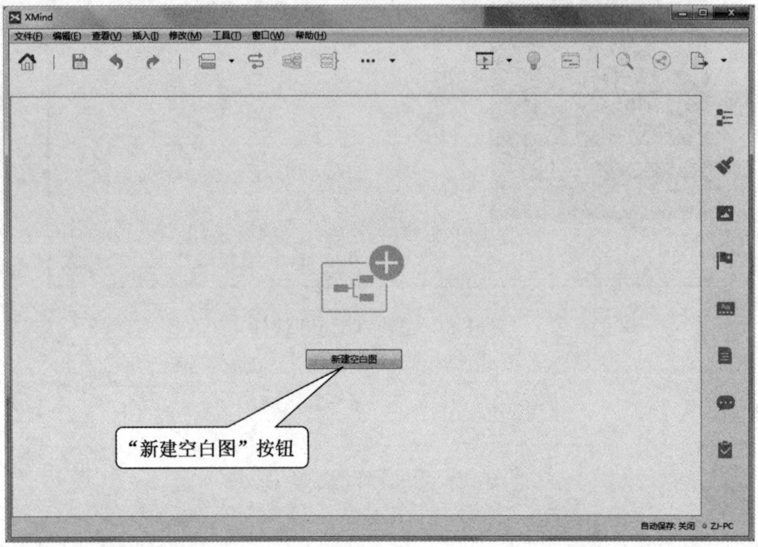

图 1-4　新建 XMind 文件

（2）选择“文件”→“新建空白图”命令。

（3）选择“文件”→“新建”命令（或者单击工具栏中的“显示主页”按钮，在主页上单击“新建”按钮），如图 1-5 所示，在主页上选择“空白图”→“思维导图”选项，在弹出的“选择风格”对话框中选择自己需要的风格，单击“新建”按钮即可，如图 1-6 所示。

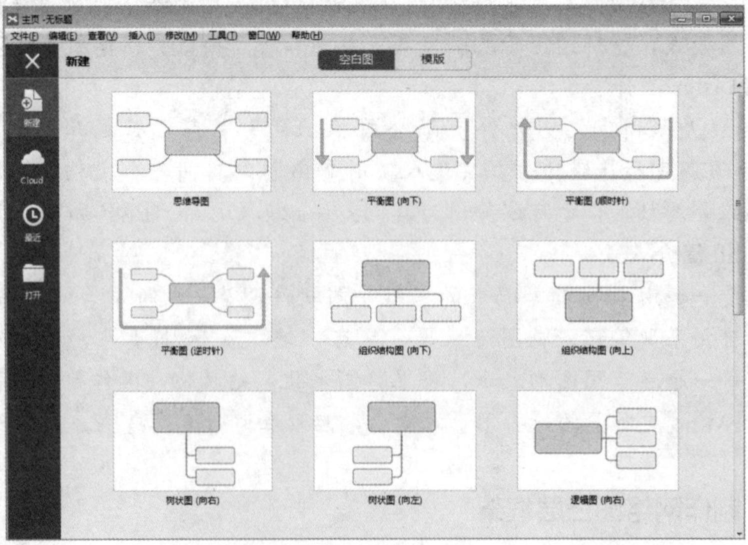

图 1-5　XMind 主页界面

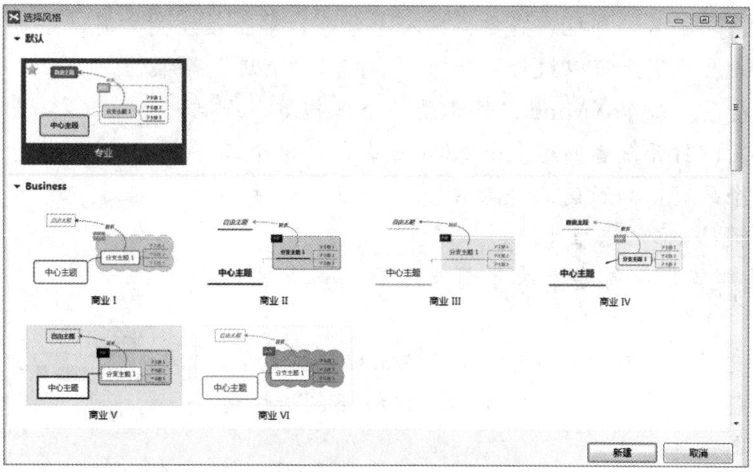

图 1-6　选择网络图风格

【知识拓展】

认识 XMind 8 软件界面

XMind 8 软件界面由以下几个部分组成，如图 1-7 所示。

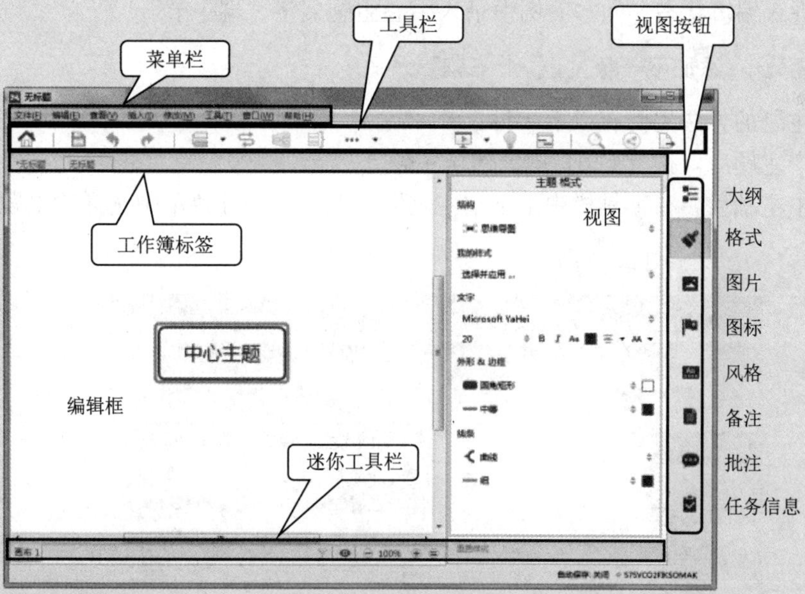

图 1-7　XMind 8 界面

➢ 菜单栏：位于界面上方，包含文件、编辑、查看、插入、修改、工具、窗口及帮助 8 个菜单，每个菜单中包含不同的命令，可进行多项操作。

➢ 工具栏：位于菜单栏下方的工具栏是常用功能命令的集合，可以快速执行保存、撤销、重做、主题、联系、外框、概要、插入等命令，单击最左侧“显示主页”按钮，可以快速返回主页，在主页上可以执行“新建”“打开”“最近”等操作。

➢ 工作簿标签：每个XMind文件都是一个工作簿，通过工作簿标签可以打开或者创建多个XMind文件；每个工作簿可以有多个画布，如新建文件后左下角会自动新建画布1，每个画布是独立的思维导图。

➢ XMind编辑框：创建思维导图及编辑思维导图的区域。

➢ 迷你工具栏：右击下方的迷你工具栏出现快捷菜单，可对画布进行各项操作，如图1-8所示。该栏还包括快速过滤及缩放导图功能。

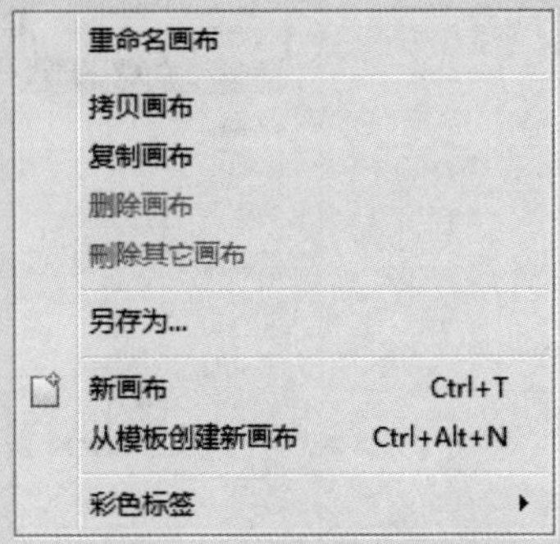

图1-8 画布右键操作功能

➢ 视图：位于界面右侧的视图窗口是设计思维导图最重要的工具，常用视图有大纲、格式、图片、图标、风格、备注、批注、任务信息等。单击视图按钮可以显示或隐藏视图窗口。

操作步骤2：添加中心主题

新建文件后，编辑区会自动出现“中心主题”，如要编辑主题文字可双击主题进入编辑状态，待光标出现后输入主题文字。或选中主题后直接输入文字，也可选中主题后按【Space】键进入编辑状态。如本案例中录入中心主题文字“端午节”。

操作步骤3：添加下一级主题(子主题)

添加子主题的方法主要有以下4种：

(1) 选中主题后，按【Tab】键创建子主题。

(2) 选中主题后，在工具栏中单击“主题”按钮，在展开菜单中选择“主题”命令，如图1-9所示。

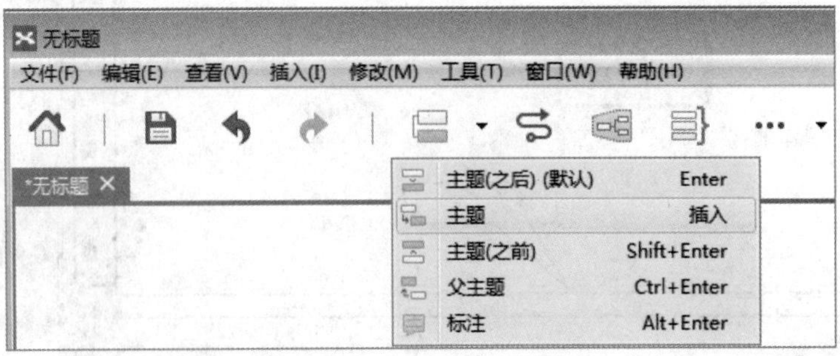

图1-9 工具栏插入子主题

(3) 选中主题后，在右键快捷菜单中选择“插入”→“子主题”命令，如图1-10所示。

(4) 选中主题后，选择菜单栏中的“插入”→“子主题”命令，如图1-11所示。

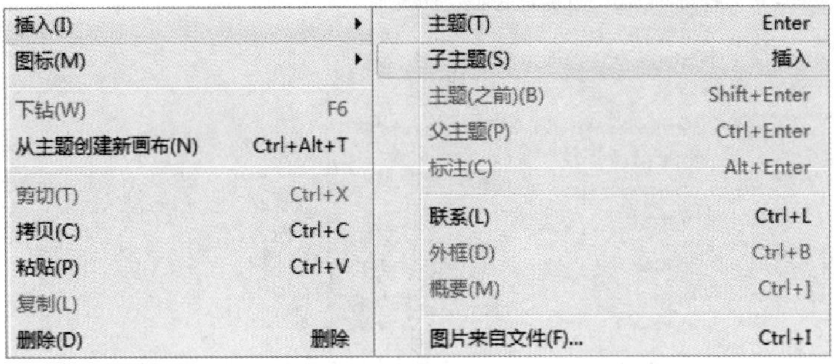

图 1-10 右键菜单插入子主题

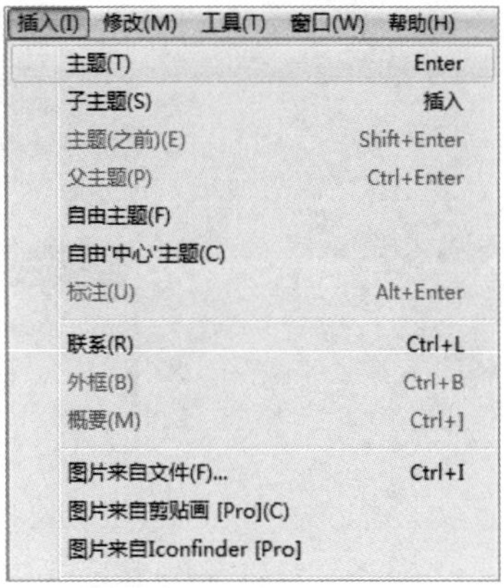

图 1-11 菜单栏插入子主题

子主题的文字编辑方法与中心主题相同。

操作步骤④：添加同一级主题

中心主题只有一个，不可以添加和删除。分支主题可以有多个，可以添加和删除。如本案例中为中心主题添加第一个二级子主题后，可以按照以下操作依次添加同一级分支主题：

（1）选中主题后，按【Enter】键创建同一级主题。

（2）选中主题后，在工具栏中单击“主题”按钮，在展开菜单中选择“主题（之后）（默认）”命令，如图 1-12 所示。

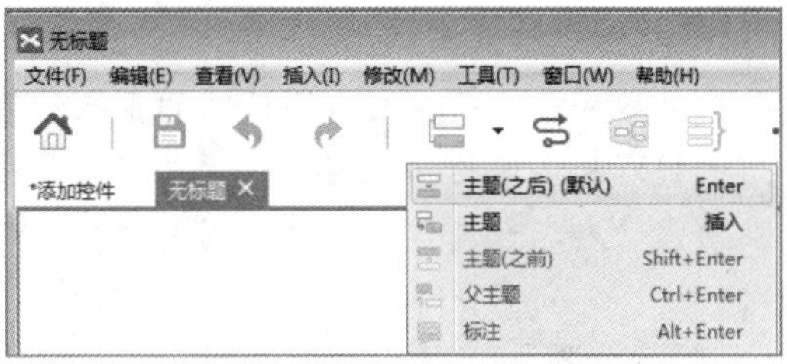

图 1-12 工具栏插入同一级主题

（3）选中主题后，在右键快捷菜单中选择“插入”→“主题”命令，如图 1-13 所示。

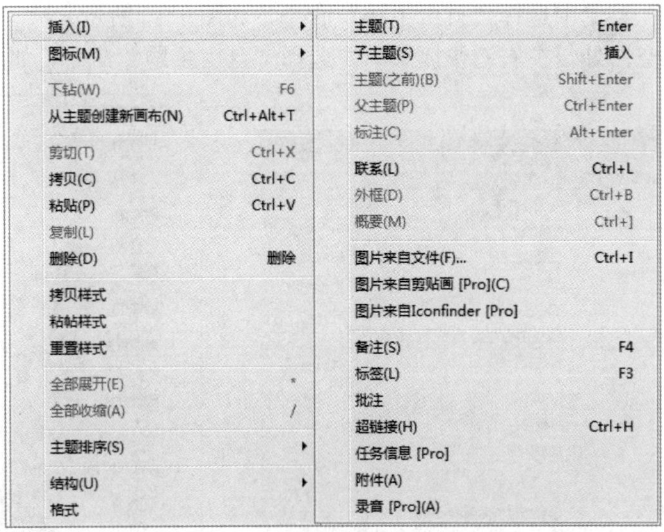

图 1-13 右键插入同一级主题

（4）选中主题后，在“插入”菜单中选择“主题”命令，如图 1-14 所示。

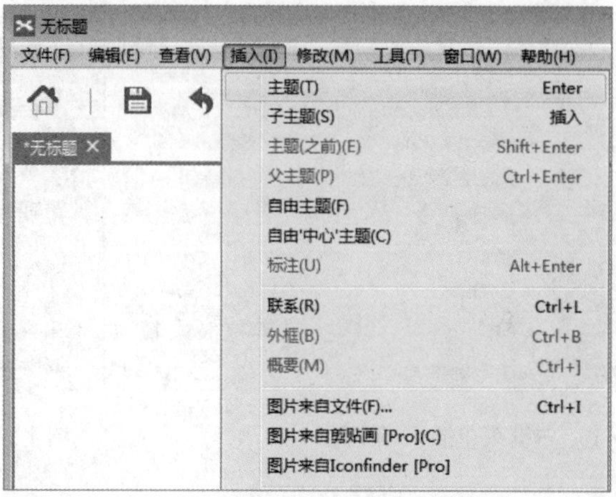

图 1-14　菜单栏插入同一级主题

【课程思政】

善于学习和创新

主题和子主题是网络图开发的重点和难点，需要开发者具有联想和创新思维，具有开阔的视野和丰富的知识储备。开发者需要提高终身学习能力，善于观察、捕捉社会和本专业前沿动态，在工作中善于运用新理念、新方法、新技术，不断促进自身专业化发展。

操作步骤⑤：插入自由主题

自由主题主要放置思维导图标题和时间信息，插入自由主题有以下 3 种方法：

（1）双击画布。

（2）在“插入”菜单中选择“自由主题”命令，如图 1-15 所示。

（3）右击画布空白处，在右键快捷菜单中选择“自由主题”命令，如图 1-16 所示。

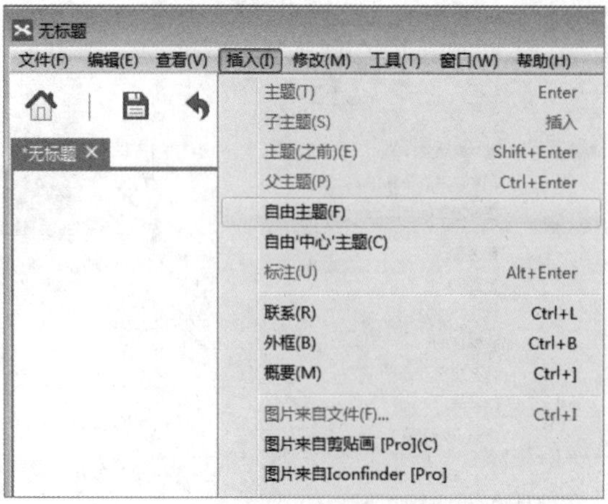

图 1-15　菜单插入自由主题

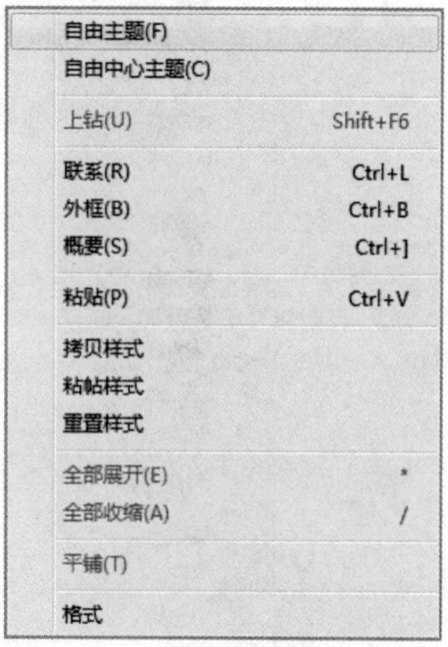

图 1-16　右键插入自由主题

小提示

删除主题可以采用以下任意一种操作：

（1）选中主题后，按【Delete】键删除。

（2）选中主题后，在右键快捷菜单中选择“删除”命令，如图 1-17 所示。

（3）选中主题后，在“编辑”菜单中选择“删除”命令，如图 1-18 所示。

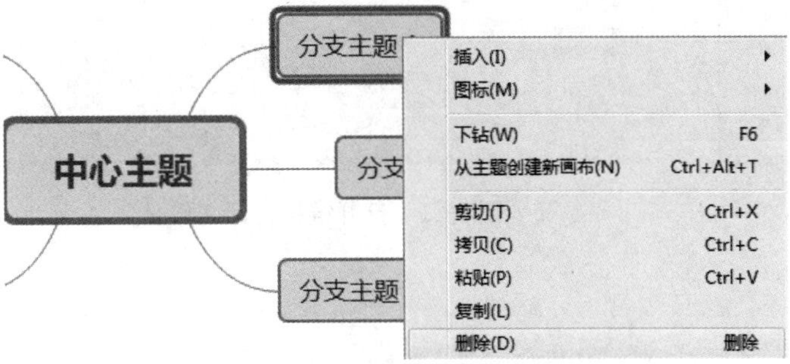

图 1-17　右键删除主题

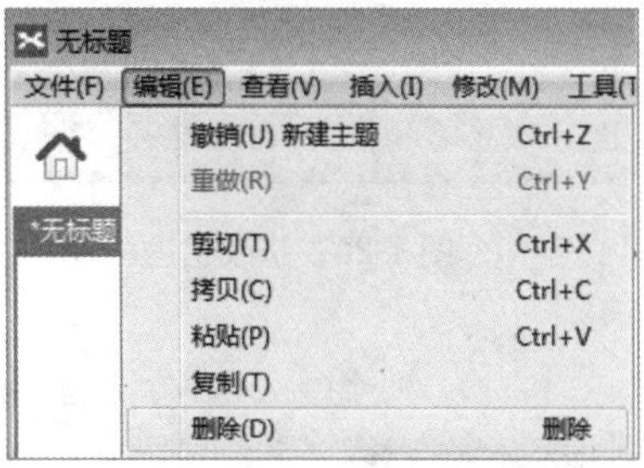

图 1-18　菜单删除主题

任务四：添加控件

视频　添加超链接、附件、编号和图标

【任务引导】观看微课，请思考各种控件的作用是什么？

【任务操作】请按照操作提示，为主题教育网络图添加控件。

操作步骤①：插入超链接

（1）选中主题后，单击工具栏中“插入”按钮，在展开菜单中选择“超链接”命令，如图 1-19 所示，弹出“修改主题的超链接”对话框，选择“文件”选项，再单击“选择文件”按钮，如图 1-20 所示，在“打开”对话框中选择要链接的文件，单击“打开”按钮，如图 1-21 所示，效果如图 1-22 所示。

（2）选中主题后，在右键快捷菜单中选择“超链接”命令，后面步骤同上。

（3）选中主题后，在“插入”菜单中选择“超链接”命令，后面步骤同上。

删除超链接的方法：

右击可修改和删除超链接，如图 1-23 所示。

视频　添加概要、标签、备注和图片

视频　添加外框和联系

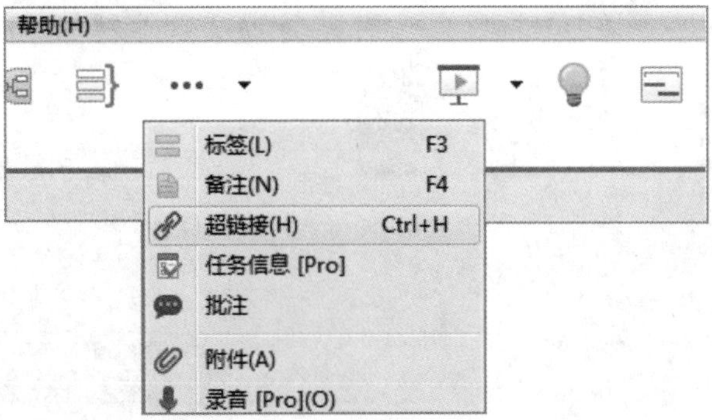

图 1-19　插入超链接

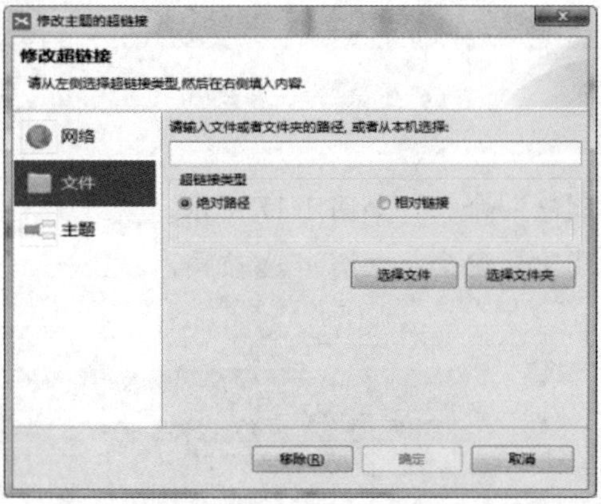

图 1-20　修改主题的超链接

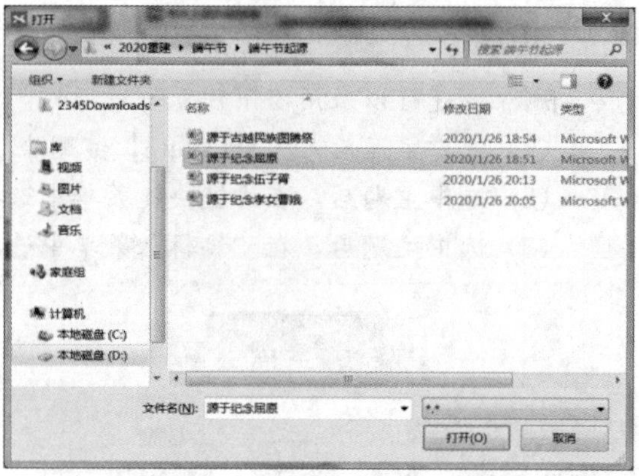

图 1-21　打开链接目标文件

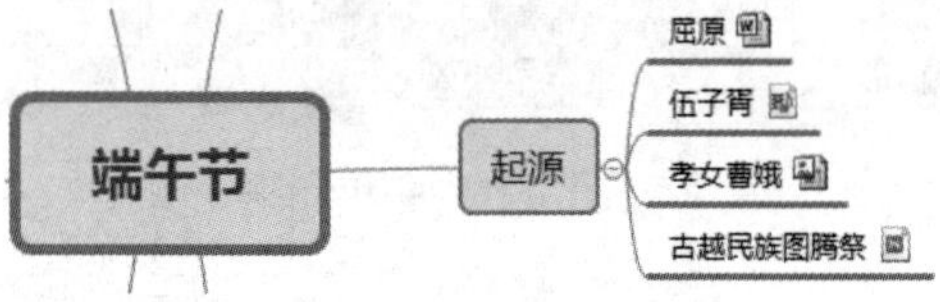

图 1-22　超链接效果图

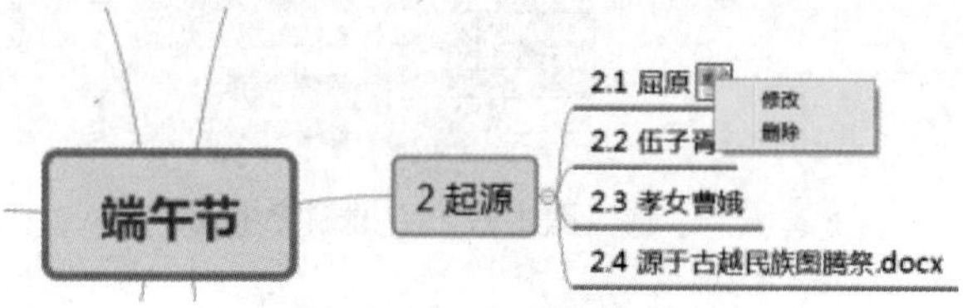

图 1-23　删除超链接

操作步骤❷：插入附件

(1) 选中附件主题的上一级主题，单击工具栏中的“插入”按钮，在展开菜单中选择“附件”命令，如图 1-24 所示，在“打开”对话框（见图 1-25）中选择要插入的目标文件，单击“打开”按钮，效果如图 1-26 所示。

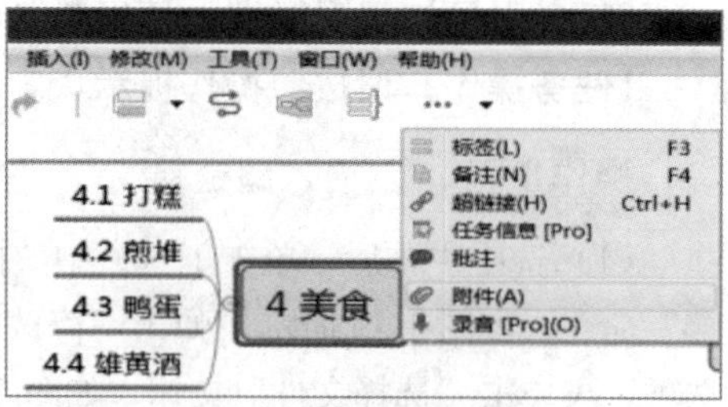

图 1-24　插入附件

图 1-25　打开目标文件

（2）选中主题后，在右键快捷菜单中选择“附件”命令，后面步骤同上。

（3）选中主题后，在“插入”菜单中选择“附件”命令，后面步骤同上。

删除附件的方法：

利用右键菜单可删除附件，或把附件另存为其他文件，如图 1-27 所示。

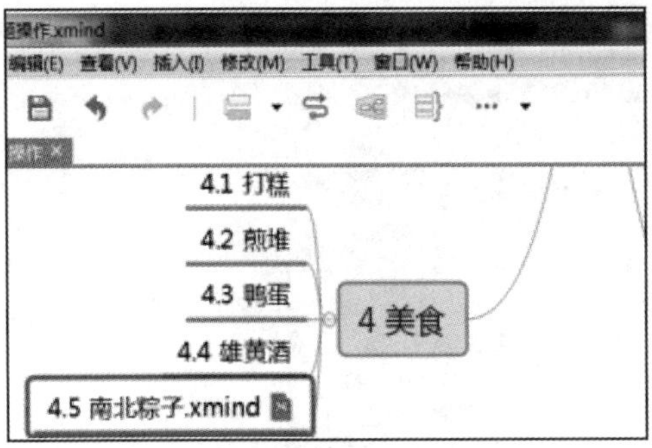

图 1-26　插入附件效果图

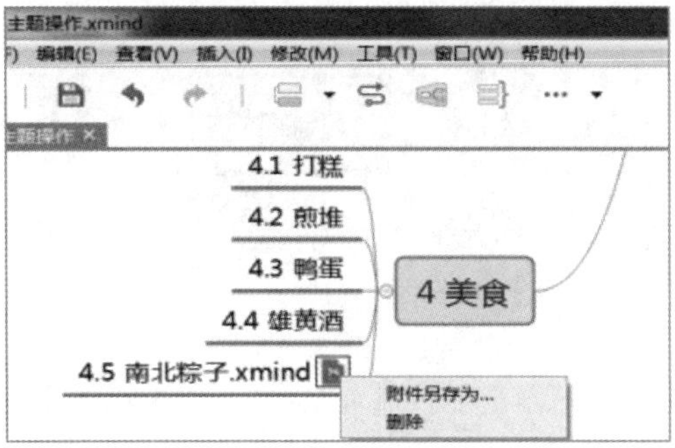

图 1-27　删除附件

操作步骤❸：添加编号

选中中心主题“端午节”，单击右侧“格式”按钮，打开“主题格式”视图，选择编号方式，如图 1-28 所示。取消时在视图中选择“无”选项即可。

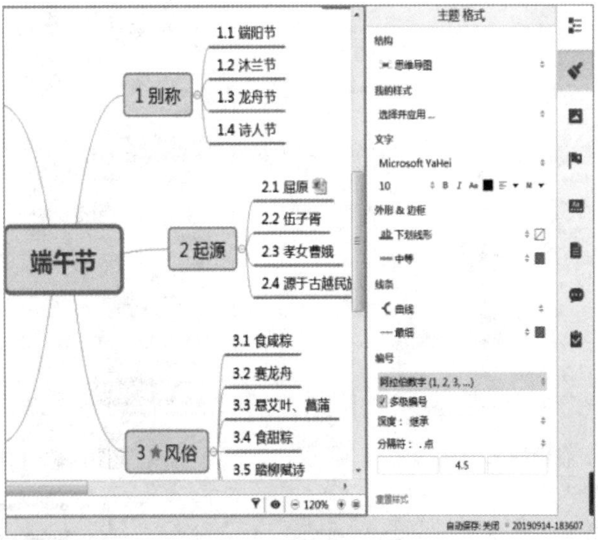

图 1-28　添加编号

操作步骤❹：添加图标

为了丰富思维导图，系统提供了添加各种图标的功能。

（1）选中一个主题，单击右侧“图标”按钮，打开“图标”视图，单击所需图标插入，如图 1-29 所示。

（2）选中一个主题，在右键快捷菜单中选择“图标”命令，如图 1-30 所示。

（3）选中一个主题，在“插入”菜单中选择“图标”命令，如图 1-31 所示。

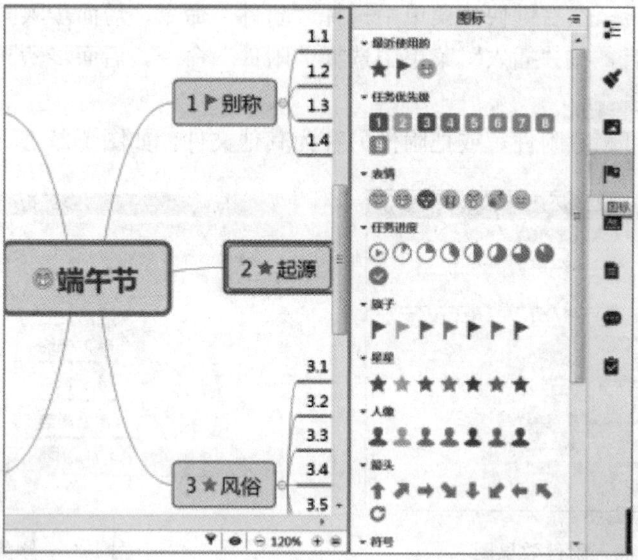

图 1-29　导航栏插入图标

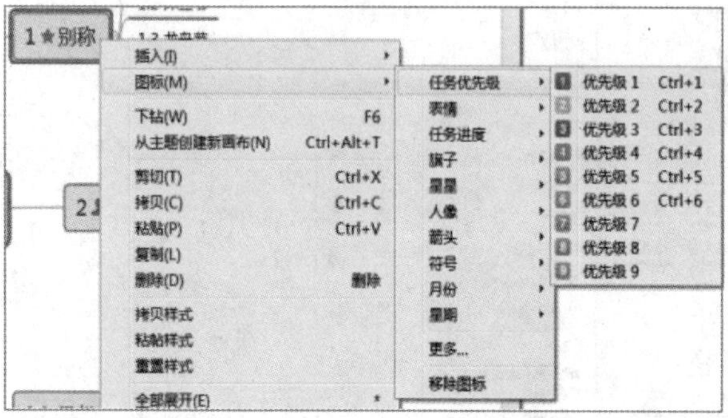

图 1-30　右键插入图标

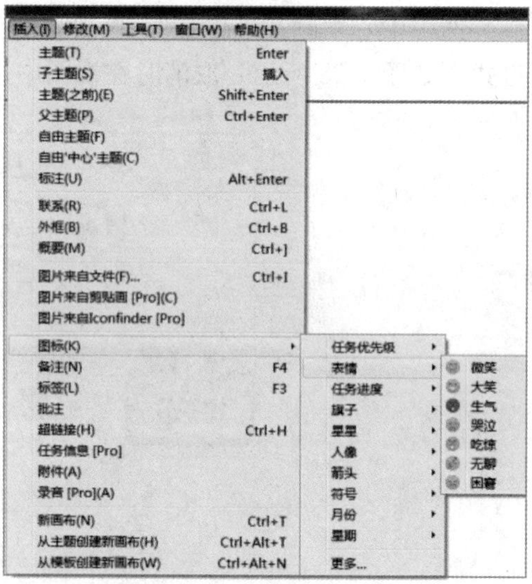

图 1-31　菜单插入图标

删除图标的方法：

选中图标，在右键快捷菜单中删除，如图 1-32 所示。

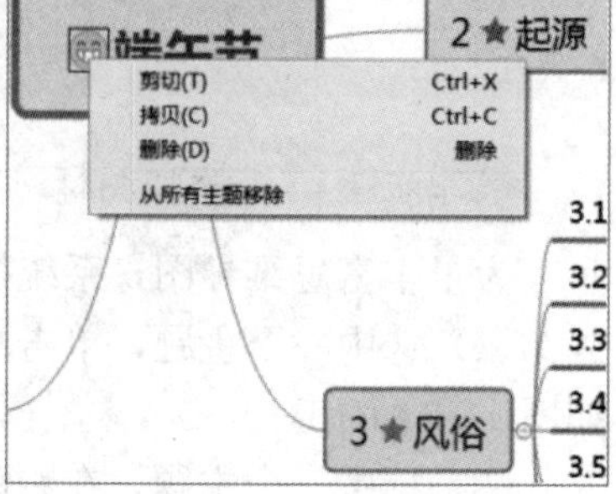

图 1-32　删除图标

操作步骤⑤：添加概要

概要是总结要点的一小段文字，能帮助读者快速抓住重点。添加概要前，拖动鼠标调整好主题顺序。

（1）添加概要。添加概要有以下 3 种方法：

①选中要添加概要的主题，单击工具栏中的“概要”按钮，如图 1-33 所示。

②选中要添加概要的主题，在右键快捷菜单中选择“概要”命令，如图 1-34 所示。

③选中要添加概要的主题，在“插入”菜单中选择“概要”命令，如图 1-35 所示。添加成功后，效果如图 1-36 所示。

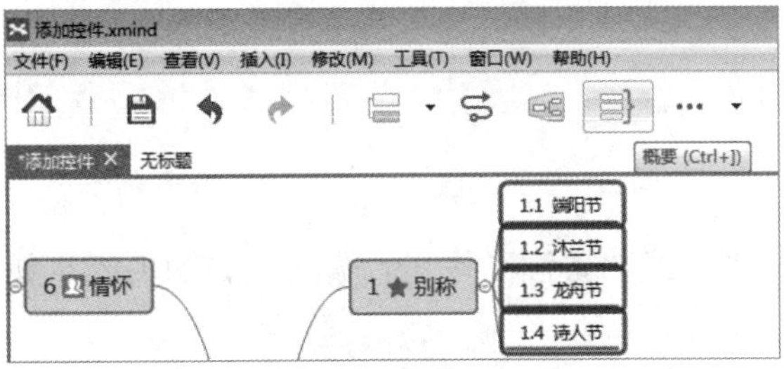

图 1-33　工具栏添加概要

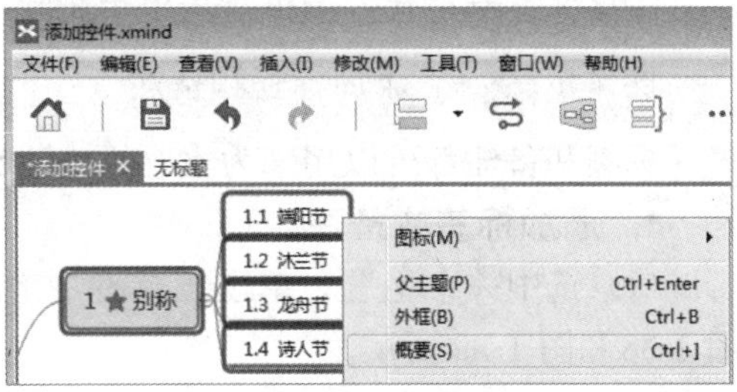

图 1-34　右键添加概要

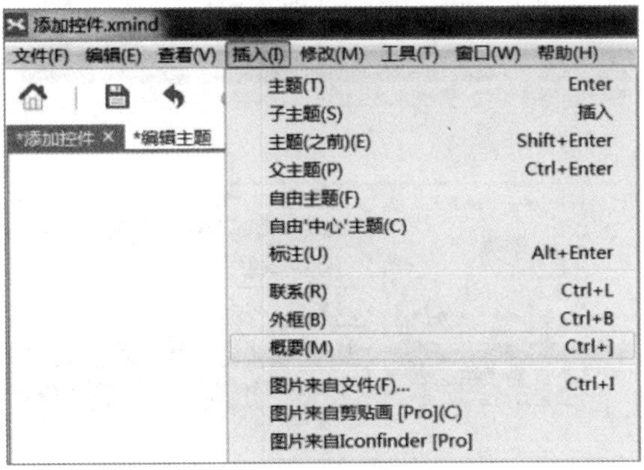

图 1-35　菜单添加概要

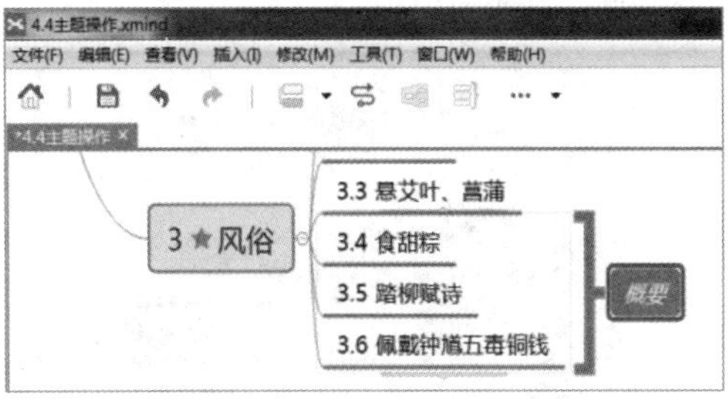

图 1-36　添加概要效果图

(2) 设置概要格式。选中概要，单击右侧“格式”按钮，打开“概要格式”视图，设置概要的线条、文字和外形与边框的格式，如图 1-37 所示。

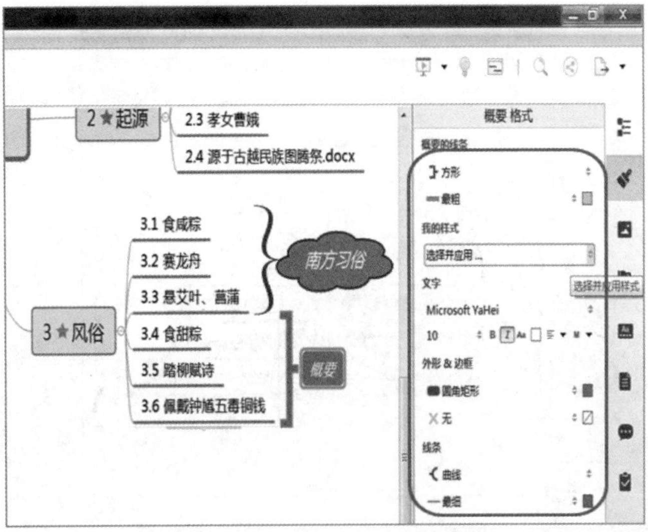

图 1-37　概要格式

（3）删除概要。删除概要有以下 3 种方法：

①选中概要，按【Delete】键删除。

②选中概要，在右键菜单中删除。

③选中概要，在“编辑”菜单中删除。

操作步骤❻：添加标签和备注

标签和备注都可以用来为主题添加注释。

1. 添加标签或备注

（1）选中一个主题，单击工具栏中的“标签”或“备注”按钮，输入注释的内容，如图 1-38 和图 1-39 所示。

（2）选中一个主题，在右键快捷菜单中选择“插入”→“标签”或“备注”命令。

（3）选中一个主题，在“插入”菜单中选择“标签”或“备注”命令。

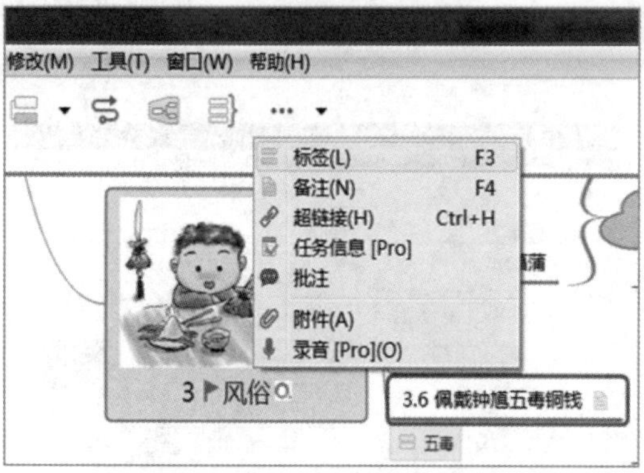

图 1-38　添加标签

图 1-39　添加备注

2. 修改和删除标签或备注

右击选中的目标，在弹出的快捷菜单中选择“修改”或“删除”命令即可，如图 1-40 所示。

图 1-40　修改、删除标签或备注

操作步骤❼：插入图片

1. 插入图片

（1）选中一个主题，在右键快捷菜单中选择“插入/图片来自文件”命令，如图 1-41 所示，在“选择图片”对话框中选择要插入的图片，如图 1-42 所示。

（2）选中一个主题，在“插入”菜单中选择“图片来自文件”命令，如图 1-43 所示。

图片添加成功后，效果如图 1-44 所示。

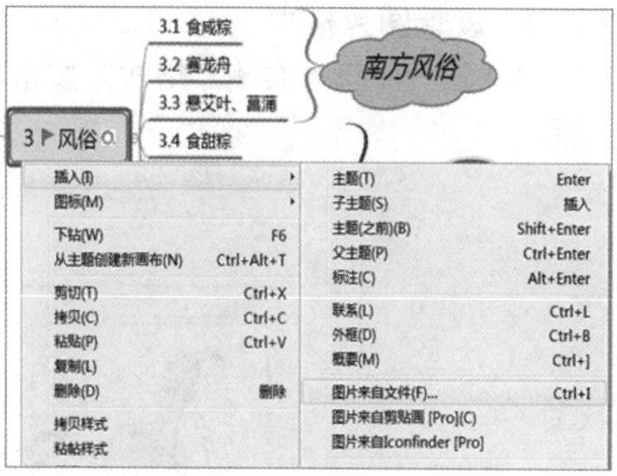

图 1-41　右键插入图片

图 1-42　选择图片

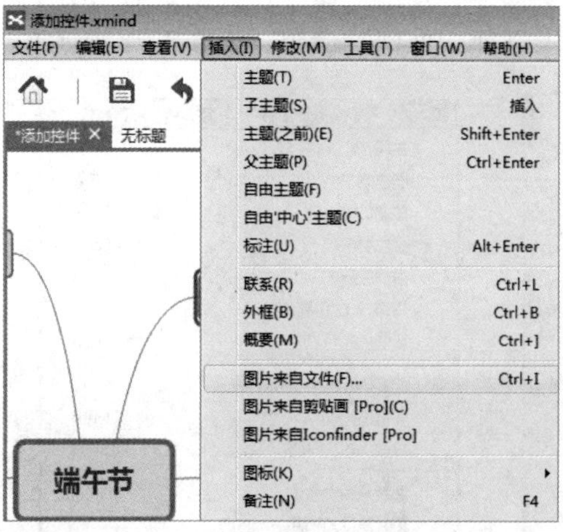

图 1-43　菜单插入图片

图 1-44　添加图片效果

2. 设置图片格式

选中图片，单击右侧“格式”按钮，打开“图片格式”视图，设置图片大小，如图1-45所示。

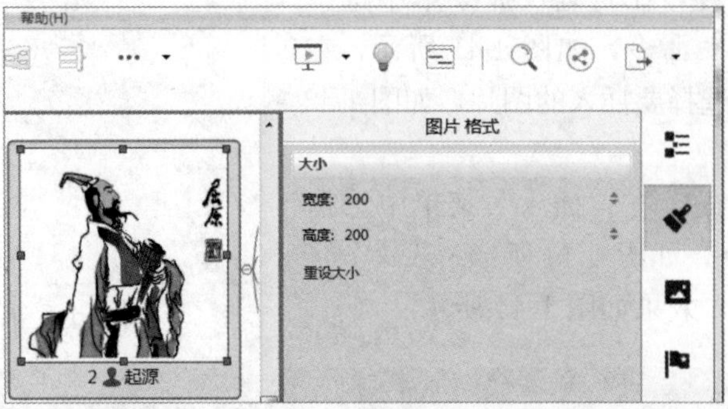

图1-45 设置图片格式

3. 删除图片

删除图片有以下3种方法：

（1）选中图片，按【Delete】键删除。

（2）选中图片，在右键快捷菜单中选择“删除”命令。

（3）选中图片，在“编辑”菜单中选择“删除”命令。

操作步骤❽：添加外框

为了强调或突出显示主题，可以为主题添加不同形状或背景颜色的外框。

1. 添加外框

添加外框有以下3种方法：

①选中要添加外框的主题，单击工具栏中的“外框”按钮，如图1-46所示。

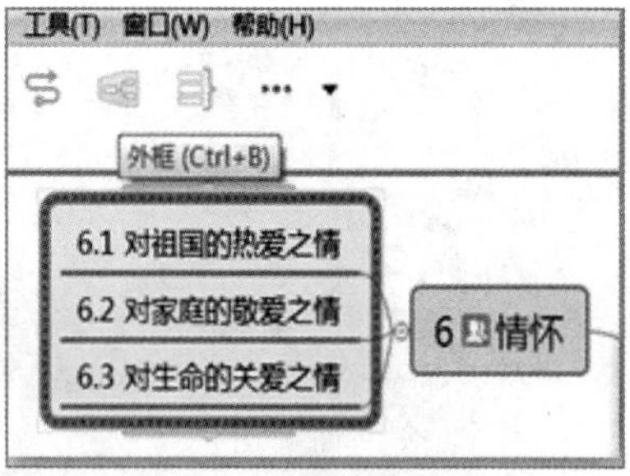

图1-46 工具栏插入外框

②选中要添加外框的主题，在右键快捷菜单中选择“外框”命令，如图1-47所示。

③选中要添加外框的主题，在“插入”菜单中选择“外框”命令，如图1-48所示。

图1-47 右键插入外框

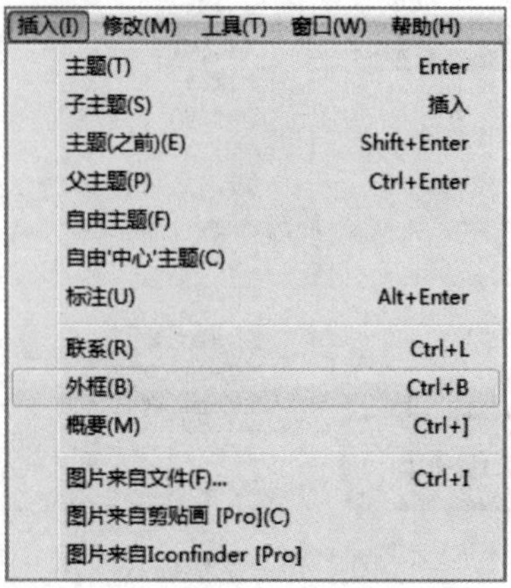

图1-48 菜单插入外框

2. 添加外框描述文字

双击外框线即可添加文字，如图 1-49 所示。

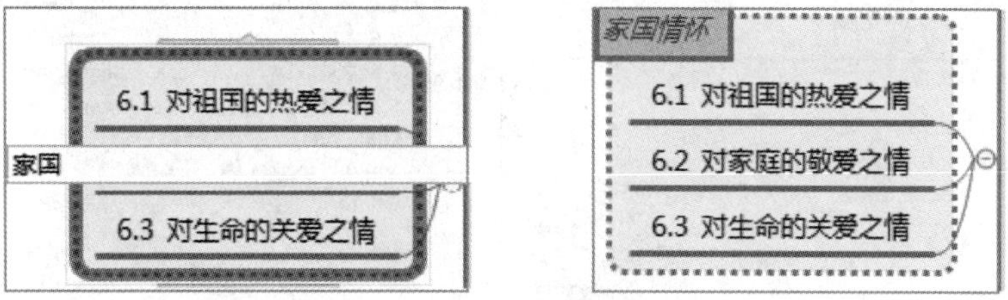

图 1-49　添加外框描述文字

3. 设置外框格式

选中外框，单击右侧“格式”按钮，打开“外框格式”视图，设置文字、外形和线条的格式，如图 1-50 所示。

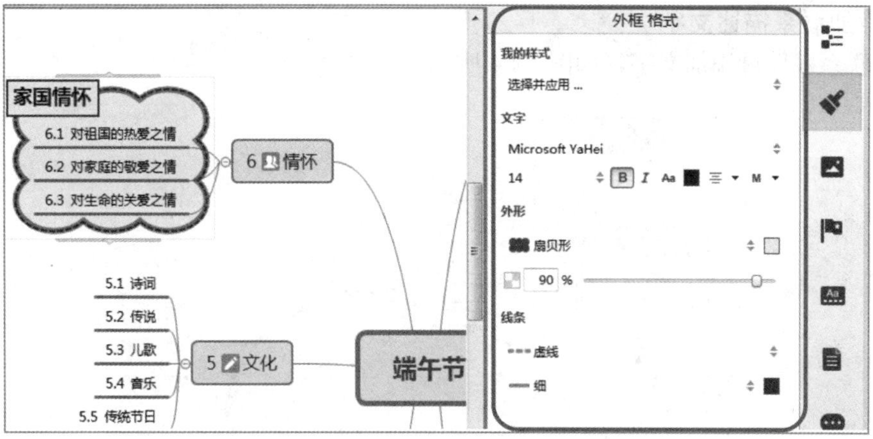

图 1-50　外框格式

4. 删除外框

删除外框有以下 3 种方法：

（1）选中外框，按【Delete】键删除。

（2）选中外框，在右键快捷菜单中选择“删除”命令。

（3）选中外框，在“编辑”菜单中选择“删除”命令。

操作步骤⑨：添加联系

联系是显示任意两个主题之间关联的线条。

1. 添加联系

添加联系有以下 3 种方法：

（1）选中一个主题，单击工具栏中的“联系”按钮，拖动鼠标指针到关联的主题即可，如图 1-51 所示。

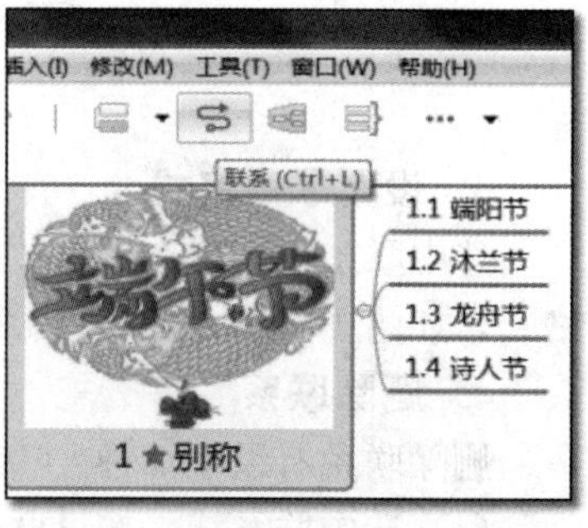

图 1-51　工具栏添加联系

（2）选中一个主题，在右键快捷菜单中选择“插入/联系”命令，如图 1-52 所示。

（3）选中一个主题，在“插入”菜单中选择“联系”命令，如图 1-53 所示。

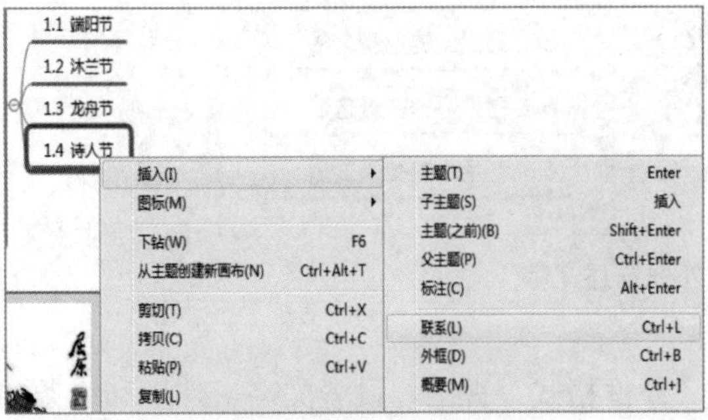

图 1-52　右键添加联系

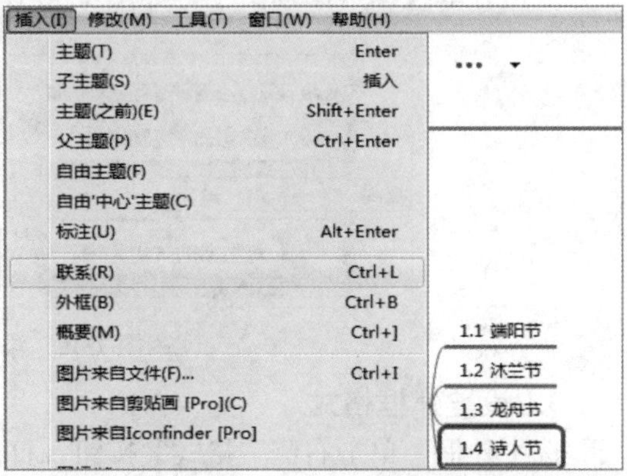

图 1-53　菜单添加联系

2. 添加联系描述文字

双击联系线即可添加文字，如图 1-54 所示。

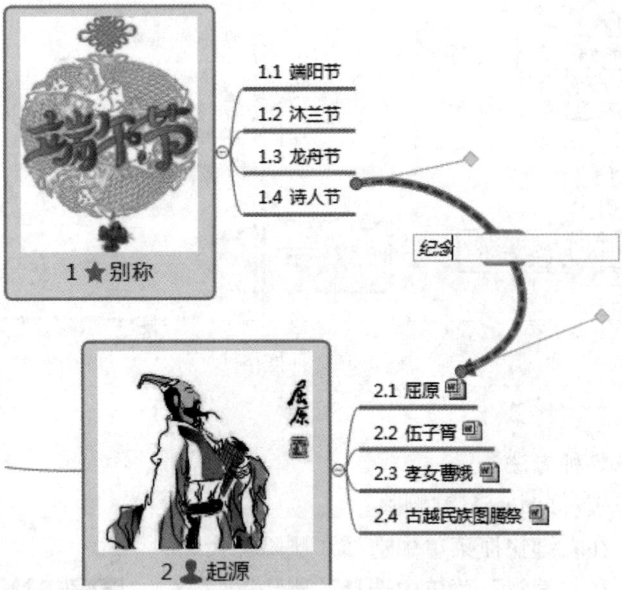

图 1-54　联系描述文字

3. 设置联系格式

选中联系线，单击右侧“格式”按钮，打开“联系格式”视图设置文字、外形和线条的格式，如图 1-55 所示。

4. 删除联系

删除联系有以下 3 种方法：

（1）选中联系线，按【Delete】键删除。

（2）选中联系线，在右键快捷菜单中选择“删除”命令。

（3）选中联系线，在“编辑”菜单中选择“删除”命令。

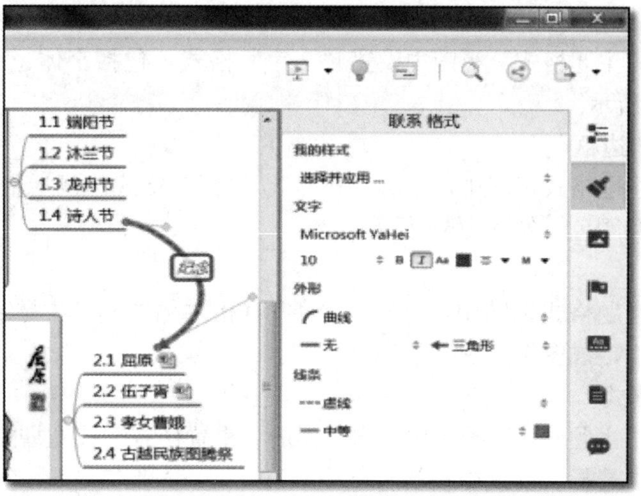

图 1-55　联系格式

任务五：美化格式并输出作品

视频 美化主题和画布

视频 输出网络图

【任务引导】观看微课“美化主题和画布”“输出网络图”。请思考美化主题和画布的操作有何不同？网络图有哪些结构，适用于什么使用环境？

【任务操作】请根据操作提示美化网络图，选择适宜的结构，输出完整作品。

操作步骤①：美化主题格式

1. 美化样式

选中主题，单击右侧“格式”按钮，打开“主题格式”视图，选择“我的样式”中的“云彩”选项，如图 1-56 所示。

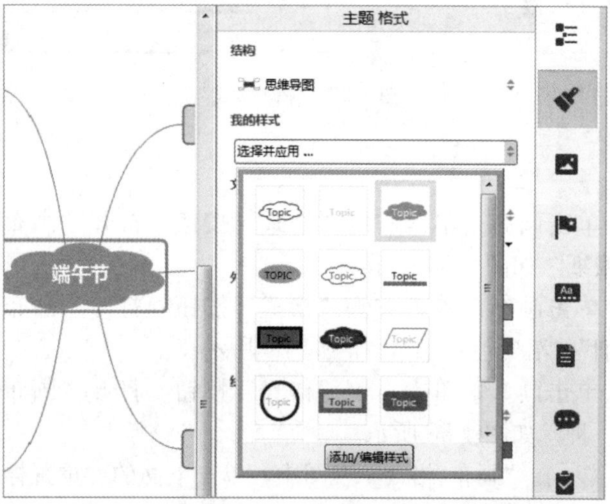

图 1-56　主题格式—我的样式

2. 美化文字

选中主题，在“主题格式”视图中设置“文字”格式。包括字体、字号、粗体、斜体、颜色等，如图 1-57 所示。

3. 美化外形和边框

选中主题，在主题格式视图中，设置“外形 & 边框”格式。包括主题的形状和填充的颜色及线条的宽度和颜色，如图 1-57 所示。

4. 美化线条

选中主题，在主题格式视图中，设置“线条”（指主题同其子主题之间的线条）格式。包括线条形状和宽度，如图 1-57 所示。

5. 取消主题格式

选中主题，在“主题格式”视图中单击下面的“重置样式”按钮即可，如图 1-57 所示，或在右键快捷菜单中选择“重置样式”命令。

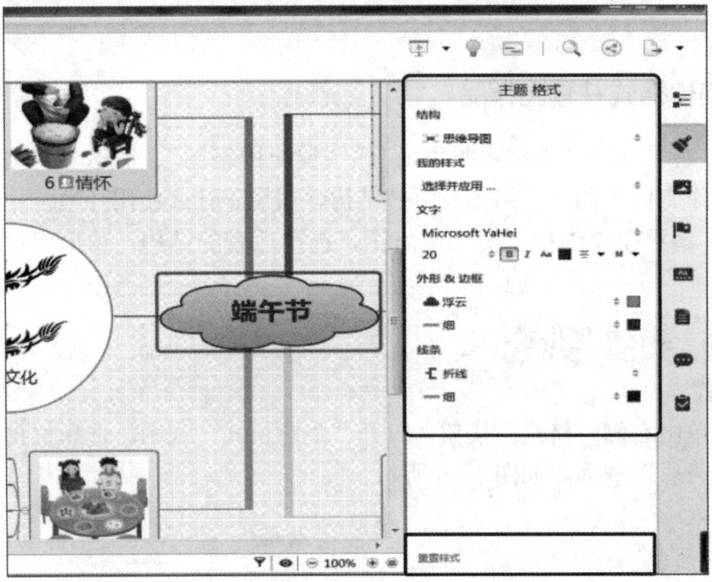

图 1-57　主题格式

操作步骤②：美化画布

（1）设置墙纸：单击画布，单击右侧“格式”按钮，打开“画布 格式”视图，选择“墙纸”中的图案或墙纸，如图 1-58 所示。

（2）高级设置：单击画布，单击右侧“格式”按钮，打开“画布 格式”视图，选择“高级”中“线条渐细”“渐变色效果”，如图 1-58 所示。

（3）颜色设置：单击画布，单击右侧“格式”按钮，打开“画布 格式”视图，选择“彩虹色”中的任意一种，如图 1-58 所示。

（4）取消画布格式。在“画布 格式”视图中，单击下面的“重置样式”即可，如图 1-58 所示，或在画布的右键快捷菜单中选择“重置样式”命令。

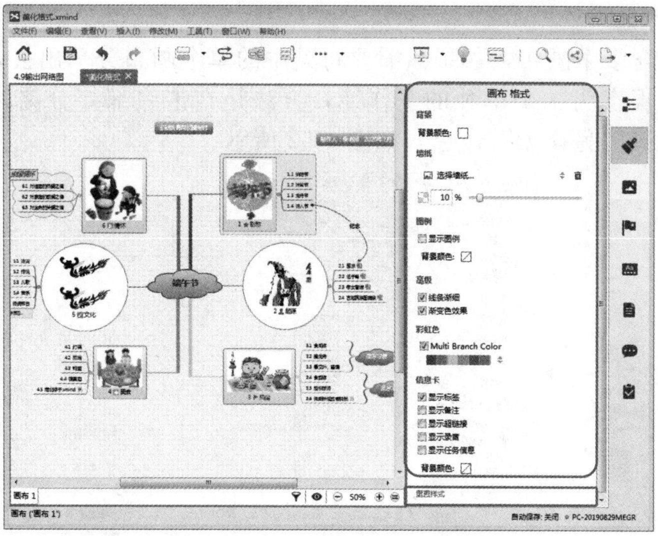

图 1-58　“画布 格式”视图

操作步骤③：画布操作

1. 画布常见操作

右击底部画布名称，在弹出的快捷菜单中可进行图 1-59 所示操作。

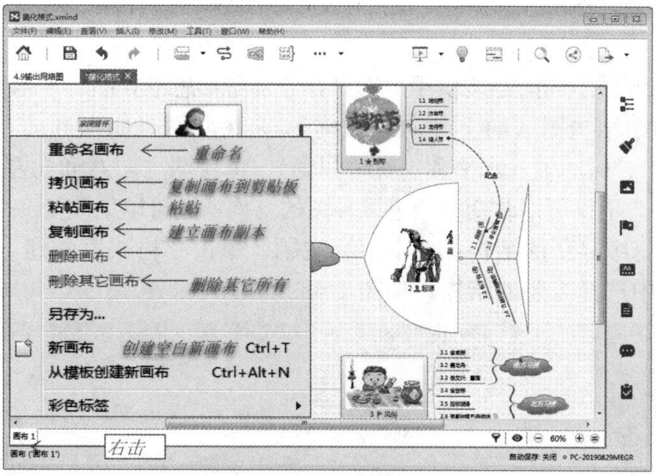

图 1-59　画布常见操作

2. 从主题创建画布

XMind 的“从主题创建画布”功能，可以将一张复杂的思维导图，在一个工作簿内拆分为多个画布进行单独编辑，新画布的默认名称是中心主题的内容，操作方法如下：

（1）选中主题，右击，在弹出的快捷菜单中选择“从主题创建新画布”命令，如图 1-60 所示。

（2）选中主题，使用菜单命令“插入”→“从主题创建新画布”，如图 1-61 所示。

（3）选中主题，使用【Ctrl＋Alt＋T】组合键。

3. 画布转工作簿

一个工作簿包含多个画布，如果只需要将其中的单个画布分享出去，可以将需要的单个画布剥离出来，保存为一个单独的工作簿，方法是右击底部要分离的画布名称，在弹出的快捷菜单中选择“另存为”命令，如图 1-62 所示。

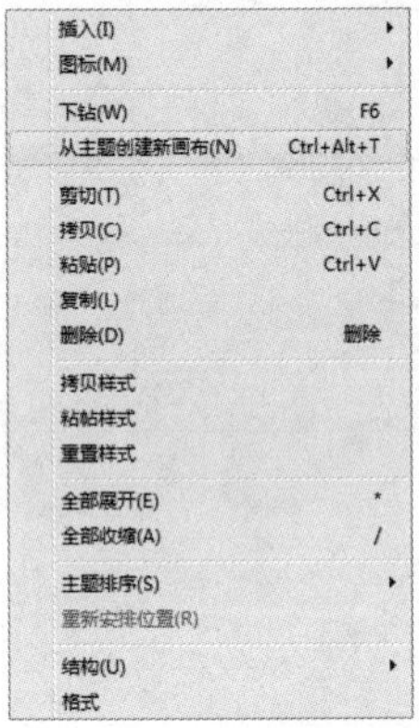

图1-60　右键创建画布

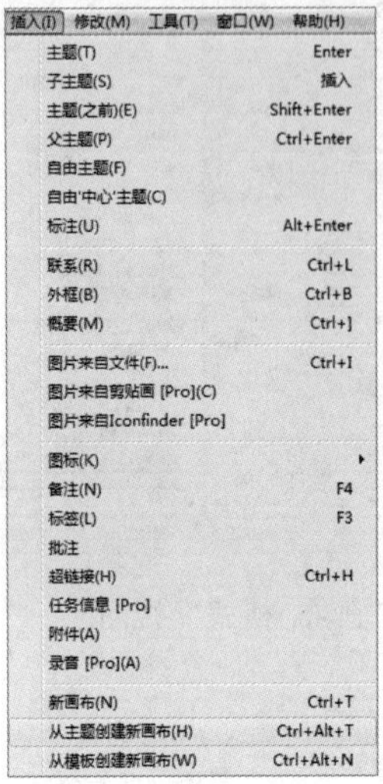

图 1-61　菜单创建画布

图 1-62　画布转工作簿

操作步骤④：导出文件

1. 修改结构

XMind 有 8 款 16 种不同的结构供用户选择，分别是：思维导图、平衡图（向下、顺时针、逆时针平衡图）、组织结构图（向上和向下结构图）、树状图（向左和向右树状图）、逻辑图（向右和向左逻辑图）、时间轴（水平和垂直时间轴）、鱼骨图（向右和向左鱼骨图）以及矩阵图（行和列矩阵图）。不仅可以改变整个思维导图的结构，还可以仅改变一个分支的结构。

（1）更改整个思维导图的结构：选中中心主题，单击“格式”按钮，打开“主题格式”视图，在结构列表中选择需要的结构，如图 1-63 所示。

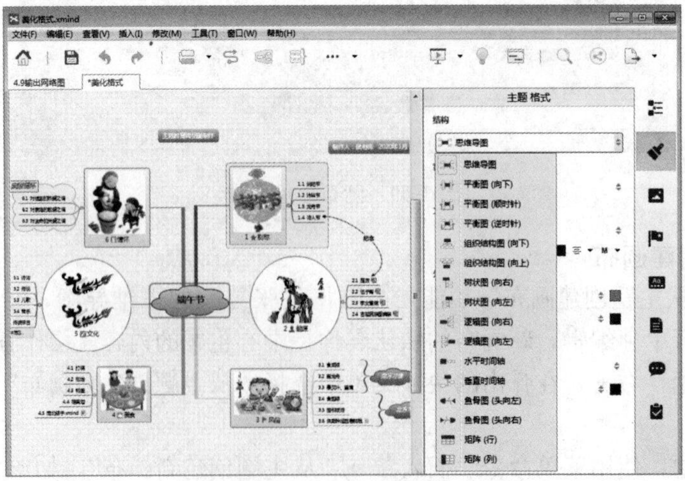

图 1-63　网络图结构

（2）更改某个分支的结构：选中分支主题的根主题，单击“格式”按钮，打开“主题格式”视图，在结构列表中选择需要的结构。

小提示

（1）用户可以在一张思维导图中使用多个结构。例如，整张图是一个矩阵图，一个分支是鱼骨图，另一个分支是逻辑图，如图 1-64 所示。

（2）某个分支的根主题可以是中心主题，也可以是分支主题或者子主题。

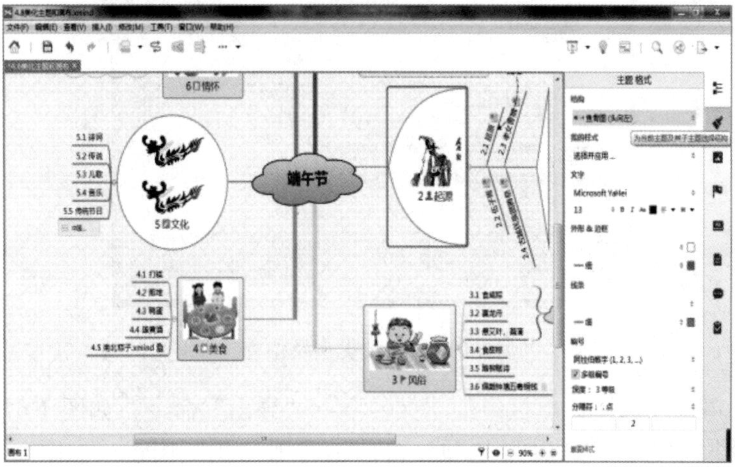

图 1-64 分支结构

2. 导出文件

（1）使用工具栏。单击工具栏中的“导出”按钮，在弹出的下拉菜单中选择“导出图片”命令，如图 1-65 所示，在“导出为图片”对话框中设置“图片格式”和“至文件”选项，然后单击“完成”按钮，即可导出相应格式的文件，如图 1-66 所示。

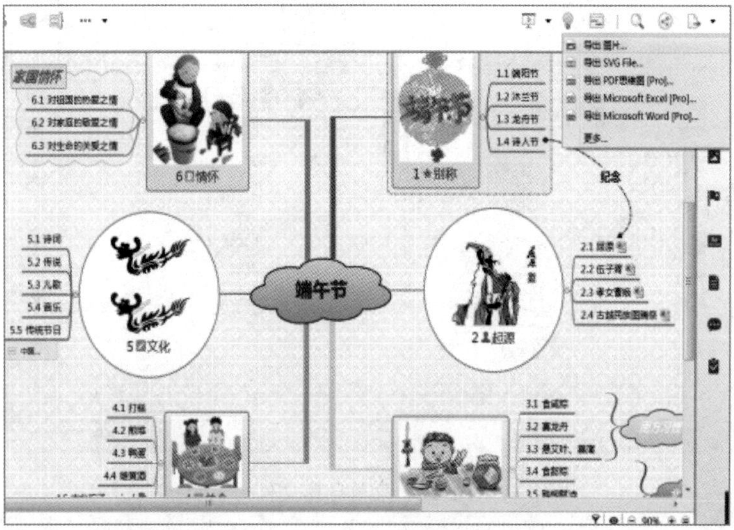

图 1-65 导出图片

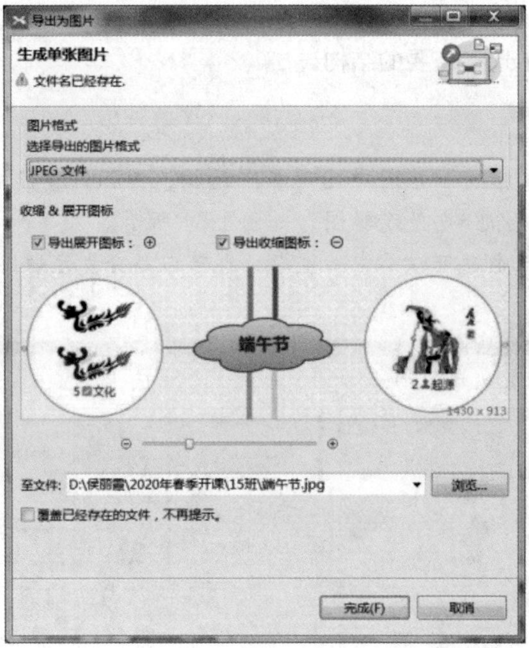

图 1-66　导出类型及位置

（2）使用菜单栏。选择菜单栏中的“文件”→“导出”命令，如图 1-67 所示，在弹出的“导出”对话框中选择“图片”选项，再单击“下一步”按钮，如图 1-68 所示，弹出“导出”对话框，后面步骤同使用工具栏导出。

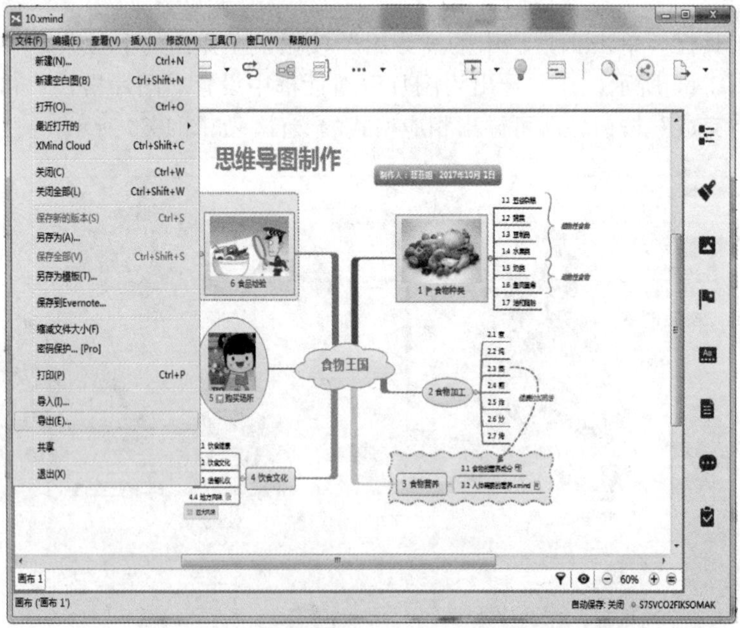

图 1-67　菜单导出文件

图 1-68　选择文件类型

任务六：利用人工智能技术生成网络图

【任务引导】人工智能技术辅助生成主题教育网络图有什么优势？有什么劣势？如何利用人工智能技术生成网络图？有哪些注意事项？

【任务操作】请根据操作提示利用人工智能生成思维导图，输出完整作品。

人工智能生成网络图的平台有通义千问、文心一言、智谱清言、Kimi、豆包、DeepSeek等，这些人工智能平台兼有网页版和移动App版本，可以根据需要选择不同的平台和使用端。下面以“DeepSeek”平台为例生成思维导图。

操作步骤①：打开“DeepSeek”网页版

进入DeepSeek官网后单击“开始对话”按钮，如图1-69所示，进入登录界面，登录后可免费使用。

图 1-69　DeepSeek 登录界面

操作步骤②：输入提示词

利用人工智能工具需要掌握提示词的写法。高质量的提示词可以发挥 AI 的潜能，反之会让 AI 变得平庸甚至出错。

1. AI 对话的原理

AI 生成文本依赖于语言模型，这些模型通过大量的文本数据训练学习语言的结构和模式。常见的 AI 语言模型如 GPT（generative pre-trained transformer），它能通过对海量数据的分析，学会如何在不同语境下生成连贯和有意义的文本。AI 并不像人类拥有自主的常识和生活经验，只能依赖提示词提供的上下文信息，提示词越清晰、越具体，AI 越能理解你的意图。

用户输入提示词后，AI 通过以下步骤生成回答：

（1）解析提示词：AI 首先解析输入的提示词，提取关键词和语境。

（2）检索知识库：根据解析结果，从训练数据中检索相关信息。

（3）生成文本：结合上下文和检索到的信息生成连贯的回答。每一步都依赖于提示词的质量。如果提示词模糊，AI 的解析和检索过程就会受到影响，最终生成的回答难以满足用户需求。

2. AI 提示词框架

编写 AI 提示词一般遵循 RASCEF 框架。

角色（Role）：明确定义 AI 需要扮演的角色，这将决定 AI 的回复风格和专业领域。例如，“你作为一位专业的营养师，为我提供健康饮食建议。”

行动（Action）：描述您希望 AI 执行的具体行动或任务。例如，“我需要一份适合忙碌工作日的健康饮食计划。”

步骤（Script）：如果任务可以分解为一系列步骤，提供这些步骤以便 AI 按照顺序执行。例如，“首先，确定每日所需的卡路里摄入量；其次，选择富含蛋白质、纤维和维生素的食物；最后，制定一周的餐单。”

上下文（Content）：提供与任务相关的背景信息，帮助 AI 更好地理解任务的情境。例如，“目标用户是办公室工作者，他们需要方便携带且易于准备的食物，同时注重营养均衡。”

示例（Example）：提供一些具体的例子，帮助 AI 理解所需的语气、风格或思维方式。例如，“可以推荐一些简单的沙拉配方，搭配全谷物面包和瘦肉。”

格式（Format）：指定 AI 输出的格式，确保输出符合展示或使用需求。例如，“我希望这份饮食计划以列表形式呈现，每餐都包括食材列表和简单的烹饪说明。”

RASCEF 框架提供了一个全面的结构，涵盖了角色、行动、步骤、上下文、示例和格式，是多种场景下与 AI 互动的理想选择。

本案例输入提示词“你作为一名幼儿园教师（角色），需要制作一份传统节日主题活动《粽香情浓端午节》主题教育网络图（行动），分为三个一级主题：首先，节日知识我知道，例如，端午节的由来、端午节的习俗等（实例）；其次，节日快乐我体验；最后，节日活动我做主（步骤）。目标群体是幼儿园大班幼儿（上下文），使用 Markdown 格式输出（格式)。”这里的 Markdown 是一种轻量级标记语言，它可以使用易读、易写的普通文本格式编写结构化文档，然后通过工具转换成 HTML、PDF、思维导图和其他格式。如图 1-70 所示，单击“发送”按钮开始生成，生成结果如图 1-71 所示。

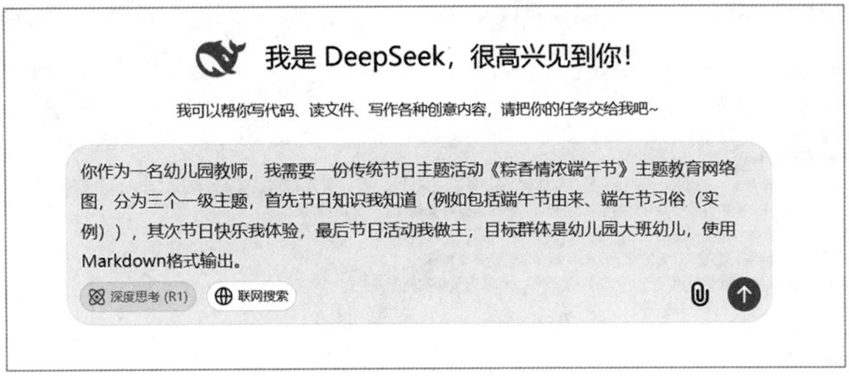

图 1-70　DeepSeek 对话界面

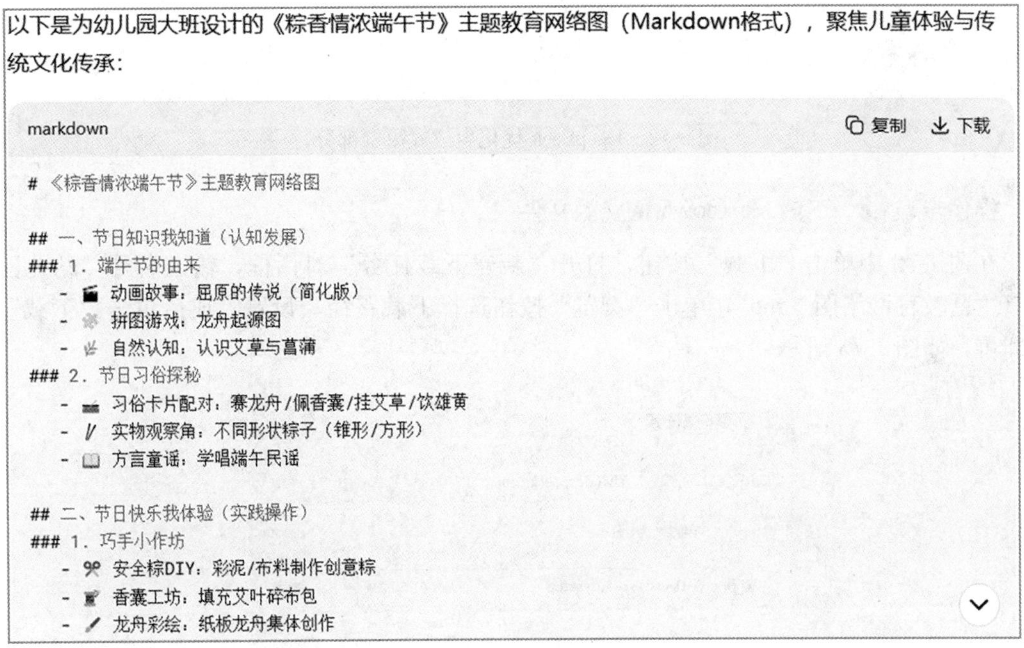

图 1-71　DeepSeek 生成效果（部分）

通过初步对话，DeepSeek 生成了一份简单的主题教育网络图，虽然目录比较完善，但内容太简略，可以通过追问让 DeepSeek 优化。人工智能生成并不是一次性完成的，需要一步步引导才能得到理想答案。进一步输入提示词：“根据上面生成的目标内容，每个小点涉及的具体内容再扩展一些，要求每个点要详细说明，每个点的字数大于 50 个字。使用 Markdown 格式输出。”优化的效果如图 1-72 所示。如果仍未达到要求，可以继续追问。

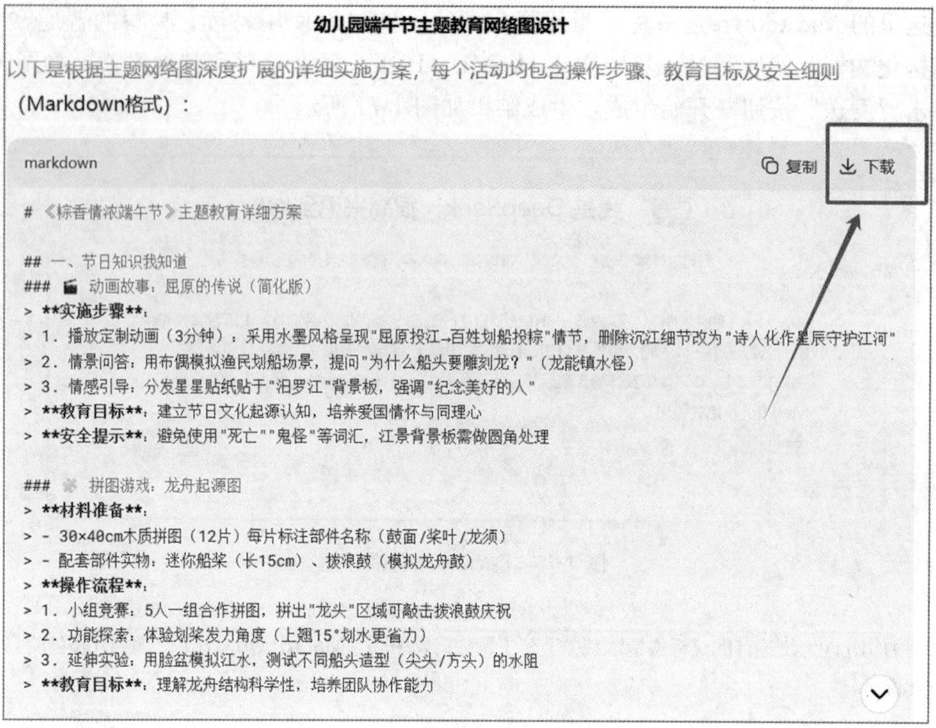

图 1-72　DeepSeek 优化生成效果（部分）

操作步骤③：下载 Markdown 格式的文件

在图 1-72 中单击“下载”按钮，打开“新建下载任务”对话框，输入名称“幼儿园端午节主题教育网络图. md”，单击“浏览”按钮选择下载路径，设置完成后单击“下载”按钮即可，如图 1-73 所示。

图 1-73　下载 AI 生成结果

操作步骤④：编辑 AI 生成的网络图

打开 XMind 软件，先选择一个模板，单击进入后，依次选择“文件/导入于/Markdown”，打开文件夹找到步骤 3 存储的“粽香情浓端午节. md”文件，单击“导入”按钮即可，如图 1-74 所示。

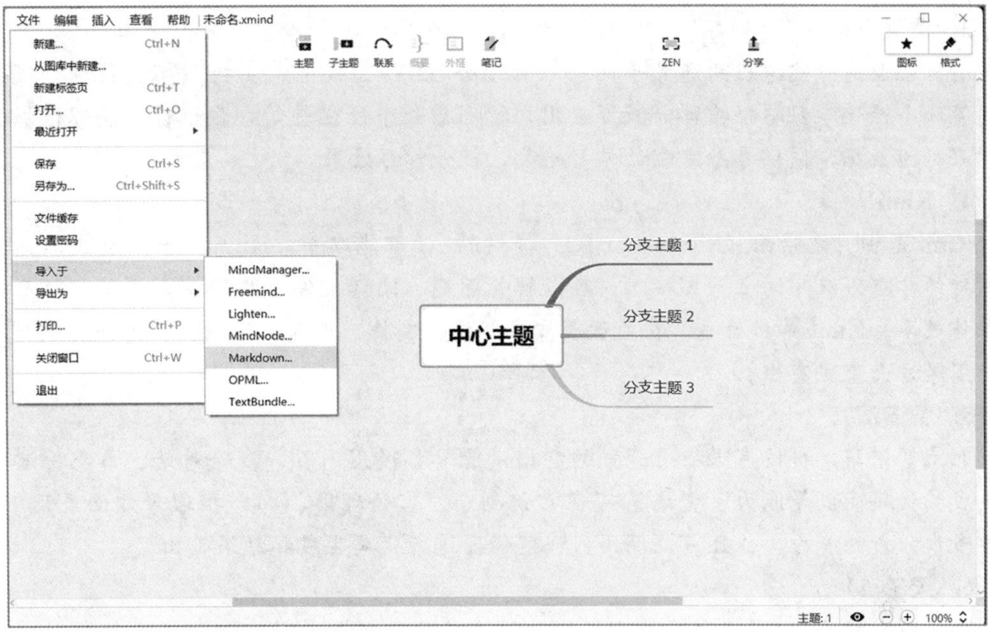

图 1-74　导入 AI 生成的网络图

【课程思政】

AI 是大数据、大模型技术支持下的数据检索和数据重组，可以帮助我们开拓视野，有效学习和借鉴前人研究成果。但 AI 并不能产生原创性知识、理念，在教育教学中也无法代替教师的言传身教和因材施教。因此，既要充分认识 AI 的工具属性，也要深刻理解新技术、新方法给教育改革带来的机遇和挑战，能够利用 AI 辅助教学、优化教学，追求高质量的教育。

【知识拓展】

AI 平台简介

人工智能已经成为我们日常生活中不可或缺的一部分，各种 AI 大模型已经应用到各个领域，下面介绍部分 AI 大模型的功能和特长。

1. 文心一言

文心一言（Wenxin Yiyan）是由百度推出的大规模语言模型，它具备强大的自然语言处理能力，能够进行文本生成、翻译、问答、写作辅助等多种任务。擅长生成高质量的教育文章，能够为教师提供教学内容创作和作业批改的智能辅助。

2. 讯飞星火

科大讯飞的讯飞星火主要用于语音识别和语音合成，还支持多语种翻译、智能对话和教育测评等。其语音识别技术在课堂录音、语音助理和口语练习中具有显著优势，能有效提升学生的口语能力和学习效率。

3. 通义千问

阿里巴巴达摩院推出的通义千问是一款综合性AI大模型，支持多模态数据处理、智能问答和个性化学习路径推荐等教育应用。特别擅长个性化教学方案设计，能够根据学生的学习行为数据，提供量身定制的学习路径，提升学习效果。

4. Kimi

Kimi是由月之暗面（Moonshot AI）提供的AI智能助手，Kimi擅长中英文对话，新版支持约200万汉字的上下文输入，可以解答问题、阅读文件、联网搜索并整合信息，提升工作效率。Kimi界面简洁，在处理长文本、课件制作、内容创作辅助、文件处理、跨平台应用等方面表现突出。

5. 智谱清言

北京智谱华章科技有限公司开发的智谱清言具备通用问答、多轮对话、角色扮演、文本生成、代码生成等能力。智谱清言在常识判断、言语理解、判断推理等方面表现不错，具备多步分析的能力，并且可以调用代码解释器进行代码生成和结果输出。

6. 天工AI

腾讯研发的天工AI在图像识别、自然语言处理和机器学习方面都有卓越表现，广泛应用于教育评估和智慧校园管理。天工AI能够自动批改作业、分析学习数据，并通过图像识别技术辅助教师进行课堂管理和学生行为监控。

7. 百川AI

京东研发的百川AI主要应用在智能客服、知识图谱构建和教育资源推荐等方面。百川AI在教育资源推荐上表现突出，能够根据学生的兴趣和学习情况，智能推荐相关的学习资料、视频和课件。

8. 豆包AI

豆包科技推出的豆包AI在文案创作、图片生成、学习辅助等方面有独到之处，专注于情感计算和人机交互，在教育心理健康辅导和智能辅导员方面有独特优势。豆包AI可以通过情感识别技术，及时了解学生的心理状态，提供针对性的心理辅导和学习建议。

9. GPT-4o

OpenAI的GPT-4o是最新一代的大规模语言模型，它以卓越的文本生成能力和深度理解能力闻名。GPT-4o在教育领域的应用范围广泛，包括教学材料生成、互动教学助手、智能问答系统等，为教师和学生提供全方位的支持。

10. 商汤AI

商汤科技的商汤AI在计算机视觉和深度学习方面有显著优势，应用于智能监控、在线教育平台和虚拟实验室等。商汤AI能够创建虚拟实验室，为学生提供沉浸式的学习体验，并通过计算机视觉技术提升课堂互动和教学质量。

以上AI大模型在教育中的应用不仅极大地提高了教学效率和质量，还为个性化、智能化教育提供了有力支持。各大模型的功能和特长各有侧重，教育工作者可以根据实际需求选择最适合的AI工具，从而更好地赋能教育。

六、项目评价

教师组织学生展示作品，通过自评、互评、教师评相结合的方式完成评价，运用评价结果激励学生反思与改进，将评价结果与反思填入表 1-6。

表 1-6 “设计制作主题教育网络图”考核评价表

学生姓名： 小组名称： 班级：

评价内容	评 价 标 准	分值	得分
内容设计	1. 作品符合幼儿教育教学特点，考虑到生活化、兴趣性、适宜性、幼儿主体性和家园合作等因素，具有实用性和可操作性。 2. 作品设计新颖，具有创新性。 3. 作品使用素材符合要求，具有丰富性	20	
技术运用	1. 网络图结构清晰，控件设计处理得当，整体美观，具有艺术性。 2. 网络图制作技能全面，操作熟练，作品完整	60	
学生素质	1. 无迟到、早退、旷课现象。 2. 遵守课堂纪律，规范使用教学设备；按时完成任务。 3. 积极与同学合作交流，主动承担工作，精神面貌好	20	
合 计		100	
自我反思：本项目学习有哪些收获？存在哪些问题？哪些技能需要进一步夯实？			
老师、同学评价： 考核评价人： 年 月 日			

七、项目延伸

请同学们课后尝试完成以下任务，将完成情况填入表 1-7。

（1）协助幼儿园在职教师开发一件主题教育网络图作品。

（2）积极参加职业院校技能大赛“幼儿教育技能”比赛，提升专业技能。

【赛教结合】

2023 年全国职业院校技能大赛（高职组）“幼儿教育技能”赛项赛卷样题：

题目：主题活动——中班“夏天来了”

主题教育网络图设计：根据附件提供的素材，综合幼儿发展各领域以及幼儿园活动的类型，围绕主题设计主题教育网络图。主题教育网络图绘制要具有科学性、丰富性、操作性等特点，充分考虑到幼儿的主体性、兴趣性、适宜性和家园合作等因素。网络图至少有三个层级（包含主题名称一级），第二、三层级至少有三个活动以上。

表 1-7 岗位（竞赛）任务反馈表

学生姓名： 班级：

任务名称		应用场景	
使用了哪些操作技能			
反思与提升			
应用效果			
作品粘贴处（或将作品上传学习平台）			

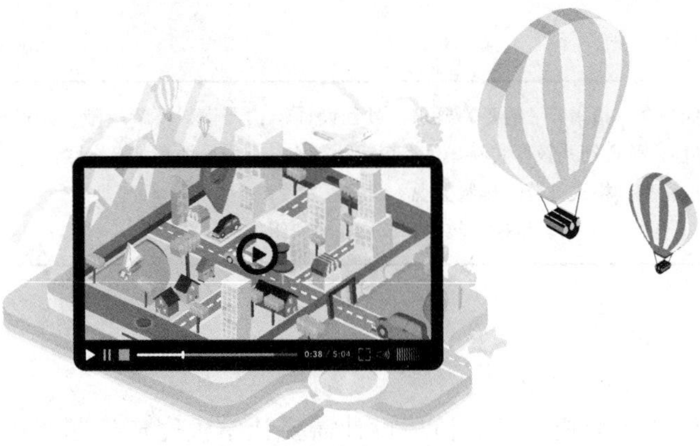

项目二 设计制作教育活动设计方案

一、典型工作任务描述

五大领域教育活动的设计与实施是幼儿园进行幼儿教育的主要手段，配合主题教育活动，幼儿园教师需要开发主题教育网络图、编写教育活动设计方案、设计制作多媒体课件。其中，教育活动设计方案又称教案，是组织实施幼儿教育活动的基础必备教学文件。编写教案是幼儿园教师的基本工作，教案是否具有规范性、科学性、指导性是衡量教师专业能力的重要指标。计算机办公普及后，教师们已经习惯于用办公软件编写教案，电子教案易于保存和修改，可以在网络上传播和交流。大多数教师编写的教案采用文字描述方式，仅使用了计算机文档处理软件的基本功能，缺乏直观性和生动性。进一步掌握软件提供的多种功能，借助计算机办公软件的表格、图文混排等工具，融合多媒体元素设计制作教案，可有效提高教案的规范性、逻辑性、可操作性，使教案格式规范、版面美观、内容丰富、图文并茂。“设计制作教育活动设计方案”的典型工作任务分析见表 2-1。

表 2-1 “设计制作教育活动设计方案”典型工作任务分析

工作环境	正常办公环境
工作过程	确定主题 → 制作教案框架 → 完成内容写作 → 美化排版
工作对象	幼儿教育活动设计方案及相关素材
工具和材料	1. 工具：多媒体计算机、智能手机、办公软件。 2. 材料：文字、图片素材
工作方法	1. 文献研究法：认真学习《3—6 岁儿童学习与发展指南》及前人研究成果。 2. 案例教学法：多学习他人的作品，启发作者的创作灵感
劳动组织形式	独立工作

续表

工作要求	1. 活动目标符合《指南》《纲要》要求，过程设计结构严谨、环节清晰、详略得当，体现幼儿主体性，符合幼儿教育实际，对教育活动实施具有指导性和可操作性。 2. 教案结构完整、格式规范、排版美观、图文表并茂。 3. 学生 4～6 人结成一个教研组，教案完成后在教研组内交流评价

二、学习情境描述

根据设计制作教案的典型工作任务分析，学习情境设计需要让学生完成选题、撰写文案、编辑排版、输出作品的完整过程，学习情境设计见表 2-2。

表 2-2 “设计制作教育活动设计方案”学习情境设计

学习情境	设计制作教育活动设计方案		学时建议：12 学时
学习情境描述	学生根据教师下发的学习任务书，独立选取活动主题，按照教案编写规范完成撰写文案、编辑排版、输出作品等任务，制作一件完整的幼儿教育活动设计方案作品		
学习目标	知识目标	1. 掌握教案的基本结构、格式规范和编写要求。 2. 掌握 Word 的字处理功能、表格处理功能、图文混排功能	
	能力目标	1. 能够设计完整规范、可操作性强的幼儿教育活动设计方案。 2. 能够利用 Word 2016 软件编辑、排版，制作图文表并茂的电子教案	
	素质目标	1. 牢固树立以幼儿为本的教育观念，增强师德意识和教学设计能力、教学实施能力、教学评价能力。 2. 增强创新意识和创新能力以及多维度、多渠道获取资源的能力。 3. 增强现代信息素养和数字素养，遵守网络使用规范	
学习内容	1. 编写幼儿教育活动设计方案。 2. Word 的字处理功能、表格处理功能、图文混排功能。 3. 输出打印教案		
教学条件	1. 硬件：多媒体机房、每台计算机均能够登录互联网。 2. 软件：计算机办公软件 Word 2016		
教学方法与组织形式	1. 教学方法：案例教学法、任务驱动法、引导文教学法。 2. 教学组织形式：学生独立操作计算机完成任务，分组交流评价		
教学流程	活动内容	教 师 活 动	学 生 活 动
观摩： 获取资讯	布置任务	课前发放学习任务书和学习资源，引导学生掌握教案编写规范，课前完成教案文字编写任务	在学习任务书的引导下，掌握设计制作教案的原则和方法。课前完成教案文字编写任务
	案例分析	展示教学案例，进行案例分析	根据案例分析，了解教案编辑排版的知识技能要求

设计： 制订计划	设计方案	组织学生分组交流研讨教案排版设计方案	以小组为单位交流研讨教案排版设计方案
	确定方案	组织学生修改完善教案排版设计方案	学生根据小组研讨结果，完善确定教案排版设计方案
制作： 实施计划	项目实施	以案例为引导，教授编辑排版技能，引导学生完成教案排版设计任务	学习文档编辑排版操作技术，完成教案编辑排版任务
展评： 评价反思	检查评价	组织学生展示作品、反思改进，评定学生成绩	展示自己的作品，通过自评、互评、教师评反思改进，填写评价表
创新： 应用创新	项目延伸	鼓励学生参加职业技能大赛，或在实际工作学习中应用	参加职业技能大赛，或在实际工作学习中应用，持续提升文档编辑处理能力

三、布置任务（见表 2-3）

表 2-3　“设计制作教育活动设计方案”任务书

项目名称		设计制作教育活动设计方案
具体任务	课前任务	1. 阅读设计制作教育活动设计方案典型工作任务分析，学习编写教案的基本知识。 2. 观摩“创编绕口令”教案案例，根据案例分析了解设计制作教案的知识技能点。 3. 自选主题，课前完成教案文稿的编写任务
	课中任务	1. 设计教案及排版方案。 2. 制作教案封面。 3. 制作编辑表格。 4. 图文混排。 5. 设置页面与打印输出。 6. 利用人工智能生成教案
	课后任务	1. 完善幼儿园在职教师编写的教案，做到图、文、表并茂。 2. 完成一项撰写工作计划、总结、方案、求职简历等工作或学习任务。 3. 积极参加职业院校技能大赛“幼儿教育技能”比赛，提升专业技能
任务要求		1. 学生自主选取主题，编写出教育活动设计方案，设计教案排版方案。教案要符合幼儿园教学实际要求，结构必须包含题目、教学目标、教学内容、教学准备、教学环节、教学延伸等基本要素。 2. 学生根据教案和版面设计方案，利用计算机完成教案作品。教案格式要求排版美观、结构完整、技能全面。 3. 小组同学间互相借鉴、合作探究，研讨确定版面设计方案，交流作品并完成评价

四、典型案例分析

素材

教案案例：创编绕口令

（一）教学案例及分析

案例 1：大班语言教育活动“创编绕口令”，案例分析如图 2-1 所示。

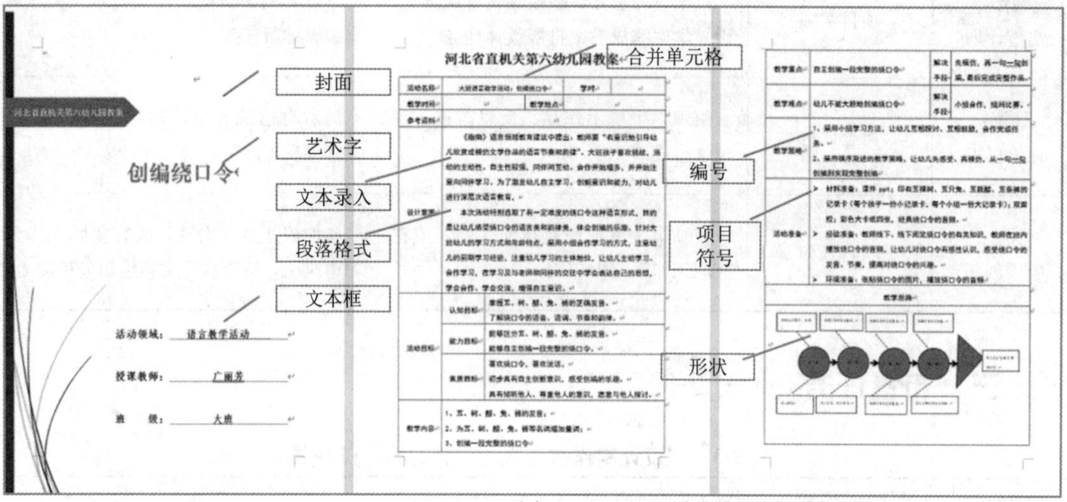

（a）

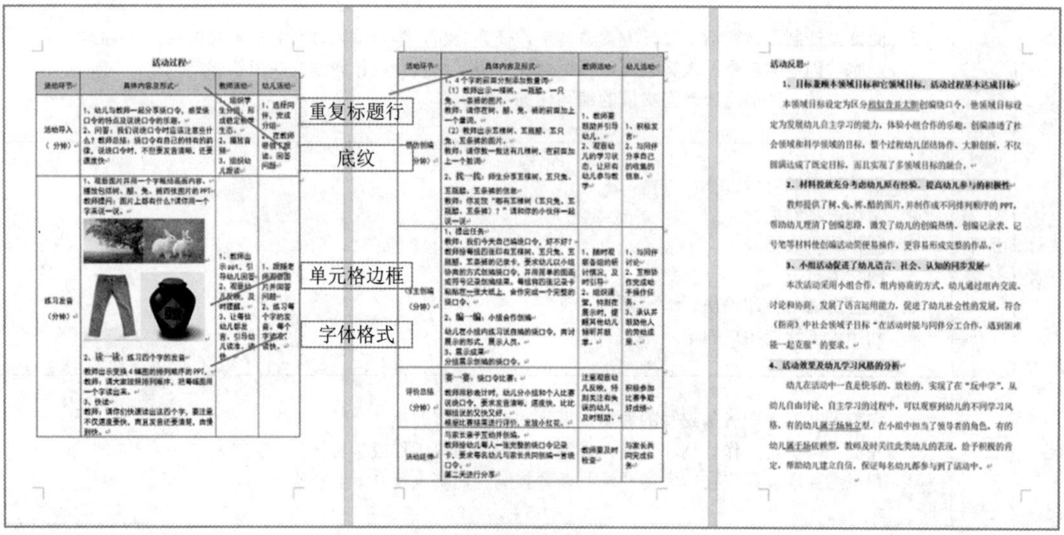

（b）

图 2-1 “创编绕口令”案例分析

案例 2:“颜色变变变”教育活动设计方案，如图 2-2 所示。

素材

教案案例：颜色变变变

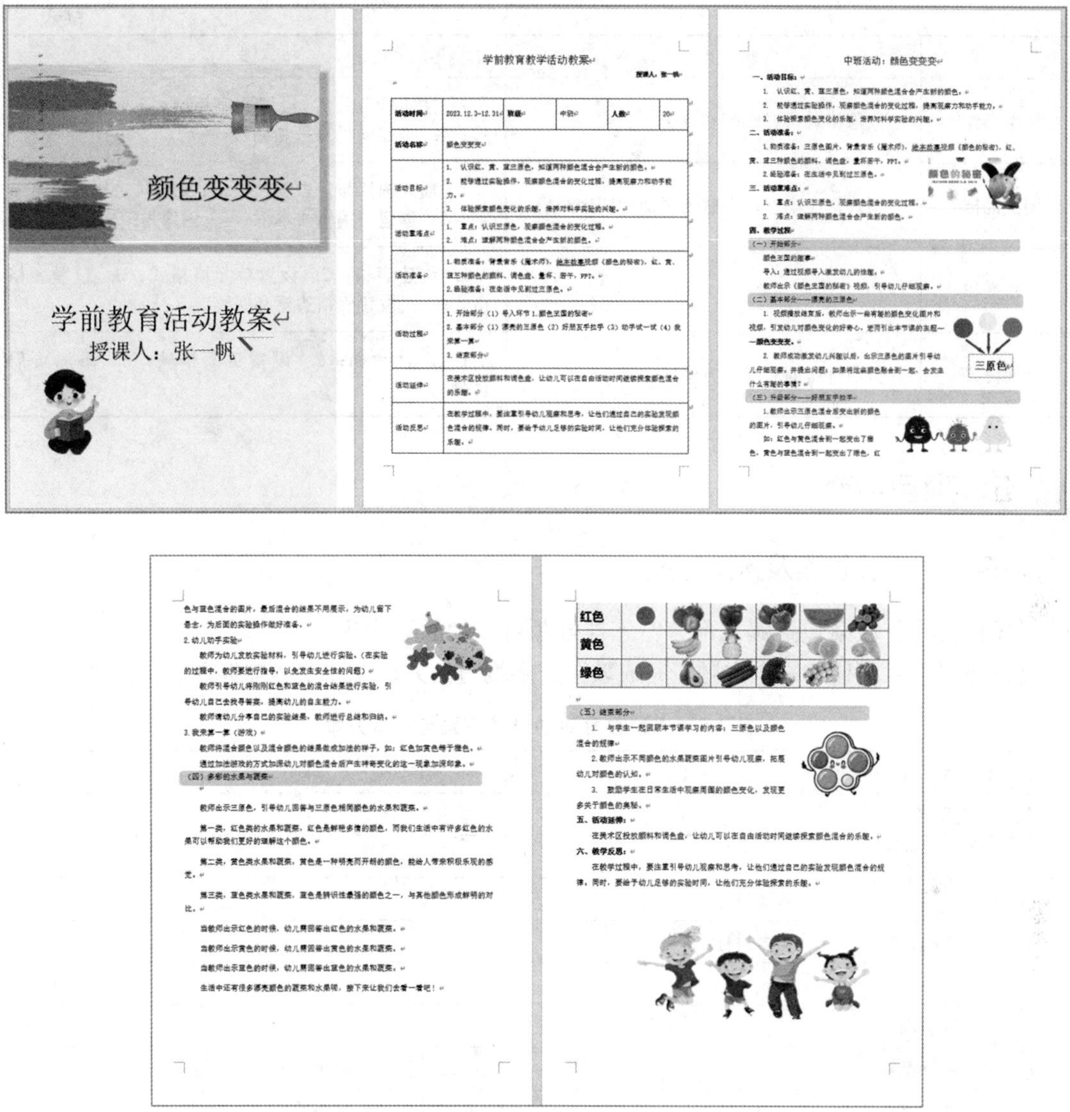

图 2-2　“颜色变变变”教育活动设计方案

（二）文档排版技术

教案一般分为封面、教学设计、活动过程三部分，编辑排版需要用到文字及格式处理、图文混排、表格操作等多项技能，知识技能点见表 2-4。

表 2-4　“设计制作教育活动设计方案”知识技能点

类　别	知　识　点	技　能　点
编写教案	1. 教案的基本结构；2. 教案的编写原则和方法	1. 设计教育活动；2. 编写教案；3. 收集素材
文件操作	—	1. 新建文件；2. 打开文件；3. 保存文件；4. 打印文件

续表

类　别	知 识 点	技 能 点
文本操作	段落格式设置原则和方法	1. 文本操作；2. 设置文字格式；3. 设置段落格式；4. 添加项目符号和编号
图文混排	图片、文本框、形状的区别和使用环境	1. 插入图片与设置图片格式；2. 创建与编辑艺术字；3. 创建与编辑文本框；4. 创建与编辑形状
表格操作	—	1. 创建表格；2. 设置单元格格式；3. 设置表格格式；4. 设置表格边框和底纹
页面设置	页面排版的原则和方法	1. 设计封面；2. 设置页面格式；3. 添加页眉页脚

五、项目实施

任务一：设计教案及排版方案

【任务引导】教案包括哪几部分？怎样排版可以使教案更规范、美观？

【任务操作】请任选一个主题，完成教案文字编写任务，设计教案排版方案，填写表 2-5。

表 2-5　主题教育活动设计方案与排版方案

<table>
<tr><td colspan="2">活动名称</td><td colspan="2"></td><td>学时</td><td></td></tr>
<tr><td colspan="2">教案封面设计</td><td colspan="4"></td></tr>
<tr><td rowspan="9">活动
教学设计</td><td>设计意图</td><td colspan="4"></td></tr>
<tr><td rowspan="3">活动目标</td><td>认知目标</td><td colspan="3"></td></tr>
<tr><td>能力目标</td><td colspan="3"></td></tr>
<tr><td>素质目标</td><td colspan="3"></td></tr>
<tr><td>教学内容</td><td colspan="4"></td></tr>
<tr><td>教学重点</td><td colspan="2"></td><td>解决手段</td><td></td></tr>
<tr><td>教学难点</td><td colspan="2"></td><td>解决手段</td><td></td></tr>
<tr><td>教学策略</td><td colspan="4"></td></tr>
<tr><td>活动准备</td><td colspan="4"></td></tr>
<tr><td rowspan="2">活动教学
过程及
排版设计</td><td colspan="2">活动环节</td><td>具体内容及形式</td><td>教师活动</td><td>幼儿活动</td></tr>
<tr><td colspan="2"></td><td></td><td></td><td></td></tr>
</table>

【课程思政】

善于教学

教学是幼儿园教师的基本素养和岗位工作。教师应尊重幼儿的学习和发展权利及个体差异，善于综合利用学前教育专业知识、教育教学技能设计并实施幼儿教育教学活动。编写教案既要注重格式的规范性，更要注重内容的科学性。需要牢固树立以幼儿为本的教育理念，尊重幼儿的特点、差异和需求，使教学设计兼具教育性、科学性、规范性。

任务二：制作教案封面

【任务引导】

（1）教案封面中一般包含哪些信息？需要用到文档操作的哪些技能？

（2）如何设置文本和段落格式？

教案封面一般包括活动名称、作者的基本信息、园所的 Logo 等信息，本案例中的封面制作包括文档操作、录入文本、设置字体与段落格式、插入艺术字和文本框等操作。

【任务操作】请根据自主设计的教案，按照如下操作提示，完成教案封面的制作任务。

操作步骤①：新建、打开、保存文档

1. 新建 Word 文档

双击计算机桌面上的 Word 文档图标即可打开软件，并新建一个文档。如果想另建一个新的文档，可选择“文件”→“新建”命令，选择右侧“可用模板”列表中的“空白文档”选项，即可创建新的空白文档，如图 2-3 所示。

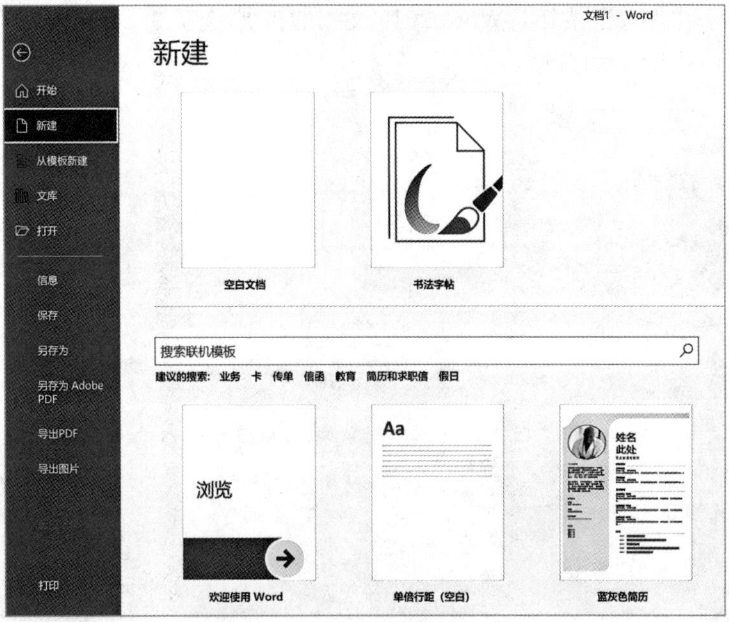

图 2-3　新建文档

2. 打开 Word 文档

打开一个已经保存过的文档有多种方法：一种是在保存文档的文件夹中双击文档名称；另一种是在 Word 软件的界面，选择“文件”→“打开”命令，在“打开”对话框中选中相应文件，单击“打开”按钮，如图 2-4 所示。

图 2-4 “打开”对话框

3. 保存 Word 文档

对文档进行编辑时，为了避免死机或停电等造成的文件丢失，每隔一段时间要对文档进行保存操作，保存文件可以选择“文件”→“保存”命令。如果是新建的文件，在首次保存的时候会弹出“另存为”对话框，如图 2-5 所示。在对话框中设置文件保存的位置、文件名和文件类型，单击“保存”按钮，Word 2016 文档的扩展名为“. docx”。保存 Word 文件还可以直接使用【Ctrl+S】组合键。

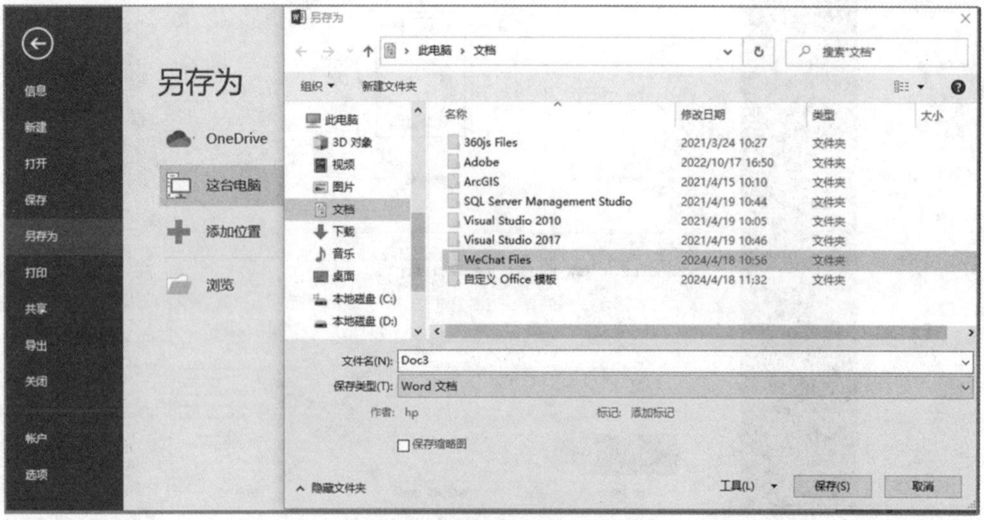

图 2-5 “另存为”对话框

【知识拓展】

1. Word 2016 简介

Word 软件是微软公司发布的办公软件 Microsoft Office 中重要的组件之一，是目前全世界用户最多、使用范围最广的文字编辑软件之一。主要功能包括文档的排版、表格的制作与处理、图形的制作与处理、页面设置和文档打印等，被广泛用于各种办公和日常事务处理中，Word 是办公自动化和提高办公效率的有效工具。

2. 认识 Word 2016 软件界面

Word 2016 软件界面如图 2-6 所示。

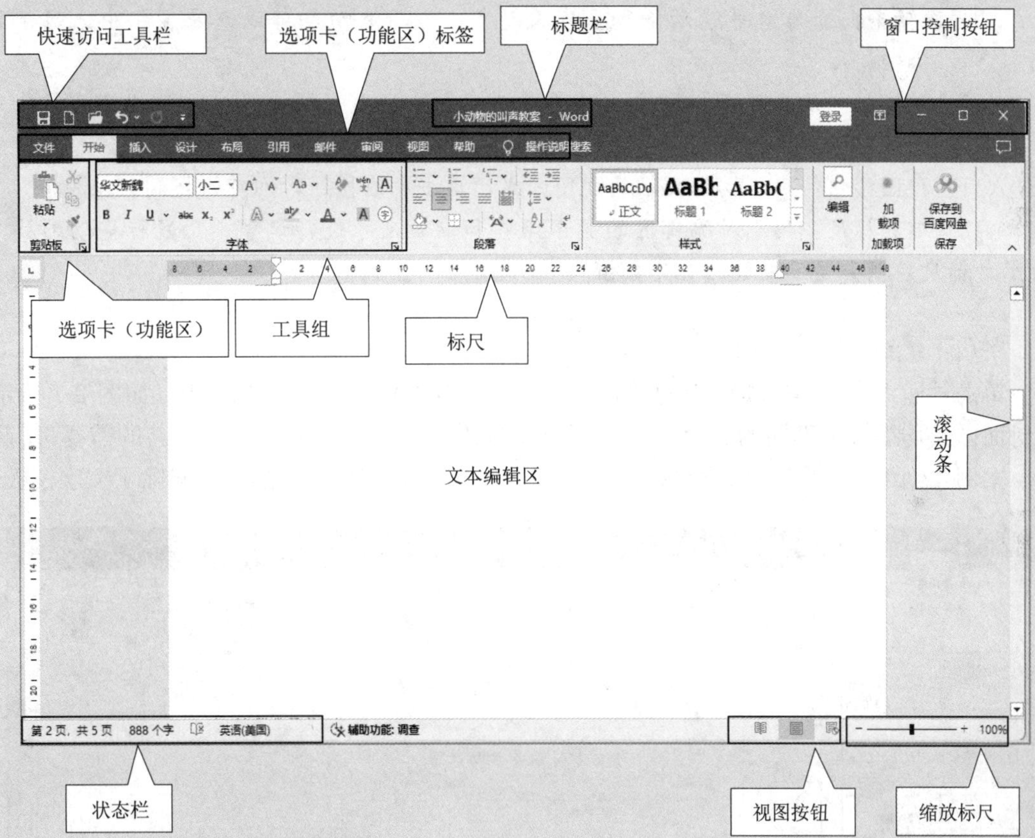

图 2-6 Word 2016 软件界面

(1) 快速访问工具栏：位于窗口上方左侧，用于放置一些常用工具，默认包括保存、撤销和恢复 3 个工具按钮。用户可以根据需要进行添加。

(2) 标题栏：用于显示当前文档的名称。

(3) 窗口控制按钮：包括最小化、最大化和关闭 3 个按钮，用于对文档的大小和关闭进行控制。窗口控制按钮下方有“功能区最小化”按钮。当隐藏功能区时，会有“展开功能区”按钮。

(4) 选项卡（功能区）标签：用于切换功能区，单击功能选项卡的标签名称就可以完成切换。

（5）选项卡（功能区）：用于放置编辑文档时所需的功能按钮。

（6）工具组：系统将功能区的按钮按功能划分为组，称为工具组。在某些功能组右下角有“对话框启动器”按钮（或称“扩展”按钮），单击该按钮可以打开相应的对话框，打开的对话框包含了该工具组的相关设置选项。

Word有“屏幕提示”功能，即当鼠标指针移动到功能区等位置上的按钮时，会有相应的的工具提示信息，帮助用户完成操作。

（7）标尺：分为水平标尺和垂直标尺，用于显示或定位文本的位置。

（8）文本编辑区：用于显示或编辑文档内容的工作区域，编辑区内不停闪烁的光标称为插入点，新输入或插入的文本内容定位在此处。

（9）滚动条：分为水平滚动条和垂直滚动条，拖动滚动条可以查看文档中未显示的内容。

（10）状态栏：用于显示当前文档的页数、字数、拼写和语法状态、使用语言、输入状态等信息。

（11）视图按钮：用于切换文档的视图方式，单击相应按钮，即可切换到相应视图。

（12）缩放标尺：用于对编辑区的显示比例和缩放尺寸进行调整，用鼠标拖动缩放滑块后，标尺左侧会显示缩放的具体数值。

操作步骤②：插入封面

单击“插入”功能选项卡中的“封面”按钮，可以打开“封面”面板，如图2-7所示。各封面样式均提供了不同的文字版式，可以直接添加文字，也可以根据自己的需要进行修改。案例“创编绕口令”的封面选择了“细条纹”样式，仅保留了边框，删除了文字模板。

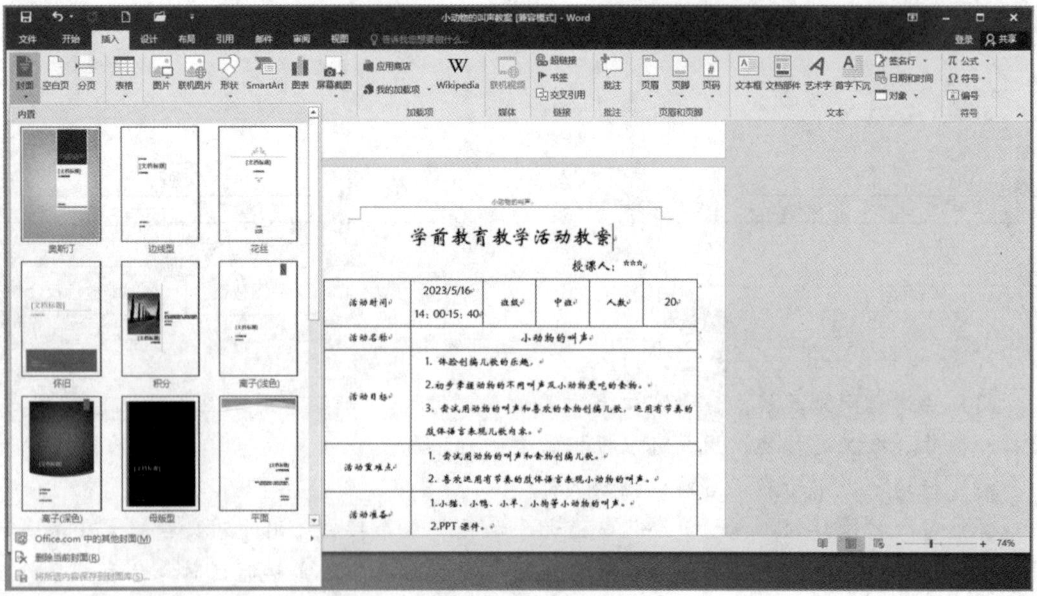

图2-7 插入封面

操作步骤③：录入文字

1. 录入汉字

在 Word 中，录入汉字首先要设置好文字输入法，【Shift＋Ctrl】组合键可以切换各种已经安装好的输入法；【Ctrl＋Space】组合键可以从英文输入法切换到默认的中文输入法。

录入文本时，同一段文本不需要手动分行，当输入内容超过一行时，Word 会自动换行。当录入完一段文字后，按【Enter】键，文档会自动产生一个段落标记符，表示换行。

如果需要强制换行，并且需要该行的内容与上一行的内容保持一个段落属性，可以按【Shift＋Enter】组合键。

案例“创编绕口令”中需要在封面中录入文字“活动领域：语言教学活动；授课教师：广丽芳；班级：大班”，把文字分为 3 行，在文字前加若干空行，使文字位于页面中下方位置。

2. 录入符号

利用键盘可以输入常用的标点符号、字母、数字，如果需要插入键盘外的其他符号，需要通过“插入符号”功能来完成。录入方法如下：

（1）单击“插入”选项卡“符号”工具组中的“符号”按钮，在弹出的下拉菜单中选择“其他符号”命令，如图 2-8 所示。

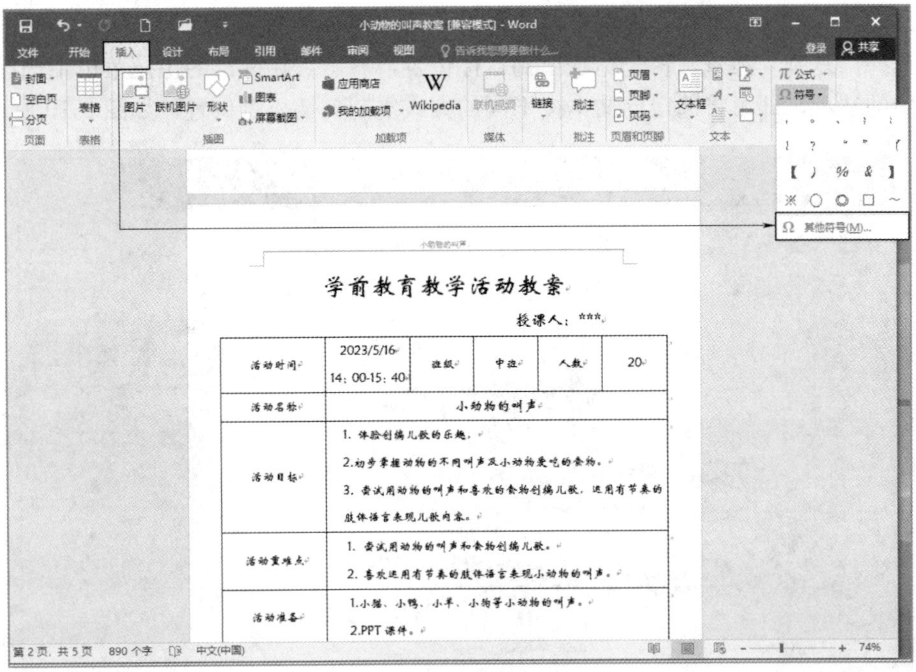

图 2-8　“其他符号”命令

（2）在弹出的“符号”对话框中，选择“字体”下拉列表框中相应的字体，然后选择要插入的符号。单击“插入”按钮即可，如图 2-9 所示。

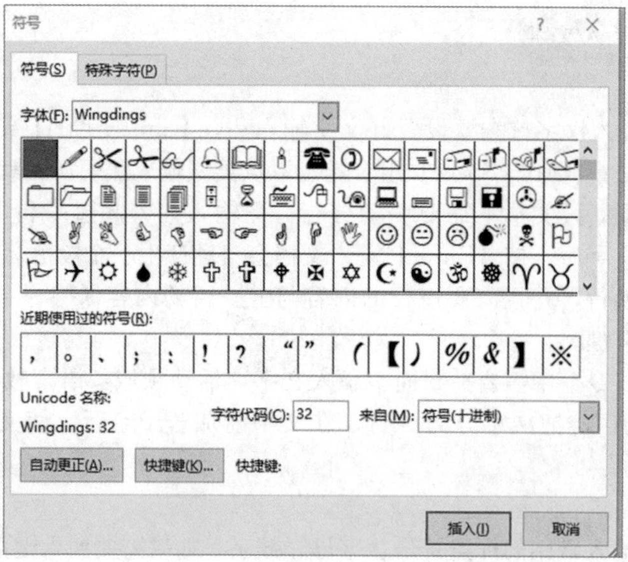

图 2-9 “符号”对话框

3. 复制文本

对重复输入的文字，利用复制和粘贴功能比较方便，方法如下：

(1) 使用右键快捷菜单：先选定要重复输入的文字，在选定内容上右击，在弹出的快捷菜单中选择“复制”命令，将光标定位到目标位置，右击，在弹出的快捷菜单中选择“粘贴选项”中的选项，即可将选定的文本按不同的方式复制到插入点位置，如图 2-10 所示。

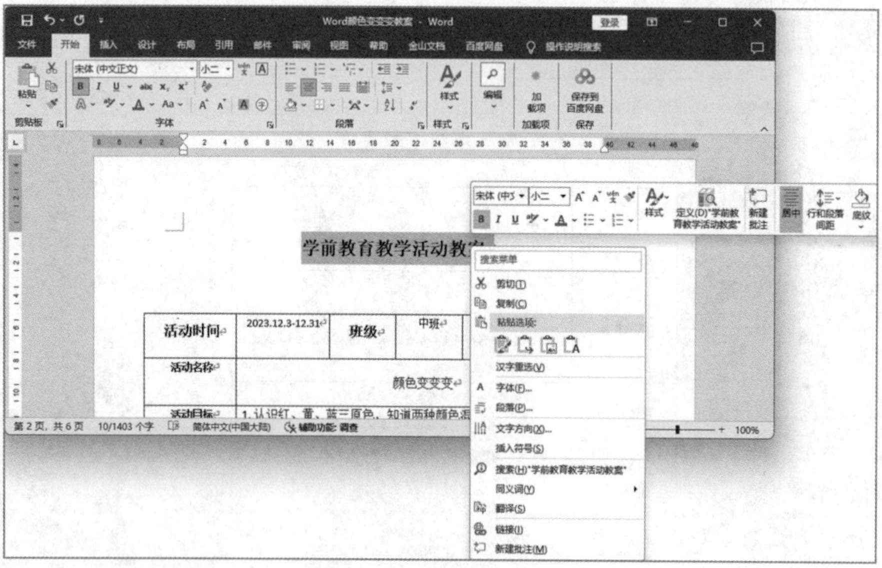

图 2-10 通过右键完成复制

(2) 利用“开始”选项卡完成复制：选定要复制的内容，单击“开始”选项卡中“剪贴板”工具组中的“复制”按钮，选定的内容就被复制到了剪贴板上。将光标移到目标位置，单击“粘贴选项”中的按钮，则选定的内容就被复制到了目标位置，如图 2-11 所示。

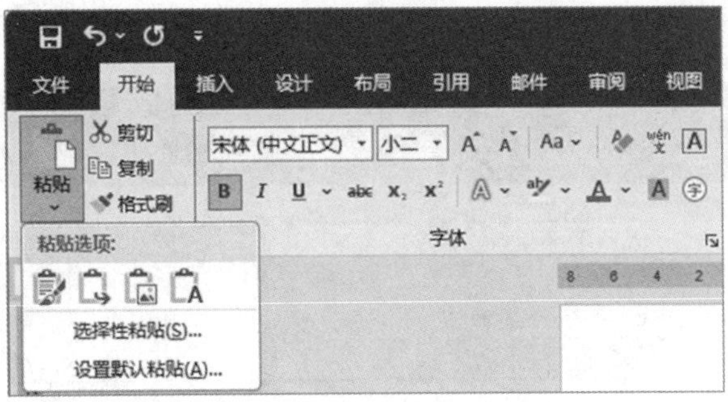

图 2-11 通过“开始”选项卡完成复制

（3）通过鼠标拖动完成复制：首先选定内容，将鼠标指针移动到选定的文字上，然后按住【Ctrl】键，再按住鼠标左键并拖动鼠标，这时随着鼠标的移动，文档中会出现一条虚线和，虚线表明被选取的文字将要复制到的目标位置，在目标位置释放鼠标，则选取的文字便复制到了新的位置。

（4）利用快捷键完成复制：选定要复制的内容，按【Ctrl+C】组合键，然后将光标移到目标位置，再按【Ctrl+V】组合键，则选定的内容就被复制到了目标位置。

4. 移动文本

移动文本时，可利用剪切和粘贴功能，方法如下：

（1）使用鼠标右键快捷菜单：先选定文字，在选定内容上右击，在弹出的快捷菜单中选择“剪切”命令，将光标定位到目标位置，在右键快捷菜单中选择“粘贴选项”中的命令即可。

（2）利用“开始”选项卡：选定文字，单击“开始”选项卡“剪贴板”工具组中的“剪切”按钮，然后，将光标移到目标位置，单击“粘贴选项”中的按钮即可。

（3）通过鼠标拖动：首先选定文字，将鼠标指针移动到选定的文字上，按住鼠标左键并拖动鼠标，这时随着鼠标的移动，文档中会出现一条虚线和，虚线表明被选取的文字将要移动到的目标位置，在目标位置释放鼠标，即可完成文字移动。

（4）利用快捷键：选定内容，按【Ctrl+X】组合键，将光标定位到目标位置，按【Ctrl+V】组合键即可。

5. 删除文本

删除文本通常按以下方法操作：

（1）按【BackSpace】键可以删除插入点之前的文本。

（2）按【Delete】键可以删除插入点之后的文本。

（3）选中要删除的文本，按【BackSpace】键或【Delete】键删除选中的文本。

（4）选中文本后，直接输入替换的内容。

6. 撤销和恢复

如果用户出现错误操作，可以通过“撤销”功能将错误的操作取消，也可以利用“恢复”功能恢复到“撤销”之前的操作。快速访问工具栏中的“撤销”与“恢复”按钮如图 2-12 所示。

（1）撤销：撤销一步，直接单击“撤销”按钮或者使用【Ctrl+Z】组合键；撤销多步时，单击“撤销”按钮右侧的下拉按钮，在弹出的下拉列表中选择要撤销的步骤名称即可。

（2）恢复：单击“恢复”按钮即可恢复到撤销之前的内容。

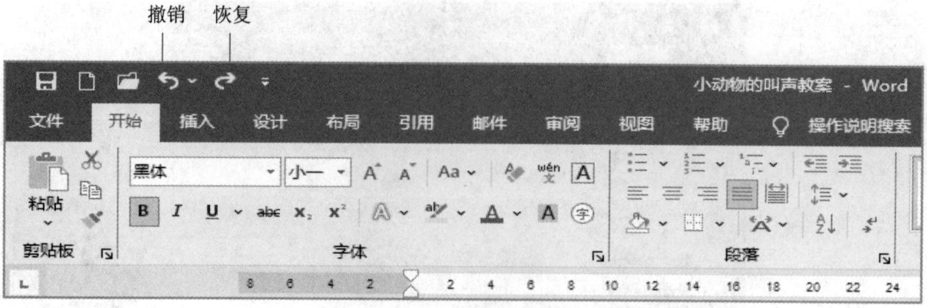

图 2-12　撤销和恢复

7. 查找与替换

将光标定位在文档开始位置，单击“开始”选项卡“编辑”工具组中的“替换”按钮，如图 2-13 所示；弹出“查找和替换”对话框，并自动切换到“替换”选项卡，在“查找内容”中输入需要查找的内容，在“替换为”中输入替换后的文本，如图 2-14 所示；单击“全部替换”按钮，可完成对文本的替换。

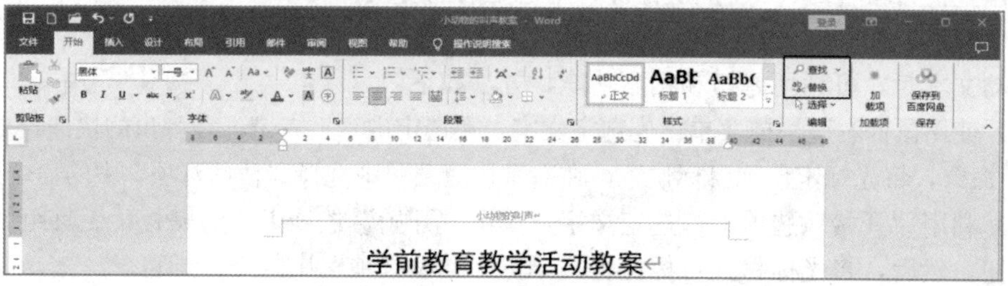

图 2-13　“查找”与“替换”按钮

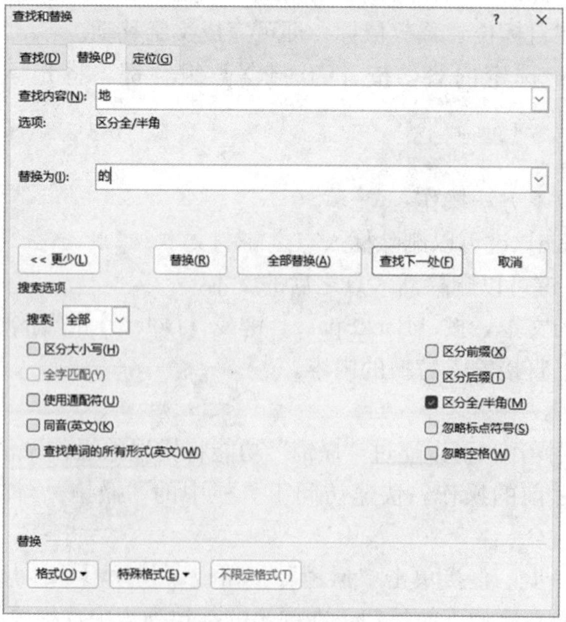

图 2-14　“查找和替换”对话框

在 Word 2016 中，使用“开始”选项卡“编辑”工具组中的“查找”按钮或者【Ctrl＋F】组合键还可以打开导航面板，利用导航面板中的搜索功能进行搜索。

操作步骤❹：设置文本字体格式

字体格式设置包括字体、字号、颜色、字形、下画线、效果等，案例“创编绕口令”中将字体设置为宋体、小二号字，在具体内容下面加下画线。

“开始”选项卡中的“字体”工具组提供了文字的基本格式设置按钮，先选中要设置的文本，再单击这些相应的字符格式按钮设置格式，如图 2-15 所示。

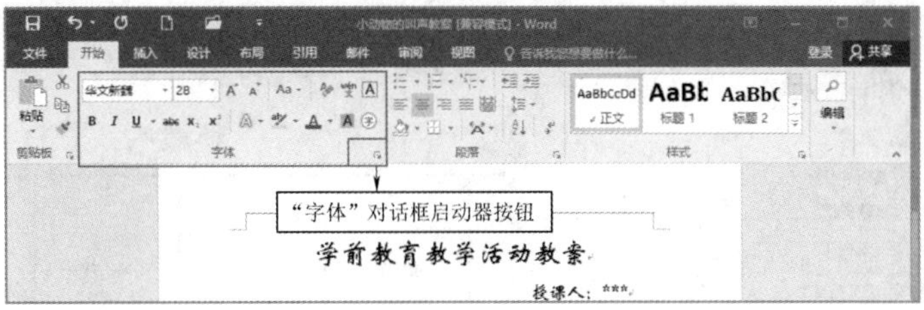

图 2-15　设置文字的基本格式

在“字体”工具组中含有多种基本格式设置按钮，其功能及含义见表 2-6。

表 2-6　“字体”工具组各按钮功能

命令按钮	功　能
宋体 (中文正文) ▾	字体列表，用于设置文本字体，如黑体、楷体、隶书等
小四 ▾	字号按钮，设置字符大小，如五号、三号等
A˄ A˅	增大、减小字号按钮，可快速增大或减小字号
Aa ▾	更改大小写按钮，单击可对文档中的英文进行大小写之间的互换
	清除格式按钮，单击可将文字格式还原到 Word 默认状态
	拼音指南按钮，单击可给文字注音，且可编辑文字注音的格式
A	字符边框，可以给文字添加一个线条边框
B	加粗按钮，将字符的线型加粗
I	倾斜按钮，将字符进行倾斜
U ▾	下画线按钮，可为字符添加单下画线、双下画线、波浪线等下画线
~~abc~~	删除线按钮，可以给选中的字符添加删除线效果，如~~舌弓骀每蚺~~
x_2　x^2	下标和上标按钮，单击可将字符设置为下标和上标
	文本效果按钮，可以将选择的文字设置为带艺术效果的文字
	突出显示效果按钮，可将文字以突出的底纹显示出来
A ▾	字体颜色按钮，给文档字符设置各种颜色
A	字符底纹按钮，给字符添加底纹效果
	带圈字符，单击可给选中文字添加带圈效果

其中，对选中内容设置“文本效果”的操作如图 2-16 所示。

图 2-16 “文本效果”按钮

另外，还可以单击“字体”工具组对话框启动器按钮，在弹出的“字体”对话框中对文字格式进行设置，如图 2-17 所示。“字体”对话框中的“高级”选项卡还可以对选中文本设置文字的字符间距及其他格式。

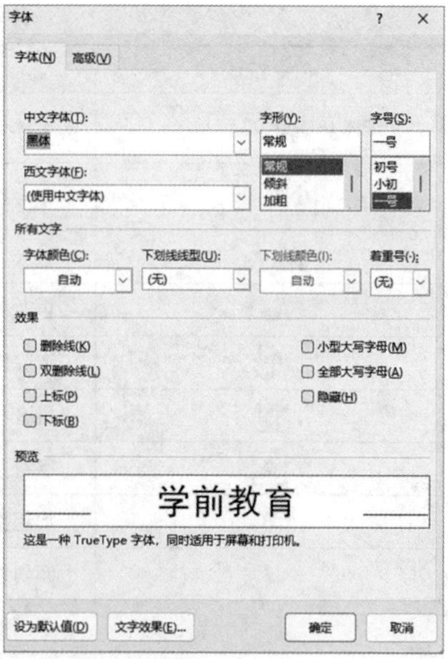

图 2-17 “字体”对话框中的“字体”选项卡

小提示

字号不宜过大或过小，过大会增加排版页面，过小不易阅读，日常办公用的文档一般为四号字。

操作步骤⑤：设置文本段落格式

段落是指两个段落标记（回车符）之间的文本，一般情况下，在输入文本时按【Enter】键表示换行并开始一个新的段落，新段落的格式会自动设置为上一段中字符和段落的格式。段落设置要考虑页面的整体美观协调、整页设置、节约用纸等因素。案例“创编绕口令”封面三个段落行间距设置为 4 倍行距，左缩进为 6 个字符。

1. 段落的对齐方式

（1）通过“开始”选项卡设置。选中要设置格式的段落，在“开始”选项卡“段落”工具组中有 5 种对齐方式，分别是左对齐、居中、右对齐、两端对齐和分散对齐，默认情况下，Word 采用的是两端对齐，如图 2-18 所示。

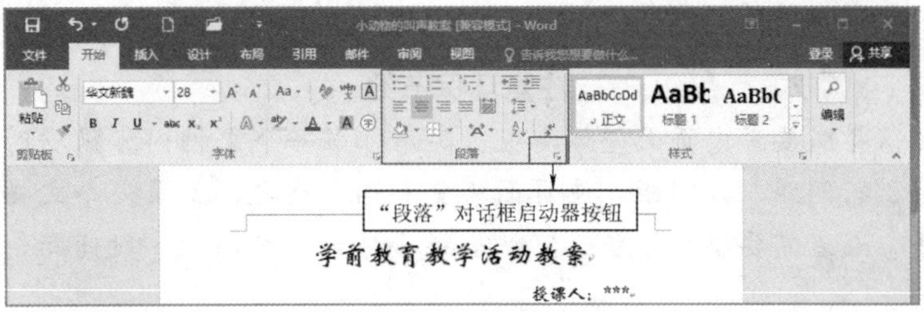

图 2-18　段落对齐方式设置按钮

（2）通过“段落”对话框进行设置。选中要设置格式的段落，单击“段落”工具组右下方的对话框启动器按钮，在弹出的“段落”对话框的“缩进和间距”选项卡进行设置，如图 2-19 所示。

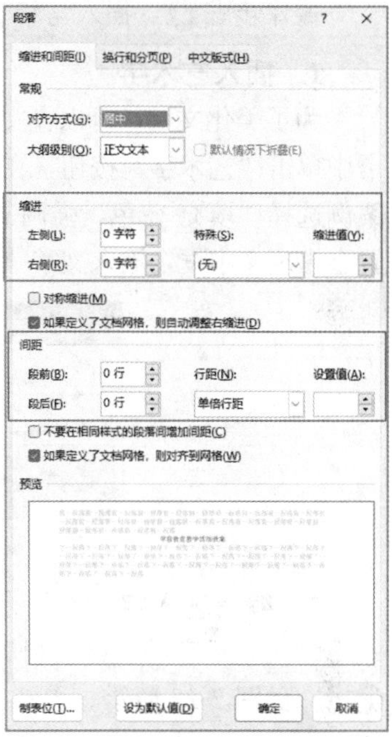

图 2-19　“段落”对话框

2. 段落的缩进方式

选中要设置格式的段落，在“段落”对话框中“缩进”栏进行设置，如图 2-19 所示。段落最左侧距离“左页边距”的长度是左缩进，段落最右侧距离“右页边距”的长度是右缩进。根据段落左侧、首行和其他行的位置关系，段落的特殊格式分为“无”“首行缩进”“悬挂缩进”3 种。

3. 设置段间距和行间距

选中要设置格式的段落，在“段落”对话框中“间距”栏进行设置，如图 2-19 所示。在 Word 2016 中，用户可以使用字符、厘米、磅、行作为单位。行距单位只能是倍（单倍行距、1.5 倍行距、双倍行距、多倍行距）和磅（固定值、最小值）。

4. 格式刷的使用

格式刷可将某些段落或文字的排版格式应用到其他段落或文字。先选中已经设好格式的文字或段落，然后双击“开始”选项卡“剪贴板”工具组中的“格式刷”按钮，如图 2-20 所示，鼠标指针变成小刷子形状，将鼠标指针在目标文本上拖动即可完成格式复制，如果要取消格式刷状态，可再单击“格式刷”按钮，或者按【Esc】键。如果单击“格式刷”按钮，则只能使用一次。

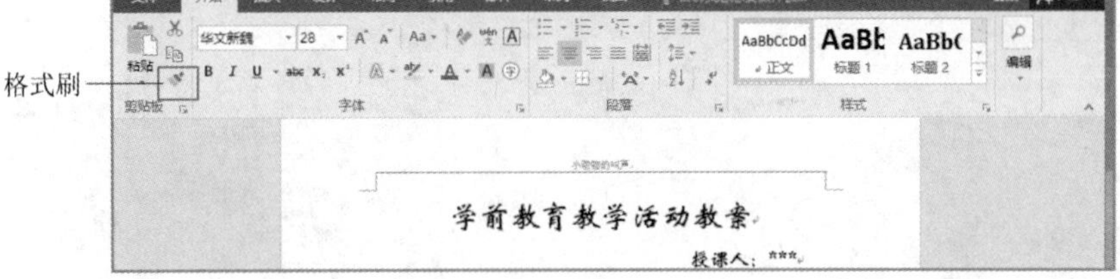

图 2-20　“格式刷”按钮

小提示

注意环保节约

文字、段落排版要考虑页面整体美观、实用，当一个文档内容很少时，可适当扩大文字的字号、行间距、段间距，使页面视觉和谐。反之，如果一个文档最后一个页面内容特别少，或者需要整页排版，可适当缩小字号、行间距、段间距，通过排版减少一个页面。

操作步骤⑥：插入与编辑艺术字

1. 插入艺术字

为了美化文档，可以在文档中插入艺术字。将鼠标指针固定在合适位置，在“插入”选项卡中单击“艺术字”按钮，在弹出的下拉列表中提供了多种艺术字样式，如图 2-21 所示。本案例选择“填充-蓝色，强调文字颜色 1，金属棱台，映像”样式，选择样式后鼠标指针所在位置会出现文本框，输入文字“创编绕口令”即可，艺术字默认环绕方式是“浮于文字上方”。

图 2-21　插入艺术字

2. 编辑艺术字

输入艺术字后，可以利用“格式”选项卡“艺术字样式”工具组中的工具对艺术字进行编辑，如图 2-22 所示。

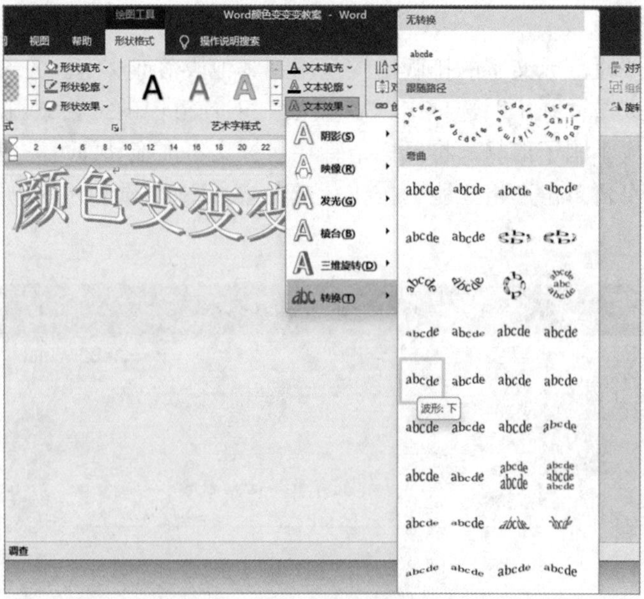

图 2-22　“艺术字样式”工具组

(1) 设置文本填充效果：单击“文本填充”按钮可设置填充颜色、填充效果。

(2) 设置文本轮廓样式：单击“文本轮廓”按钮可设置轮廓颜色、粗细、虚实等。

(3) 更改文本效果：单击“文本效果”按钮，在弹出的下拉列表中选择需要的样式。

操作步骤⑦：绘制与编辑文本框

本案例中左上角园所的标识是用文本框的形式体现的，利用文本框编辑文字比较灵活，可以不受局限。

1. 绘制文本框

单击“插入”选项卡中的“文本框”按钮，弹出的列表中可选择内置样式的文本框，如图 2-23 所示。也可选择下方的“绘制横排文本框”命令，按住鼠标左键拖动可绘制文本框。文本框默认的环绕方式是“浮于文字上方”。

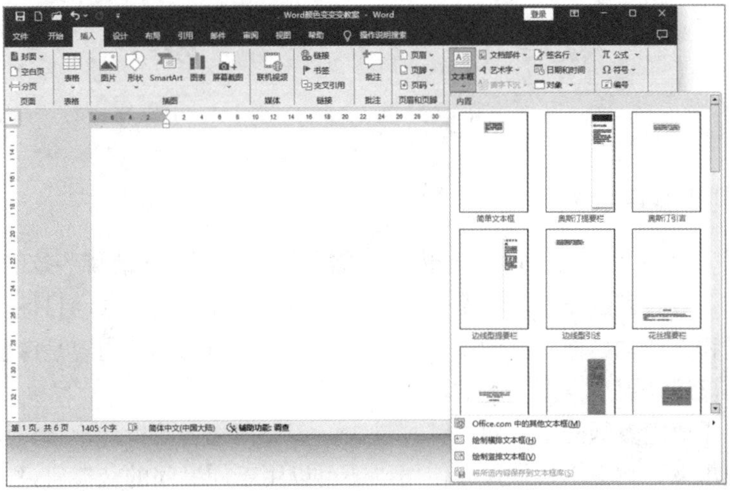

图 2-23　绘制文本框

2. 编辑文本框

(1) 设置文本框中的文字方向：Word 2016 为用户提供了五种文字方向，单击“文本”工具组中的“文本方向”按钮，在下拉列表中选择相应的文字方向即可，如图 2-24 所示。

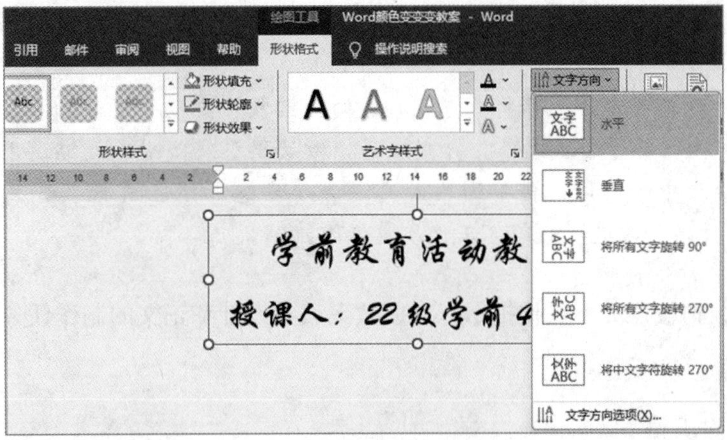

图 2-24　设置文字方向

(2) 设置文本对齐方式：单击“文本”工具组中的“对齐文本”按钮，在弹出的列表中选择对齐方式即可，如图 2-25 所示。

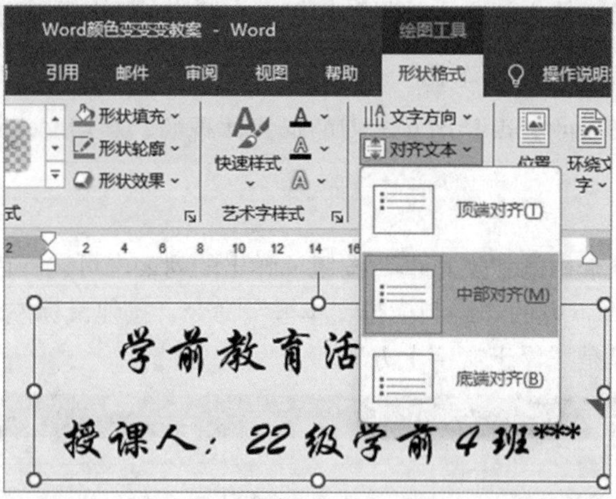

图 2-25 设置文本对齐方式

任务三：制作编辑表格

【任务引导】 教案一般包括哪几部分内容？需要用到文档操作的哪些技能？

教案的内容一般有固定要求，主要包括活动名称、设计意图、活动目标、活动内容、活动准备、活动过程、活动延伸、活动反思八部分，其中，前七部分内容是课前教案中应该表现的内容，活动反思是课后需要加入的内容。

教案编写不需要把教师的每一句话都写进去，需要把作者的设计理念、设计思路和主要环节直观地呈现出来。教案不仅供作者使用，还可以用于同事间的交流研讨。教案的编写要体现三个特性：一要有直观性，可以供他人使用；二要有示范性，能够体现作者先进的教育理念和巧妙构思；三要有规范性，格式规范，版式美观。为了更好地体现以上三个特性，教案的教学设计和正文一般用表格的形式更直观地呈现出来。

【课程思政】

善于反思

反思是一种难能可贵的学习和工作品质。幼儿园教师要勤于思考、善于反思，增强创新意识和研究能力，善于自我诊断、自我改进，做反思型实践者。能够运用批判性思维方法，反思教育实践中的问题，借鉴国内外先进教育理念和经验进行教育教学改革，建立“评价、反馈、反思、改进”的闭环工作质量保障机制。

【任务操作】 请按照如下操作提示，完成教案教学设计和正文的制作任务。

操作步骤①：创建表格

1. 快速创建表格

将光标定位在需要插入表格的地方，单击“插入”选项卡中的“表格”按钮，在弹出的

“表格”列表中的“预设方格”上拖动鼠标，快速创建出规则的表格，如图 2-26 所示。

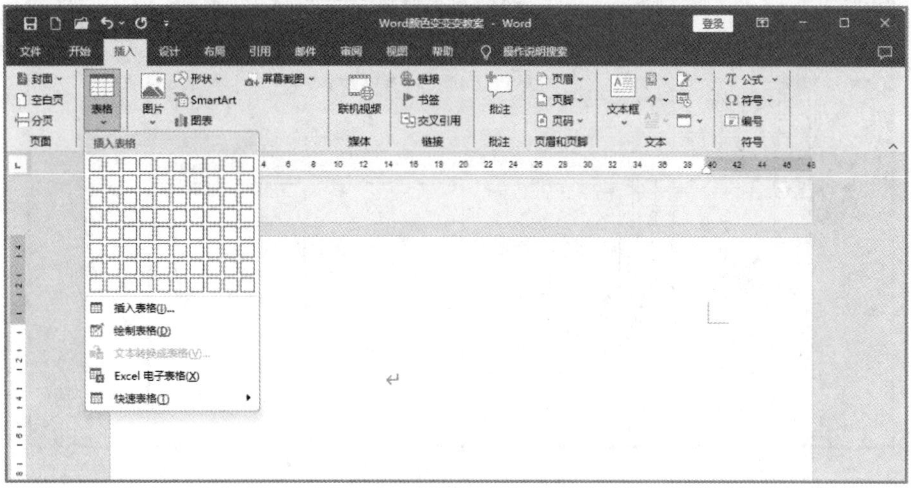

图 2-26　快速创建表格

2. 通过对话框创建表格

单击“表格”工具组中的“表格”按钮，在弹出的下拉列表中选择“插入表格”命令，弹出“插入表格”对话框，如图 2-27 所示，设置表格列数和行数，单击“确定”按钮即可。

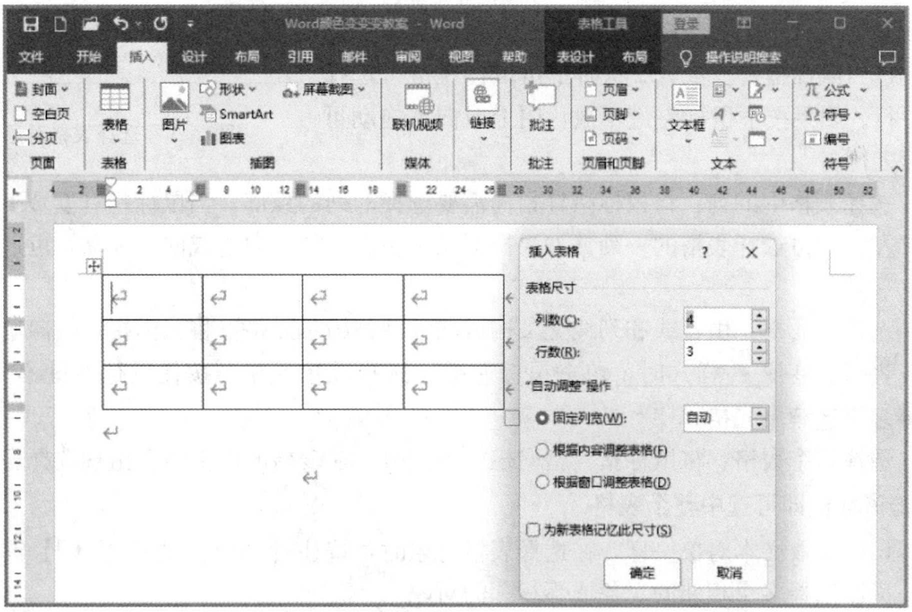

图 2-27　“插入表格”对话框

3. 绘制表格

不规则表格需要手动绘制。单击“表格”工具组中的“表格”按钮，选择“绘制表格”命令，切换到绘制表格状态，鼠标的形状好像是一支“铅笔”，拖动鼠标可以绘制横线、竖线及斜线，如图 2-28 所示，用【Esc】键可取消绘制表格。

图 2-28　手动绘制表格

操作步骤②：插入和删除单元格

1. 选择表格对象

对表格进行编辑操作，须首先选中表格对象，如图 2-29 所示。

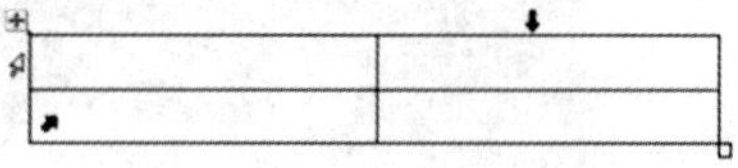

图 2-29　选择表格对象

（1）选择表格中的行：将鼠标指针指向需要选择的行的最左端，当鼠标指针变成形状时单击鼠标左键可选择表格的一行。如果按下鼠标左键不放，向上或向下拖动可选择连续多行。

（2）选择表格中的列：将鼠标指针指向需要选择的列的顶部，当鼠标指针变成形状时单击鼠标左键，可选择表格的一列。如果按下鼠标左键不放，向右或向左拖动，可选择连续多列。

（3）选择单元格：由行线和列线交叉构成的区域称为单元格，将鼠标指针指向单元格的左下角，当指针变成样式时，单击鼠标左键可选择该单元格。按住鼠标左键不放拖动，可以选择多个连续单元格。

（4）选择整个表格：将鼠标指针指向表格范围时，在表格的左上角会出现选择表格标记，单击该标记即可选中整个表格。

另外，同选取文本对象一样，在选择表格对象时，按住【Shift】键或【Ctrl】键后再进行选择，可以选择多个相邻的对象或不相邻的对象。

2. 插入和删除表格对象

（1）添加行：将插入点定位到表格中插入新行的位置，单击“表格工具/布局”选项卡的“行和列”工具组中的“在上（下）方插入”按钮，如图 2-30 所示，每单击一次插入一行。若要插入多行，则需选中多行，再用同样方法即可。

在表格尾部增加一行，可把光标定位在表格最后一个单元格中，按【Tab】键即可。或者把光标定位到表格最后一行的最右边的回车符前面，按【Enter】键即可。

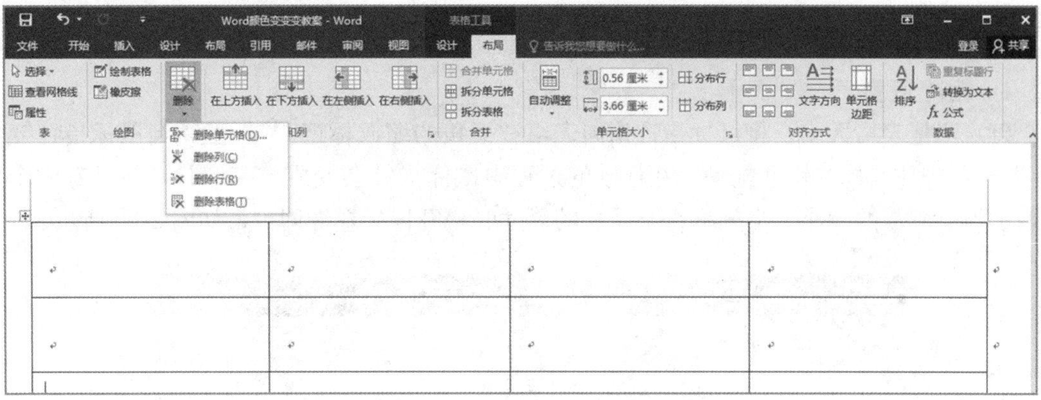

图 2-30　插入和删除表格对象

（2）添加列：定位到要添加列的位置，单击“在左（右）侧插入”即可，若要插入多列，则需选中多列，再用同样方法即可。

（3）删除表格对象：选中要删除的对象，单击“行和列”工具组中的“删除”按钮，在弹出的下拉列表中选择相应命令即可。

操作步骤❸：合并与拆分单元格

1. 合并单元格

选择表格中要进行合并的多个单元格，单击“表格工具/布局”选项卡“合并”工具组中的“合并单元格”按钮即可，如图 2-31 所示。

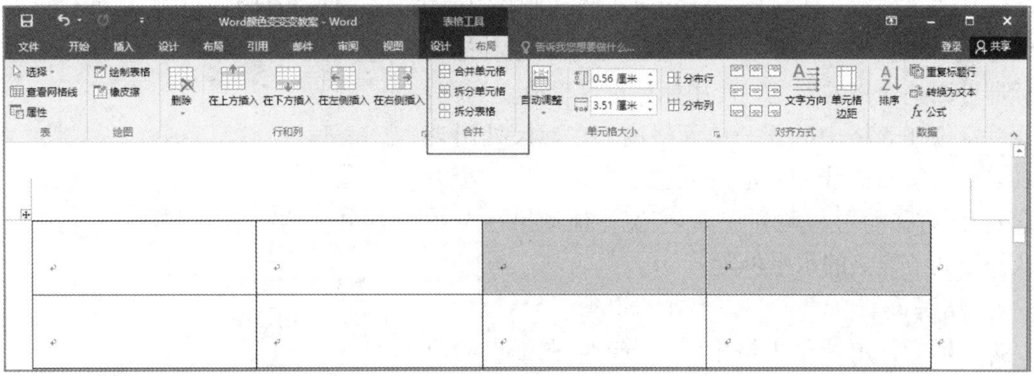

图 2-31　合并单元格与拆分表格

2. 拆分单元格

选中要进行拆分的单元格，单击“拆分单元格”按钮，在弹出的“拆分单元格”对话框中设置要拆分成几列几行即可，如图 2-32 所示。

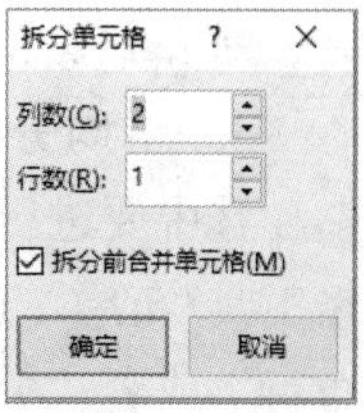

图 2-32　“拆分单元格”对话框

3. 拆分表格

将一个表格拆分成两个表格，将光标置于要作为新表格的第一行，单击“表格工具/布局”选项卡“合并”工具组中的“拆分表格”命令即可。

操作步骤④：设置行高和列宽

1. 粗略设置

（1）调整表格大小。将鼠标指针指向表格右下角的缩放标记“□”上，当鼠标指针变为“⤡”时，按住鼠标左键并拖动，在拖动的过程中鼠标指针会变成十字形状，并且有一个虚框表示当前缩放的大小，当虚框符合需要的尺寸时松开鼠标左键即可，如图 2-33 所示。

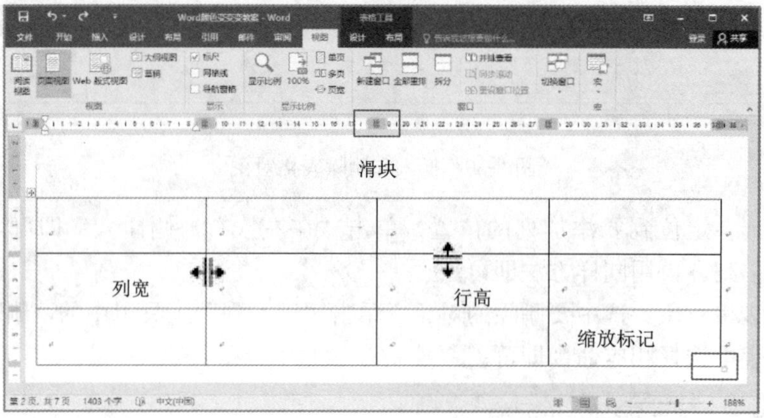

图 2-33　粗略设置表格大小

（2）调整行高。将鼠标指针指向表格中要调整行高的行线上，鼠标指针变成上下两边有箭头的双线标记形状“÷”时，按住鼠标左键不放，上下拖动鼠标即可调整表格的行高。

（3）调整列宽。将鼠标指针指向要调整列宽的列线上，鼠标指针变为左右两边有箭头的双线标记形状“◂||▸”时，按住鼠标左键不放左右拖动鼠标即可调整表格的列宽。使用标尺也可以改变列宽，将光标定位在表格中的任一单元格内，在标尺处出现了和表格中每条竖线相对应的灰色小方块。拖动小方块向左/向右移动可将此列变窄/变宽，拖动第一个小方块用于调节表格的水平位置。

2. 精确设置

把鼠标指针定位于表格中时，右击，在弹出的快捷菜单中选择“表格属性”命令，弹出“表格属性”对话框，如图 2-34 所示。可以设置表格的行宽、列高、对齐方式、环绕方式、边框和底纹等。

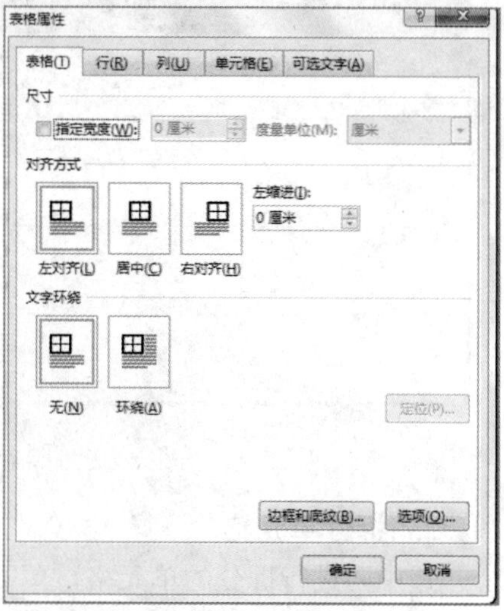

图 2-34　“表格属性”对话框

3. 平均分布各行和平均分布各列

选中要进行平均分布的各行或者各列，单击“表格工具/布局”选项卡“单元格大小”工具组中的“分布行”或者“分布列”按钮即可，如图 2-35 所示。

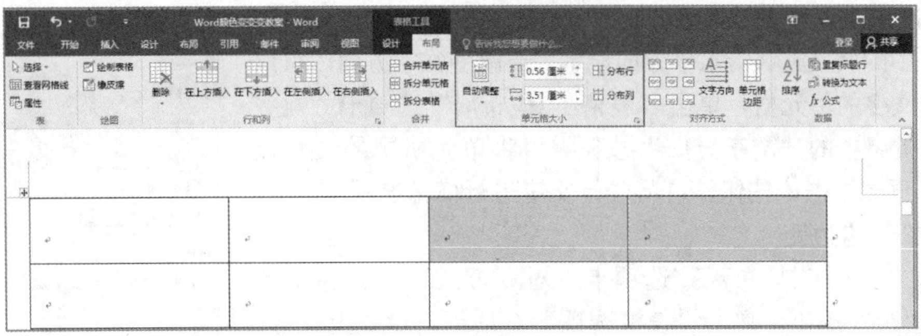

图 2-35　精确设置表格大小与平均分布行和列

操作步骤❺：设置表格格式

1. 设置表格中文字的对齐方式

选择要设置格式的整张表格或某些单元格，单击“表格工具/布局”选项卡“对齐方式”工具组中的格式按钮即可，如图 2-36 所示。也可以右击表格，在弹出的快捷菜单中选择“单元格对齐方式”命令，会弹出几个按钮供选择，单击需要的对齐方式。

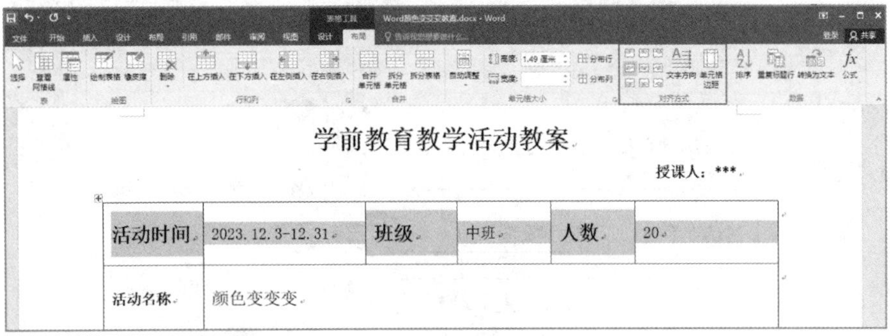

图 2-36　文字对齐设置和文字方向设置

2. 设置整个表格的对齐方式

选择整张表格，单击“开始”选项卡“段落”工具组中的“左对齐”“居中”“右对齐”按钮即可，如图 2-37 所示。

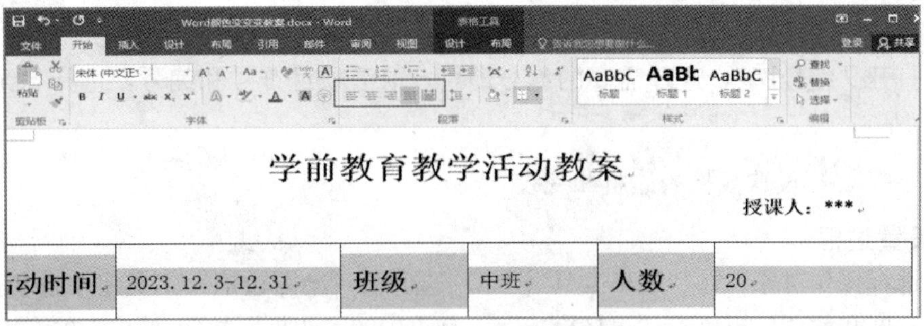

图 2-37　设置表格的对齐方式

3. 设置表格中的文字方向

表格中的文字默认沿水平方向显示。要改变文字方向，可以选择横排文字的单元格，单击“表格工具/布局”选项卡“对齐方式”工具组中的“文字方向”按钮，可将单元格中的文字竖排显示，再次单击该按钮，可将竖排文字进行横排显示。

4. 单元格边距

单击“表格工具/布局”选项卡“对齐方式”工具组中的“单元格边距”按钮，弹出“表格选项”对话框，设置上、下、左、右单元格边距，再单击“确定”按钮，如图 2-38 所示。

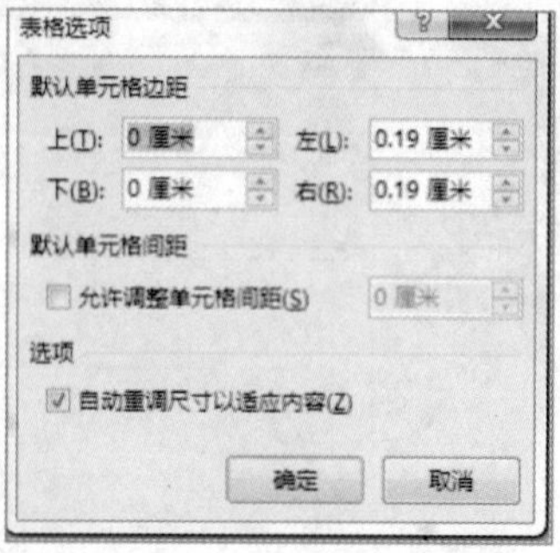

图 2-38 “表格选项”对话框

操作步骤❻：设置项目符号和编号

1. 项目符号

选中要设置项目符号的内容，单击“开始”选项卡“段落”工具组中“项目符号”按钮右侧的下拉按钮，打开“项目符号库”，单击所需要的项目符号即可，如图 2-39 所示。

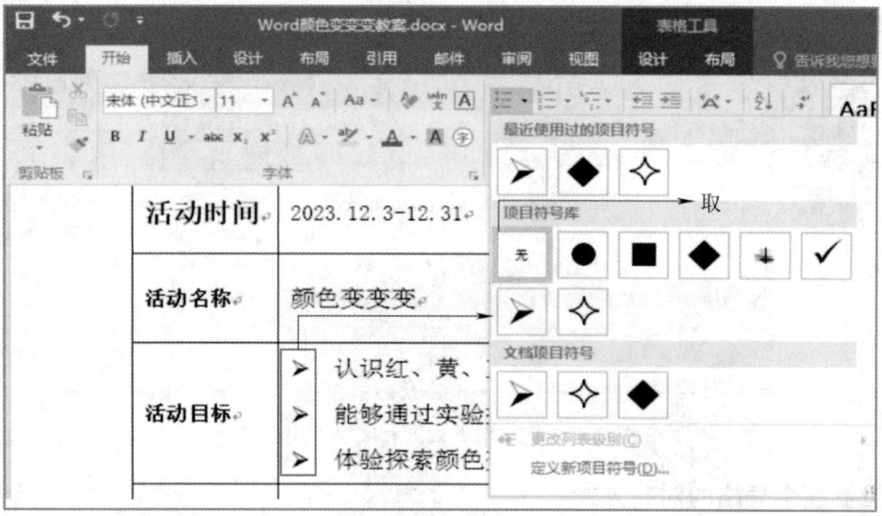

图 2-39 设置项目符号

2. 编号

选中要设置编号的内容，单击“开始”选项卡“段落”工具组中“编号”按钮右侧的下拉按钮，打开“编号库”，选择需要的编号即可，取消项目符号和编号，选择“无”选项，如图 2-40 所示。

操作步骤❼：设置表格的边框和底纹

1. 设置边框

（1）选择操作对象，在“表格工具/设计”选项卡“绘图边框”工具组中选择边框线型的样式、宽度和颜色，再单击“表格样式”工具组中的“边框”按钮，在“边框”的下拉列表中单击不同的框线按钮，可以绘制相应的框线，如图 2-41 所示。

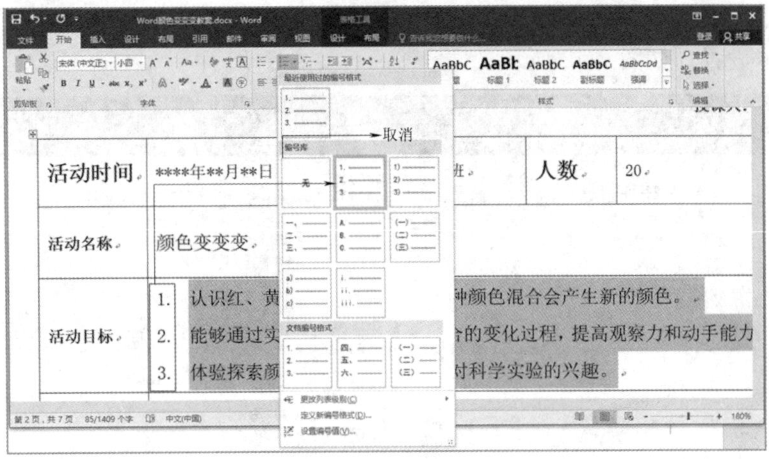

图 2-40　设置编号

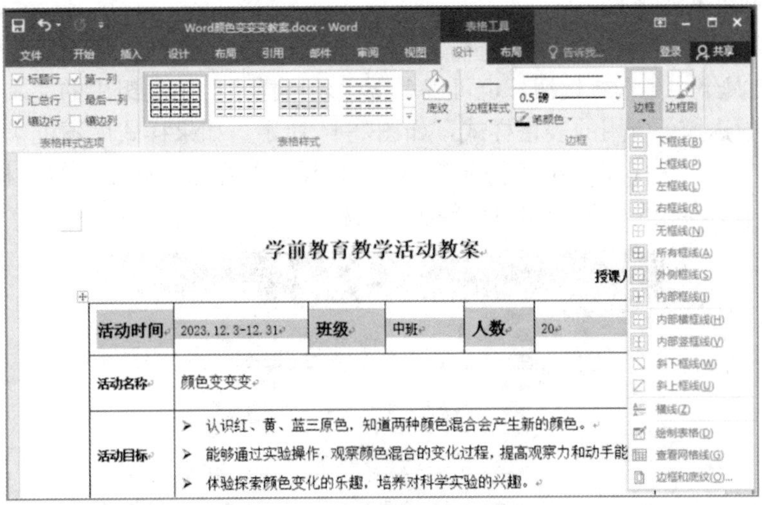

图 2-41　利用“边框”下拉列表中的框线按钮设置边框

（2）选择操作对象，单击“表格工具/设计”选项卡“表格样式”工具组中的“边框”按钮，在边框下拉列表中单击“边框和底纹”命令，弹出“边框和底纹”对话框，如图 2-42 所示。在“边框”选项卡中单击“设置”区中合适的按钮，再选择表格框线的样式、颜色和宽度，如果有特殊要求，可以使用“预览”区中的 7 个框线按钮进行个性化设计，设置完成后单击“确定”按钮即可。

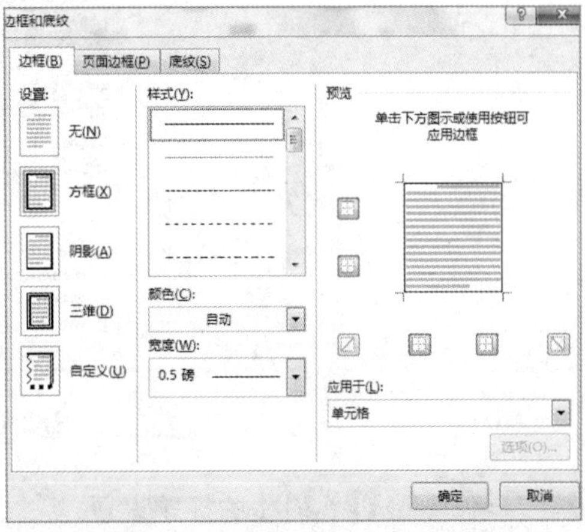

图 2-42　“边框和底纹”对话框

2. 设置底纹

选择拟添加底纹的单元格，单击“表格工具/设计”选项卡“表格样式”工具组中的“底纹”

按钮，选择列表中的底纹颜色即可，如图 2-43所示。也可以利用“边框和底纹”对话框中的“底纹”选项卡设置，如图 2-42 所示。

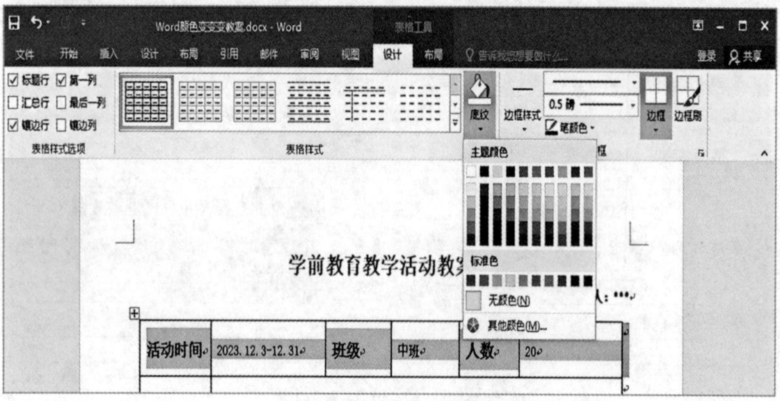

图 2-43　设置底纹

3. 快速应用表格样式

Word 2016 提供了丰富的表格样式库，可以快速应用到表格中，选择表格，直接单击“表格样式”工具组中的样式按钮，也可以单击“表格样式”工具组中的“其他”按钮打开样式列表，从中选择可应用的表格样式，如图 2-44 所示。如果样式库不能满足要求，还可以自定义表格样式，选择样式列表中的“修改表格样式”命令，弹出“修改样式”对话框，调整该对话框中的参数可以制作出更多精美的表格。

图 2-44　选择表格样式

操作步骤⑧：表格的标题设置

在 Word 中处理大型表格或多页表格时，表格会在分页处自动分割，分页后的表格从第 2

页起就没有标题行了，不便于查看和打印。可以使用表格中的“重复标题行”功能，选中表格中需要重复的标题行，单击“表格工具/布局”选项卡“数据”工具组中的“重复标题行”按钮，即可为每页添加标题行，如图 2-45 所示。再次单击“重复标题行”按钮可取消设置。

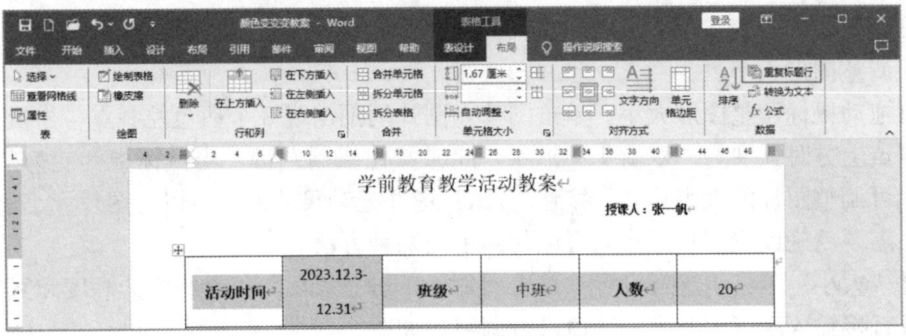

图 2-45　设置重复标题行

任务四：图文混排

【任务引导】如何使教案图文并茂？需要使用文档操作的哪些技能？

在 Word 2016 文档中，文本框、艺术字、剪贴画、图形、照片都是图片的一种形式，在文档操作中既可以设置图片格式，又可以利用图文混排功能设置图片与周围文字关系的格式。

【任务操作】请按照如下操作提示，使用多媒体素材使教案图文并茂。

操作步骤①：绘制形状

用户可以根据需要插入各种形状，如矩形、圆、箭头、线条、流程图符号、标注等。单击“插入”工具组中的“形状”按钮，在弹出的下拉列表中选择要绘制的图形，切换为绘制状态，拖动鼠标在文档中绘制形状大小即可，如图 2-46 所示。

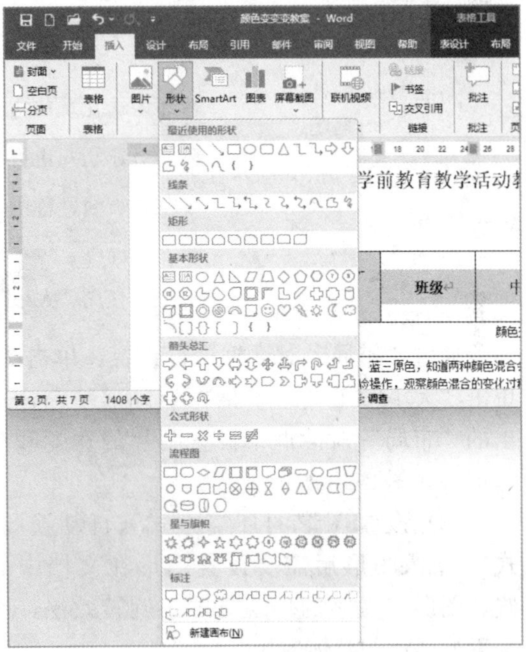

图 2-46　绘制形状

小提示

在绘制图形时，按住【Shift】键拖动“椭圆”“矩形”“直线”绘图工具，可以分别画出正圆形、正方形、水平或垂直直线。按住【Ctrl】键时，能够以鼠标单击点为中心绘制图形。在“形状”列表中单击“线条”列表中的“自由曲线”按钮，鼠标指针会变为铅笔形状，拖动鼠标可在文档中绘制自由形状；单击“任意多边形”按钮，可以绘制任意的封闭多边形；单击“曲线”按钮，可以绘制弧形曲线。

操作步骤②：编辑形状

绘制图形后需要对图形进行编辑。可以使用“绘制图形/格式”功能选项卡完成。

（1）在图形中添加文字：右击图形，在弹出的快捷菜单中选择“添加文字”命令，输入文字即可。

（2）调整图形大小。

可以拖动鼠标调整图形大小。单击图片，图片周围出现 8 个白色控制点，当鼠标指针移动到控制点上方时，变为“双箭头”形状，此时按住鼠标左键，当鼠标指针变为“十字形”时拖动即可调整图片的大小。如果按住【Alt】键并拖动尺寸柄，可以对图片大小进行微调。

如果需要精确设置图片大小，可以使用下面两种方法。

通过“大小”工具组进行设置：单击图片，单击“大小”工具组中的高度和宽度的调整按钮，或直接输入高度和宽度的数值进行调整，如图 2-47 所示。

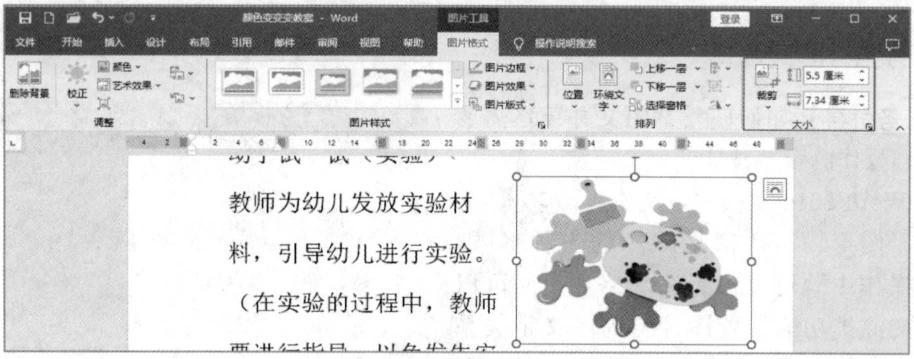

图 2-47　使用“大小”工具组精确调整图片大小

通过“布局”对话框进行设置：单击图片，单击“大小”工具组对话框启动器按钮，在弹出的“布局”对话框中设置图片的宽度和高度即可，如图 2-48 所示。

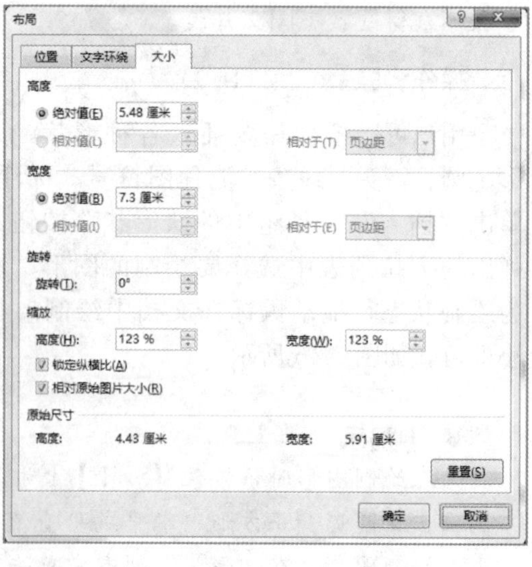

图 2-48　通过“布局”对话框设置图片大小

（3）设置图形的环绕方式（自动换行/版式）。插入图形后需要设置图形在文档中的位置、图形与文字的环绕方式、旋转效果，否则会影响文档的整体效果。

图形与文字的默认环绕方式是“浮于文字上方”，如果要设置为其他环绕方式，可以单击“排列”工具组中的“自动换行”按钮，在弹出的下拉列表中选择环绕方式，如图 2-49 所示。“嵌入式”类型的图形相当于一个字符，对其进行的很多操作都受限制，只有将图形设置为其他环绕方式，才能对图形进行随意设置。

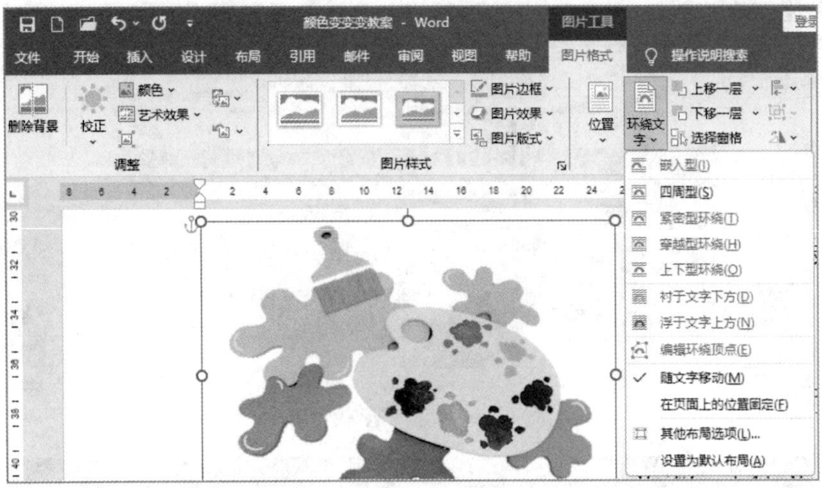

图 2-49 设置图形环绕方式

图文混排常见的环绕方式及功能见表 2-7。

表 2-7 图文混排常见环绕方式及功能

环绕方式	功 能
嵌入型	文字围绕在图形的上下方，图形只能在文字范围内移动
四周型环绕	文字在对象周围环绕，形成一个矩形区域
紧密型环绕	文字在对象四周环绕，以图形的边框形状形成环绕区域
穿越型环绕	适合空心的图形
上下型环绕	文字环绕在图形的上部和下部
衬于文字下方	图形作为文字的背景图形
衬于文字上方	图形在文字的上方，挡住图形部分的文字

（4）设置形状样式。用户可通过“形状填充”“形状轮廓”“形状效果”设置自定义的形状样式，如图 2-50～图 2-52 所示。

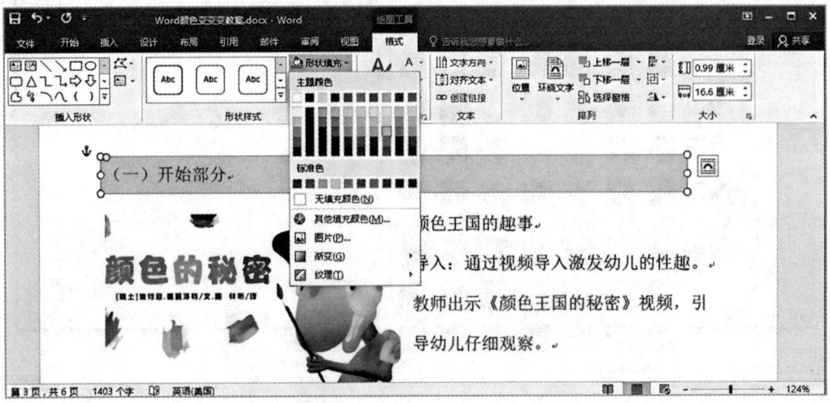

图 2-50 设置“形状填充”

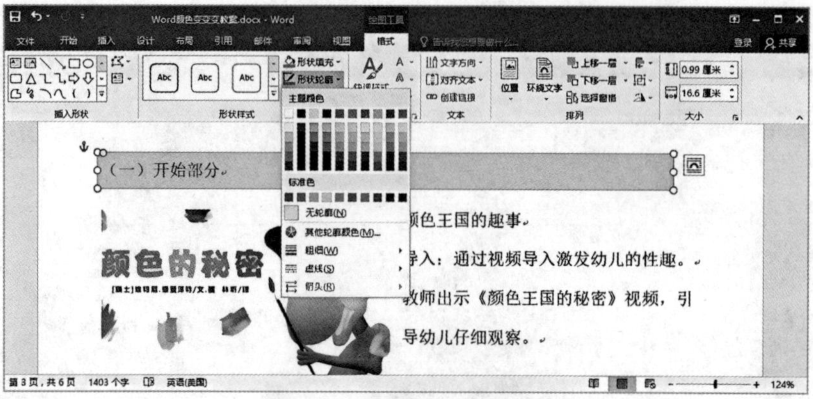

图 2-51　设置“形状轮廓”

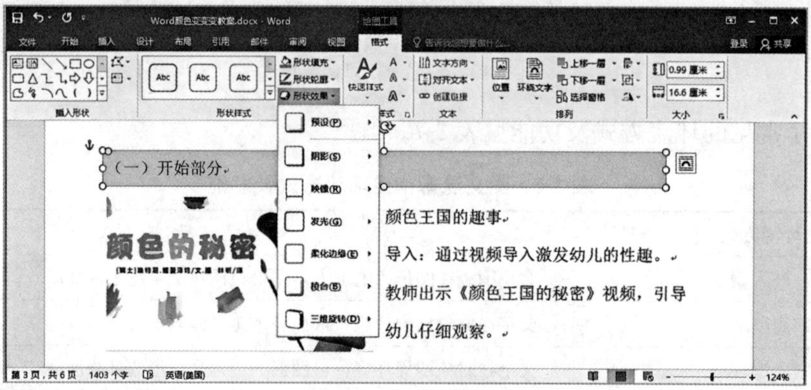

图 2-52　设置“形状效果”

为了快速更改自选图形的外观效果，Word 2016 为图形预设了一组美观的形状样式，如图 2-53 所示。

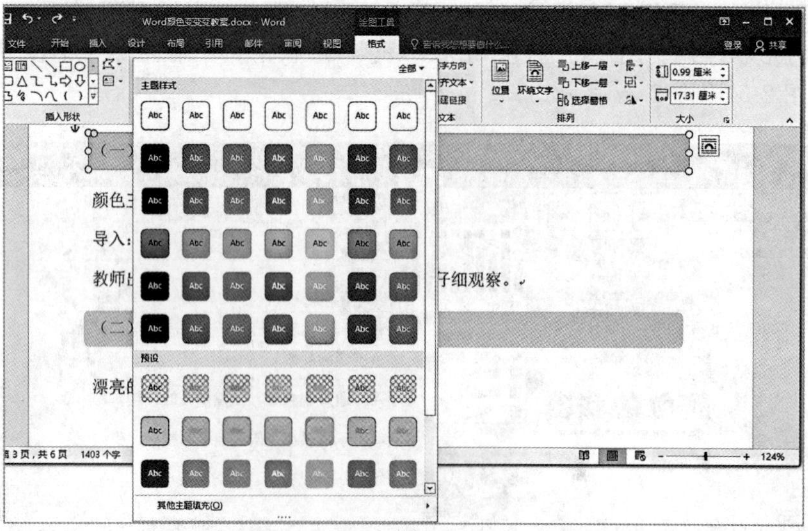

图 2-53　使用内置的“形状样式”

小提示

使用形状可以制作流程图，如教案中的教学流程设计、课题申请书中的研究技术路线等，能够起到“一图胜千言”的效果，使表述清晰、简洁，较好地呈现内容之间的逻辑关系。

操作步骤③：插入图片

将光标定位到要插入图片的位置，单击“插入”工具组中的“图片”按钮，弹出“插入图片”对话框，单击要插入的图片，然后单击“插入”按钮即可，如图2-54所示。

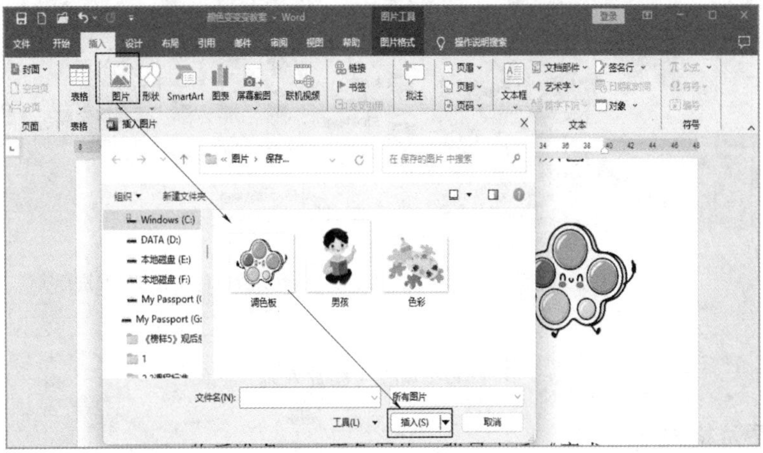

图2-54　插入图片

操作步骤④：编辑图片

1. 图片样式

与形状类似，Word 2016为图片预设了一组十分美观、漂亮的图片样式，如图2-55所示。

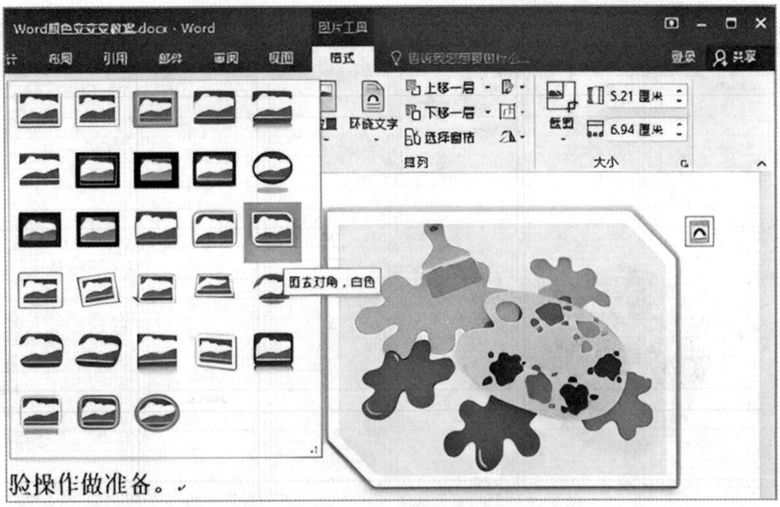

图2-55　设置“图片样式”

2. 图片效果

选中图片，单击“图片样式”工具组中的“图片效果”可以设置图片效果，如图 2-56 所示。

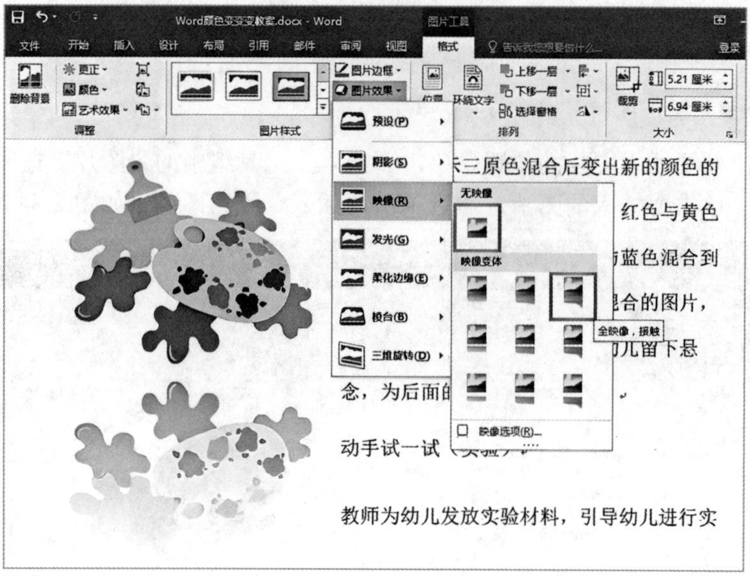

图 2-56 设置“图片效果”

3. 设置图片格式

对多个图片进行格式编辑，需要将图片设置为非“嵌入式”版式，编辑前要先选中图片。选中一个对象时，直接指向对象“单击”即可。选中多个对象时，要先选中一个对象，然后按住【Shift】键或【Ctrl】键，依次单击需要选中的多个对象。

（1）对齐。多个对象可以通过鼠标拖动调整对齐方式，也可以选中对象后，单击“排列”工具组中的“对齐”按钮，选择对齐方式即可，如图 2-57 所示。

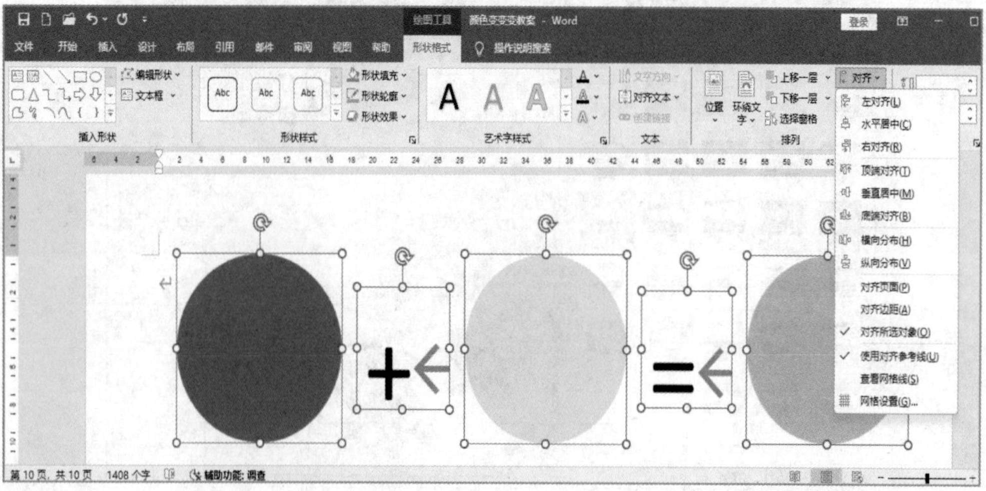

图 2-57 选择对齐方式

（2）叠放次序。若干个对象叠放在一起，上面的对象会遮挡下面的对象。对象叠放次序默认为创建顺序。改变对象的叠放次序，可以选中对象，单击“排列”工具组中的“上移一层”或者“下移一层”按钮进行调整，也可以单击“上移一层”或者“下移一层”按钮右侧的下拉按钮，在弹出的下拉列表中进行设置，如图 2-58 所示。

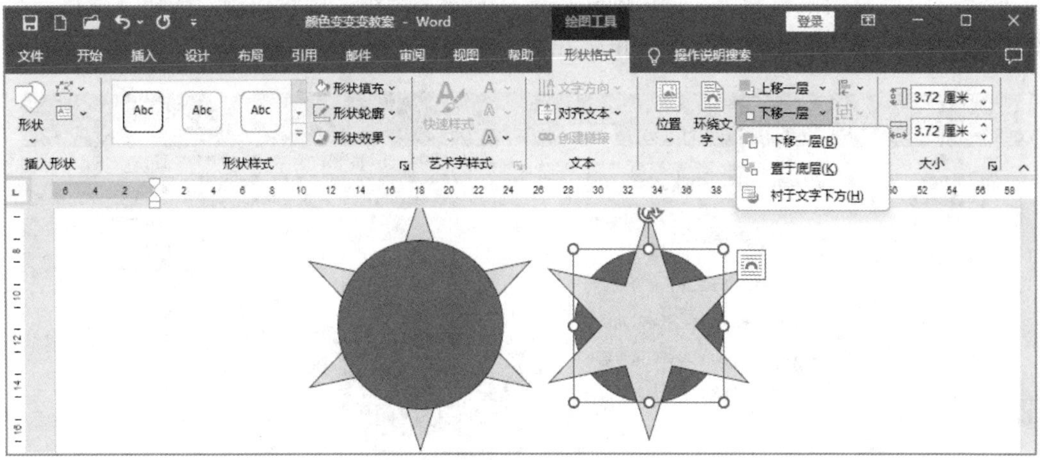

图 2-58　设置叠放次序

（3）组合图片。使用 Word 的组合功能可以将多个对象组合成一个整体。选中拟组合的所有图形，单击“排列”工具组中的“组合”按钮，在弹出的下拉列表中选择“组合”命令，如图 2-59 所示。若取消组合，可选中对象，单击“组合”按钮，在弹出的列表中选择“取消组合”命令。

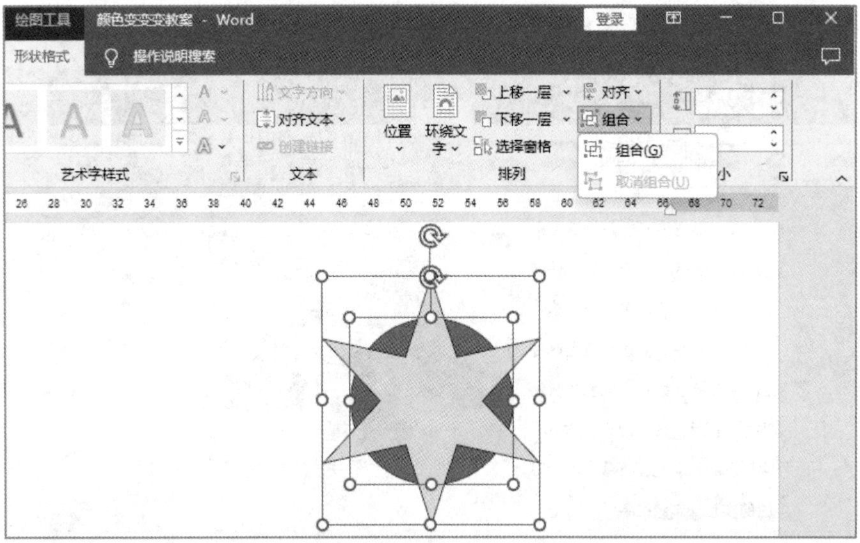

图 2-59　组合图形

4. 设置图片位置

选中图形，单击“排列”工具组中的“位置”按钮，在弹出的下拉列表中选择即可。在图文混排状态下，选中图形后，可用鼠标左键拖动调整图片位置，或者使用方向键，按住【Ctrl】键，再使用方向键可以对图片进行位置微调。

5. 旋转图片

选中图片，单击“排列”工具组中的“旋转”按钮，在弹出的下拉列表中选择“水平翻转”命令。也可以用鼠标操作，选中图片，图片周围会出现“旋转控制”按钮（绿色的小圆点●），用鼠标指针指向小圆点，按住鼠标左键，可自由旋转图片，如图 2-60 所示。

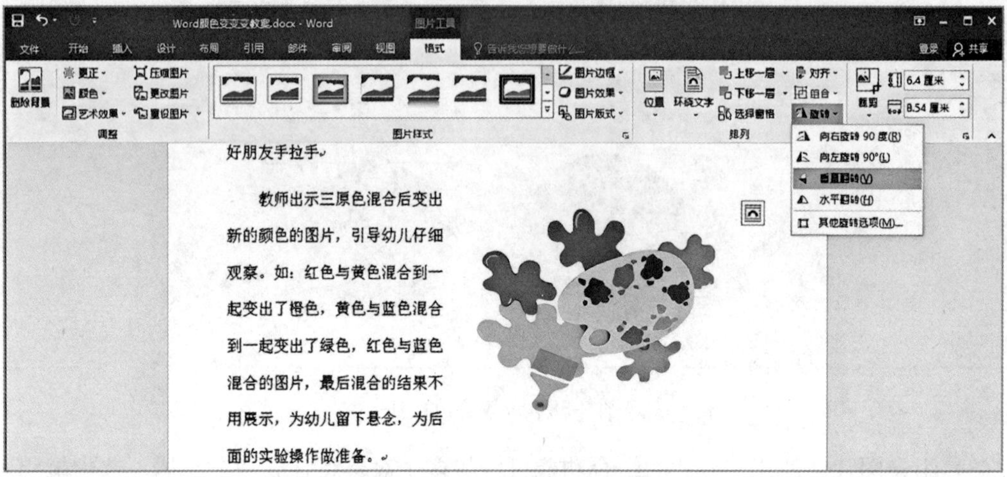

图 2-60 旋转图形

6. 裁剪图片

选中图片，单击“格式”选项卡中的“裁剪”按钮，或单击“裁剪”按钮的下拉按钮，在下拉列表中选择“裁剪”命令，进入裁剪状态如图 2-61 所示。

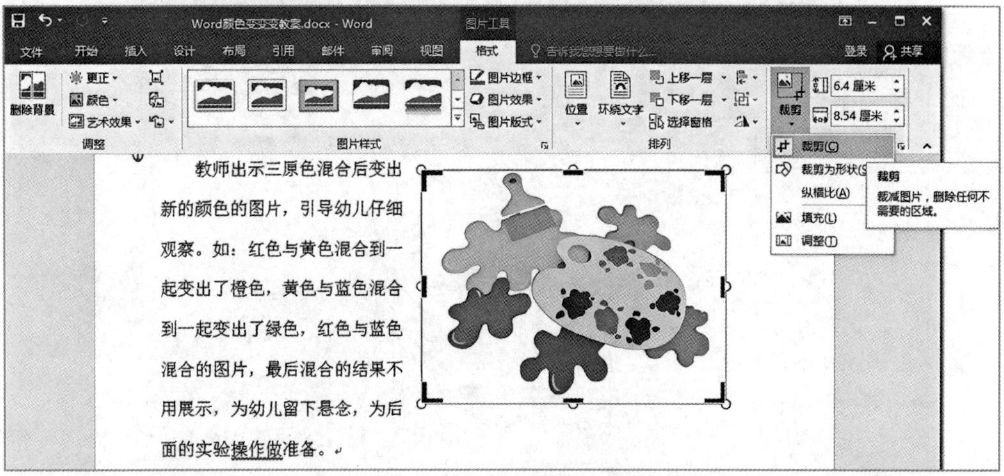

图 2-61 执行“裁剪”命令

进入裁剪状态后，将指针指向图片中的裁剪标记，按住鼠标左键拖动，显示裁剪区域。松开鼠标，在空白处单击，即可完成裁剪，如图 2-62 所示。

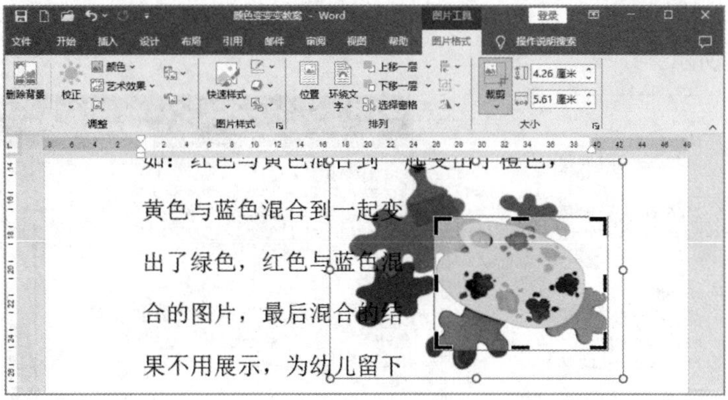

图 2-62 裁剪图片

【课程思政】

素材服务于教学

教案是给教师使用或同行之间交流的教学文件，图文并茂可增强教案的视觉效果，但图片使用并不是越多越好，否则会喧宾夺主。使用的原则是服务教育教学的需要，与文字起到相互说明、互为补充的作用。如无必要，也可以不使用图片。

任务五：设置页面与打印输出

【任务引导】 Word 2016 文档页面设置具有“所见即所得”的特点，页面设置包括哪些内容？整页排版中如何做到美观又实用？

【操作提示】 请根据以下操作提示，给自己的教案进行页面设置，完成教案的制作任务。

操作步骤①：页面设置

页面设置主要包括“纸张大小”“页边距”“纸张方向”“页眉”“页脚”等，可单击“页面布局”选项卡“页面设置”工具组中的展开按钮或双击标尺部分，打开“页面设置”对话框进行设置，如图 2-63 所示。

1. 设置纸张大小

常用的纸张大小有 A3、A4、B5、16 开、32 开等。单击“页面布局”选项卡“页面设置”工具组中的“纸张大小”按钮，可以选择需要的纸张大小，如果列表中没有合适的选项，可以选择列表中的“其他页面大小”命令。设计纸张大小也可以在“页面设置”对话框中完成，如图 2-63 所示。

2. 设置页边距

页边距是指文本区到页边界的距离。设置页边距会影响一个页面中呈现的文档容量。单击“页面布局”选项卡“页面设置”工具组中的“页边距”按钮，可单击使用设置列表中预设的页边距，也可以单击列表中的“自定义边距”命令，在弹出的“页面设置”对话框的“页边距”选项卡中自主设置上下左右页边距，如图 2-64 所示。

3. 纸张方向

单击“页面布局”选项卡“页面设置”工具组中的“纸张方向”按钮，可设置纸张纵向使用或横向使用，默认为纵向。也可在“页面设置”对话框的“页边距”选项卡中选择纸张方向，如图 2-64 所示。

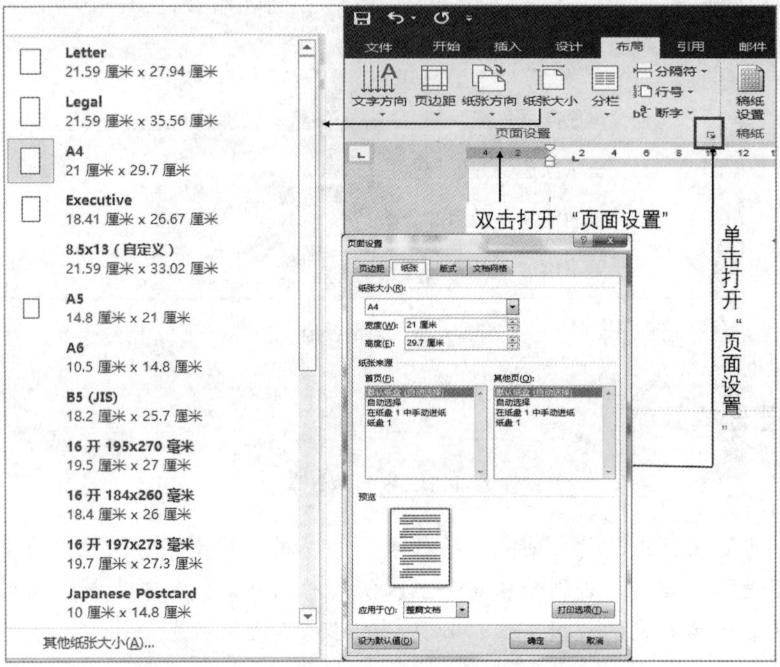

图 2-63 “页面设置”对话框及设置“纸张大小”

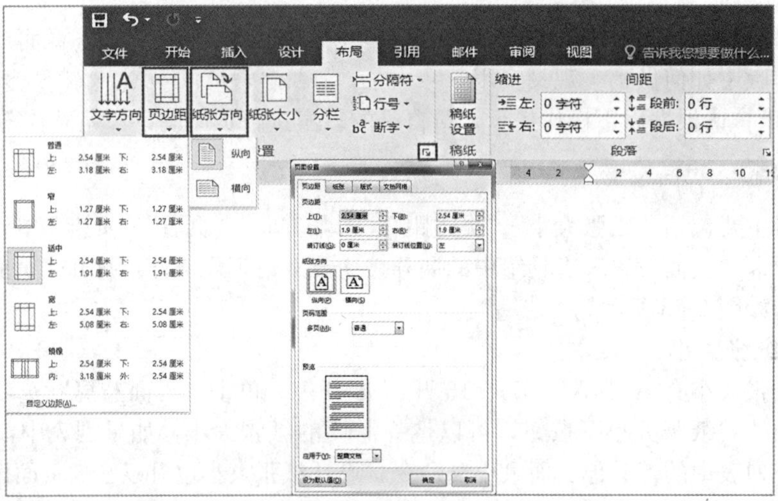

图 2-64 设置“页边距”和“纸张方向”

操作步骤❷：添加页眉和页脚

页眉和页脚分别出现在文档的顶部和底部，可以插入页码、文件名或章节名称等内容。

1. 插入页眉与页脚

单击“插入”选项卡“页眉和页脚”工具组中的“页眉”或“页脚”按钮，在下拉列表中选择“编辑页眉”或“编辑页脚”命令，输入相关内容即可，如图 2-65 所示。

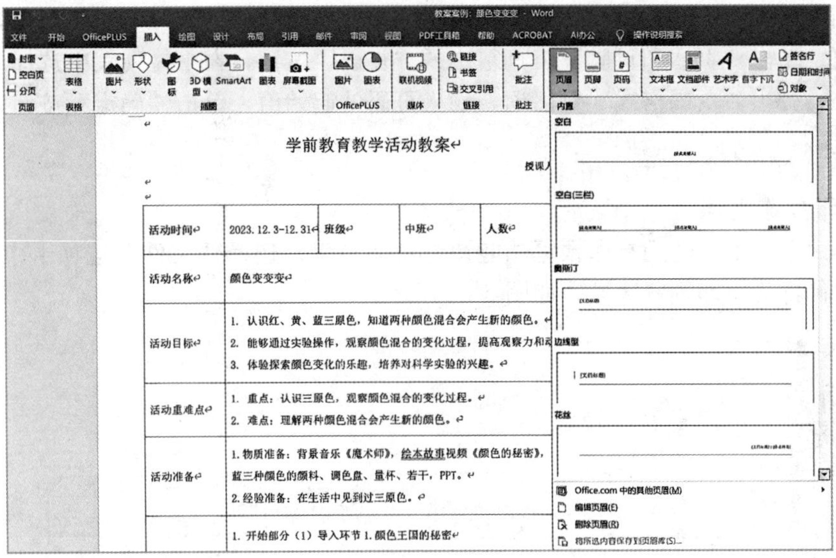

图 2-65　添加页眉

在“页眉和页脚工具/设计”选项卡中，单击“插入”工具组中的相关按钮，可以在页眉和页脚处插入日期和时间、文档部件、图片等。选中“选项”工具组中的“首页不同”复选框，可以根据输入提示创建首页不同的页眉和页脚，选择“奇偶页不同”复选框，可以创建奇偶页不同的页眉和页脚。

2. 添加页码

单击“页眉和页脚工具/设计”选项卡的“页眉页脚”工具组中的“页码”按钮，在下拉列表中选择“页面底端”的“加粗显示的数字 3”，即可插入形如“1/2”的页码，如图 2-66 所示。

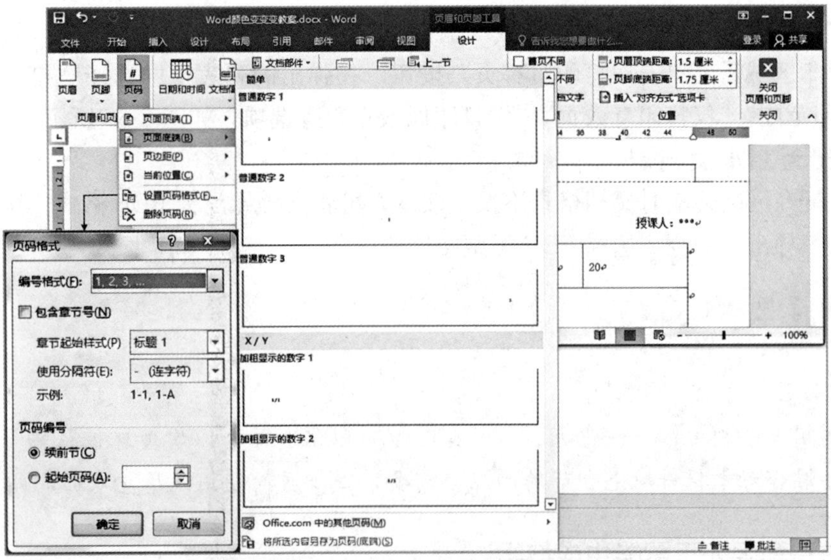

图 2-66　添加页码

在文档中插入页码时，默认都是从“1”开始，若起始页码不是从“1”开始，需要更改编号起始值。单击“页眉和页脚”工具组中的“页码”按钮，在下拉列表中选择“设置页码格式”命令，弹出“页码格式”对话框，输入页码的起始值，单击“确定”按钮即可。

操作步骤③：打印文档

1. 打印预览文档

在打印之前，最好使用打印预览功能预览打印结果。选择“文件”选项卡中的“打印”命令，最右侧即为打印预览区域，如图 2-67 所示。

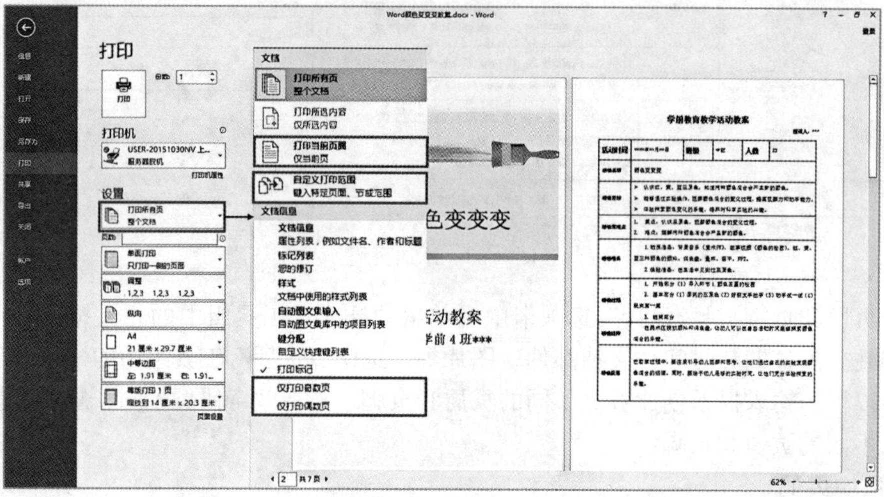

图 2-67 打印预览和打印

2. 打印文档

在预览效果满意后，就可以利用“打印”按钮打印文档了。默认打印方式是从头到尾、单面打印。设置打印份数需要在“份数”输入框中，用键盘输入或者鼠标选择输入打印份数。设置打印区域需要单击“打印所有页”按钮，在弹出的列表框中选择“打印当前页面”“自定义打印范围”“仅打印奇数页”“仅打印偶数页”等选项，如图 2-67 所示。

3. 导出为 PDF 文档

为了保证在网络传输时文档格式不发生改变，可将文档导出为 PDF 格式。选择“文件”选项卡中的“导出”命令，选择 PDF 类型文档即可。

【课程思政】

注意节约环保

提倡使用电子教案，无纸化办公，如无必要可以不打印，以实现环保低碳。如果必须打印，也要综合考虑材料规范和节约的双重需要，减少页面使用或尽量双面打印。

任务六：利用人工智能生成教案

【任务引导】请思考 AI 辅助教学设计给幼儿园教育教学带来哪些变革？如何利用 AI 辅

助教学、优化教学？

【任务操作】请按照以下操作提示，利用 AI 输出教案。

下面以“文心一言”讲解如何利用 AI 生成教案。

操作步骤①：预先沟通

可以把 AI 当作协助工作的助力，预先沟通是用好 AI 的重要环节。本案例与 AI 沟通的第一个问题是：“你作为一名幼儿园教师，请帮我梳理《颜色变变变》主题活动的重点难点。”如图 2-68 所示。

提示词有两处关键点，一是“幼儿园教师”，二是“梳理重点难点”，给 AI 一个角色，描述希望 AI 执行的具体行动或任务。AI 的回答并不能一步到位，它并不是一项检索工作，更需要来回磨合。

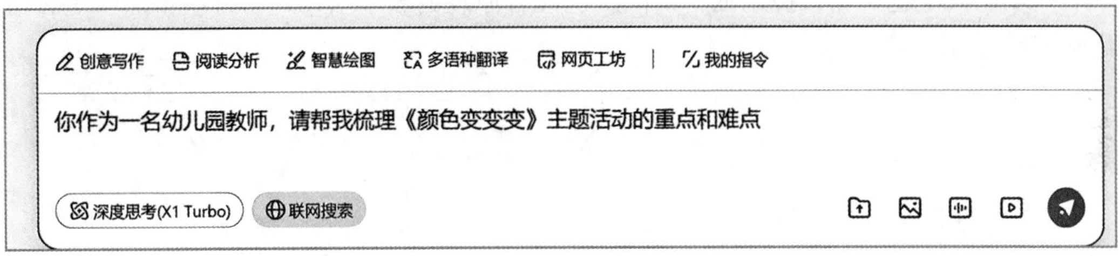

图 2-68　在“文心一言”中输入预先沟通问题

以下为“文心一言”的回答。

《颜色变变变》是一个既富有教育意义又充满趣味性的幼儿园主题活动，旨在通过探索颜色的混合与变化，激发幼儿的好奇心、观察力和创造力。以下是该主题活动的重点与难点梳理：

重点：

颜色认知：确保幼儿能够准确识别并命名基本颜色（如红、黄、蓝），这是进行颜色混合活动的基础。

颜色混合原理：通过实践操作，让幼儿理解两种颜色混合后会产生新颜色的基本原理，如红＋黄＝橙，蓝＋黄＝绿，红＋蓝＝紫等。

动手能力与实验精神：鼓励幼儿亲手操作颜色混合实验，培养他们的动手能力和科学探究精神，体验发现新事物的乐趣。

创造力与想象力：利用颜色变化的结果，激发幼儿的想象力和创造力，引导他们用混合出的新颜色进行绘画、手工制作等活动。

语言表达与交流：在活动中促进幼儿的语言发展，鼓励他们描述观察到的颜色变化，与同伴分享自己的发现和感受。

难点：

颜色混合比例的掌握：幼儿可能难以精确控制颜色混合的比例，导致颜色变化不如预期明显，需要教师在旁指导和调整。

颜色命名与区分：对于某些幼儿来说，尤其是初次接触颜色概念的幼儿，准确命名和区分相近颜色（如浅绿与深绿）可能是一个挑战。

实验过程中的秩序与安全：确保幼儿在操作颜料时保持桌面和衣物的清洁，避免颜料溅入眼睛或口中，同时维护良好的实验秩序。

引导观察与记录：培养幼儿细致观察颜色变化的能力，并教会他们如何简单记录（如画图、贴纸等）自己的实验结果，这对于幼儿来说可能较为抽象。

情感与态度的培养：在探索过程中，幼儿可能会遇到失败或结果不如预期的情况，如何引导他们保持积极的学习态度，从失败中学习，是一个情感教育的难点。

针对以上重点和难点，教师可以通过故事讲解、示范操作、小组讨论、游戏互动等多种方式，使活动更加生动有趣，同时注重个体差异，给予每位幼儿适当的支持和引导。

操作步骤②：确定主题

此时，需要的主体或许在 AI 反馈的内容里，也可能不在，但是“文心一言”AI 助理已经建立了一个认知：作为一名幼儿园教师，在谈论关于颜色混合的问题。

下一步切入主题，输入提示词：“请问颜色混合原理的教学活动，有哪些重点？是否可以细化解答？”如图 2-69 所示。

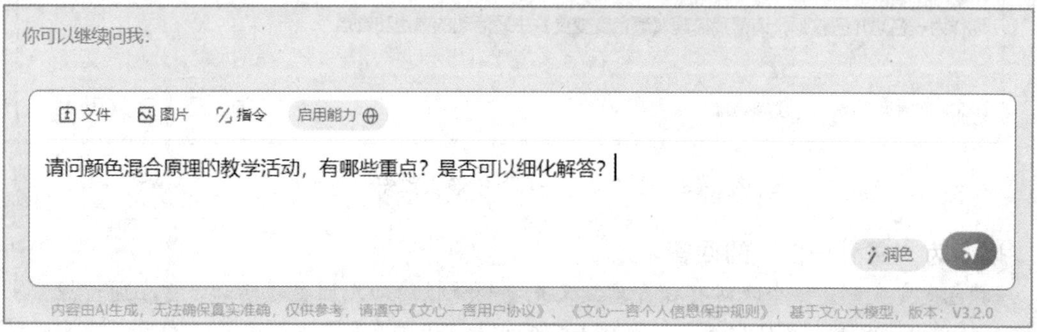

图 2-69　输入提示词

“文心一言”的回答是：

在颜色混合原理的教学活动中，重点可以细化为以下几个方面：

一、颜色基本概念的学习

这是教学活动的基石，需要确保幼儿或学生理解颜色的基本概念，包括：

颜色的定义：颜色是光作用于人眼所引起的视觉经验，是光的一种表现形式。

颜色的三要素：色相（颜色的种类，如红、黄、蓝等）、明度（颜色的明暗程度）和饱和度（颜色的鲜艳程度）。

颜色的分类：如原色、间色、复色等，以及它们之间的关系。

二、颜色混合原理的掌握

颜色混合原理是教学活动的核心，需要详细讲解并让幼儿或学生动手实践，包括：

加色混合：也称色光混合，即不同光源的辐射光投射到一起形成新色光。在加色混合中，混合的各种色的明度相加，混合的成分愈增加，混合色的明度就愈高，而色相则对应变弱。例如，朱红、翠绿、蓝紫是加色混合的三原色，它们以适当比例混合可以得到大部分色彩。

减色混合：指色料的混合，即物质的吸收性色彩的混合。在减色混合中，混合后色彩在明度、彩度上较未混合的任何一色均有所下降，混合的成分越多，色彩就越暗越浊。减色混合的三原色通常是品红、柠檬黄和湖蓝，它们以适当比例混合可以得到多种色彩。

中性混合：包括旋转混合与空间混合两种形式，是色光混合的一种色相变化，混合各色的平均明度，故称为中性混合。中性混合的视觉效果依赖于空间距离和色点的组合方式。

三、动手实践能力的培养

在教学活动中，需要设计一系列动手实践环节，让幼儿或学生通过实际操作来理解颜色混合原理，包括：

调色练习：提供三原色颜料和调色盘，让幼儿或学生尝试不同的调色比例，观察并记录下颜色变化的结果。

色彩搭配练习：让幼儿或学生根据给定的色彩主题，尝试用混合出的新颜色进行搭配，培养他们的色彩感知和搭配能力。

创意绘画或手工制作：鼓励幼儿或学生用混合出的新颜色进行创意绘画或手工制作，激发他们的创造力和想象力。

四、观察与记录能力的培养

在教学活动中，还需要培养幼儿或学生的观察与记录能力，包括：

细致观察：引导幼儿或学生细致观察颜色混合过程中的变化，包括颜色的深浅、明暗、饱和度等方面的变化。

简单记录：教会幼儿或学生如何简单记录自己的实验结果，如画图、贴纸、文字描述等。

综上所述，颜色混合原理的教学活动的重点包括颜色基本概念的学习、颜色混合原理的掌握、动手实践能力的培养以及观察与记录能力的培养。通过这些重点的细化和落实，可以有效地提高幼儿或学生对颜色混合原理的理解和掌握程度。

操作步骤③：撰写教案

有了前两步的沟通后，“文心一言”已经对任务有了一定了解，知道了角色是作为一名幼儿园教师，正进行《颜色变变变》的讨论。这时可以切入主题，根据实际情况加上限制条件，输入提示词：“请帮我撰写一份《颜色变变变》的主题活动教案，分为题目、教学目标、教学重点、教学难点、教学内容、教学准备、教学环节、教学延伸。”

“文心一言”的回答是：

《颜色变变变》主题活动教案

题目：

《颜色变变变》——探索颜色的奇妙世界

教学目标：

知识与技能：让幼儿了解颜色的基本概念，掌握颜色混合的基本方法，能够识别并命名常见的混合色。

过程与方法：通过动手实践，培养幼儿的观察能力、实验能力和创造力。

情感态度与价值观：激发幼儿对颜色的兴趣和好奇心，培养他们对科学探究的热爱和尊重。

教学重点：

颜色混合原理的讲解与实践。

培养幼儿的观察力和创造力。

教学难点：

幼儿准确控制颜色混合的比例。

幼儿对颜色变化过程的细致观察和准确记录。

教学内容：

颜色基本概念介绍。

颜色混合原理的讲解。

动手实践：颜色混合实验。

创意绘画：用混合色进行创作。

教学准备：

物质准备：三原色（红、黄、蓝）颜料、调色盘、画笔、水彩纸、纸巾、围裙、实验记录表。

环境准备：宽敞明亮的教室，确保每位幼儿有足够的操作空间。

心理准备：提前与幼儿沟通，了解他们对颜色的兴趣和疑问，激发他们参与活动的积极性。

教学环节：

导入环节（5 分钟）：通过故事或游戏引入颜色的话题，激发幼儿的兴趣。

新知讲解（10 分钟）：介绍颜色的基本概念和颜色混合原理，用生动的语言和图片帮助幼儿理解。

动手实践（20 分钟）：

分发材料，引导幼儿进行颜色混合实验。

观察并记录颜色变化的过程和结果。

教师巡回指导，帮助幼儿解决实验中遇到的问题。

创意绘画（15 分钟）：鼓励幼儿用混合出的新颜色进行创意绘画，发挥想象力和创造力。

分享与讨论（10 分钟）：邀请幼儿展示自己的作品，分享调色过程中的发现和感受。

总结与反思（5 分钟）：教师总结今天的活动内容，鼓励幼儿在生活中继续探索颜色的奥秘。

教学延伸：

家庭小实验：鼓励幼儿与家长一起在家中进行颜色混合实验，记录并分享实验结果。

颜色主题日：在幼儿园内设立颜色主题日，让幼儿穿着自己最喜欢的颜色的衣服来园，共同创造一个多彩的环境。

颜色探索活动：带领幼儿到户外观察自然界的颜色变化，如树叶、花朵、天空等，引导他们发现颜色的多样性。

通过这样的教案设计，旨在让幼儿在动手实践中了解颜色混合的原理，培养他们的观察力和创造力，同时激发他们对颜色的兴趣和好奇心，为他们的全面发展打下坚实的基础。

操作步骤④：教学协同

AI 协助撰写教案可以提高我们的工作效率，但 AI 提供的教案仅是一个框架式的模板，教师需要结合实际学情和教学条件设计修改，如完善教学内容、教学环节等，使教案具有教育性、趣味性、可操作性。

我们还可以继续请 AI 进行教学协同，输入提示词："请帮忙设计一个游戏，能够提高幼儿对颜色混合的兴趣。"

"文心一言"的回答是：

游戏名称：《色彩魔法师》

游戏目标：

通过趣味性的游戏设计，提高幼儿对颜色混合的兴趣，加深他们对颜色混合原理的理解，同时培养幼儿的观察力、想象力和团队协作能力。

游戏准备：

材料准备：

三原色（红、黄、蓝）颜料、调色盘、画笔、水彩纸。

清水、纸巾、围裙（用于保护衣物）。

颜色混合示意图、色彩轮图片（用于展示和参考）。

魔法帽、魔杖（可用纸制或塑料玩具代替，增加游戏趣味性）。

环境准备：

宽敞明亮的游戏区域，确保每位幼儿有足够的操作空间。

墙面或地面贴上色彩丰富的背景图，营造魔法世界的氛围。

角色分配：

将幼儿分成若干小组，每组 4～5 人。

每组选出一名"色彩魔法师"队长，负责带领队员进行颜色混合实验。

游戏流程：

魔法学院入学仪式（5 分钟）：

教师扮演"魔法学院院长"，欢迎幼儿们进入"色彩魔法学院"。

简要介绍颜色混合的基本原理，激发幼儿对颜色混合的兴趣。

魔法课程学习（10 分钟）：

展示颜色混合示意图和色彩轮图片，讲解三原色和间色的关系。

示范如何混合三原色得到间色，鼓励幼儿观察并记录颜色变化。

魔法实验室实验（20 分钟）：

每组幼儿领取调色盘、画笔、三原色颜料等材料。

"色彩魔法师"队长带领队员进行颜色混合实验，尝试混合出不同的颜色。

教师巡回指导，帮助幼儿解决实验中遇到的问题，鼓励他们发挥想象力，创造新的颜色。

魔法挑战赛（15 分钟）：

教师出示一张颜色卡片，要求幼儿用混合出的颜色与卡片上的颜色相匹配。

每组幼儿轮流上台展示他们的“魔法作品”，并解释颜色混合的过程。

观众（其他小组的幼儿）投票选出最接近卡片颜色的“魔法作品”，获胜小组获得“魔法奖杯”。

魔法创作秀（15分钟）：

鼓励幼儿用混合出的颜色进行创意绘画或手工制作，创作属于自己的“魔法作品”。

幼儿展示自己的作品，并分享创作过程中的想法和感受。

魔法学院毕业典礼（5分钟）：

教师总结今天的游戏内容，表扬幼儿的积极参与和创意表现。

颁发“魔法毕业证书”给每位幼儿，鼓励他们继续探索颜色的奥秘。

游戏延伸：

家庭魔法作业：鼓励幼儿与家长一起在家中进行颜色混合实验，记录并分享实验结果。

魔法学院故事会：组织幼儿讲述自己与颜色混合相关的故事或经历，培养他们的语言表达能力和想象力。

魔法学院开放日：邀请家长参观幼儿的“魔法作品”，共同感受颜色混合的奇妙魅力。

通过这样的游戏设计，旨在让幼儿在轻松愉快的氛围中了解颜色混合的原理，培养他们的观察力、想象力和团队协作能力，同时激发他们对颜色的兴趣和好奇心。

可以根据教学情况继续提问，输入提示词：“请帮忙设计小测验，用于检测幼儿颜色混合的学习效果。”

文心一言的回答是：

幼儿颜色混合学习效果小测验

目标：

通过一系列简单而有趣的测验题目，评估幼儿对颜色混合原理的理解程度、颜色识别的准确性以及颜色混合实践操作的掌握情况。

测验内容：

一、选择题（每题2分，共10分）

1. 下列哪两种颜色混合可以得到橙色？

   A. 红＋黄　　B. 红＋蓝　　C. 黄＋蓝　　D. 红＋绿

2. 绿色是由哪两种颜色混合而成的？

   A. 红＋黄　　B. 红＋蓝　　C. 黄＋蓝　　D. 蓝＋绿

3. 下列哪个颜色不是由三原色混合而成的间色？

   A. 橙色　　B. 绿色　　C. 紫色　　D. 粉色

4. 当我们把蓝色颜料和红色颜料混合在一起时，会得到什么颜色？

   A. 橙色　　B. 绿色　　C. 紫色　　D. 棕色

5. 在颜色轮上，相邻的颜色混合会得到什么类型的颜色？

   A. 原色　　B. 间色　　C. 复色　　D. 互补色

二、填空题（每题2分，共10分）

1. 三原色是指________、和________。

2. 红色与黄色混合后得到的颜色是________。

3. 在颜色混合中，________色与________色混合可以得到蓝色。

4. 紫色是由________色和________色混合而成的。

5. 当我们想要得到棕色时，可以尝试将________色与________色（或更多颜色）混合。

三、实践操作题（共 30 分）

任务：请幼儿使用提供的三原色颜料和调色盘，按照以下要求混合颜色，并将结果记录在纸上。

1. 混合橙色（5 分）：将红色和黄色颜料混合，观察并记录结果。

2. 混合绿色（5 分）：将黄色和蓝色颜料混合，观察并记录结果。

3. 混合紫色（5 分）：将红色和蓝色颜料混合，观察并记录结果。

4. 创意混合（10 分）：请幼儿自由混合三原色，创造至少两种新的颜色，并命名这些颜色。

5. 颜色识别（5 分）：教师出示一张包含多种颜色的图片，要求幼儿识别并指出其中至少三种由三原色混合而成的颜色。

四、简答题（每题 5 分，共 10 分）

1. 请描述一下你在混合颜色时的感受或发现。

2. 你认为颜色混合有趣吗？为什么？

评分标准：

选择题和填空题：每题答对得满分，答错不得分。

实践操作题：根据幼儿混合颜色的准确性和创意性进行评分，同时考虑幼儿对颜色混合过程的描述和记录。

简答题：根据幼儿的回答内容、语言表达和创意性进行评分。

注意事项：

在进行测验时，教师应保持耐心和鼓励的态度，给予幼儿充分的思考和操作时间。

对于实践操作题，教师应提供必要的指导和帮助，确保幼儿能够安全、有效地进行颜色混合实验。

在评分时，教师应注重幼儿的进步和努力，给予积极的反馈和建议，以激发他们对颜色混合的持续兴趣。

通过上述四步：预先沟通、确定主题、撰写教案、教学协同，基本可以实现使用人工智能技术协助撰写教案。为使语言模型更好地理解我们的需求，可以进行多轮沟通，对 AI 反馈的信息进行修订，以人机协同的模式实现高效率教学办公和教学。

六、项目评价

教师组织学生展示作品，通过自评、互评、教师评相结合的方式完成评价，运用评价结果激励学生反思与改进，将评价结果与反思填入表 2-8。

表 2-8 “设计制作教育活动设计方案”评价表

学生姓名： 小组名称： 班级：

类　别	标　　准	分值	得分
内容设计	1. 教案结构完整，包括主题、对象、目标、材料准备、教学环节等要素。 2. 活动设计新颖，符合五大领域教学要求，符合幼儿园教育教学特点，具有丰富性、科学性、具体化和操作性	20	
技术运用	1. 教案图、文、表并茂，制作技能全面，各对象处理技能熟练。 2. 版面设计结构合理，整体美观，符合幼儿园工作实际要求	60	
学生素质	1. 遵守课堂纪律，规范使用教学设备，按时完成任务。 2. 积极参加团队活动，积极研讨反思，积极承担团队任务。 3. 学习态度积极，精神面貌好	20	
合　计			100
自我反思：学习存在哪些问题？哪些技能需要进一步夯实：			
老师、同学评价：存在哪些不足，给出改进建议。 考核评价人： 年　月　日			

七、项目延伸

请同学们课后尝试完成以下任务，将完成情况填入表 2-9：

（1）完善幼儿园在职教师编写的教案，做到图、文、表并茂。

（2）完成一项撰写工作计划、总结、方案、求职简历等实际工作或学习任务。

（3）积极参加职业院校技能大赛“幼儿教育技能”比赛，提升专业技能。

表 2-9　岗位（竞赛）任务反馈表

学生姓名：　　　　　　　　　　　班级：

任务名称		应用场景	
使用了哪些操作技能			
反思与提升			
应用效果			
作品粘贴处（或将作品上传学习平台）			

【赛教结合】

2023 年全国职业院校技能大赛（高职组）“幼儿教育技能”赛项赛卷样题：

题目：主题活动——中班“夏天来了”

幼儿园教育活动设计：根据主题素材与年龄段，融入故事讲述技能，设计 1 课时（20 min）集体教学活动的教案。教案格式完整规范、语言清晰、简洁明了，且目标设计、内容选择、方法运用等符合幼儿年龄特征和领域特点。

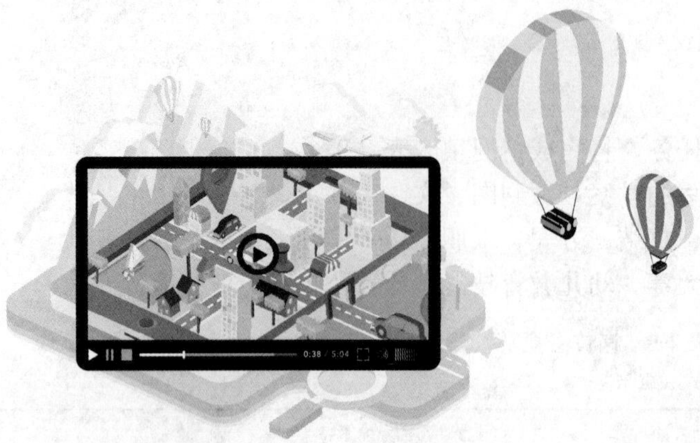

项目三 设计制作多媒体课件

一、典型工作任务描述

现代信息技术的发展促进了教学方法和教学手段的创新，利用多媒体课件辅助教学，可以跨跃时空整合信息，将文本、图片、音频、视频、动画等多媒体元素有效整合，设计制作出融声、光、色、形于一体的多媒体课件，利用视觉的整体性、瞬间采集性优势，弥补听觉具有选择性、唯一性、短暂性和遗忘性的不足，从听觉、视觉、触觉等多角度给幼儿营造身临其境的学习体验，促进幼儿听觉、视觉等多感官联动，通过直观、生动、形象的方式提高幼儿对教学内容的记忆和理解。教学之外，幼儿园教研活动、工作汇报、家庭教育指导、家长会等宣讲交流活动中也经常使用多媒体课件，设计制作多媒体课件是幼儿园教师的基本工作之一。促进多媒体技术与幼儿园教育教学深度融合，从融合应用向创新发展转变，是提升幼儿园教师现代信息素养的重点和难点。随着数字技术和人工智能技术的发展，利用生成式人工智能辅助设计课件，能够快速提高工作效率，节省教师的时间和精力。典型工作任务分析见表 3-1。

表 3-1 “设计制作多媒体课件”典型工作任务分析

工作环境	正常办公环境
工作过程	设计教育活动教案 → 课件设计方案 → 收集处理素材 → 制作课件框架内容 → 调整优化课件 → 测试输出课件
工作对象	幼儿园实际工作需要的多媒体课件
工具和材料	1. 工具：多媒体计算机、智能手机、WPS 软件、人工智能辅助工具 Kimi。 2. 材料：教案、图片素材、音频素材、视频素材
工作方法	1. 研讨法：讨论教学思路和多媒体课件设计方案。 2. 案例分析法：学习借鉴优秀作品，善于利用批判性思维，创新教学内容表现形式，使课件更好地服务演讲和教学

续表

劳动组织形式	集体讨论多媒体课件的设计方案，会利用人工智能辅助制作课件，能够独立使用计算机完成作品优化与输出
工作要求	1. 多媒体课件设计遵循《幼儿园教育指导纲要（试行）》，服务教育活动和工作要求。 2. 素材要直观、生动、丰富、完整，符合幼儿年龄及活动领域，体现童真童趣，不能使用损害儿童视觉和听觉感受的素材。 3. 贯彻“幼儿为本”的原则，充分考虑儿童的特点，构思巧妙，适当利用多媒体素材及超链接、切换、动画效果等技术提高幼儿的学习兴趣和学习体验。 4. 编辑人员要有一定的信息素养、图片编辑和审美能力，具有批判性思维、创新思维和创新能力

二、学习情境描述

根据设计制作多媒体课件典型工作任务分析，学习情境设计需要让学生完成工作需求分析、设计课件开发方案、收集处理素材、制作课件、优化输出课件的完整过程，见表3-2。

表3-2 “设计制作多媒体课件”学习情境设计

学习情境	设计制作多媒体课件	学时建议：12学时
学习情境描述	选取幼儿园教育活动的某一主题，基于活动设计方案，学生根据教师下发的学习任务书，小组讨论制订多媒体课件开发方案，独立完成采集素材、处理素材、制作课件、输出课件等任务，开发出一例完整的多媒体课件作品	
学习目标	知识目标	1. 掌握演示文稿的建立、编辑与格式化的基本操作；掌握更改幻灯片的母版、版式、主题和背景的方法。 2. 掌握在幻灯片中插入图片、表格、图表、声音和视频的方法。 3. 掌握利用动画设计幼儿园交互游戏的方法。 4. 掌握利用人工智能工具生成课件的提示词、步骤、方法
	能力目标	1. 能够从多种渠道收集多媒体素材。 2. 能够熟练掌握幻灯片的基本操作，独立制作出图文并茂，有声音、动画、视频等内容丰富的幻灯片。 3. 增强教学设计能力，能够利用多媒体元素创设学习情境。 4. 会使用人工智能技术辅助进行课件制作与素材处理
	素质目标	1. 增强发散性思维、联想思维、批判性思维和创新思维，提高创新能力。 2. 强化以幼儿为本的教育理念，提高教学设计能力和教学实施能力。 3. 增强现代信息素养，具备多渠道获取信息和素材的能力
学习内容	1. 收集素材：收集视频、音频、图片等。 2. 制作课件：设计课件模板、版式，添加对象。 3. 人工智能技术：对话式制作课件整体框架，使用人工智能提示词。 4. 优化课件：添加多媒体元素、放映、打印、打包课件	

续表

教学条件	1. 硬件：多媒体机房、每台计算机均能够登陆互联网。 2. 软件：人工智能软件 Kimi、WPS		
教学方法与组织形式	1. 教学方式方法：案例教学法、任务驱动法、小组教学法。 2. 教学组织形式：分组讨论制定设计方案，学生独立操作计算机完成任务		
教学流程	活动内容	教 师 活 动	学 生 活 动
观摩：获取资讯	布置任务	课前发放学习任务书和学习资料，引导学生学习多媒体课件知识，完成课前学习任务	在学习任务书引导下完成课前学习任务，了解多媒体课件在幼儿园的应用领域及制作知识。课前完成教案编写任务
	案例分析	展示教学案例，进行案例分析	根据案例分析掌握制作课件的流程和方法，明确知识技能要求
设计：制定计划	设计方案	组织学生研讨设计方案	以小组为单位研讨多媒体课件设计方案
	确定方案	组织学生研讨，帮助学生完善方案	根据研讨完善确定作品设计方案
制作：实施计划	项目实施	以案例为引导讲授多媒体课件制作技术，检查、督促、指导学生完成课件制作任务	学习操作技术，根据多媒体课件开发方案，编辑素材，制作课件，完成作品开发任务
展评：检查评价	检查评价	组织学生展示作品、反思改进，评定学生成绩	展示自己的作品，通过自评、互评、教师评反思改进，填写评价表
创新：应用创新	项目延伸	鼓励学生参加职业技能大赛，或协助幼儿园在职教师，开发参赛或实用作品	参加职业技能大赛，或协助幼儿园在职教师，开发参赛或实用作品，持续提升课件设计制作能力

三、典型案例分析

（一）教学案例

幼儿大班社会活动“粽香情浓端午节”。

素材
教学案例：
粽香情浓端午节

素材
学生作品：
小雨滴的秘密

素材
学生作品：
有趣的颜色

素材
学生作品：
地球招聘清洁工

（二）案例分析

一套完整的课件框架结构一般包含封面、目录页、正文页、结束页等，页面可以加入文字、图片、表格、声音、视频等多种内容形式，制作教学辅助课件需要完成以下任务：

（1）分析教育活动设计方案。根据教案设计课件制作方案，对封面及风格、课件整体框架和组成内容、设计内容呈现方式及所需素材等进行详细设计。

（2）人工智能初步生成课件。根据课件框架和组成内容，输入提示词，初步生成课件。根据设计方案调整修改课件。

（3）选取模板和素材。如人工智能生成的课件不符合需求，可以从网络下载模版，也可自己制作模板。多种渠道收集素材，对素材进行编辑美化等处理。

（4）制作课件。基于模板制作幻灯片，添加文字、图片、音视频等素材，设计动画、超链接等效果。

（5）优化输出课件。优化测试并根据需要输出课件。

【课程思政】

提高数字素养

2023年教育部发布《教师数字素养》教育行业标准，从数字化意识、数字技术知识与技能、数字化应用、数字社会责任、专业发展五个维度提出对未来教师的数字素养要求。如今，幼儿是数字原住居民，数字化条件下的教育活动是信息技术与教学过程和教学内容的深入融合，教师是融合的关键。幼儿园教师要不断提升数字素养，适当利用数字技术获取、加工、使用、管理和评价数字信息和资源，通过发现、分析和优化、创新和变革，持续提升教育教学质量。

（三）多媒体课件制作技术分析（见表3-3）

表3-3　“设计制作多媒体课件”知识点和技能点

类　别	知 识 点	技 能 点
人工智能生成课件	1. 人工智能生成课件。2. 输入提示词。3. 调整课件目录内容	1. 会使用Kimi等人工智能技术生成课件。2. 对课件初稿进行编辑
搜集素材	1. 素材收集渠道。2. 素材使用规范	1. 屏幕截取。2. 扫描输入。3. 使用数码照相机以及手机等设备进行拍摄。4. 网站搜索
制作课件框架	1. 课件基本结构。2. 内容与版式的匹配	1. 新建、打开、保存演示文稿。2. 设置幻灯片模板和版式。3. 插入幻灯片对象
添加多媒体元素	1. 插入音视频，根据内容调整。2. 插入超链接，能够进行美化	1. 设计幻灯片动画。2. 设计交互游戏。3. 设计幻灯片超链接
输出课件	1. 课件技术标准。2. 课件播放环境要求	1. 设置幻灯片放映方式。2. 保存演示文稿。3. 加入旁白制作成视频课件

四、布置任务（见表 3-4）

表 3-4 “设计制作多媒体课件”任务书

项目名称		设计制作多媒体课件
具体任务	课前任务	1. 观摩“粽香情浓端午节”课件案例。 2. 学习课件典型工作任务分析及制作课件基本知识。 3. 根据教案自主设计课件开发方案
	课中任务	1. 设计多媒体课件开发方案。 2. 人工智能生成课件。 3. 收集素材。 4. 制作课件整体框架。 5. 添加多媒体元素。 6. 优化输出课件
	课后任务	1. 协助幼儿园在职教师制作多媒体课件。 2. 配合演讲、项目介绍等工作或学习任务制作一件多媒体课件。 3. 积极参加职业院校技能大赛“幼儿教育技能”比赛，提升专业技能
任务要求		1. 自主选取主题设计幼儿教育活动，根据教案编写多媒体课件设计方案。 2. 作品设计要符合幼儿园教学实际要求，配合教学活动，体现多媒体课件制作技能，要求有 8 张以上图片，一个视频，一个以上音频，素材可以在网上下载，也可以自己拍摄，音频可以是自己的配音。 3. 学生 4～6 人结成一个教研组，小组研讨课件开发方案，个人独立完成课件制作，小组研讨交流并进行作品评价

五、项目实施

视频

利用多媒体课件优化教学

任务一：设计多媒体课件开发方案

【任务引导】观看微课“利用多媒体课件优化教学”，请思考多媒体课件的结构包括哪几部分？制作课件需要进行哪些准备？

【知识拓展】

制作多媒体课件有多款软件，最常用的是中国金山公司开发的 WPS Office，是由北京金山办公软件股份有限公司研发的一款办公软件套装，可以实现办公软件最常用的文字、表格、演示、PDF 阅读等多种功能。具有内存占用低、运行速度快、云功能多、强大插件平台支持、免费提供在线存储空间及文档模板的优点。支持阅读和输出 PDF（. pdf）文件、具有全面兼容微软 Office 97-2010 格式（doc/docx/xls/xlsx/ppt/pptx 等）的独特优势。WPS Office 制作的演示文稿是由多张幻灯片组成的，一般包括封面页、目录页、正文页、结束页四部分，封面页一般包括课件的标题及作者的基本信息，目录页可以显示课件内容的结构，正文页用于展示课件的主要内容，结束页用于显示感谢信息等。

课件是教学或演讲的辅助工具，制作课件需要依据教育活动设计方案或演讲稿，根据内容收集使用文字、图片、音视频等素材。本案例中，教学活动分为情景导入、知识讲解、游戏闯关、趣味拓展四个教学环节，演示文稿设计为封面页、目录页、导入页、端午节的由来、端午节的习俗、交互游戏、趣味拓展、结束页等几部分，如图 3-1 所示。

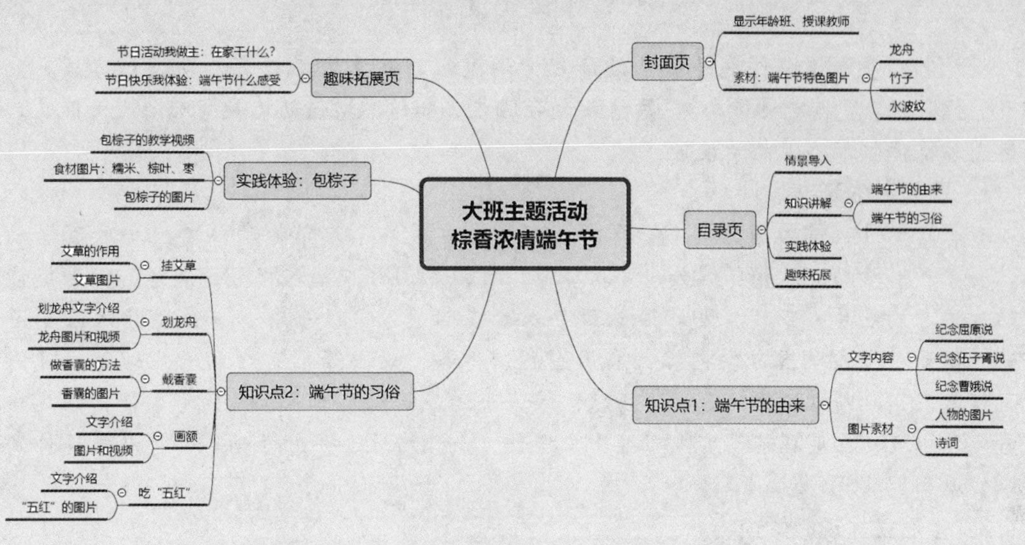

图 3-1　“粽香情浓端午节”课件设计方案

【任务操作】请自主选取主题设计教育活动，根据教案编写多媒体课件开发方案，填入表 3-5。

表 3-5　多媒体课件开发方案

作品名称	
使用场景	
设计方案	
素材清单	

【知识拓展】

多媒体课件设计原则

设计制作多媒体课件也是一个设计教学的过程，需要依据教育活动设计方案，熟知《3—6岁儿童学习与发展指南》，熟悉五大领域相关知识，增强幼儿教育活动设计能力，熟练运用多媒体技术呈现教学设计。

1. 服务教学环节设计

教育活动过程一般分为导入、学习、巩固、拓展四个环节，课件要配合教育活动设计，引导教育活动全过程。例如，导入环节，可以在课件中插入视频、谜语、问题或能引发幼儿思考的图片、音频，设计为谜语导入、提问导入、故事导入、情境导入；学习环节，可用多种方式呈现教学内容，采用图片、视频、动画等形式帮助幼儿理解。巩固环节，可以采用判断（选择）题、连线题、寻找小游戏等幼儿喜闻乐见的形式，让幼儿在玩中学、学中玩。拓展环节，可以布置手工操作、表演游戏、户外活动等，将教学延伸到课外或实现家园共育。

2. 多形式呈现教学内容

多媒体课件可以综合利用音频、视频、图片、文字、表格、动画、交互操作等多种元素，使教学设计更精妙，教学内容更丰富，教学方法更多样，与教师的语言、动作相互补充，能够充分调动幼儿的视觉、听觉，让幼儿眼、耳、口、手、脚、脑全感官联动，增强幼儿的感知和体验。但要明确多媒体课件的辅助教学地位，课件是承载教学内容、承接教学环节、辅助教学的有效工具，切不可喧宾夺主，不可因关注课件展示而忽视教学活动本身。

3. 全过程辅助教学活动

课件是教与学的辅助工具，要展现完整的教学设计和教学环节。教学设计包括教学目标、教学内容、教学过程、教学方法、教学评价等。教学环节包括活动引入、具体教学环节、活动总结、活动延伸等。可以使用目录让教学框架清晰，使用链接建立导航，便于查找内容，还可以利用交互式设计，让幼儿深度参与教学。

4. 符合幼儿的学习特点

多媒体课件能够跨越时间、空间局限，整合教学内容，也可以呈现语言无法准确描述的事物或场景，营造身临其境的教学情境。但制作课件要充分考虑观看者的特点，给幼儿制作的课件，模板和板式要简洁明快，模板背景的内容不宜太多，颜色不可过于暗淡。使用多媒体元素要符合幼儿的听觉、视觉习惯，刺激物适当，不能有强烈的音响，不能选择让幼儿感觉不舒适的素材。

5. 彰显课件本身的教育价值

多媒体课件不仅是一种先进的教学手段，也是对幼儿进行价值观教育和美育的良好载体。制作者要具有一定的美学修养和信息技术素养，模板、版式要美观，字体大小要合理，背景与对象的配色方案要得当，正确使用素材，正确处理静态与动态、主体与辅助的关系等，给幼儿传达正确的审美观。

【课程思政】

强化以幼儿为本的教育理念

课件具有辅助教学的作用，但课件并不是教学本身。幼儿园教师一要牢固树立以幼儿为本的教育理念，深刻理解课件的“工具性”，利用课件优化教学而不是弱化教学；二要提高质量意识，增强教育情怀，利用课件等现代教育手段不断提升教学质量；三是提升终身学习、反思改进意识，利用现代信息技术持续提升职业能力。

任务二：人工智能生成课件

【任务引导】利用人工智能生成多媒体课件有哪些优势？有哪些劣势？

【任务操作】请按照如下操作提示，完成课件初稿的制作任务。

操作步骤①：启动人工智能辅助工具 Kimi

能够生成课件的人工智能技术主要有 Kimi、讯飞智文、歌者 PPT、ChatPPT、iSlide 等。其中使用 Kimi、讯飞智文、歌者 PPT 生成课件目前为止是全免费的。iSlide 是由艾斯莱德网络科技有限公司开发的基于 PowerPoint 的一键化效率插件，根据使用权限收费。ChatPPT 是付费的人工智能生成 PPT 工具，生成 PPT 的专业度和灵活性比较高。本课以 Kimi 为例讲解如何利用人工智能生成 PPT。

Kimi 有计算机网页版、网页插件版、手机版以及微信小程序等。下面使用计算机网页版制作 PPT。打开 Kimi 网页版的网址，使用手机号登录，如图 3-2 所示。

图 3-2　Kimi 登录界面

操作步骤②：利用 Kimi 助手生成 PPT 大纲

登陆 Kimi 网页后，点击左侧 Kimi＋助手按钮，在官方推荐 AI 智能工具中单击“PPT 助手”，如图 3-3 所示。

图 3-3 选择 PPT 助手

在出现的文本提示框中输入制作幻灯片的要求，例如，输入“你作为一名幼儿园教师，为幼儿园大班幼儿讲授中国传统节日端午节，帮我生成一份《粽香浓情端午节》的教学PPT”，如图 3-4 所示。

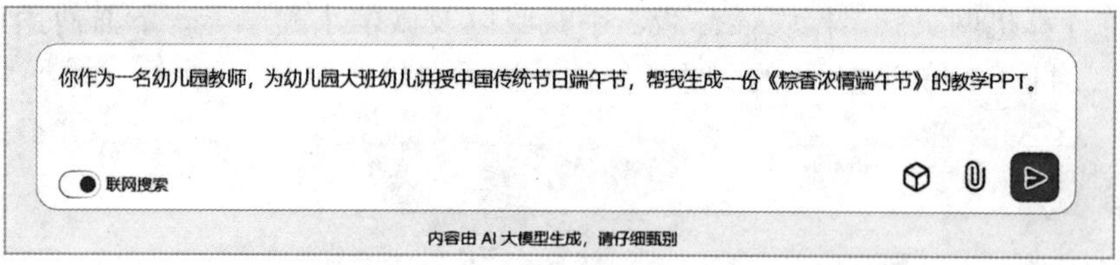

图 3-4 输入 PPT 制作要求

在文本框左下角的“联网搜索”处于选中状态下，单击文本框右侧的“发送”按钮▷或者按【Enter】键，Kimi 将给出 PPT 大纲，如图 3-5 所示。如果对大纲内容不满意，可单击“再试一次”按钮，重新生成大纲内容。

操作步骤③：生成与编辑 PPT

确定大纲后，单击底部的“一键生成 PPT”按钮，进入选择 PPT 风格界面，如图 3-6 所示。

选择自己喜欢的 PPT 模板，或者自主选择模板场景、设计风格、主题颜色，单击右上角的“生成 PPT”按钮即可，如图 3-7 所示。

单击图 3-7 右侧底部的“去编辑”按钮，可以对生成的 PPT 进行编辑，可进行大纲编辑、模板替换、插入元素等，也可以对文本、图形、背景、图片、表格、图表等进行设置。选择“模板替换”可以更换模板风格，如图 3-8 所示。

选择“大纲编辑”可以根据设计的多媒体课件开发方案进行框架和内容修改，如图 3-9 所示。

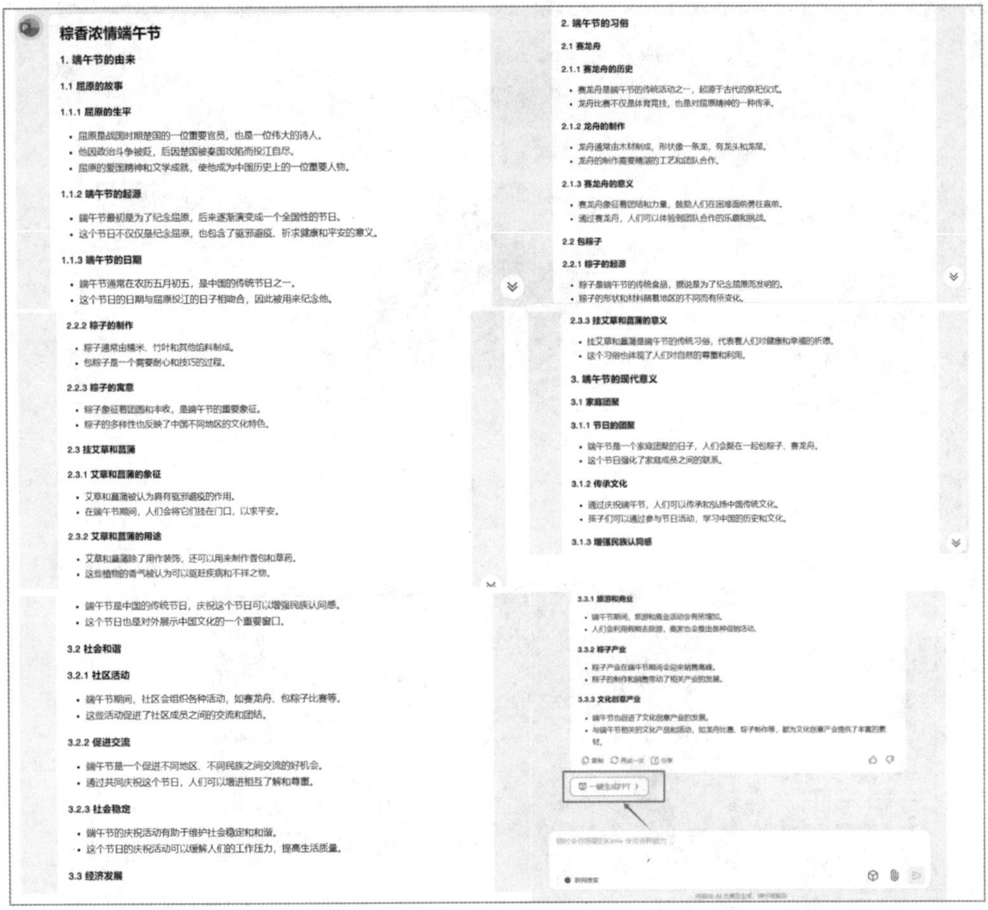

图 3-5　自动生成 PPT 大纲

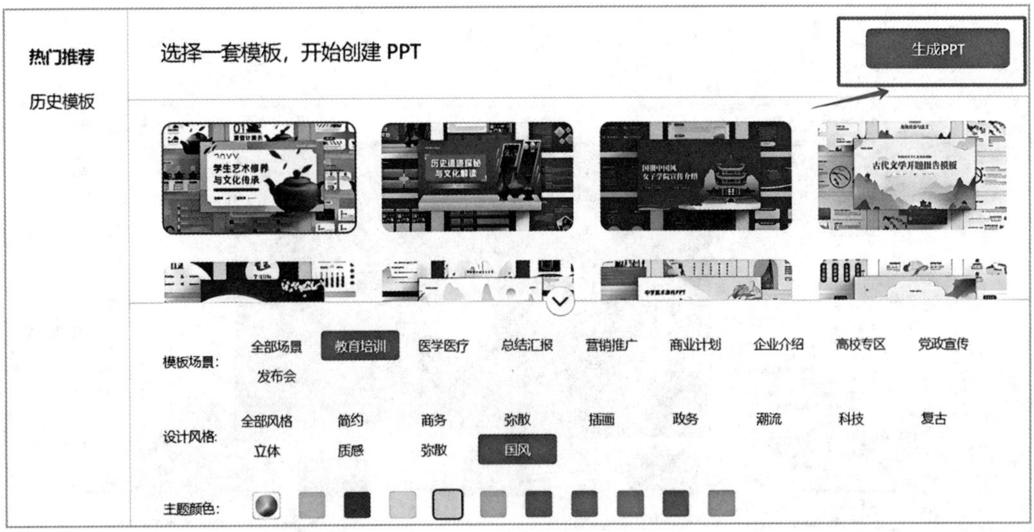

图 3-6　选择 PPT 风格界面

图 3-7　生成 PPT 效果

图 3-8　编辑模板风格

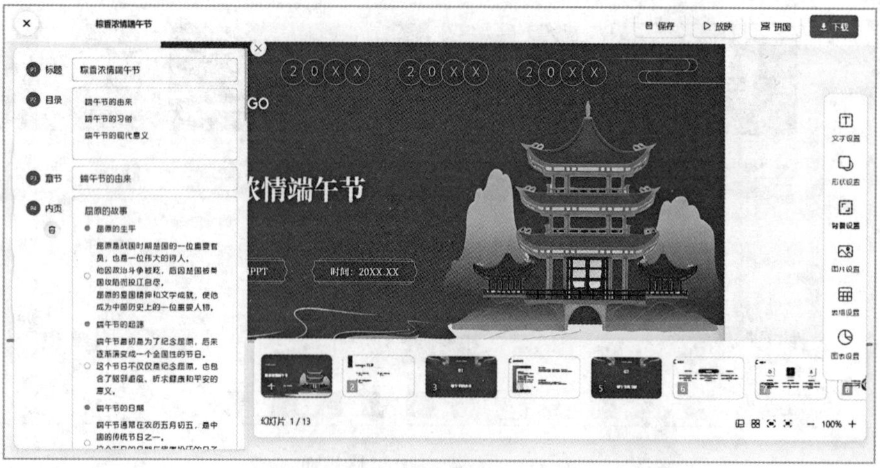

图 3-9　编辑大纲

操作步骤④：保存与导出 PPT

单击顶部右侧的“保存”按钮可以保存对当前 PPT 的修改，单击“放映”按钮可以预览 PPT。单击“拼图”按钮，如图 3-10 所示，可以把幻灯片按指定数量拼图并导出，导出后的拼图幻灯片一般位于“下载”文件夹中，格式为 PNG。

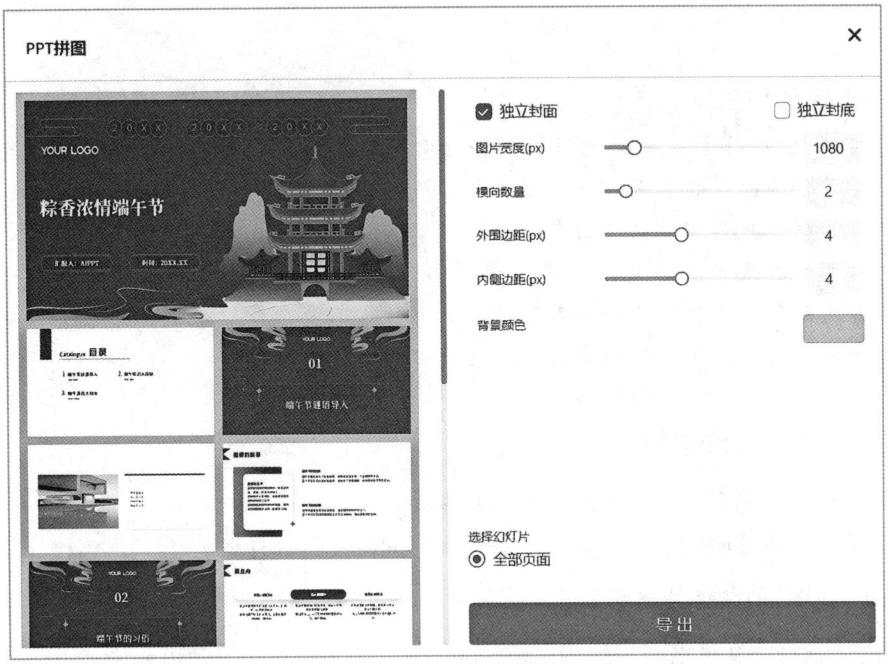

图 3-10 “PPT 拼图”对话框

如果要单独导出 PPT 格式的幻灯片，可以单击图 3-9 界面右上角的“下载”按钮，弹出导出文件列表选项，如图 3-11 所示。

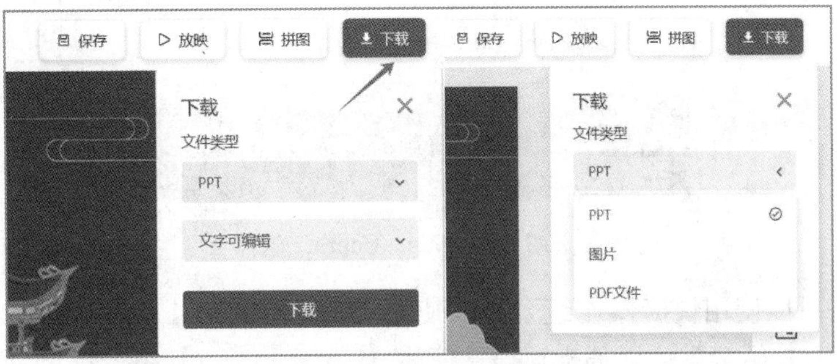

图 3-11 导出文件列表

根据自己的需要选择导出的 PPT 文件格式。如果导出为图片格式，文本内容不可以再编辑。如果使用 PowerPoint 或 WPS 软件编辑，可以导出为 PPT 格式文件。如果使用 Acrobat 软件编辑，可导出为 PDF 格式文件。单击“下载”按钮即可导出文件，默认存储到“下载”文件夹中。

小提示

导出 PPT、PDF 格式文件有“文字可编辑”“文字不可编辑”两个选项。选择“文字可编辑”选项，导出的 PDF 或 PPT 文件中的文字可以编辑；选择“文字不可编辑”选项，文本会转曲或被栅格化，一般用于幻灯片中存在特殊字体、希望保持文字外观的情况。

【课程思政】

人工智能生成 PPT 是基于大语言模型检索并重组数据的技术，能够帮助人们拓宽知识视野，学习借鉴他人的成果。幼儿教育教学是师生间知识、技能、情感互动的过程，依据幼儿特点因材施教是“以幼儿为本”教育理念的具体体现，人工智能是一种技术、一种工具、一种新的思维方法，可以为我们提供参考，但决不能代替幼儿园教师基于幼儿观察、幼儿分析以及一定教育理念引导下进行的个性化教育教学。教育活动及多媒体课件均需要幼儿园教师结合幼儿身心发展特点进行精心设计。

任务三：收集处理素材

【任务引导】请思考收集素材应注意哪些事项？

【任务操作】请按照以下操作提示，完成素材的收集处理任务。

操作步骤①：收集图片素材

图形图像素材的文件格式一般为.jpg、.bmp、.gif、.tif、.png 等，可采用如下方法收集。

1. 屏幕截取

FastStoneCapture 是一款灵活简单的屏幕抓图软件，可以抓取某个窗口或者对象的图片，也可以全屏或者以矩形模式抓图，还可以按照手绘的任意形状抓图，还支持浮动条、热键、调整大小、剪裁、文字注释、打印以及邮件发送等功能。软件启动时就像一条工具栏，如图 3-12 所示。

图 3-12　FastStone Capture 软件

屏幕截取还可以使用快捷操作组合键：使用【Alt＋PrtScr】组合键可以捕捉屏幕；使用【Shift＋PrtScr】组合键可以捕捉窗口；使用【Ctrl＋PrtScr】组合键可以矩形捕捉画面；使用【Shift＋Ctrl＋PrtScr】组合键，可以手绘图形截取画面；使用【PrtScr】键，可以截取全屏画面，截取的图片可以直接粘贴到 Word、PowerPoint、WPS 等文档中，也可使用 FastStoneCapture 软件编辑后保存到指定的文件夹中，如图 3-13 所示。

2. 扫描输入

如果用户希望把教材或其他书籍中的插图放在多媒体课件中，可以准备一台图像扫描仪，将其与计算机相连接，如图 3-14 所示，通过扫描仪将图片扫描转换成计算机数字图像文件，进行保存或处理后即可使用。

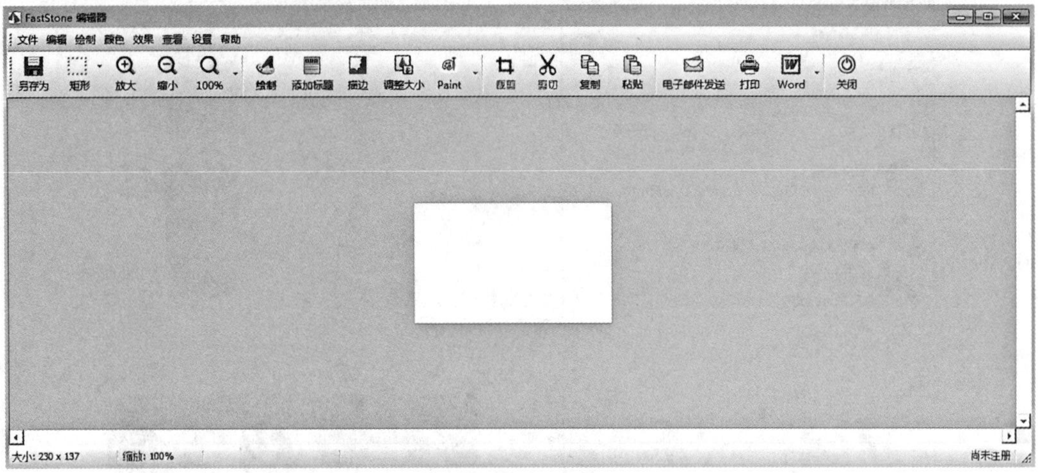

图 3-13　FastStone Capture 编辑页面

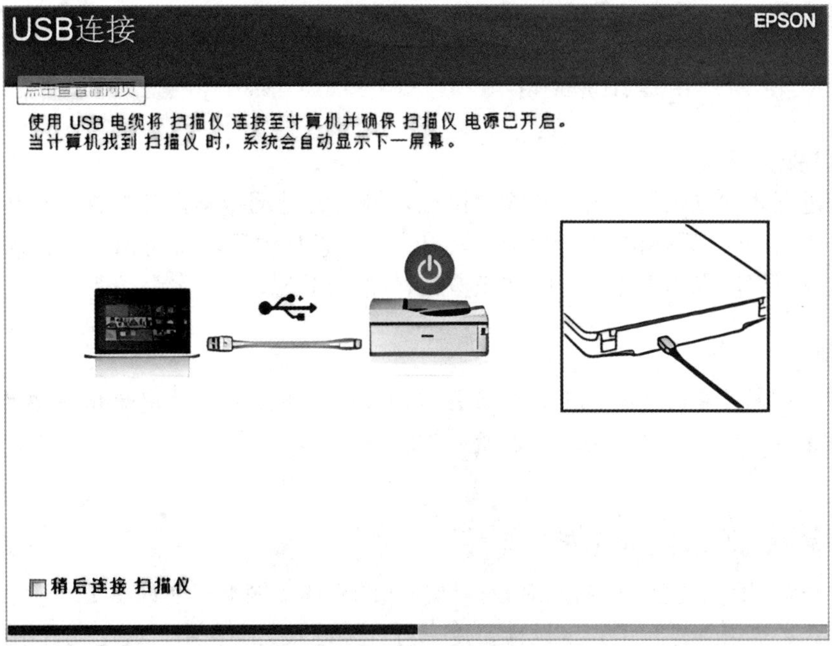

图 3-14　扫描输入图片

3. 使用拍摄设备

使用数码照相机、手机拍摄下来的数字图像，通常保存在设备的内存储器芯片中，通过通信接口或手机的无线传输功能可以将数据传送到计算机。例如，手机可通过微信或 QQ 无线传输。在计算机上登录自己的 QQ 账号，同时打开手机 QQ，选择“联系人”→“设备”→“我的电脑”，从手机相册中选择照片，单击“发送”按钮即可，如图 3-15、图 3-16 所示。

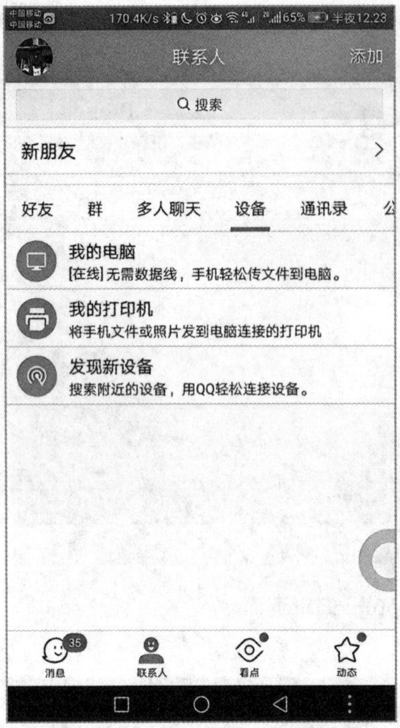

图 3-15　手机与计算机连接

图 3-16　传送照片

4. 网站搜索下载

可以通过互联网进入专业的图片素材网站，输入关键词搜索图片。视觉中国、全景网、getyimages 华盖网、昵图网、红动中国、素材天下、素材中国等都可以下载高精度的图片。下载使用图片时要注意尊重原创者的知识产权，注明出处。

小提示

为了获得高质量的素材，可以变换关键词搜索。下载的图片建议根据图片内容重命名，并保存在同一个文件夹中，便于取用。

操作步骤②：网站下载幻灯片模板

模板是确定 PPT 颜色、风格及对象排列模式的载体，网上存在许多 PPT 模板，对幻灯片模板、版式、风格等进行了固定设计，用户可直接键入文字套用，或使用其中的部分模板和版式。

从百度上搜索“第一 PPT”网站，此网站提供了很多免费 PPT 模板，在网站左侧导航类别中找到“节日 PPT 模板”的“端午节”主题，可以看到很多“端午节”主题的模板，如图 3-17 所示。

选取自己喜欢的模板，如选中“浓情相约端午节”PPT 模板。在网站下方找到“本地下载列表”。如图 3-18 所示，单击后可跳转到下载页面，如图 3-19 所示，单击“第一 PPT 本地下载”，设置文件保存位置后即可将文件下载到自己计算机指定的文件夹中，下载的压缩包解压后即可使用，如图 3-20 所示。

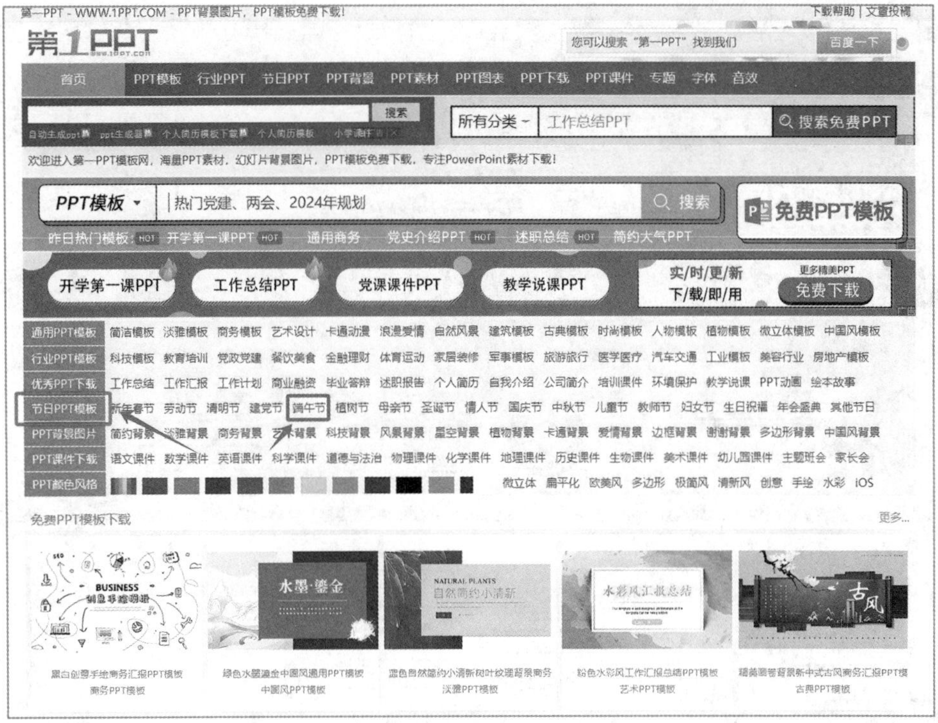

图 3-17　"第一 PPT"网站界面

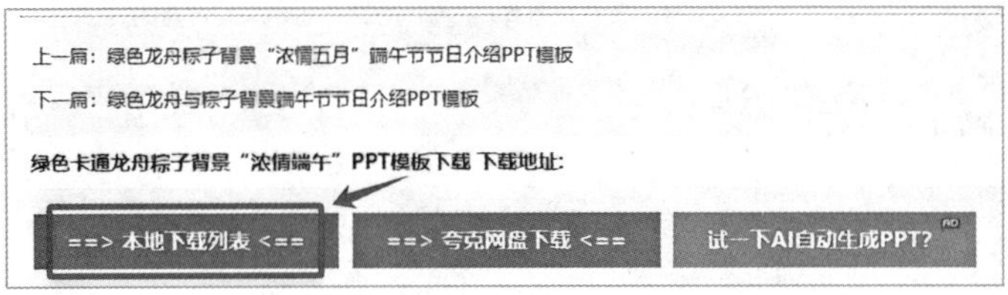

图 3-18　单击"本地下载列表"

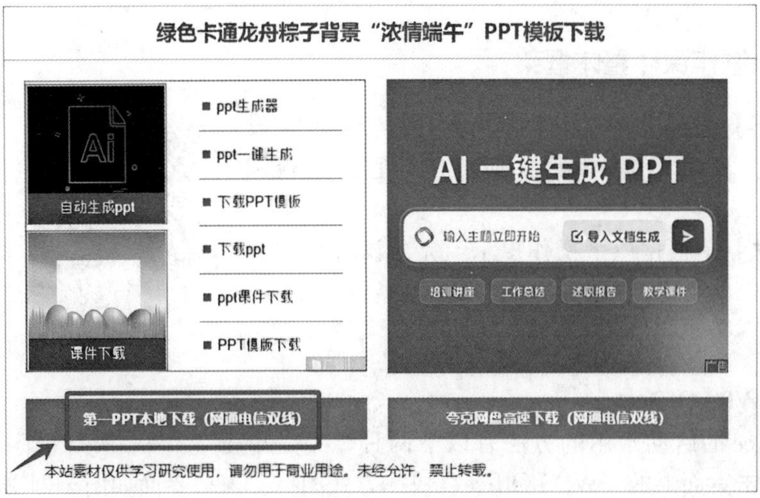

图 3-19　单击"第一 PPT 本地下载"

图 3-20 解压后的“端午节”模板

【课程思政】

建立网络安全意识

从网络上检索下载素材，一要具有识别、筛选能力，选择积极健康的素材；二要具有网络安全意识，保护自己的计算机不受非法软件侵扰。

任务四：制作课件整体框架

【任务引导】观看微课“设计制作课件整体框架”“设计幻灯片母版”。请思考并研讨如何选择适宜的模板和版式？

【任务操作】请根据以下操作提示，完成课件框架制作任务。

视频

设计制作课件整体框架

视频

设计幻灯片母版

操作步骤①：新建、打开、保存演示文稿

1. 启动 WPS Office

WPS Office 的启动常用的方法有以下两种，一是单击“开始/所有程序/WPS Office”命令；二是双击桌面上的“WPS Office”快捷方式图标。窗口界面如图 3-21 所示。

2. 新建演示文稿

在 WPS Office 界面中选择“文件”菜单的“新建”命令，可以新建空白演示文稿。也可以在搜索栏输入关键词，搜索 WPS Office 自带模板，如图 3-22 所示。

3. 打开已有的演示文稿

在菜单栏中选择“文件”→“打开”命令，也可使用【Ctrl+O】组合键，将弹出“打开”对话框。在“查找范围”中查找文件存放的位置，窗口中会显示该位置上存放的所有文件，选中文件，单击“打开”按钮即可。在没有启动软件的情况下，打开保存演示文稿的文件夹，双击文件图标也可打开该文件。

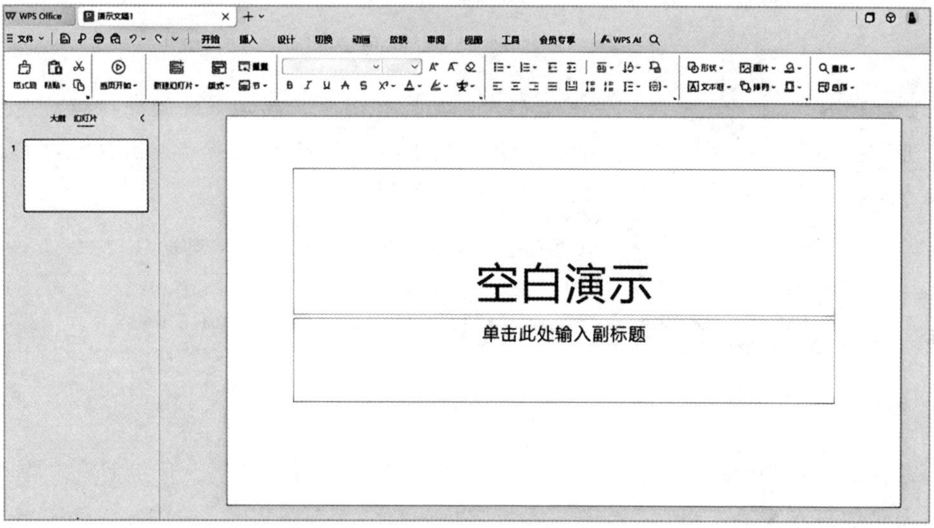

图 3-21　WPS Office 界面

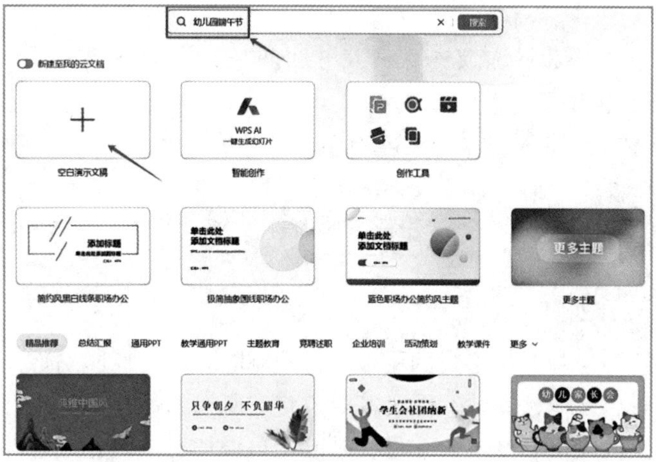

图 3-22　WPS 新建文件

4. 关闭和保存演示文稿

关闭演示文稿。WPS Office 允许用户同时打开并操作多个演示文稿，关闭文稿可分为“关闭当前演示文稿”和“同时关闭所有演示文稿”两种操作。

关闭当前演示文稿：单击菜单栏上文件名后面的“×”或在文件下拉菜单中选择“关闭”命令。

关闭所有演示文稿并退出 WPS Office：单击标题栏上的“关闭”按钮或选择“文件/退出”命令。

保存演示文稿。保存演示文稿有两种方式，一种方法是选择“文件/保存”命令。如果文稿是第一次存盘，就会出现“另存为”对话框。这与 Word 一致。在对话框中选择文稿的保存位置，然后输入文件名，单击“确定”按钮即可。另一种方法是直接按【Ctrl+S】组合键。

【知识拓展】

演示文稿的四种不同视图

WPS Office 有 4 种主要视图：普通视图、幻灯片浏览、备注页和阅读视图。在软件界面中打开“视图”选项卡，可单击相应按钮切换视图，如图 3-23 所示。用户可以从这些主要视图中选择一种视图作为默认视图。

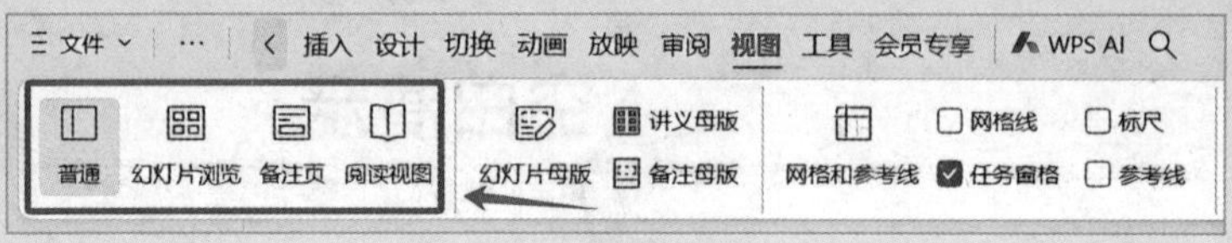

图 3-23 视图选项卡

普通视图是主要的编辑视图演示，常用于撰写或设计演示文稿。该视图有 3 个工作区域：左侧是幻灯片文本大纲（“大纲”选项卡）和幻灯片缩略图（“幻灯片”选项卡）之间切换的选项卡；右侧为幻灯片窗格，以大视图显示当前幻灯片；底部为备注窗格。

幻灯片浏览视图是以缩略图形式显示幻灯片的视图，常用于对演示文稿中各张幻灯片进行移动、复制、删除等各项操作。

备注页视图。为了给出讲解提示或者便于汇报等，常常会给 PPT 设置备注。备注页视图下，可方便查看和修改每页的备注内容。

阅读视图占据整个计算机屏幕，进入演示文稿的真正放映状态，可供观众以阅读方式浏览整个演示文稿。

工作窗口的右下角有这 4 种幻灯片视图的图标按钮，用户可单击切换。

操作步骤②：设计幻灯片母板

幻灯片母板是统一控制课件格式的模板，可控制除封面页标题幻灯片以外所有幻灯片的格式，母板中的背景、字体、图片、图表等对象将在所有幻灯片中呈现，我们通常通过母板为整个课件制订一致的风格和规范，在母板基础上再添加对象，完成课件的制作。

单击“视图”选项卡中的“幻灯片母版”按钮，进入“幻灯片母板”视图，如图 3-24 所示。

首先，进行封面页的设计。选择左侧标题幻灯片版式，在幻灯片空白处右击，在弹出的快捷菜单中选择“设置背景格式”命令，在右侧“设置背景格式”工具栏中选择填充方式为“图片或纹理填充”，并按下“文件”按钮，在弹出的“插入图片”窗口中，找到前面下载的“封面页”图片，单击“插入”按钮即可，如图 3-25 所示。

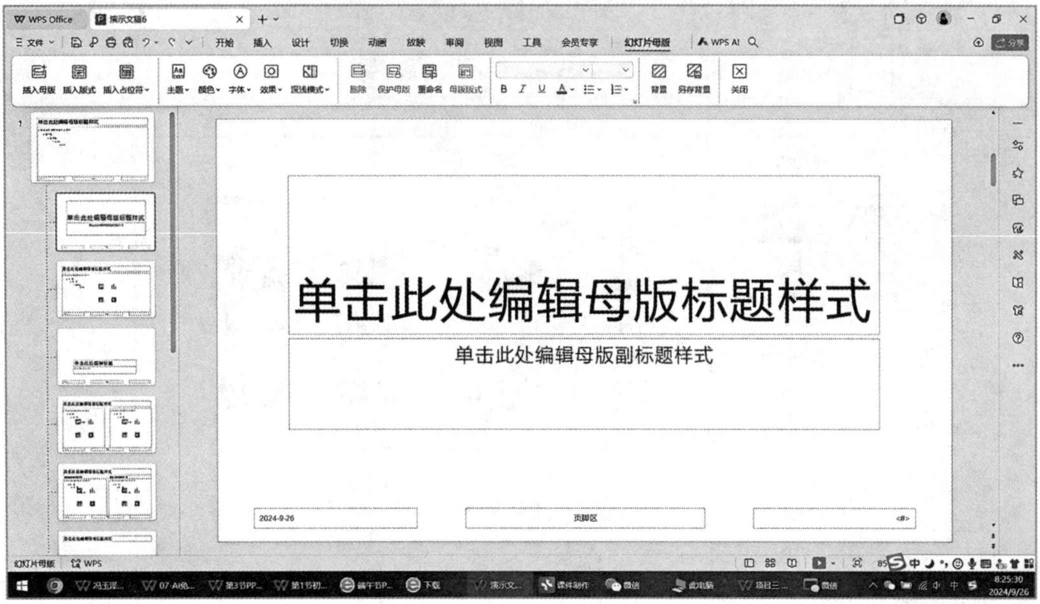

图 3-24　“幻灯片母版”视图

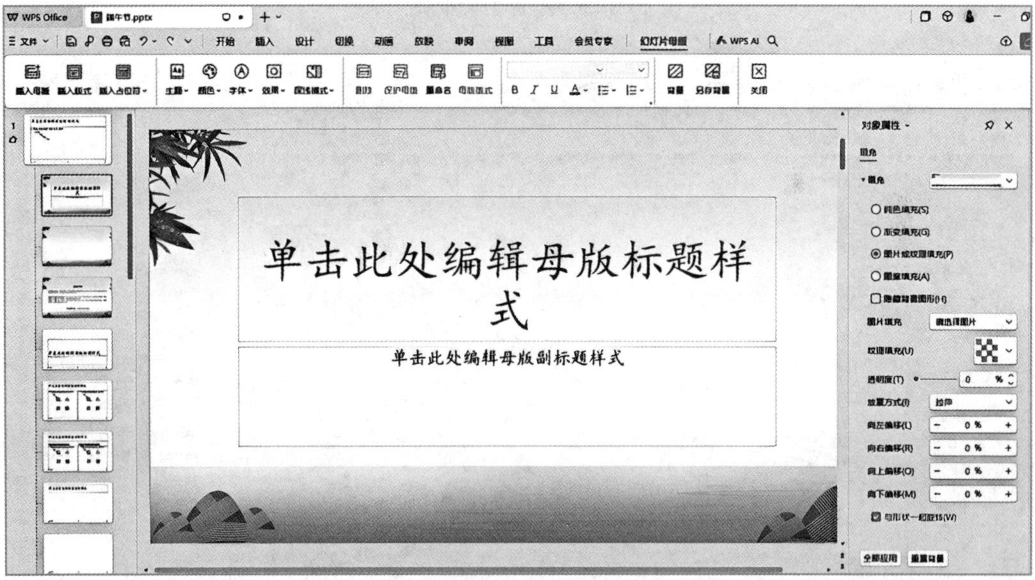

图 3-25　设置封面页版式

其次，进行正文页设计。选择左侧的“标题和内容”版式，选择“插入/图片”命令，在打开的“插入图片”对话框中，按下【Ctrl】键，同时把“竹子”“中国风镂空装饰”“海浪龙舟粽子”三张图片选中，单击“插入“按钮，可将图片插入该页幻灯片中，按照自己的设计调整好图片的布局和样式即可，如图 3-26 所示。

最后，进行尾页设计。左侧选中“空白”版式，在幻灯片空白处右击，在弹出的快捷菜单中选择“设置背景格式”命令，选择“尾页”图片填充即可，如图 3-27 所示。

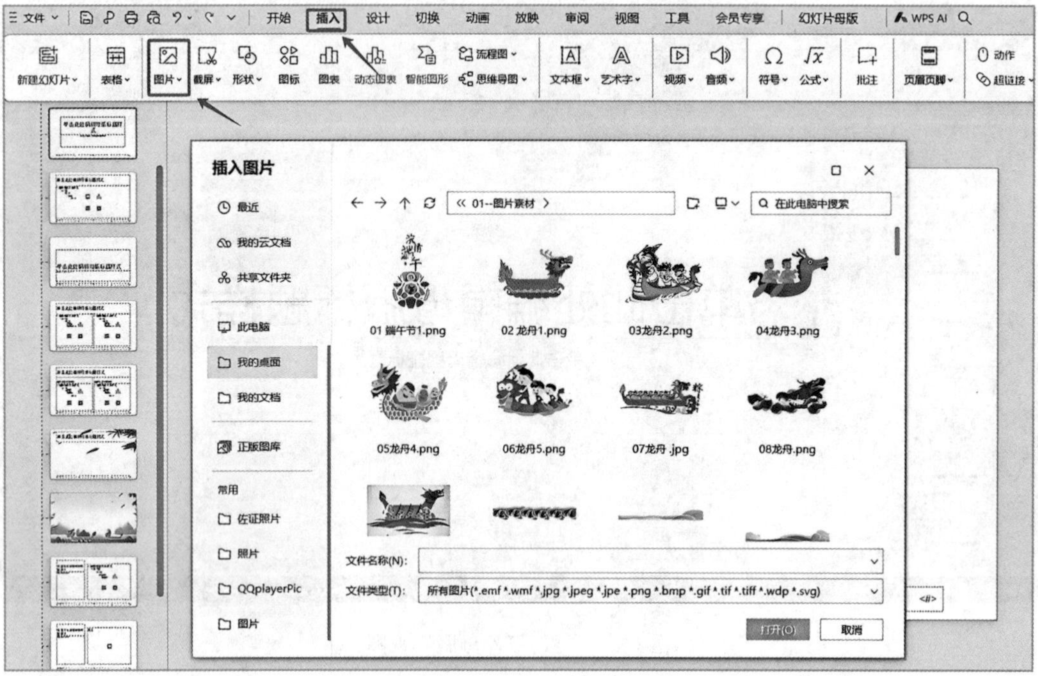

图 3-26　设置正文页版式

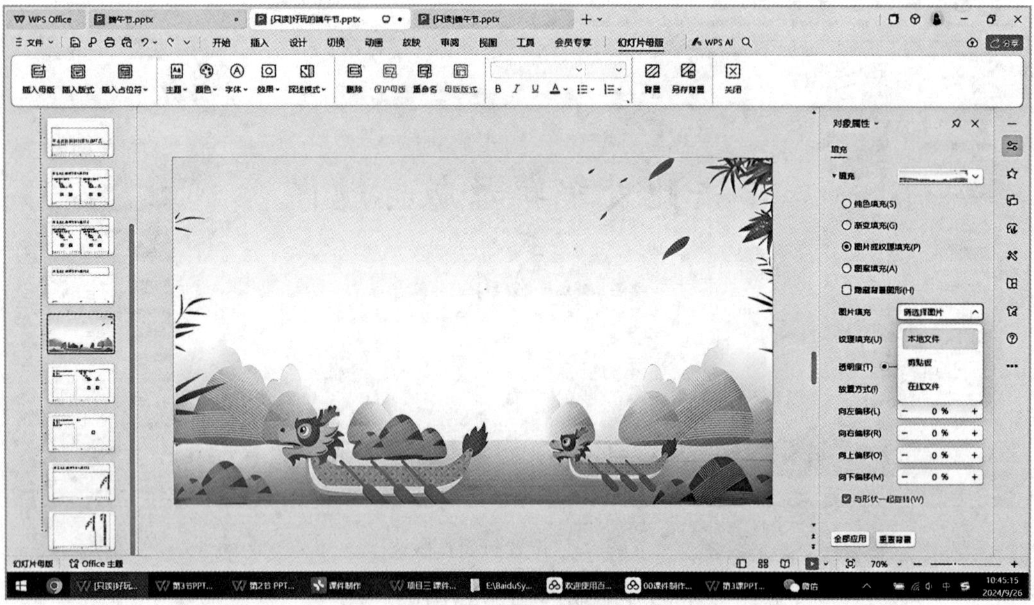

图 3-27　设置尾页版式

完成母版设计后关闭母版视图，回到普通视图下可看到设计好的效果，分别建立了“标题”“标题和内容”“空白”三页不同版式的幻灯片。默认第一张幻灯片为“标题幻灯片”，其余的为“标题与内容”版式。

【知识拓展】

演示文稿的模板设计

模板可以使同一演示文稿所有的幻灯片具有一致的外观。控制幻灯片外观的方法有 3 种：使用母版、配色方案和直接应用设计模板。

1. 使用母版

根据幻灯片文字的性质，母版可以分为幻灯片母版、讲义母版和备注母版 3 类。其中最常用的是幻灯片母版。单击“视图”→“母版视图”→“幻灯片母版”按钮，可进入“幻灯片母版”视图。

1）更改文本格式

在幻灯片母版中选择对应的占位符，如标题或文本样式等，更改其文本及其格式。修改母版中某一对象格式，可以同时修改除标题幻灯片外的所有幻灯片对应对象的格式。

2）设置页眉、页脚和幻灯片编号

在幻灯片母版状态选择“插入”→“文本”→“页眉和页脚”命令，弹出“页眉和页脚”对话框，在“幻灯片”选项卡中设置页眉、页脚和幻灯片编号。

3）向母版插入对象

当需要每张幻灯片都添加同一对象时，只须向母版中添加该对象即可。通过幻灯片母版插入的对象，不能在幻灯片状态下编辑。

2. 配色方案

利用“编辑主题”→“颜色”/“字体”/“效果”命令可以对幻灯片的文本、背景、强调文字等各个部分进行重新配色。可以使用“颜色”→“新建主题颜色”对幻灯片的各个细节定义自己喜欢的颜色。还可以在“背景”→“背景样式”里设置不同的幻灯片背景效果。

3. 直接应用设计模板

打开“设计”选项卡，可看到软件自带的多个设计模板，选择某一模板可直接套用。

操作步骤③：新建、复制、删除幻灯片

在普通视图下，选中某一幻灯片，右击，在弹出的快捷菜单中可以根据需要进行添加、删除、复制等操作，如图 3-28 所示。选择“新建幻灯片”命令，可在该幻灯片后添加一张空白幻灯片；选择“复制幻灯片”命令可以在该幻灯片后添加一张相同的幻灯片；选择“删除幻灯片”命令可以删除该幻灯片；选择“隐藏幻灯片”命令，该幻灯片将在课件放映时不显示；选择“复制”命令，可将该幻灯片复制到指定位置。

操作步骤④：设计幻灯片版式

版式是幻灯片内容在幻灯片上的排列方式，不同版式中占位符的位置与排列的方式不同。WPS 软件提供了版式库，在“开始”选项卡中单击“版式”按钮，展开的库中显示了多种版式，用户可以根据需要选择，如图 3-29 所示。

图 3-28　幻灯片操作

图 3-29　幻灯片版式

1. 设计封面页版式

PPT 封面直接传达主题，显示课件主题、教学领域、教学对象年龄班、授课教师等信息。封面决定了观众的第一印象，需要把主题直接传达给观众。常见的封面页版式有上下型、居中型和左右型。

左右型版式是以右文左图或左文右图的结构构成的 PPT 封面，如图 3-30、图 3-31 所示。

图 3-30　右文左图型版式

图 3-31　左文右图型版式

上下型版式是以上文下图或上图下文的结构构成的 PPT 封面，如图 3-32 所示。

居中型版式是把主题文字内容放在页面中间的版面，如图 3-33 所示。

图 3-32　上下型版式

图 3-33　居中型版式

封面页中的文字要简洁，突出主题。采用的字体要符合幼儿的视觉特点，字体也是一种图案，不同的字体会让幼儿产生不同的视觉与心理感受，推荐使用笔画粗细一致的非衬线字体，如微软雅黑、幼圆等，投屏时会产生视觉冲击力，如图 3-34 所示。

封面页色彩搭配决定了 PPT 的视觉风格，不同的色彩给人不同的视觉感受，可配合 PPT 的内容进行相应设计。如对幼儿进行安全教育时可选用蓝色，给幼儿沉稳、冷静的感觉，但应避免使用过于沉稳正式的深蓝色，推荐使用天蓝色或淡蓝色，如图 3-35 所示。红色代表活泼、朝气和鼓励，通常在节庆、爱国主义教育中使用，如图 3-36 所示。绿色往往给人健康、希望、亲近大自然的感觉，可用于健康领域、科学领域以及社会领域活动中清明节、端午节等主题的课件中，如图 3-37 所示。

图 3-34　封面页字体设计

图 3-35　封面页色彩搭配

图 3-36 红色主题配色

图 3-37 绿色主题配色

2. 设计目录页版式

目录页是 PPT 的重要组成部分，显示 PPT 的框架结构、主体内容及其逻辑关系，起到导航作用。

标题文字内容要简练、准确且具有概括性，字体格式要规范统一。为显示标题文字的逻辑顺序或为突出显示效果，我们通常采用色块、数字、图片、图标等元素美化和装饰页面，起到衬托主题、美化页面，增强观众的视觉感受和记忆的效果。但目录页中的图片不能过大、过于鲜艳，避免喧宾夺主。图形可以采用虚线、直线、圆点、圆形、三角形、符号等元素，起到贯穿、点缀、搭配作用。目录页中的标题一般是并列关系，文字排列可排成一排也可排成一列，也可以按照某种规律排列，如图 3-38、图 3-39 所示。

图 3-38 标题文字纵向排列

图 3-39 标题文字平行排列

目录页的版式设计要遵循一定的排列规则，体现一定的层次性，使观众瞬间了解演示文稿的主要内容。常用的版式主要有以下几种：

（1）满版型版式以图像充满整个页面，视觉传达直观而强烈，给人大方、舒展的感觉。一般用一张图像为背景，文字可以置于图像的上下或左右，也可置于图像的中部，如图 3-40 所示。如果版面不饱满，可以插入图片或形状来填充装饰。

（2）对称型版式分为绝对对称和相对对称，给人稳定、理性的感受。幼儿园课件中一般多采用相对对称手法，避免过于严谨，如图 3-41 所示。

（3）分割型版式分为上下分割和左右分割。上下分割是将整个版面分成上下两部分，在上半部或下半部配置图片（可以是单幅或多幅），另一部分配置文字。左右分割是将整个版面分割为左右两部分，分别配置文字和图片。图片部分感性而有活力，文字则理性而静止，如图 3-42、图 3-43 所示。

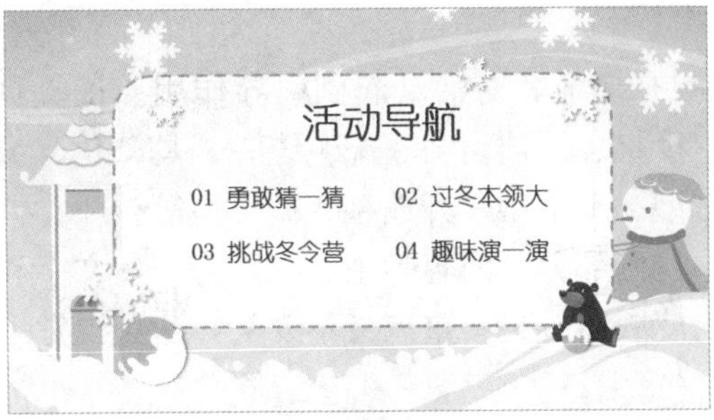

图 3-40　满版型版式

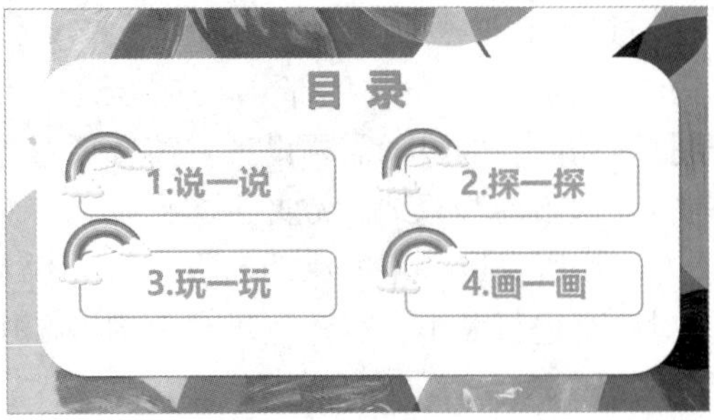

图 3-41　对称型版式

图 3-42　上下分割型版式

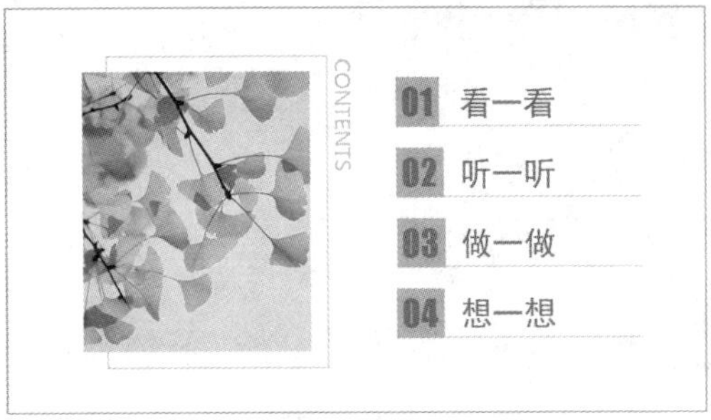

图 3-43　左右分割型版式

（4）倾斜型版式指主题要素倾斜排版，打破了稳定和平衡，赋予文字和图片强烈的结构张力和视觉动感，使版面具有强烈的动感，吸引观众视线。文字斜排可分为左斜排和右斜排，如图 3-44、图 3-45 所示。

图 3-44　左斜排版式

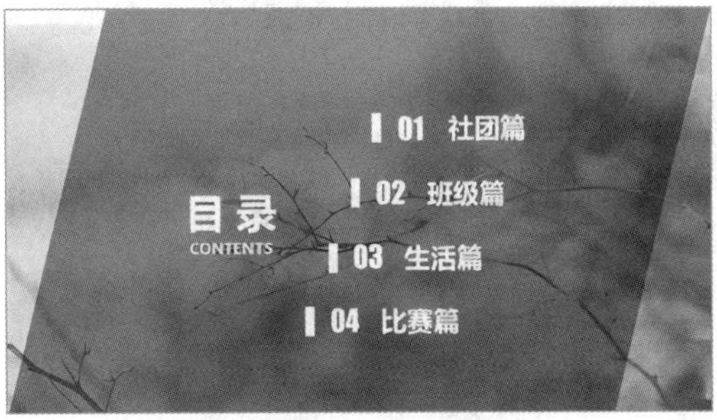

图 3-45　右斜排版式

（5）自由型版式形式灵活多样，或利用时间轴，或利用图标进行可视化设计，也可以利用图片导航设计等，如图 3-46、图 3-47 所示。

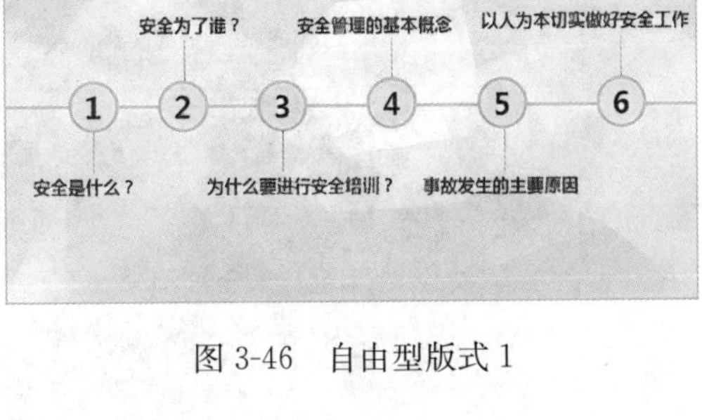

图 3-46　自由型版式 1

图 3-47　自由型版式 2

3. 设计正文页版式

正文页是PPT的主体部分，应包含活动的所有环节，对活动起到引导作用。正文页版式根据活动内容的显示需要设计，需遵循童趣、少字、简洁留白、配色统一、具象化、突出主题、合理布局等原则。常见正文页版式有左右型、上下型、开放型、栅格型等。

左右型版式以一定的比例，将页面分割为左右两部分，内容为主、图片为辅，文字和图片等对象要进行大小、位置、对齐等调整操作，使版面既突出重点又不凌乱，达到视觉平衡效果，如图3-48、图3-49所示。

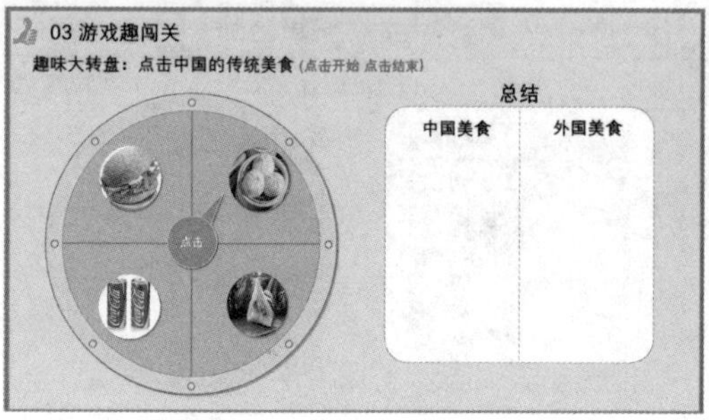

图3-48 左右型版式1

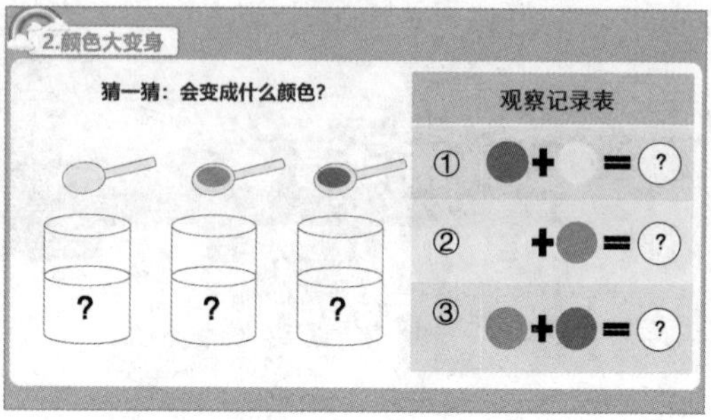

图3-49 左右型版式2

上下型版式是把页面水平划分为上下两部分，分别将内容放在相应的框内，如图3-50、图3-51所示。

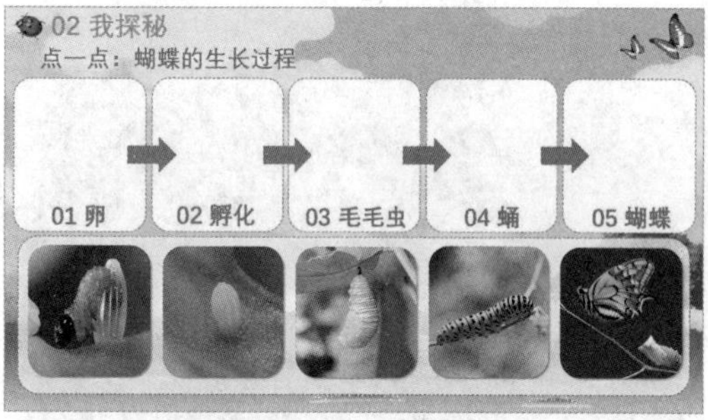

图3-50 上下型版式1

图3-51 上下型版式2

栅格型版式是在图片素材或其他对象较多的情况下，可以横向对齐、纵向对齐或有规律地排版，如图3-52、图3-53所示。

图3-52 栅格型版式1

图3-53 栅格型版式2

4. 设计结尾页版式

结尾页可用于表达谢意，感谢观众倾听与鼓励；或总结结论，与主题呼应，便于观念理解与回忆；或记载个人信息、留下联系方式，便于后期交流等，也可升华主题，使观众明白、信服、感动。

结尾页设计要遵循简洁、大气和清晰三原则。简洁原则要求文字尽量少，排版整齐；大气原则要求背景简洁、颜色舒适，配图符合主题。清晰原则要求图片、字迹清晰，字体风格符合主题。幼儿园教育活动课件的结尾页一般起到总结提炼作用，使幼儿更好理解活动内容，产生信服和感动的升华效果，如图 3-54、图 3-55 所示。

图 3-54　结尾页版式 1

图 3-55　结尾页版式 2

操作步骤⑤：插入对象

我们将幻灯片中的文字、图片、图形、音频、视频等统称为对象，可分为文本对象（标题、项列表、文字批注等）、可视化对象（图片、剪贴画、图表、艺术字等）和多媒体对象（视频、声音、Flash 动画等）3 类，各种对象的操作一般都是在幻灯片视图下进行，操作方法也基本相同。

插入对象：要使幻灯片的内容丰富多彩，须在幻灯片上添加一个或多个对象。这些对象可以是文本框、图形、图片、艺术字、组织结构图、Word 表格、Excel 图表、声音、影片等。这些对象除了声音和影片外都有其共性，如缩放、移动、加框、置色、版式等，均通过“插入”选项卡添加，操作方法与 Word 相似。

选择与取消对象：单击对象可实现对象单选，按【Shift】键单击对象可实现对象连选。对象被选中后四周形成一个方框，方框上有 8 个控点，可以对对象进行缩放。被选择的对象在操作时被看作一个整体，取消选择只须在被选择对象外单击即可。

1. 插入文本

使用“插入”选项卡可插入对象。如本案例中的目录页可以使用“浓情相约端午节”PPT 模板的目录页，将该目录页复制到自己的演示文稿中，在标题文本框中输入本次活动的四个教学环节“情境导入”“知识探秘”“游戏闯关”“趣味拓展”，设置为微软雅黑、36 号字、绿色、居中，如图 3-56 所示。

2. 插入图片

单击“插入”选项卡中的“图片”按钮，在弹出的“插入图片”对话框中选择相应图片，单击“插入”按钮，如图 3-57 所示。也可以在其他幻灯片中选择图片后，在右键快捷菜单中选择“复制”命令，回到本幻灯片后，在右键快捷菜单中选择“粘贴”命令，调整好插入图片的位置和大小即可。

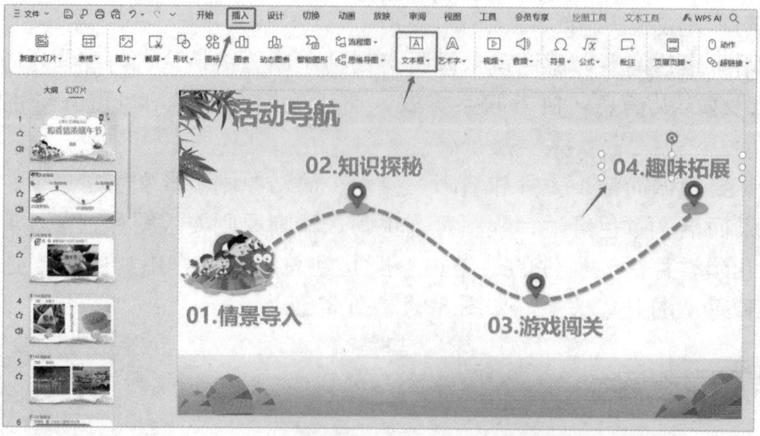

图 3-56 插入文本

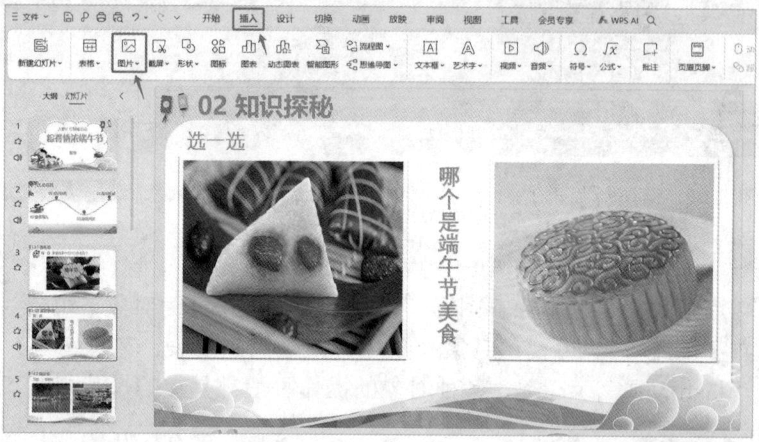

图 3-57 插入图片

3. 插入音视频

单击“插入”选项卡中的“音频”或“视频“按钮，在打开的对话框中选择已经保存的音频或视频文件，单击“插入”按钮即可，如图 3-58 所示。

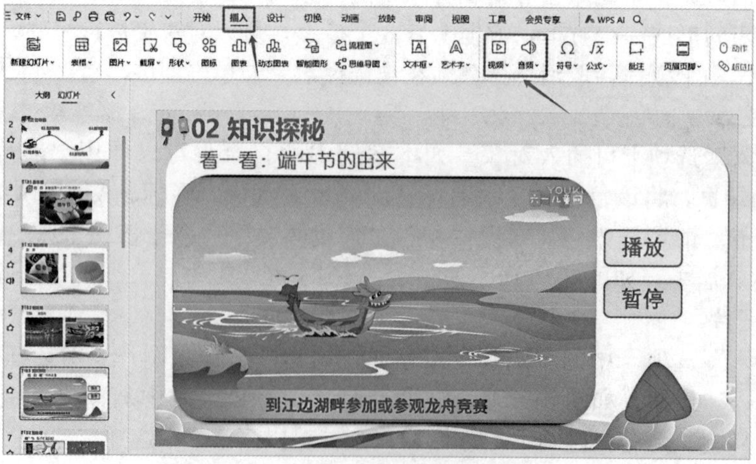

图 3-58 插入视频

选中视频对象，在“视频工具”面板中可以设置是否自动播放、全屏播放、循环播放等选项，如图 3-59 所示。插入视频后，拖动视频对象矩形边缘的控制点，可改变视频播放屏幕的大小。

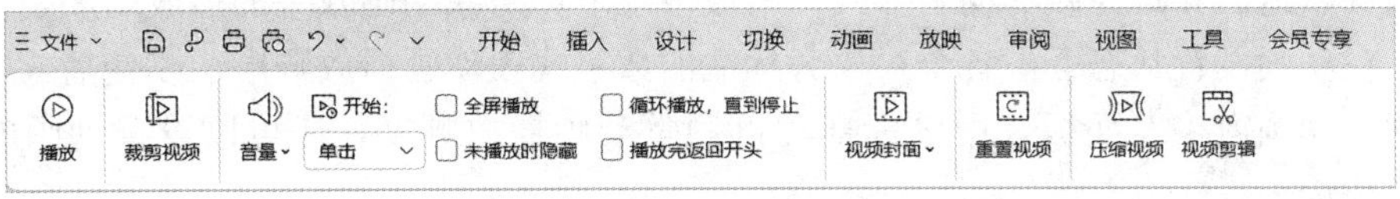

图 3-59　设置视频素材的参数

小提示

插入的音视频素材容量不宜过大，否则无法成功插入。音视频源文件要与课件放在同一个文件夹中，否则播放时无法成功调用。

4. 插入图表

一些较小的统计图表可以直接在 WPS Office 中编辑。使用“插入”选项卡的“图表”命令，屏幕上出现数据表后，修改数据表中横行和竖行上的数据，单击幻灯片上的空白处就可以建立数据表所对应的统计表，如图 3-60 所示。

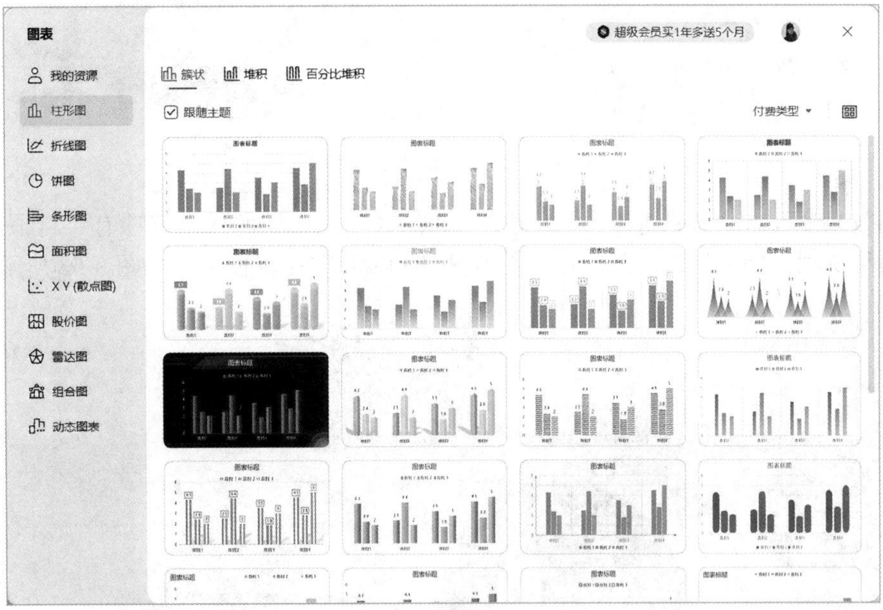

图 3-60　插入图表

任务五：添加多媒体元素

【任务引导】请思考添加动画或设置链接有哪些注意事项？

【任务操作】请根据以下提示，完成为课件添加多媒体元素的任务。

操作步骤①：添加动画

幻灯片内各对象可以静态呈现，也可以通过设置动画效果使对象以动态方式呈现，动画效果的设置主要通过“动画”工具面板实现，如图 3-61 所示。

1. 为对象设置动画

选中拟添加动画的对象，单击动画面板中相应的按钮即可设置动画效果。PPT 动画有进入、强调、退出和路径四种动画形式。一般情况下，对象动画效果的播放顺序是创建动画的顺序，在动画设置状态下，各个对象旁标注的数字代表动画播放顺序，改变播放顺序可使用右侧的“动画窗格”面板，用鼠标拖动可调整动画播放顺序，还可以设置动画的持续时间、速度快慢等。

图 3-61　动画工具面板

动画效果还设有“效果选项”，如图 3-62 所示，“飞入”的效果选项有“自顶部、自左侧等”效果选项。如需细调动画，可以打开“动画窗格”工具面板，如图 3-63 所示。

图 3-62　“飞入”效果的效果选项

取消某个对象的动画效果可在幻灯片编辑窗口中选中该动画效果标号，直接按【Delete】键即可。

2. 设计交互游戏

为提高课件的趣味性和参与性，可利用动画设计中的触发器功能设计幼儿喜爱的交互游戏，通过做中学、玩中学的方式激发幼儿学习兴趣。如可以设计“砸金蛋”的交互游戏，如图 3-64 所示。

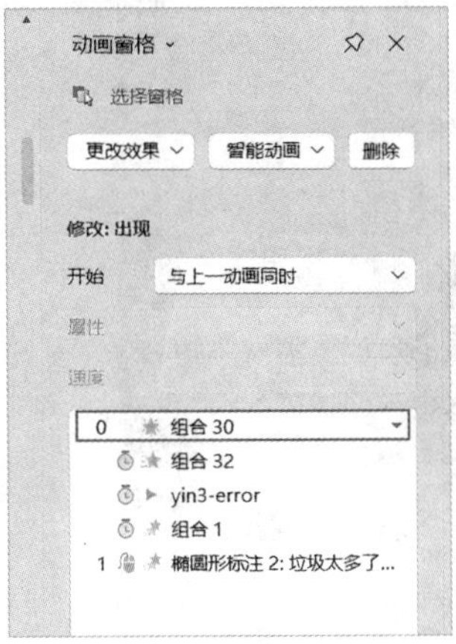

图 3-63　动画空格

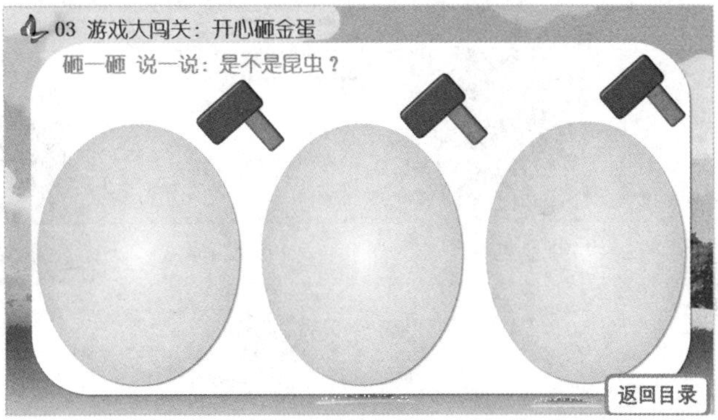

图 3-64　“砸金蛋”交互游戏

下面以“抓娃娃”游戏为例说明交互游戏的设计方法。游戏拟实现的效果是单击“汤圆”和“月饼”两个错误答案时，夹子原地晃动不移动。当单击正确答案“粽子”时，夹子移动夹住粽子放到出物口。

第一步，插入图片素材，设置好场景。分别选中各对象，为各对象均添加“出现”动画效果，在“计时”工具面板的“开始”属性设置为“与上一动画同时”。在动画空格中找到各对象的名称，如本案例中，夹子组合名称为“组合 8”；汤圆名称为“椭圆 14”；粽子名称为“椭圆 15”；月饼名称为“椭圆 16”。

第二步，设置汤圆和月饼的触发动画：当单击“汤圆”或“月饼”两个错误答案时，夹子“组合 8”触发“跷跷板”动画。将夹子组合“组合 8”的动画效果更改为“跷跷板”动画效果，单击“组合 8”后面的黑色小倒三角。选择“效果选项”，如图 3-65 所示。在弹出的效果选项对话框中选择“计时”→“触发器”，在“触发器”下拉列表中选择“单击下列对象时启动动画效果”选项，在右侧的下拉列表中选择汤圆“椭圆 14”，单击“确定”按钮，如图 3-66 所示。再次为夹子组合添加“跷跷板”动画，用上述方法给月饼“椭圆 16”进行相同设置。

第三步，设置夹子移动抓取的效果：当单击粽子“椭圆 15”的时候，夹子“组合 8”出现“右移—下移—抓取—上移—左移—松开”的效果。选中夹子“组合 8”，选择“动画”→“动画路径”→“自定义路径”命令，用鼠标划出向右侧移动—向下移动—向上移动—向左移动的路径动画，如图 3-67 所示。给第 1 个向右移动的路径动画设置触发器属性为单击粽子“椭圆 15”，其余动画开始属性设置为“在上一动画之后”。

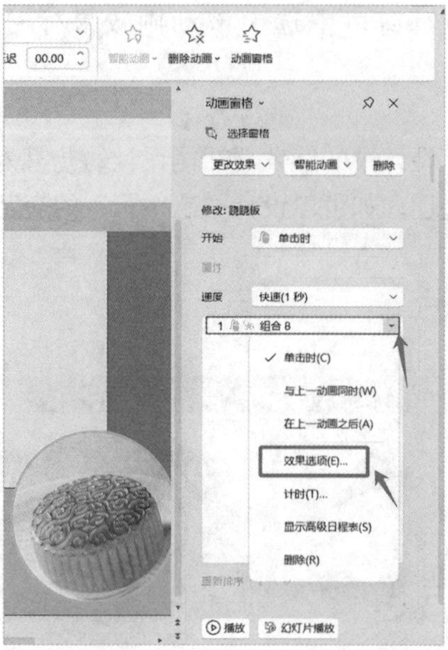

图 3-65 设置效果选项

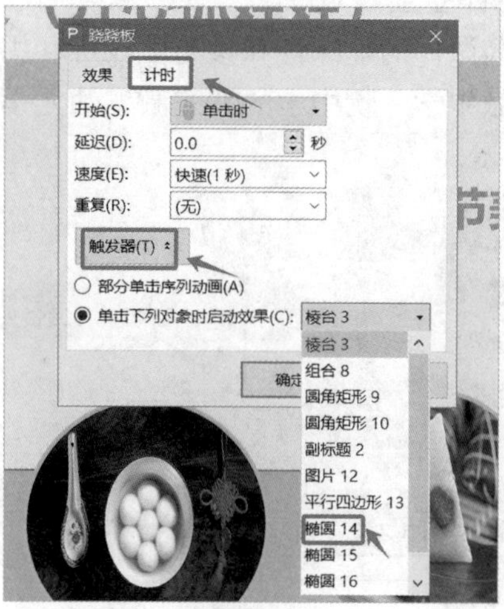

图 3-66 设置触发器

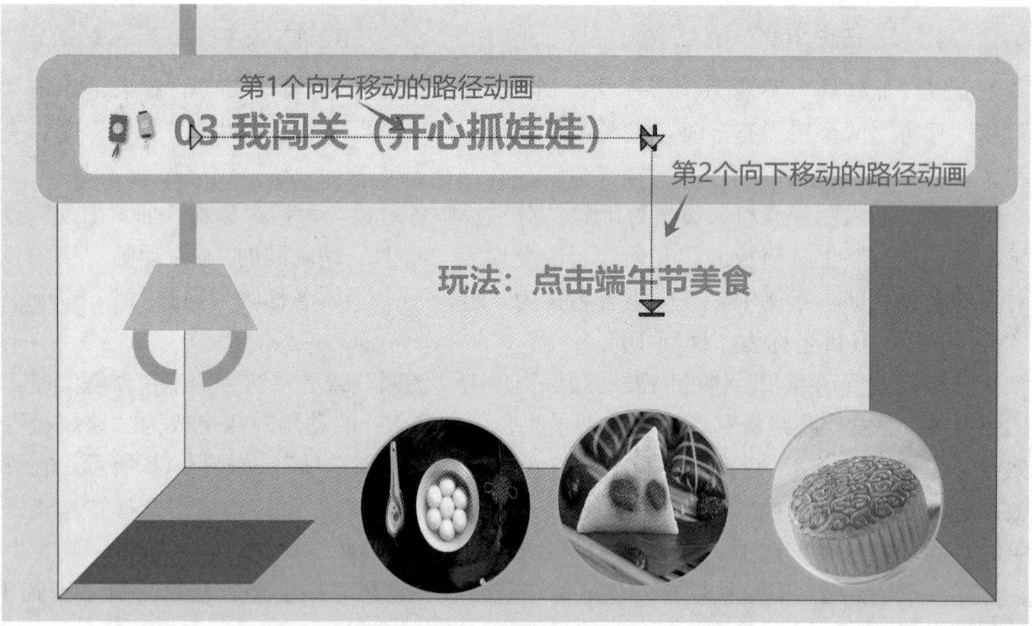

图 3-67 设置夹子动画路径

第四步，为粽子“椭圆 15”添加被抓取投放的动画效果。为粽子“椭圆 15”设置“上移—左移—向下消失”的动画，如图 3-68 所示，向左移动和向下消失的动画开始属性依次设置为“在上一动画之后”。注意，调整动画先后顺序，夹子“组合 8”移动的动画和粽子“椭圆 15”的动画都在夹子向右移动的触发动画之后，返回时夹子和粽子上移、左移动画设置为“与上一动画同时”，其余动画开始属性均为“在上一动画之后”，如图 3-69 所示。

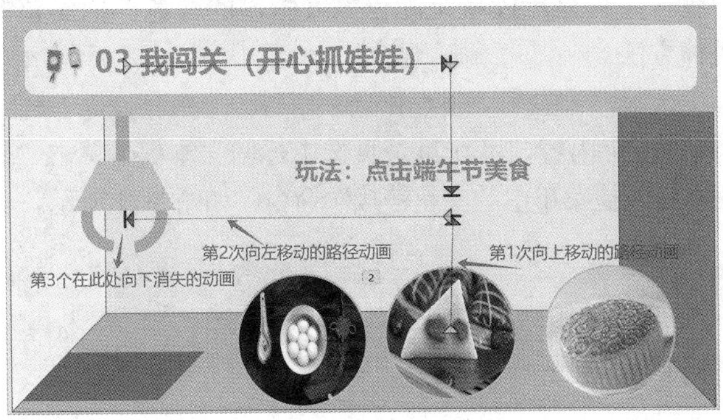

图 3-68　设置粽子动画路径

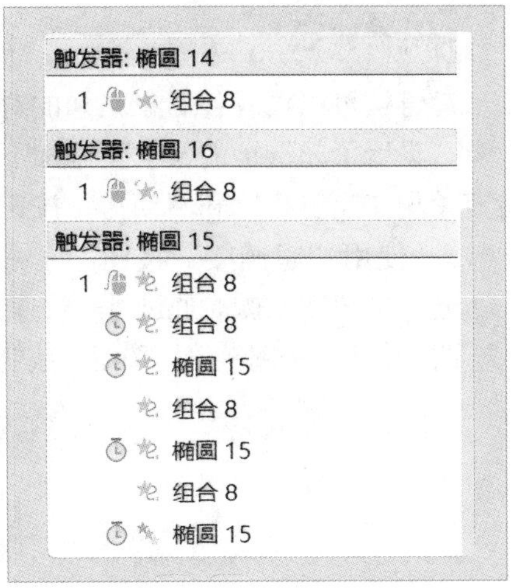

图 3-69　动画顺序

操作步骤②：设计幻灯片切换效果

为了使幻灯片切换时更加生动，WPS 设置了幻灯片放映时的动画切换效果。选中幻灯片，打开“切换”面板，选择一种切换方式，有的切换效果还设有“效果选项”，如图 3-70 所示。

图 3-70　设置幻灯片切换效果

“声音”下拉列表框可以为切换效果添加声音效果，“速度”数字选择框可以设置声音效果的持续时间，“单击鼠标时换片”表示需要单击鼠标切换，“自动换片”表示幻灯片自动切换，需要设置自动换片时间。若选择“应用到全部”则演示文稿中所有幻灯片均应用同一种切换效果，也可以为幻灯片设置不同的切换效果。

操作步骤③：设置超链接

超链接可以设置各对象之间的对应关系，控制幻灯片播放顺序。超链接起点可以是任何对象，设置了超链接的文本会添加下画线，并且显示成系统配色方案指定的颜色。创建超链接有使用“超链接”和“动作”按钮两种方法。

1. 使用“超链接”按钮

若想在PPT放映时通过目录快速链接到指定内容，可在目录页选中标题文本框，单击“插入”选项卡中的“超链接”按钮，或使用右键快捷菜单中的“超链接”命令，如图3-71所示。

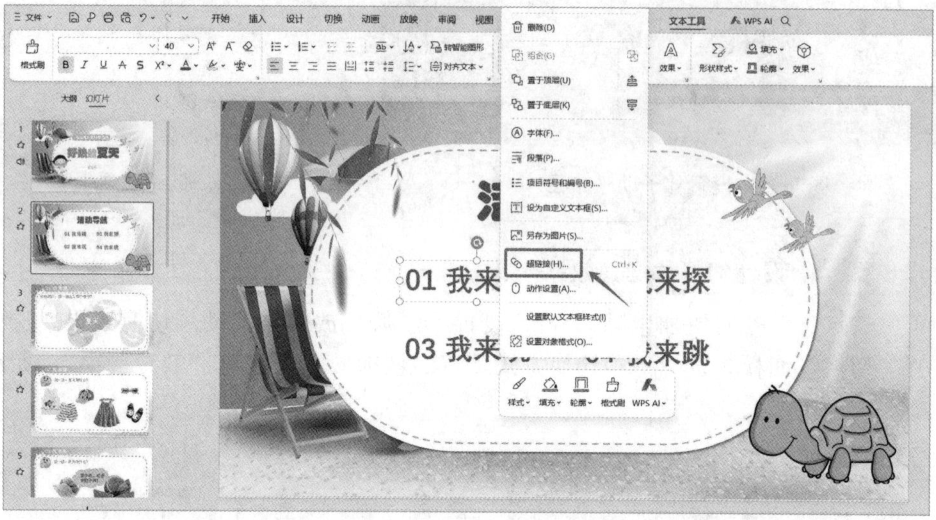

图 3-71　使用“超链接”命令

在弹出的“插入超链接”对话框中，选择“在本文档中的位置”，选择目标幻灯片，单击“确定”按钮，即可建立标题目录与目标幻灯片之间的链接，如图3-72所示。

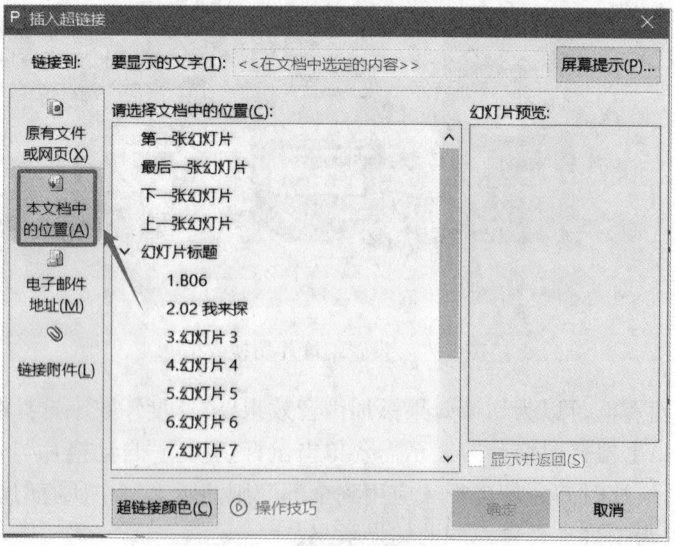

图 3-72　“插入超链接”对话框

小提示

在添加超链接时，一般针对文本所在文本框添加超链接，如果针对文本本身添加超链接，会导致文本有下画线，影响整体美观，如图 3-73 所示。

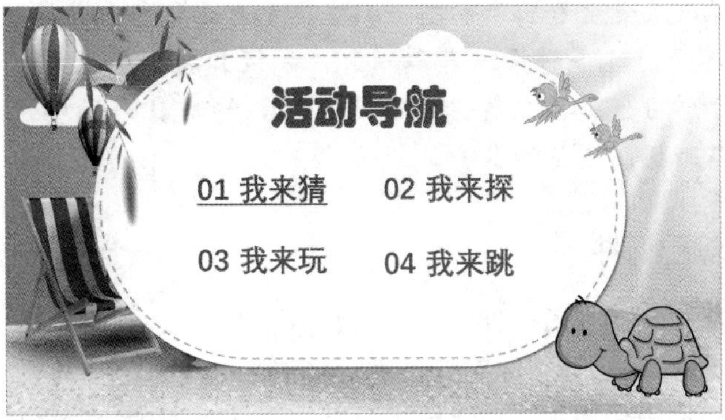

图 3-73　为文本添加超链接

2. 使用“动作”按钮

单击“插入”选项卡的“动作”按钮，弹出“操作设置”对话框，如图 3-74 所示。在“单击鼠标”选项卡中设置好链接到的位置即可。

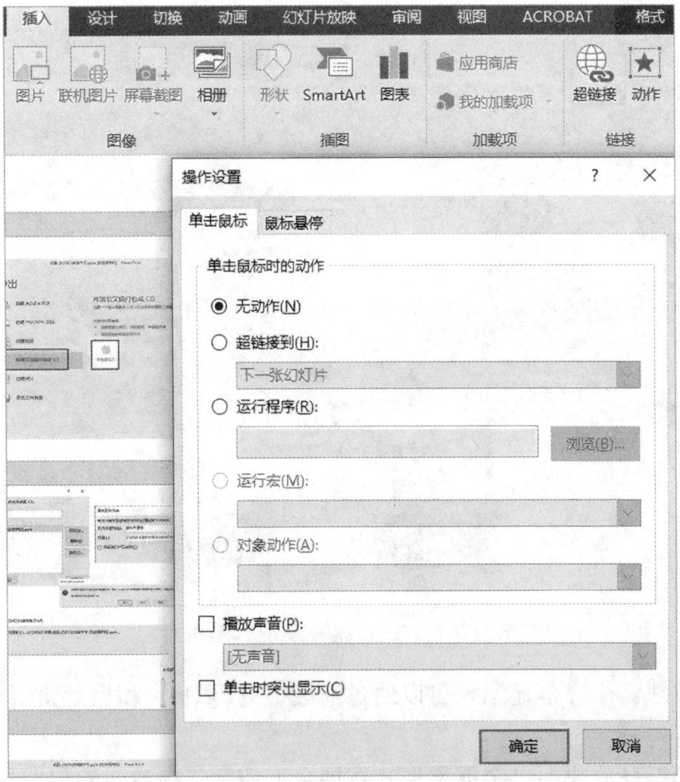

图 3-74　“操作设置”对话框

【课程思政】

善于学习

制作高水平的课件需要建立终身学习与专业发展意识，一要了解专业发展动态，关注国内外学前教育改革发展趋势和前沿动态；二要善于通过多种渠道学习，掌握正确的学习方法和学习工具，善于通过多种渠道获取信息，积极开展小组互助、合作学习、合作研究、团体协作，乐于学习、工作伙伴分享交流经验，形成良好的学习习惯，在学习、借鉴、研究、创新中不断提高质量和水平。

任务六：优化输出课件

视频

输出多媒体课件

视频

优化多媒体课件

【任务引导】扫描二维码观看微课“输出多媒体课件”“优化多媒体课件”。请思考为什么要对课件进行打包？

【任务操作】请根据操作提示，优化输出自己的课件。

操作步骤①：设置幻灯片放映方式

单击“幻灯片放映”→“设置幻灯片放映”按钮，弹出“设置放映方式”对话框，如图 3-75所示。在“放映类型”选项区域中有两种放映方式：演讲者放映、展台自动循环放映。

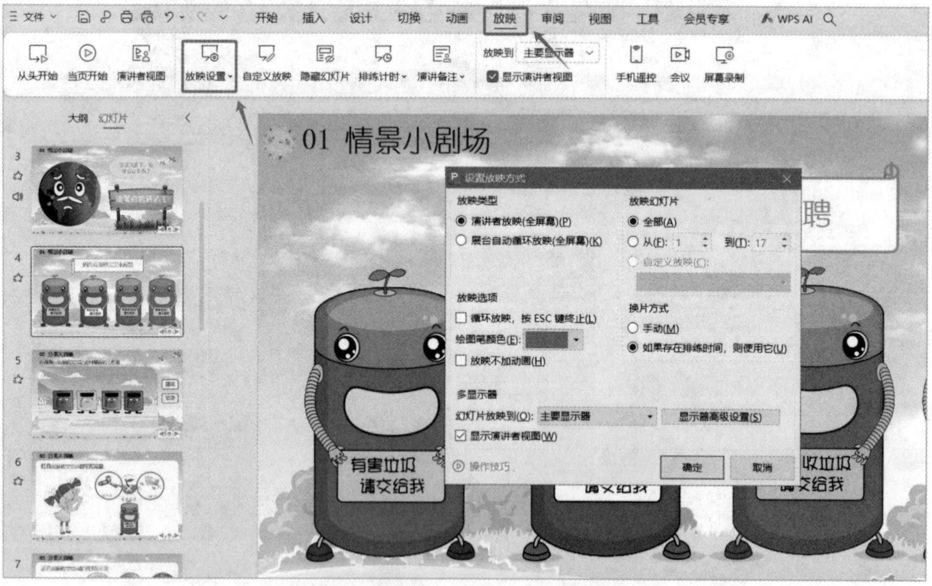

图 3-75 “设置放映方式”对话框

（1）演讲者放映：全屏幕显示，可以通过前翻键【PgDn】和后翻键【PgUp】翻页，并提供了绘图笔进行勾画。

（2）展台自动循环放映：以全屏幕形式在展台上演示。播放时除保留鼠标指针用于选择屏幕对象外，其余功能全部失效，终止可按【Esc】键。

幻灯片放映可按【F5】键或单击“幻灯片放映”→“从头开始”按钮，进入全屏放映状态。右击屏幕弹出快捷菜单，使用快捷菜单的命令可以进行任意定位、修改屏幕显示内容、退出放映状态。在放映过程中也可按【Esc】键随时终止放映。

操作步骤②：幻灯片排练计时

WPS提供了排练计时的功能，可以实现幻灯片自动播放。单击“幻灯片放映”选项卡的“排练计时”按钮，在弹出的下拉菜单中选择“排练全部”或“排练当前页”命令，设置完成后开始排练计时，幻灯片进入全屏放映状态，屏幕左上角出现录制时间的小窗口，如图 3-76所示。录入旁白需要多媒体设备有音频接收功能，如果没有麦克风可以用耳机替代，对着耳机的话筒演讲即可。

图 3-76　录制幻灯片

录制成功后会自动转换为浏览模式，每页下方可以看到录制的时间和“喇叭”后证明录制成功，如图 3-77 所示。如果不满意某一页的录制可以只修改该页，不需要从头录制。

图 3-77　录制后的浏览模式

使用排练计时，需要设置幻灯片放映方式为“如果存在排练时间，则使用它”，如图 3-78 所示。在弹出的“另存为”对话框中设置保存位置和文件名，单击“保存”按钮即可。

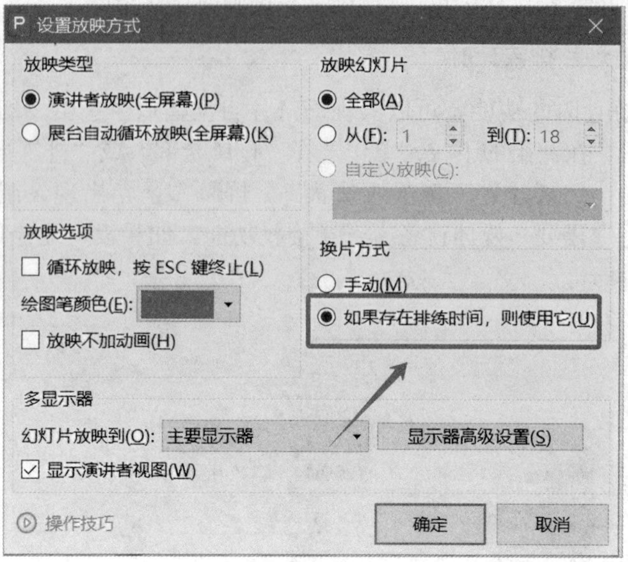

图 3-78 设置排练计时属性

操作步骤3：打包演示文稿

考虑到有的播放设备没有安装 WPS，WPS 提供了“打包”功能，将演示文稿和播放器一起制作成一个文件夹，方便用户携带，达到无环境放映的效果。如果 PPT 中有链接的音乐、视频、flash 或有特殊字体，这些文件与 PPT 文件不在同一个文件夹中，会出现 PPT 放映时无法播放链接内容的情况，也需要将这些文件与 PPT 文件放在同一个文件夹中，然后将整个文件夹打包。

使用“文件”→“文件打包”命令，选择“打包成文件夹”或“将演示文稿打包成压缩文件”，在弹出的对话框中设置文件夹或压缩文件名称、存放位置，单击“确定”按钮即可完成打包。

六、项目评价

教师组织学生展示作品，通过自评、互评、教师评相结合的方式完成评价，运用评价结果激励学生反思与改进，将评价结果与反思填入表 3-6。

表 3-6 “设计制作多媒体课件”考核评价表

学生姓名： 小组名称： 班级：

评价内容	评 价 标 准	分值	得分
内容设计	1. 作品符合幼儿教育教学特点，取材适宜，内容科学、正确、规范，体现幼儿年龄和领域适宜性，具有实用性。 2. 教学内容设计完整，符合幼儿园保教活动的主题要求，结构清晰，能激发幼儿兴趣，具有教育性。 3. 作品设计新颖，具有创新性	20	

续表

评价内容	评　价　标　准	分值	得分
技术运用	1. 技能熟练，作品完整，使用素材符合要求，处理得当，具有丰富性。 2. 课件的制作和使用能满足各项技术性要求。操作简便、快捷、演示流畅、结构合理，能较好服务于保教活动，具有技术性。 3. 色彩协调，风格统一。画面设计新颖，富有童趣，具有艺术性	60	
学生素质	1. 无迟到、早退、旷课现象。 2. 遵守课堂纪律，规范使用教学设备；按时完成任务。 3. 积极与同学合作交流，主动承担工作，精神面貌好	20	
合　计		100	

自我反思：学习存在哪些问题？哪些技能需要进一步夯实：

教师、同学评价：

考核评价人：

年　　月　　日

七、项目延伸

请同学们课后尝试完成以下任务，将完成情况填入表 3-7。

（1）协助幼儿园在职教师制作多媒体课件。

（2）配合演讲、项目介绍等工作或学习任务制作一件多媒体课件。

（3）积极参加职业院校技能大赛“幼儿教育技能”比赛，提升专业技能。

表 3-7　岗位（竞赛）任务反馈表

学生姓名：　　　　　　　　　　班级：

任务名称		应用场景	
使用了哪些操作技能			
反思与提升			
应用效果			
作品粘贴处（或将作品上传学习平台）			

【赛教结合】

2023 年全国职业院校技能大赛（高职组）“幼儿教育技能”赛项赛卷样题：

题目：主题活动——中班“夏天来了”

设计制作课件：运用现代教育信息技术知识和手段，根据提供的图片、文字、视频等素材，制作保教活动辅助课件，答题时间 60 min。要求主题突出，符合幼儿年龄、认知和情感，具有设计和处理文字、图片、声音、视频素材的能力，合理运用超链接、切换、动画效果等技术，效果形象直观，幼儿喜闻乐见。

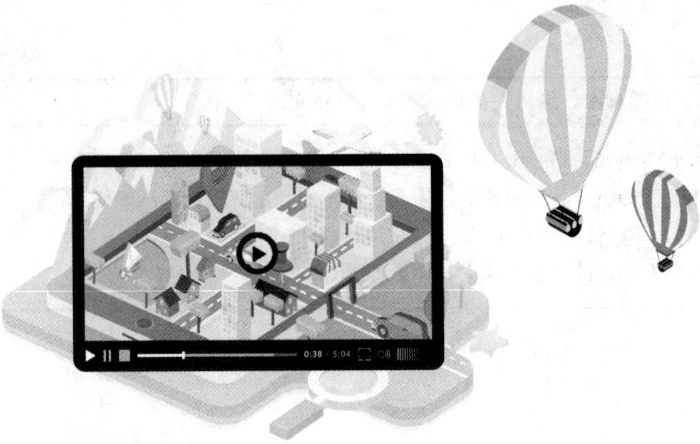

项目四 设计制作微课

一、典型工作任务描述

微课是包含独立知识点和完整教学环节的微视频，通过视频、音频等多媒体形式，简洁明了地呈现知识点和教学内容。随着教育信息化的发展，微课已经广泛应用于幼儿园教育教学活动。微课短小精悍，适应幼儿注意力集中时间短的特点，用于激发幼儿学习兴趣，以形象直观的呈现方式帮助幼儿学习和理解。微课可作为教学资源，也可作为学习资源，满足幼儿的个性化学习需求，支持幼儿自主选择学习内容，不受时间、地点限制，可反复观看，提升幼儿的自主学习能力，打造时时能学、处处可学、人人皆学的学习环境。微课还可用于创新家园协同共育载体，用于家庭教育指导，促进家庭教育和亲子活动的有效开展。设计与制作微课是新时代幼儿园教师的素养之一，能促进教师深度思考教学目标、内容、方法、效果，提升教学研究能力、信息素养和教学资源的开发能力。设计与制作微课典型工作任务分析见表 4-1。

表 4-1 “设计制作微课”典型工作任务分析

工作环境	录播教室、正常办公环境
工作过程	设计编写微课脚本 → 根据脚本需要采集或制作音视频、图片等素材 → 下载并安装优芽互动电影及 Camtasia Studio 等制作软件 → 利用制作软件设计制作微课 → 合成并优化微课作品
工作对象	用于教学或幼儿、家长自主学习的微课或短视频作品
工具和材料	工具：多媒体计算机、智能手机，优芽互动电影、Camtasia Studio 等微课制作软件。 材料：脚本文字素材、音频素材、视频素材、图片素材、PPT 素材
工作方法	1. 研讨法：与同事讨论制定微课设计与制作脚本。 2. 案例教学法：学习借鉴他人作品，结合实际教学需要科学设计

续表

劳动组织形式	集体讨论制定微课脚本，编辑人员独立使用计算机实现
工作要求	1. 认真开展教学研究，精心编写作品设计方案，为幼儿教学或家园共育服务。 2. 充分考虑儿童的听觉和视觉特点，体现童真童趣和正面教育，不能使用损害儿童听觉和视觉的素材，不能使用对幼儿产生不良影响的素材。 3. 编辑人员要有一定的信息技术素养和审美能力

二、学习情境描述

根据设计制作微课典型工作任务分析，学习情境设计需要让学生完成设计微课开发方案、编写脚本、下载软件、编辑制作微课、输出作品的完整过程，见表 4-2。

表 4-2 “设计制作微课”学习情境设计

学习情境名称	设计制作微课	学时建议：12 学时
学习情境描述	基于幼儿园教师的主题教学活动设计、幼儿自主游戏开发、家园共育、家庭教育指导等某一工作需要，学生根据教师下发的任务书，小组合作研讨微课设计方案，独立完成编写微课脚本、采集素材、编辑素材、合成作品等任务，开发一例完整的微课作品	
学习目标	知识目标	1. 了解微课的特点与作用。 2. 掌握编制微课脚本的原则和方法。 3. 了解优芽互动电影、Camtasia Studio 界面及软件功能
	能力目标	1. 能够选取适当主题，编写完整、适用的微课脚本。 2. 能够利用不同渠道采集或创作微课所需的音频、视频、图片等素材。 3. 能够独立下载并安装优芽互动电影、Camtasia Studio 等软件。 4. 能够制作完整的动画式、交互式、录屏式微课作品
	素质目标	1. 强化以幼儿为本的教育理念，增强专业认同与职业意识。 2. 传承与弘扬中华民族优秀传统文化，增强爱国主义精神。 3. 提高教学研究能力、学习能力和创新能力，培养善于反思钻研的工作作风。 4. 强化网络资源使用和数字资源开发的规范意识，提高信息化素养
学习内容	1. 微课脚本的基本结构和编写方法。 2. 情景式动画微课作品设计与创作。 3. 交互式动画微课作品设计与创作。 4. 录屏式微课作品设计与创作	
教学条件	硬件：多媒体机房、每台计算机均能够登录互联网。 软件：交互式、动画式微课制作软件“优芽互动电影”，录屏式微课制作软件“Camtasia Studio”	
教学方法与组织形式	1. 教学方式方法：案例教学法、任务驱动法、小组教学法。 2. 教学组织形式：分组讨论制订设计方案，学生独立操作计算机完成任务	

教学流程	活动内容	教师活动	学生活动
观摩：获取资讯	布置任务	课前发放学习任务书，提供设计与制作微课有关的学习资源，引导学生自主学习，完成课前学习任务	在学习任务书的引导下完成课前学习任务，了解微课的特征及在幼儿园的应用
	案例分析	展示教学案例，进行案例分析	掌握微课的开发流程和方法，明确知识技能要求
设计：制定计划	设计方案	组织学生研讨，帮助学生形成方案	以小组为单位研讨微课开发方案
	确定方案	组织学生研讨，帮助学生完善方案	以班级为单位研讨完善，确定作品方案
制作：实施计划	任务一	围绕案例讲解设计编写微课脚本、制作微课的操作技术，引导、监督、帮助学生完成学习任务	学习脚本编写方法与微课制作技术，完成微课的设计制作任务
展评：评价反思	检查评价	组织学生展示作品、评价反思，评定学生成绩	展示自己的作品，通过自评、互评、教师评反思改进，填写评价表
创新：应用创新	项目延伸	鼓励学生协助幼儿园在职教师开发参赛或实用作品	参加职业技能大赛，或与幼儿园在职教师合作，开发参赛或实用作品，持续提升微课开发能力

三、布置任务（见表 4-3）

表 4-3　“设计制作微课”任务书

项目名称		设计制作微课
具体任务	课前任务	1. 阅读设计制作微课典型工作任务分析，调研幼儿园微课开发需求。 2. 观摩“端午节的由来”微课，通过案例分析了解设计制作微课的知识技能点。 3. 小组合作选题并尝试编写脚本
	课上任务	1. 设计编写微课脚本。 2. 下载安装微课制作软件。 3. 设计与制作动画式微课。 4. 设计与制作交互式微课。 5. 设计与制作录屏式微课。 6. 微课的整体优化
	课后任务	1. 协助幼儿园在职教师开发一件微课作品。 2. 积极参加教育部教育技术与资源发展中心（中央电化教育馆）组织的全国师生信息素养提升实践活动
任务要求		1. 学生 4～6 人结成一个教研组，每个教研组有教研组长和管理制度。 2. 每个教研组从幼儿园五大领域教学活动中选取一个微课主题，设计一例 3～5 min 的配音配乐微课作品，编写出微课脚本，制作完成完整的微课作品。 3. 作品要符合幼儿园教学实际，符合幼儿学习特点，体现多种微课制作技能

四、典型案例分析

视频

教学案例：端午节的由来

（一）教学案例

微课作品“端午节的由来”。

（二）案例分析

（1）制作微课的基本流程。第一步，编写微课脚本，把微课的整体结构以及各环节需要展示的教学内容用文字详细、清晰地呈现出来；第二步，根据脚本收集图片、音视频素材；第三步，选择一款友好的制作软件，如常用的优芽互动电影、Camtasia Studio 等；第四步，运用软件编辑处理素材，形成完整的微课作品，将作品打包输出，使作品适用于不同的播放环境。

（2）微课的分类。常用的微课形式有动画式微课、交互式微课、录屏式微课、实录式微课等，可以根据微课的课型、教学目标、教学方法等，选择创作不同类型的微课。

（三）设计与制作微课技术分析（见表 4-4）

表 4-4 “设计制作微课”知识技能点

类 别	知 识 点	技 能 点
编写脚本	1. 微课选题的原则。 2. 微课脚本的结构	1. 编写微课设计方案。 2. 编写微课脚本
采集素材	1. 素材的种类。 2. 素材采集和使用原则、规范	1. 多渠道采集制作软件、配乐以及图片素材。 2. 处理素材
制作微课	1. 优牙互动电影软件的界面、各工具的功能和使用方法。 2. Camtasia Studio 软件的界面、各工具的功能和使用方法	1. 设计制作动画式微课。 2. 设计制作道具交互式微课。 3. 设计制作试题交互式微课。 4. 设计制作录屏式微课
优化输出	微课评价标准	1. 内容优化。 2. 视觉优化。 3. 听觉优化

【课程思政】

增强文化自信

优秀传统文化进幼儿园是培养中华优秀传统文化的继承者和弘扬者的必要手段，幼儿园教师需要增强对优秀传统文化的理解，推动文化传承创新，运用图片、视频、动画等多媒体手段，将中华优秀传统文化进行直观、生动、形象的呈现，激发幼儿的浓厚兴趣和强烈情感，提升幼儿的传统文化素养和文化自信。

五、项目实施

任务一：设计编写微课脚本

【任务引导 1】幼儿园微课如何选题?

一般来说，虽然微课能运用多媒体元素提高教学效果，但并不是所有教学活动都适用于微课教学，微课选题需掌握“三用”和“三不用”原则。“三用”原则包括：

(1) 高危险、高污染、时空高浓缩的教学内容可以使用微课教学，如交通安全、食品安全等教学内容，或四季气候变换、各地动植物特点等教学内容。

(2) 进不去、看不见的教学内容可以使用微课展示，如介绍气象知识、人体内部结构、植物生长过程以及欣赏诗词、讲述寓言故事、介绍传统节日等教育内容。

(3) 需要反复观看的技能操作教学可以使用微课展示，如折纸等手工操作。

“三不用”原则包括：

(1) 能利用实物进行展示的一般不用微课，如颜色碰撞。

(2) 能利用教学用具进行演示的不用微课，如加法与减法的演算。

(3) 能使用实地观察的教学不用微课，如常见植物、动物状态的观察。

【任务操作】请各小组认真研讨，从幼儿园教育教学活动中选取一个微课主题，撰写微课设计方案，填写表 4-5。

表 4-5　微课设计方案

微课名称	
选题来源	
教学目标	
教学内容	
教学过程	

【任务引导 2】学习微课“设计编写微课脚本”，思考微课脚本包括哪些内容，需掌握哪些方法和要求?

微课脚本就像电影的剧本，是对微课设计方案的细化和可操作化，是对微课画面、配音、字幕等元素的详细设计，一般包括题目、导入、过程、总结、片尾五个部分，见表 4-6。

视频

设计编写
微课脚本

表 4-6 微课脚本结构与编写技巧

题目	×××	应新颖、简洁，切忌假、大、空
导入	导语	前 30 s 是关键，要开门见山，能充分调动学习者的学习兴趣，创设问题或学习情境，吸引学习者继续学习
过程	第一步…… 第二步…… ……	教学环节清晰紧凑，教学策略得当，教学内容精炼，教学演示准确。突出重点，突破难点，整体风格适合幼儿学习特点
总结	概括要点，帮助学习者梳理思路，强化教学效果	语言凝练，趣味性、参与性强，以吸引学习者参与，有利于考评学习效果
片尾	注明作者、单位、日期等信息	—

不同的微课类型，编写出的脚本也可以呈现出不同的效果。例如：

（1）知识原理类微课可以采用 2W1H（What，Why，How）的结构对原理进行解释说明，先解释是什么，再说明为什么，最后梳理怎么做。

（2）操作技能类微课可以选择一个引爆点，如某个错误事件，然后分析涉及技能操作的关键点，再讲解正确的操作流程，最后总结反思。

（3）问题解决类微课可以先提出问题，然后分析产生问题的原因，再设计相应技能讲解，最后提出解决问题的方案。

（4）案例故事类微课从某个实际场景的案例导入，引发学习者的思考和讨论，然后对关注的焦点问题加以阐述，对案例进行分析讲解，得出技能关键点。

【任务操作】请根据本小组研讨的微课设计方案编写微课脚本，填入表 4-7。

表 4-7 微课脚本

<table>
<tr><td colspan="2">题目</td><td colspan="3"></td></tr>
<tr><td colspan="2">教学环节</td><td>画面内容</td><td>字幕/解说词</td><td>时间</td></tr>
<tr><td colspan="2">片头</td><td></td><td></td><td></td></tr>
<tr><td colspan="2">导入</td><td></td><td></td><td></td></tr>
<tr><td rowspan="3">过程</td><td>教学环节 1</td><td></td><td></td><td></td></tr>
<tr><td>教学环节 2</td><td></td><td></td><td></td></tr>
<tr><td>教学环节…</td><td></td><td></td><td></td></tr>
<tr><td colspan="2">总结反思</td><td></td><td></td><td></td></tr>
<tr><td colspan="2">片尾</td><td></td><td></td><td></td></tr>
</table>

任务二：下载安装微课制作软件

视频

下载安装微课制作软件

【任务引导 1】观看微课“下载安装微课制作软件”，了解各软件的功能和特点。

微课制作软件常使用两类软件，一类是动画制作软件；一类是录屏软件。目前常用的动画制作软件有“优芽互动电影”“万彩动画大师”等，这里主要介绍“优芽互动电影”。

第一步，利用搜索引擎，在搜索栏输入“优芽互动电影”，然后进行搜索，在搜索出的信息列表中选择并打开“优芽互动电影”官网，如图 4-1 所示。

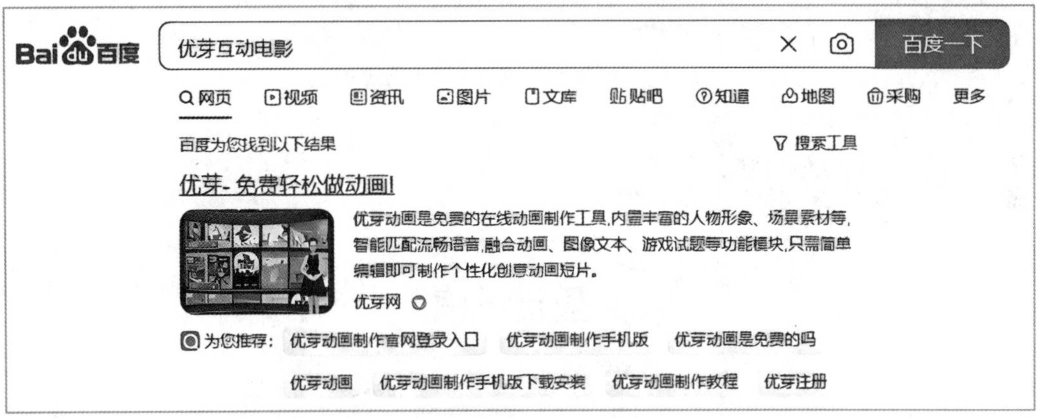

图 4-1　网站搜索“优芽互动电影”

第二步，进入官网后，滑动到页面的最下端，单击“客户端下载”，即可进入客户端下载页面，如图 4-2 所示。

图 4-2　“优芽互动电影”页面“客户端下载”

第三步，在客户端下载页面，单击“立即下载”按钮，弹出“新建下载任务”对话框，编辑好文件名和存储位置后，单击“下载”按钮即可完成下载，如图 4-3 所示。

第四步，在文件存储位置找到“互动电影”软件，双击打开，弹出“优芽客户端安装”对话框，单击“快速安装”按钮即可完成软件安装，如图 4-4 所示。

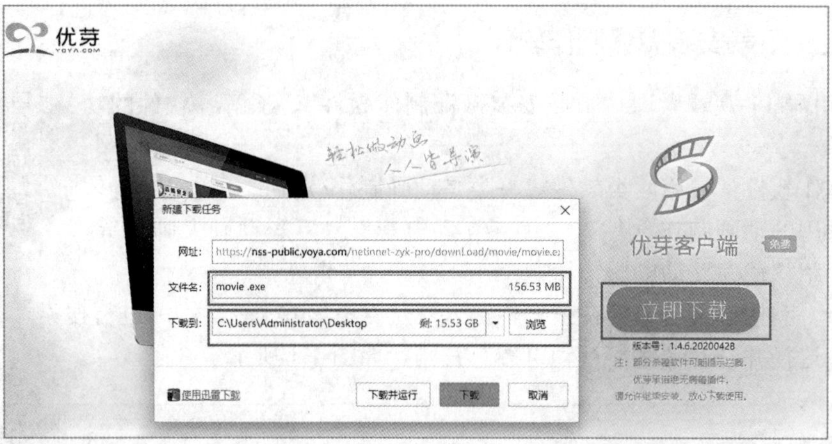

图 4-3 “优芽互动电影”下载界面

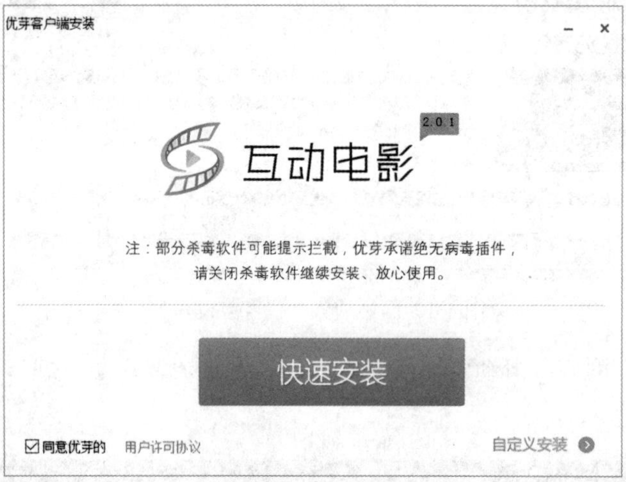

图 4-4 “优芽互动电影”安装界面

【知识拓展】

1. 优芽互动电影

优芽互动电影是一款简单易用的动画式、互动式微课制作软件，适用于教育、商务、生活、广告宣传等各个领域，拥有离线播放、动画导出、影片管理、动画制作等多种功能，为用户提供了丰富的场景、角色、道具素材，以及多元的人物动作、多媒体应用模板，帮助用户制作出生动的动画式、互动式微课。

2. 万彩动画大师

万彩动画大师是一款非常好用的动画视频制作工具，操作简单、容易上手。为用户提供了大量精美的场景模板、素材资源和动画效果，方便用户添加文字、图片、视频、SWF、声音文件等，快速制作动画视频。

【**任务引导 2**】如何下载安装 Camtasia Studio?

常用的录屏软件有很多，例如 Camtasia Studio、EV 录屏、迅捷屏幕录像工具等，这里主要介绍 Camtasia Studio 2023。

第一步，利用搜索引擎，在搜索栏输入“Camtasia Studio”，进行搜索，在搜索出的信息列表中选择并打开“Camtasia Studio”官网，如图 4-5 所示。

图 4-5 网站搜索“Camtasia Studio”

第二步，进入官网后，单击“下载”按钮即可下载软件安装程序。安装程序设有 Windows 和 MAC 两种操作系统版本，选择适用自己计算机的版本即可。

第三步，下载完成后，双击安装程序进行安装，按照操作提示完成安装，如图 4-6 所示。

图 4-6 “Camtasia Studio”安装界面

【知识拓展】

1. “Camtasia Studio”简介

Camtasia Studio是专业的屏幕录像和视频编辑软件，提供了强大的屏幕录像、视频剪辑和编辑、视频播放等功能，方便用户屏幕录制、配音、视频剪辑、过场动画、字幕添加、视频封面制作等操作。

2. EV录屏简介

EV是一款操作简单、方便易用的录屏工具，用户界面简洁直观，具有视频剪辑功能，能对视频进行剪辑、合并、添加注释等操作。它具有非常实用的白板功能，可辅助线上教学，支持输出MP4、AVI、MP3、WAV等多种格式视频，方便用户分享。

3. 迅捷屏幕录像工具

迅捷屏幕录像工具是一款简单易用的计算机录屏软件，支持全屏录制、区域录制、游戏录制、摄像头录制等多种方式。可调整录制的起始时间，支持涂鸦、标注、线条、视频水印等任意添加，适合制作屏幕录像、软件教学动画以及其他需要屏幕录像的场景。

【任务操作】根据自主编写的微课脚本，选择下载相应的微课制作软件。

任务三：设计制作动画式微课

【任务引导1】观看微课“设计与制作动画式微课”，思考优芽互动电影具有哪些功能？

【任务引导2】优芽互动电影软件制作的影片具有__________形式的动画效果。

【任务引导3】优芽互动电影软件的普通用户一次最多可以添加__________个场景。

【任务引导4】在优芽互动电影中为角色配音可以采用哪些方式？

【任务引导5】优芽互动电影导出的文件格式是__________。

【任务操作】按照如下操作提示，根据自主编写的微课脚本，完成动画式微课制作任务。

视频

设计与制作动画式微课

操作步骤①：注册用户

进入官网后，单击“注册”按钮，弹出“注册”界面，可选用微信扫一扫注册和手机注册两种方式，如图4-7所示。

图4-7 “优芽互动电影”注册方式

操作步骤②：创建影片

注册成功后即可登录官网，单击“开始创作”按钮即可进入微课创建界面，系统为用户提供了“空白创建”“由模块创建”“由 PPT 创建”“由剧本创建”四种方式。在界面下方，系统还给用户提供了设计模板，供用户根据需要选择使用，如图 4-8 所示。

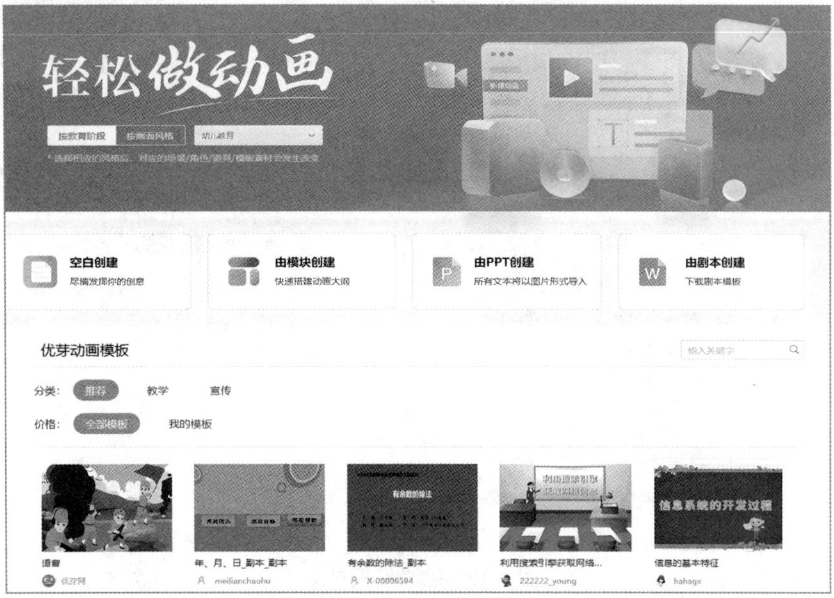

图 4-8　“优芽互动电影”创建方式

通常我们选用“空白创建”方式，单击“空白创建”按钮即可进入创建界面，可进行动画式微课和交互式微课的设计和制作，如图 4-9 所示。

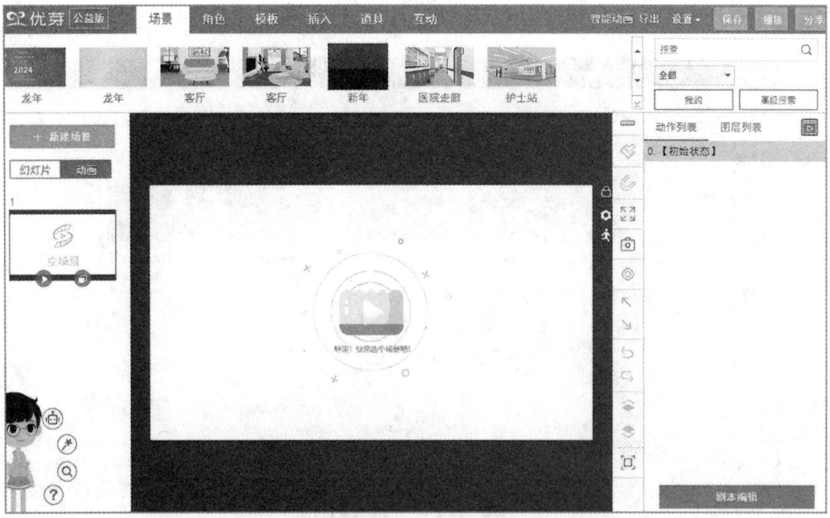

图 4-9　“优芽互动电影”编辑界面

操作步骤③：插入模板

用户可以使用模板，尤其是动态模板制作视频的封面。单击“模板”→“高级搜索”按钮，弹出“模板搜索”对话框，在搜索栏输入想设置模板的关键词，如“端午节”，单击“搜索”按钮，在搜索出的模板里选择需要的模板，单击“确定”按钮即可，如图4-10所示。

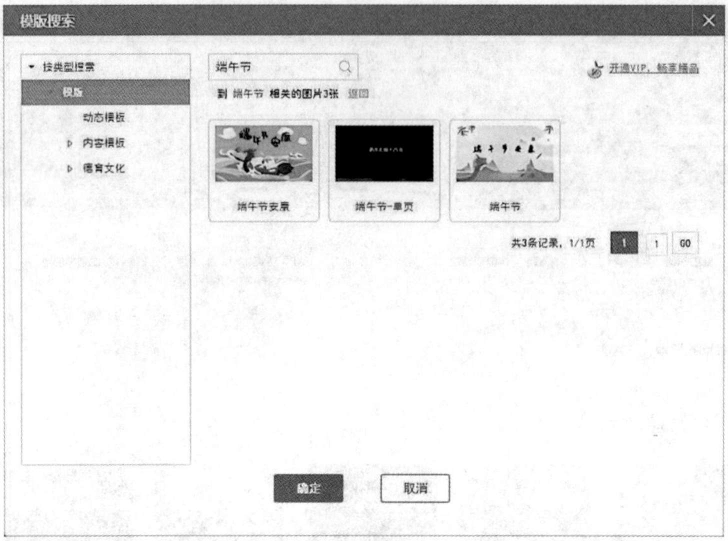

图4-10 插入模板界面

操作步骤④：插入场景

与模板设置方法相同，单击“场景”→“高级搜索”按钮，弹出“素材搜索”对话框，在搜索栏输入想设置场景的关键词，如“端午”，单击“搜索”按钮，在搜索出的场景中选择需要的场景，单击“确定”按钮即可，如图4-11所示。

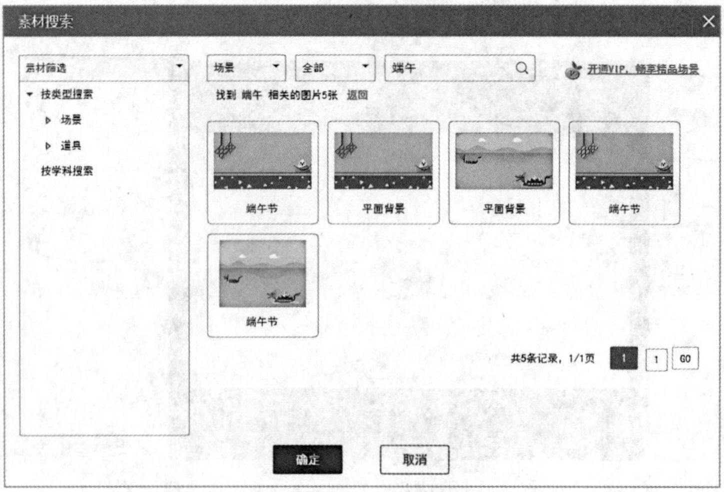

图4-11 插入场景界面

操作步骤⑤：添加角色

单击“角色”→“高级搜索”按钮，弹出“新增角色”对话框，在搜索栏输入角色的关键词，如“农民”，单击“搜索”按钮，选择需要的角色，单击“确定”按钮即可，如图 4-12 所示。

图 4-12　添加角色界面

操作步骤⑥：为角色添加动作

选中角色，单击角色上方的“动作”按钮，弹出“选择动作”对话框，从中选择需要的动作，选中动作后会弹出具体设置动作的对话框，可以设置角色的转身方向、配音的方式以及字幕内容，如图 4-13 所示。

图 4-13　为角色添加动作

可以通过动作按钮为角色连续添加多个动作，然后在右侧“动作列表”中利用“动作设置”设置播放顺序以及播放时间，操作方法与PPT动画的设置类似，如图4-14所示。

图4-14 角色多个动作设置

操作步骤⑦：添加道具

单击“道具”→“高级搜索”按钮，打开“素材搜索”对话框，在搜索栏中输入关键词，如“粽子”，单击“搜索”按钮，选择需要的道具，单击“确定”按钮即可，如图4-15所示。

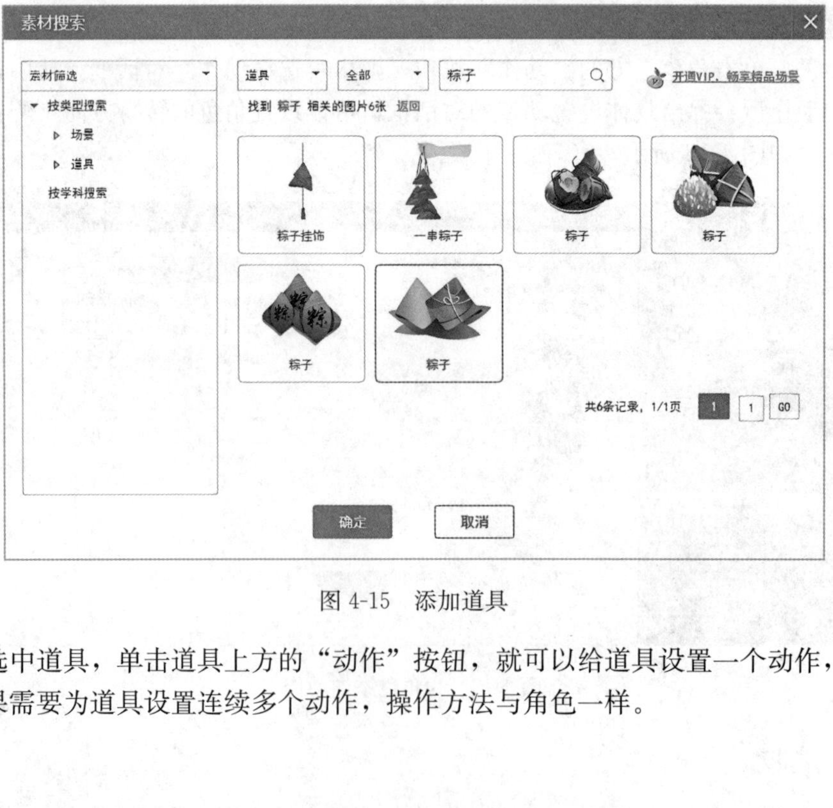

图4-15 添加道具

单击选中道具，单击道具上方的“动作”按钮，就可以给道具设置一个动作，如图4-16所示。如果需要为道具设置连续多个动作，操作方法与角色一样。

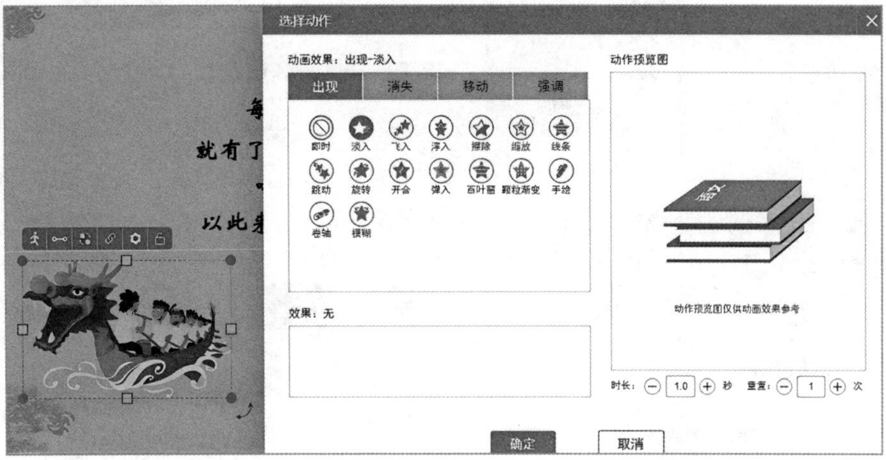

图 4-16　为道具添加动作

操作步骤 8：插入文本

单击“插入”→“文本”按钮，弹出“文本”对话框，如图 4-17 所示，有常规的“富文本”基本样式，也有“在线字体”“艺术特效”“文本气泡”等样式，根据内容需要选择适合的文本样式，然后单击“确定”按钮，弹出文本编辑文本框。

单击“文本”内容，在文本边框上方会弹出文本设置工具栏，可对文本进行“动作”“文本设置”“链接”“锁定”等操作。单击上方“文本设置”按钮，在右侧弹出文本编辑工具栏，可对文本进行字体、字号、排列方式、字体颜色、行间距、字间距的设置，如图 4-18 所示。

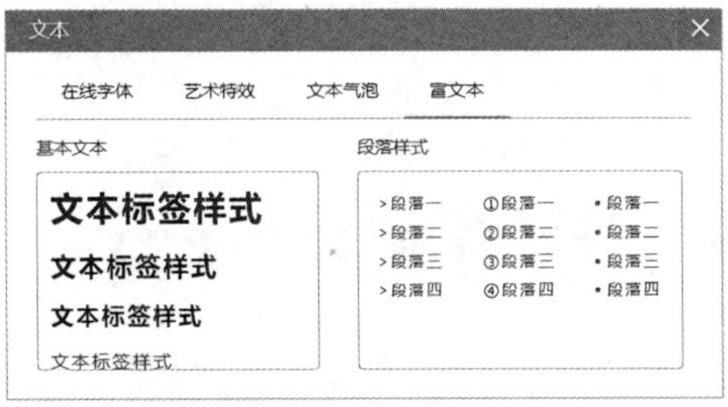

图 4-17　文本样式

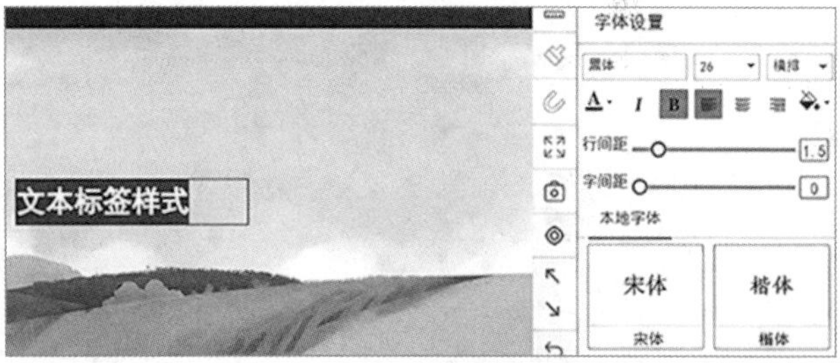

图 4-18　文本编辑

操作步骤 9：插入背景音乐

单击“插入”→“音乐”按钮，弹出“背景音乐”对话框。选择需要的音乐，如果没有满足自己需要的音乐，也可以通过自定义上传音乐。在右侧可对音乐的裁剪、音量、播放次数以及播放场景数进行设置，设置完成后单击“确定”按钮，如图 4-19 所示。

操作步骤 10：插入图片

单击“插入”→“图片”→“普通上传”按钮可上传照片，选择上传需要添加的图片，上传完成后即可使用，如图 4-20 所示。目前可支持 JPG、PNG、GIF 等多种格式。

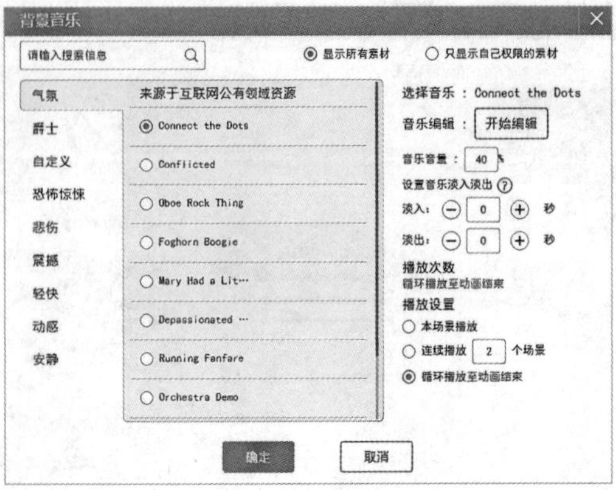

图 4-19　插入背景音乐

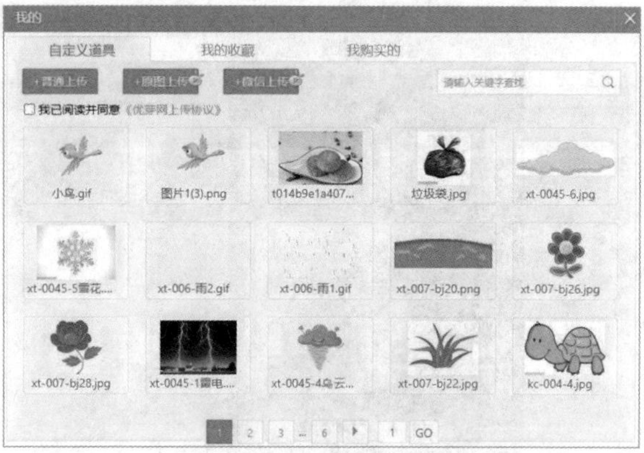

图 4-20　插入图片

操作步骤⑪：插入形状

单击“插入”→“形状”按钮，在弹出的列表框中选择需要的形状即可插入影片当中。如果没有适合的图形，也可以通过“绘制图形”自己绘制，如图 4-21 所示。

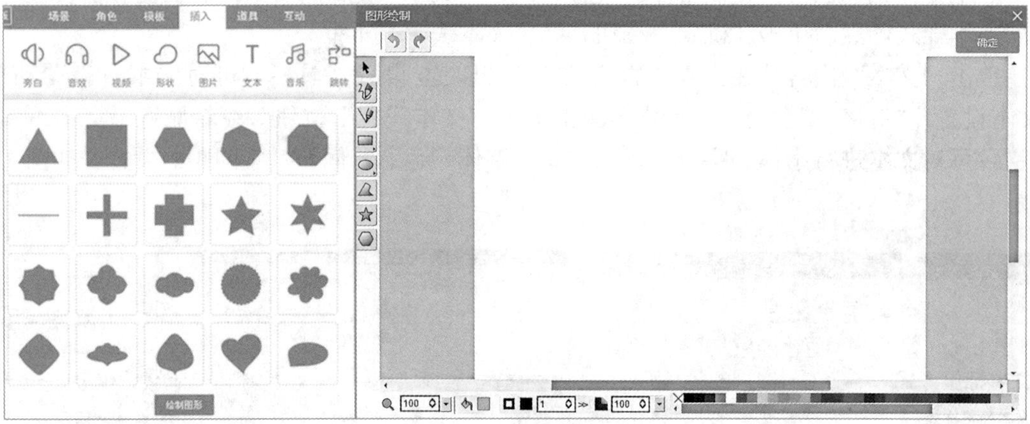

图 4-21　插入形状

操作步骤⑫：插入视频

单击“插入”→“视频”按钮，弹出“视频”对话框，选择并上传拟插入动画里的视频，上传完成后，选中视频，单击“确定”按钮即可插入影片里。

操作步骤⑬：插入特效

单击“插入”→“特效”按钮，弹出“特效”对话框，选择使用权限范围内可使用的特效，单击“确定”按钮即可，如图 4-22 所示。

操作步骤⑭：插入音效

单击“插入”→“音效”按钮，在音效对话框中选择使用权限范围内的音效，单击“确定”按钮即可，如图 4-23 所示。

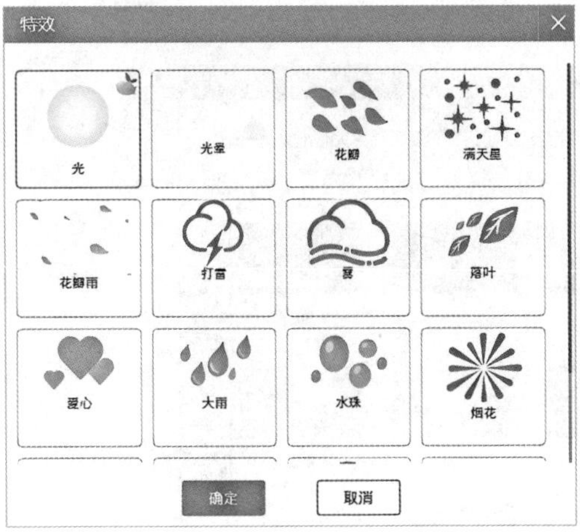

图 4-22　插入特效

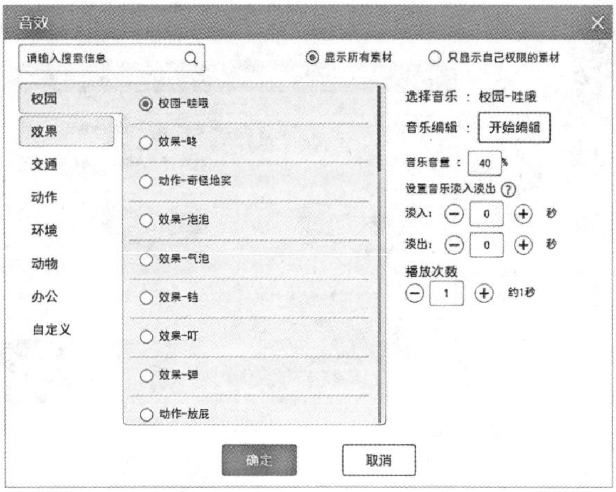

图 4-23　插入音效

操作步骤⑮：添加特写

选择“插入”菜单，单击“特写”工具，出现一个白色边框，白色边框内为特写的区域，调整白色边框，可以调整特写的区域。

优芽互动电影软件为使用者准备了一部分场景、道具、背景音乐等素材，如果无法满足使用需求，用户可以使用其自定义功能，上传自己制作的素材。

【课程思政】

遵守规范

网络下载的素材要符合幼儿的视觉、听觉特点，选取积极健康、具有童真童趣的素材，使用他人的素材要尊重知识产权。自己制作的素材要注意保护幼儿隐私，如果在公众平台传播需要征求家长意见。

任务四：设计制作交互式微课

视频　设计制作交互式微课

视频　教学案例：《小海豚求助》制作方法

【任务引导 1】 观看微课“设计制作交互式微课”，请思考交互式微课具有哪些优点？

【任务引导 2】 在优芽互动电影中可以采用哪些方式插入旁白？

【任务引导 3】 在优芽互动电影中，能够为道具添加__________、__________、__________等多种类型动作效果。

子任务 1：设置道具交互

【任务操作】 请跟随案例作品，根据自主编写的微课脚本，完成交互式微课制作任务。

操作步骤①：创建场景

单击“场景”→“搜索”按钮，弹出“素材搜索”对话框，在搜索栏输入设置场景的关键词，如“海滩”，单击“搜索”按钮，选择自己权限范围内适合的场景，单击“确定”按钮即可，如图 4-24 所示。

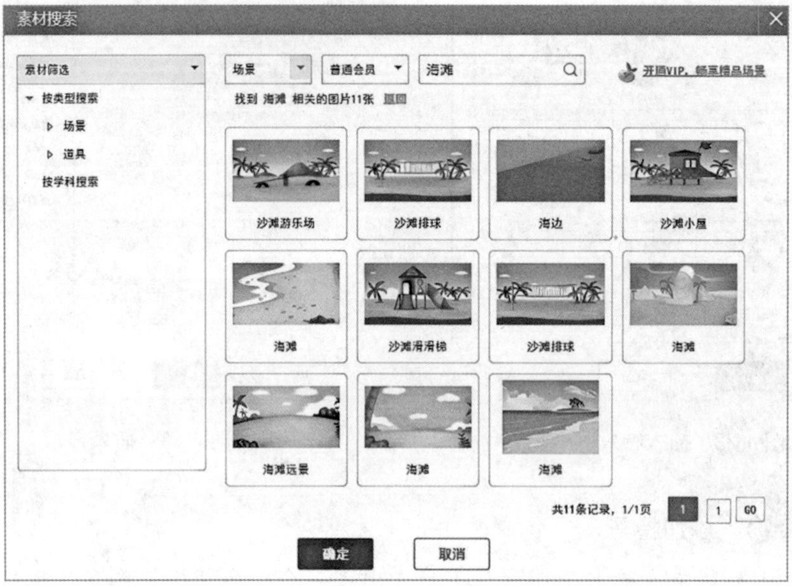

图 4-24　设置场景

操作步骤②：设置旁白

单击“角色”→“旁白设置”按钮或者单击“插入”→“旁白”，弹出“旁白”对话框，系统为用户设置了“温馨白”“运动男生”和“运动女生”三种旁白角色，将说话内容和配音设置好后在场景中会显示旁白角色。选中旁白角色，拖动边框线，可调整其大小。如果需要旁白角色出境，将其调整到合适的位置即可，如果不需要旁白角色出境，将其拖动到场景外的区域，或者勾选“旁白”对话框中的“不在画面显示角色”即可，如图 4-25 所示。

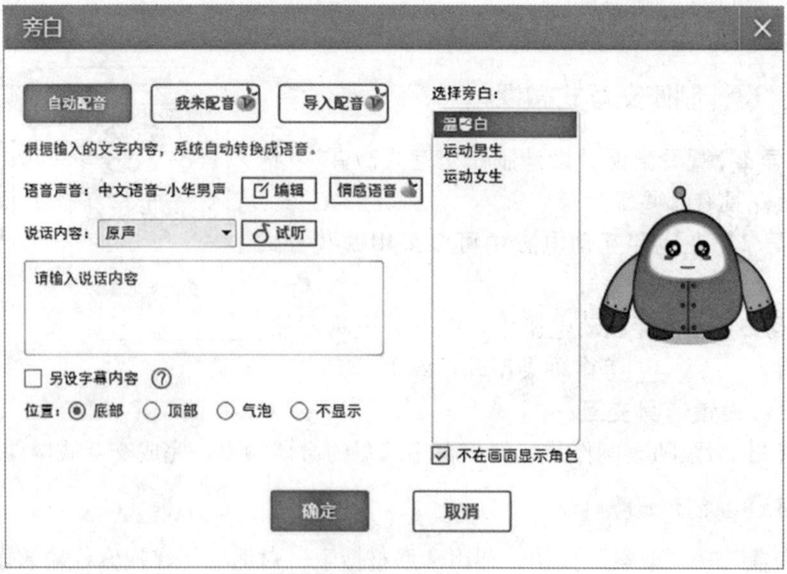

图 4-25　设置旁白

操作步骤③：设置道具

单击“道具”→“高级搜索”按钮，打开“素材搜索”对话框，在搜索栏中输入关键词，如“海豚”，单击“搜索”按钮，选择需要的道具，单击“确定”按钮即可，如图 4-26 所示。其他道具如“垃圾袋”“易拉罐”“废纸团”“小鱼”等，依次按照此方法操作即可。单击“海豚”等道具，拉伸其边框线，调整大小，并将其拖动到适合的位置。

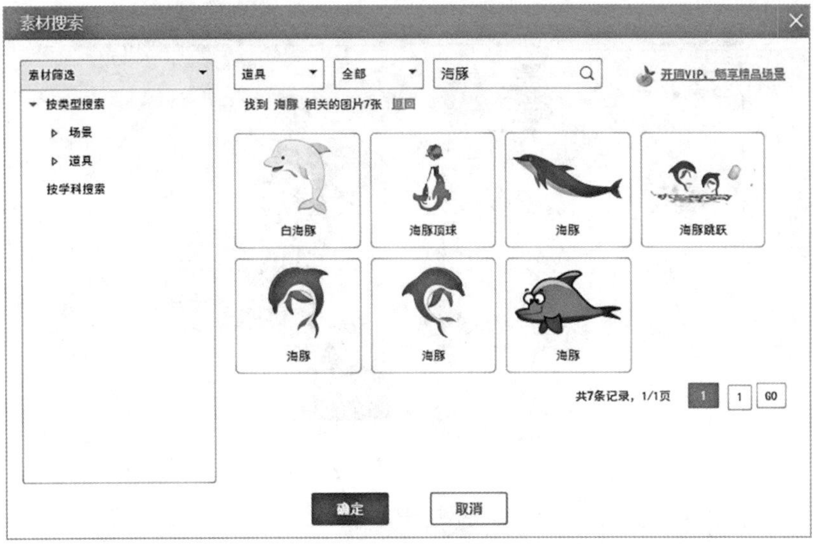

图 4-26　设置道具

操作步骤④：设置互动触发功能

单击“互动”→“触发”→“开始制作”按钮，弹出“设置触发条件”对话框，选择单击会产生触发效果的元素，如“垃圾袋”“易拉罐”“废纸”“鱼”等，如图 4-27 所示。

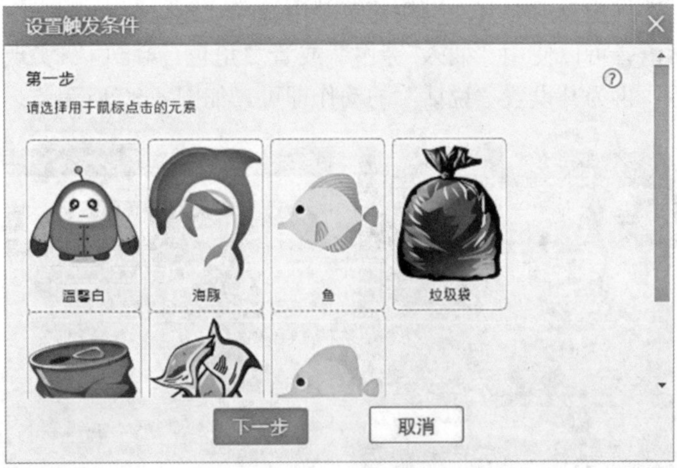

图 4-27　设置触发元素

单击“下一步”按钮，弹出“触发动作列表”对话框，如果想设置单击“垃圾袋”时，

“垃圾袋”消失且伴有旁白语音提示的效果，可以在触发元素列表中选择“垃圾袋”，在下方列表中找到“垃圾袋”，单击旁边的“增加新动作”按钮，弹出“选择动作”对话框，与PPT中的动画效果相似，在动作列表中为“垃圾袋”选择“消失”动作效果。接下来再给温馨白“增加新动作”，在弹出“选择动作”对话框中选择“说话”动作，弹出“说话”对话框，设置“说话”的配音和内容，单击“确定”按钮即可，如图4-28所示。其他素材，如“易拉罐”“废纸团”“小鱼”等道具，依次按照此方法操作即可。

图4-28 设置触发动作

操作步骤5：片尾

片尾的背景和风格可以与上面的场景保持一致，也可复制已经设计好的场景，可选择一张已经设计好的场景，右击，在弹出的快捷菜单中选择“复制”命令即可。该场景中不需要的道具可以删除，选中道具后在其右键快捷菜单中选择“删除”命令即可，如图4-29所示。

小海豚的提示语音可以使用“插入/旁白”或者“角色/温馨白”实现，添加好“旁白”或者“温馨白”后，再为其设置“说话”的动作即可，如图4-30所示。

图4-29 删除道具

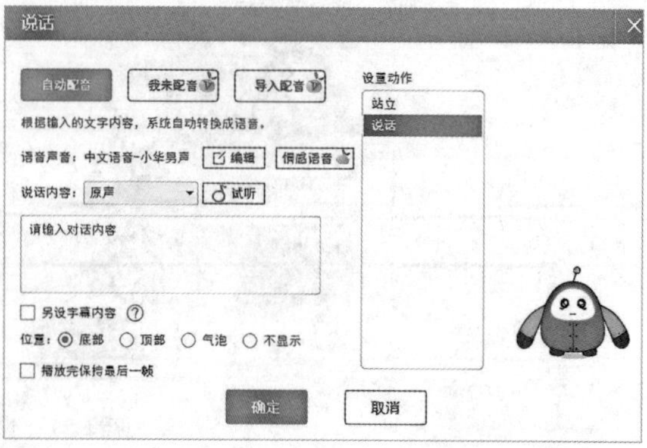

图4-30 “说话”对话框

子任务 2：设置试题交互

【任务引导 4】在利用“互动”功能时可以设置哪些普通试题类型？

【任务引导 5】优芽互动电影的“互动”功能提供了哪些游戏试题？

【任务引导 6】在游戏试题中属于判断题类型的有____________，属于选择题类型的有__________、__________、__________、__________、__________、__________等。

【任务操作】请跟随操作提示，根据自主编写的微课脚本，完成交互式微课制作任务。

交互式动画除了“互动”的触发功能，还可以通过“互动”中的试题功能实现交互式测验。优芽互动电影为用户提供了多种类型的普通试题和游戏试题，下面就以“普通试题”中的“选择题”“连线题”和“游戏试题”中的“小青蛙”为例介绍其操作方法。

1. 选择题操作过程

操作步骤①：题干设置

题干设置默认为文字形式，还可以添加图片、声音或者视频进行补充，如图 4-31 所示。

操作步骤②：选项设置

选择题设有单选题和多选题两种类型，默认设有 A、B、C、D 四个选项，如果选项不够可以单击“增加选项”按钮进行添加。每个选项默认可以输入文字，也可以添加图片或者声音进行辅助说明。选项设置完成后须将正确答案前面的选择框进行勾选，系统将自动判断正确或错误，如图 4-32 所示。

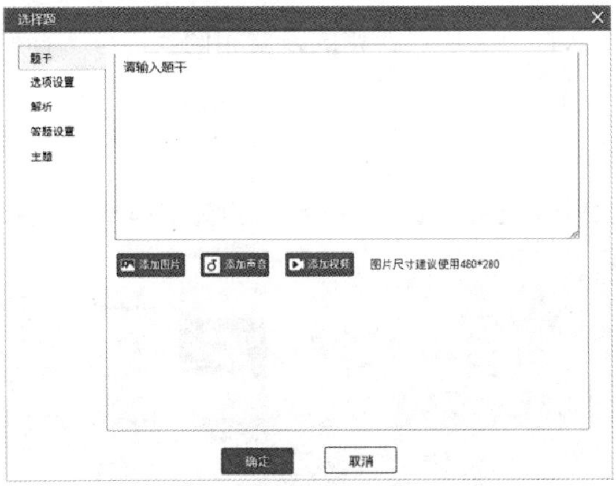

图 4-31　选择题题干设置

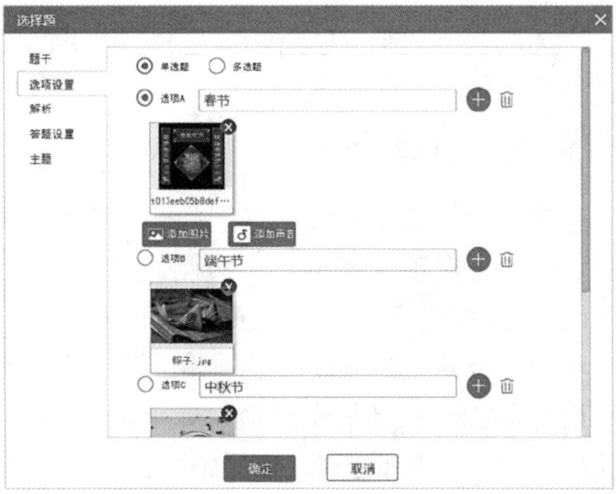

图 4-32　选择题选项设置

操作步骤③：答案解析

与题干设置相同，同样默认为文字形式，可添加图片、声音或者视频进行补充。

操作步骤④：答题设置

在答题时可以设置“自动显示答案”“答题正确显示答案”“答题错误显示答案”“答题错误继续回答”4 种形式。如果场景中设置了背景音乐，在答题时还可以进行“继续播放背景音乐”和“暂停播放背景音乐”设置。如果答题错误还可以将其跳转到某个场景或者网站，以便于答题者继续学习，寻找正确答案，如图 4-33 所示。

操作步骤❺：主题设置

主题设置即设置进入答题界面时的背景，优芽互动电影软件为用户提供了 4 个预设主题，如图 4-34 所示。如果仍然满足不了用户的需要，可以通过自定义上传其他主题，上传的图片建议尺寸不大于 1 000×600 像素，文件不超过 10 MB，支持 JPG、PNG 等格式图片。

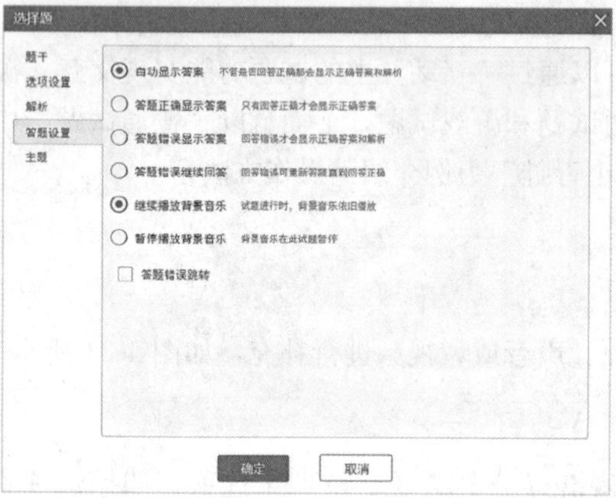

图 4-33 选择题答题设置

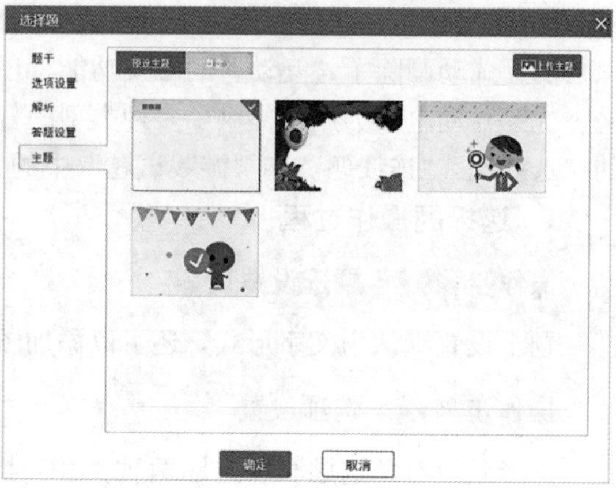

图 4-34 选择题主题设置

2. 连线题操作过程

操作步骤❶：题干、解析、答题、主题设置

连线题中题干、解析、答题以及主题设置方法都与上述选择题的设置相同，参考选择题进行设计即可。

操作步骤❷：选项设置

连线题与选择题唯一不同的是选项设置。连线题选项设置有左右两侧内容，每项内容均设有文字、图片、声音三种形式，针对幼儿特点，建议使用图片和声音。默认设有 1、2、3、4 四个选项，如果选项不够可以单击"增加选项"按钮添加。

需要注意的是，两侧内容序号对应的项即为其正确答案，如左侧 1 选项的正确答案即为右侧 1 选项中的内容。进入答题界面时，系统会对左侧内容与右侧内容进行随机展示，以打乱其选项顺序，使其每次展示的选项顺序不同，如图 4-35 所示。

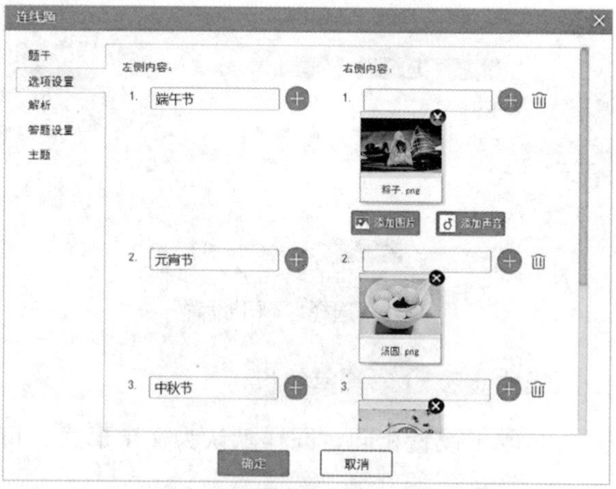

图 4-35 连线题选项设置

3. 小青蛙操作过程

操作步骤❶：题目设置

题目设置为文字形式，最多可输入 300 字。

操作步骤②：选项设置

选项设置为文字形式，设有 A、B、C、D 四个选项，每个选项可以输入 10 个字。在答题时可以设置“自动显示答案”“答案正确显示答案”“答错继续回答”3 种形式。如果答题错误还可以将其跳转到某个场景或者网站，以便于答题者继续学习，寻找正确答案。

操作步骤③：解析设置

答案解析为文字形式，最多可输入 500 字，如图 4-36 所示。

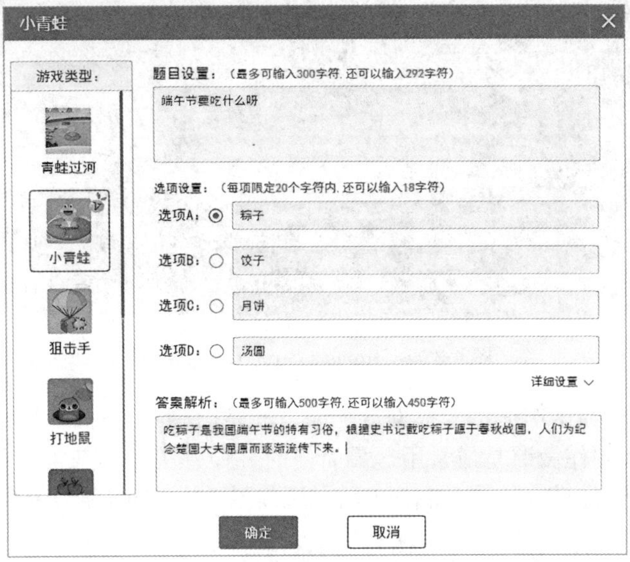

图 4-36　游戏试题设置

任务五：设计制作录屏式微课

视频

设计制作录屏式微课

【任务引导 1】 观看微课“设计制作录屏式微课”，请思考录屏式微课具有哪些优点？

【任务引导 2】 Camtasia Studio 开始录制的快捷键是__________，结束录制的快捷键是__________。

【任务引导 3】 制作录屏式微课需要提前做哪些准备？

【任务引导 4】 在 Camtasia Studio 编辑过程中，利用__________功能可以对画面进行局部放大，添加文字提示信息使用的是__________功能，利用__________功能可以实现转场效果，利用音频能够实现__________等方面的处理。

【任务引导 5】 Camtasia Studio 支持的字幕文件格式有____________、____________、____________等，可以通过____________操作调整字幕的持续时间。

【任务引导 6】 在 Camtasia Studio 中可以嵌入的测验问题类型有哪些？

【任务引导 7】 图 4-37 是 Camtasia Studio 软件的操作界面，请结合该图内容阐述各个命令的作用是什么。

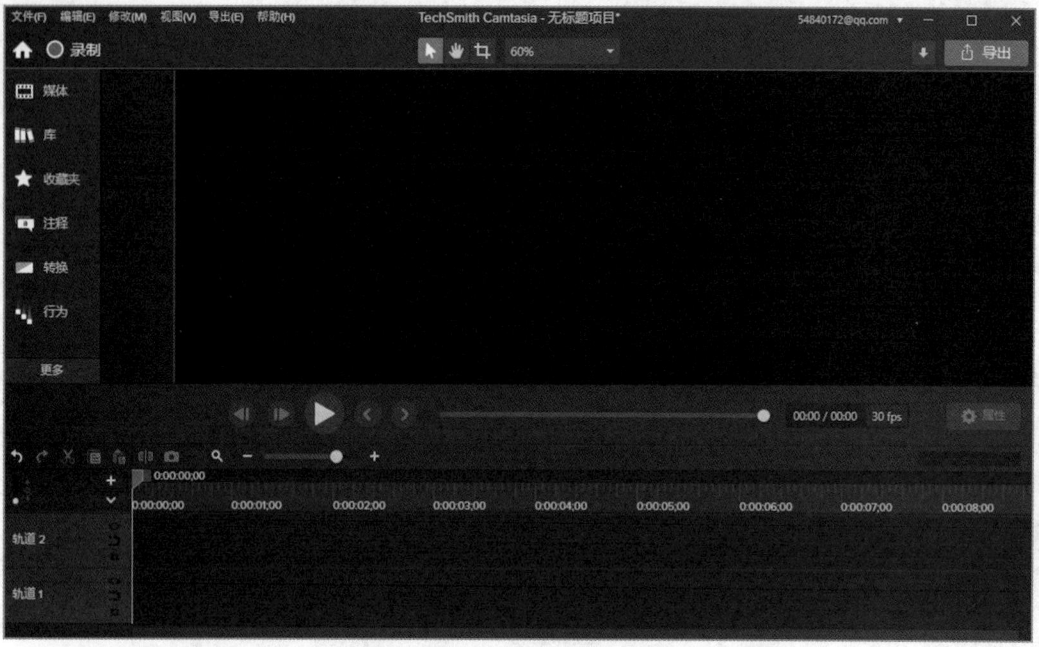

图 4-37 Camtasia Studio 软件界面

【任务操作】请跟随操作提示，根据自主编写的微课脚本，完成录屏式微课制作任务。

采用录屏的方式制作微课是最常用、最简便的一种方法，只需要一台计算机、一支麦克风、一个录屏软件就可以完成。下面就以 Camtasia Studio 为例，为大家介绍使用 Camtasia Studio 结合 PPT 制作录屏式微课的方法。

操作步骤①：设置录制选项

设置录制选项的方法有两种：

（1）利用 PowerPoint 2010（或以上版本）打开准备好的 PPT，单击菜单栏中的“加载项”，打开后在自定义工具栏面板中打开“Camtasia Studio 录制设置”对话框，对是否录制音频、是否录制麦克风、是否录制系统声音、录制音量设置、是否录制摄像头画面以及开始录制和停止录制的快捷键等进行设置。

（2）打开 Camtasia Studio 软件，单击“录制屏幕”按钮，打开相应的对话框，对摄像头的开关、是否录制麦克风、是否录制系统音频以及对音量的大小进行设置，还可以调整录制的屏幕大小，可以选择全屏录制，也可以根据需要进行设置，如图 4-38 所示。

图 4-38 Camtasia Studio 录制选项设置

操作步骤❷：屏幕录制

单击“录制”按钮后，逐页放映PPT，并使用麦克风进行同步讲解，整个教学的过程就被录制下来了。

录制完毕以后，会弹出“预览”窗口，如果录制的视频不符合预期，可以删除后重新录制。如果录制的视频没有问题或者想进行微调和优化，可单击“保存并编辑”按钮，进入Camtasia Studio进行编辑。

操作步骤❸：插入片头

为微课作品添加片头，可以从软件素材库中选择已制作好的音频和视频文件，双击文件可以在右侧进行预览。选择好文件后，将其直接拖动到轨道上就可以进行编辑了。也可以通过“导入媒体”命令插入自己预先设计好的片头，如图4-39所示。这时新导入轨道上的文件会与轨道上的原有文件发生重合，直接用鼠标拖动文件移动至合适的位置即可。

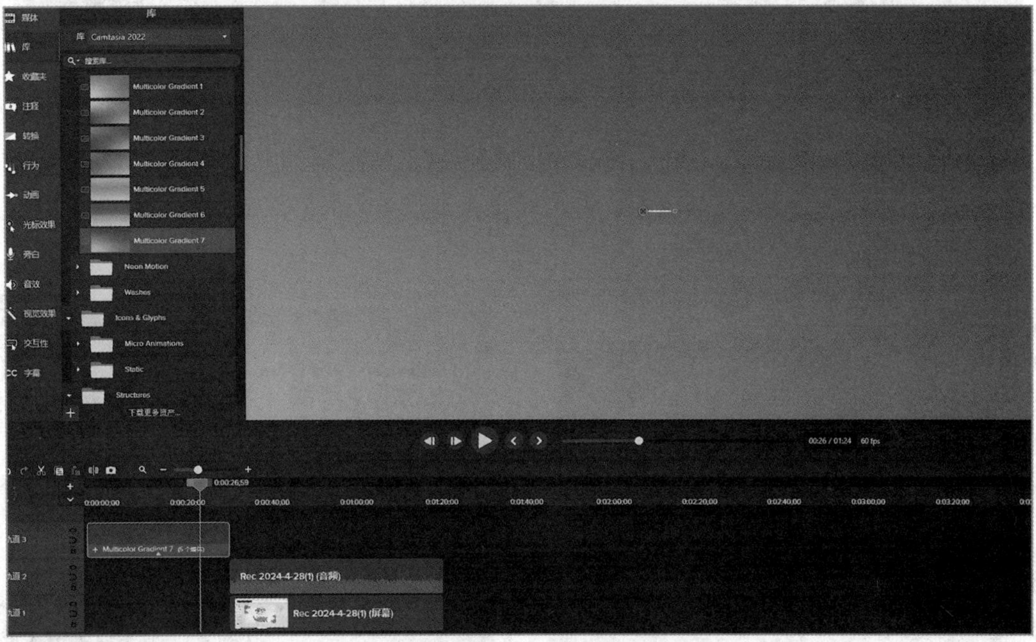

图4-39　Camtasia Studio片头设置

操作步骤❹：添加标注

在片头中加入题名或作者信息等内容，可以使用标注功能。将分割线拖动到需要加入标注的地方，单击“注释”→“标注”按钮，从弹出的标注类型中找到适合自己的类型，双击或者拖动到轨道上即可，如图4-40所示。单击标注中的文本内容，即可对内容字体、样式、对齐方式、间距等进行设置。

操作步骤❺：屏幕缩放与动画

利用缩放功能可以对视频中的某个部位进行特写或者局部放大。单击“动画”→“缩放与平移”按钮，调整虚线边框可以调整缩放界面的位置和大小，完成后轨道上会出现箭头，取消缩放，直接删除箭头即可，如图4-41所示。

图 4-40　Camtasia Studio 标注设置

单击“动画”→“动画”按钮，将会弹出系统设置好的“动画”缩放或平移效果，选中适合的样式，将其拖动到视频轨道上，即可对视频进行局部的缩放或者平移，如图 4-42 所示，就是采用了左侧倾斜的效果。

图 4-41　Camtasia Studio 缩放设置

图 4-42　Camtasia Studio 动画设置

操作步骤⑥：添加背景音乐

可以利用软件素材库中自带的音乐，选择适合的音乐，将其拖动到轨道即可添加背景音乐。如果库中没有适合的音乐，可通过“媒体”→“导入媒体”，将自己提前设置好的背景音乐导入软件的媒体箱中，然后再拖动至轨道即可。

将背景音乐添加到轨道后，可通过“音效”功能进行编辑。可以对音频文件进行淡入和淡出的处理，也可以降低和增加音量。还能够为录制的音频文件进行简单的降噪处理，如图 4-43所示。

图 4-43 添加背景音乐

操作步骤⑦：添加转场效果

单击“转换”按钮，选择要插入的转场效果，拖动至两个视频的连接处。如果视频需要分割。将分割线拖动至需要切割的位置，单击“分割”按钮即可。

【课程思政】

积极进行教育教学改革

教学设计能力、实施能力、评价能力、研究能力是教师的四大能力，设计制作微课涵盖了这四大能力，是以提高信息素养为手段，促进幼儿园教师积极投身教育教学改革、持续提高教学能力的一种方式。幼儿园教师可有意识地利用这一载体磨炼自己、持续提升，建立更高层次的职业理想和职业追求。

操作步骤⑧：保存输出

单击“导出”按钮，选择保存形式，单击“下一步”按钮，设置保存位置和文件名称后单击“导出”按钮即可。为了使用方便，通常输出为“MP4”格式。

任务六：微课的整体优化

视频

微课的整体优化

【任务引导 1】观看微课作品“微课的整体优化”，思考什么样的微课视频才是一件优秀的微课作品。

【任务引导 2】一件优秀的微课作品是__________、__________等方面的有机组合，可以从__________、__________、__________等方面来提升微课作品的质量。

【任务引导 3】如果微课中需要教师出镜，请简述教师出镜的注意事项。

【任务引导 4】在微课中使用背景音乐，以__________为宜，可以使用__________营造情景氛围，吸引学生的注意。

【任务操作】根据操作提示优化自己制作的微课，形成完整的微课作品。

1. 微课内容优化

(1) 微课选题：应尽量围绕重点、难点、疑点、易错点、易混淆知识点选取，适合用多媒体的形式呈现。

(2) 微课时长：在简短的时间内要合理分配导入、教学内容、总结之间的比例关系。针对 3～6 岁幼儿的学习特点，微课时长建议不超过 5 min。

(3) 教学流程："微课虽小，五脏俱全"，导入、讲解、问题（提问）、思考、讨论、小结缺一不可。一定要避免内容与结构不完整的问题。

(4) 微课类型：内容（知识点类型）不同，微课的表现形式也要随之不同。

(5) 解说词：风趣幽默，通俗易懂，适合幼儿的语言特点。

2. 微课视觉优化

(1) 精心设计画面质量。录屏式微课选取与微课内容适合的 PPT 背景。实拍式微课选取适宜的拍摄环境，亮度适宜，没有噪声。教师出镜可化淡妆，衣着得体大方，不宜佩戴项链等饰品，可使用必要的手型手势辅助讲解。可选用三脚架等辅助拍摄，保证画面稳定。

(2) 精心设计字幕。字幕长度不宜过长或过短，适时对文字断句可方便学习者观看。字号不宜过大或过小，一般以 24 号为宜。字体颜色不宜过浅，与画面区分，一般以微软雅黑、黑体或宋体为主。

3. 微课听觉优化

配音要吐字清晰，根据内容选择合适的语速和语调，画面呈现的内容和教师的解说应是同步的。使用背景音乐可烘托解说与画面，应以轻音乐为主，音量不宜过大。可少量使用音效营造情景氛围，吸引幼儿的注意。

小提示

中央电化教育馆每年都会组织全国师生信息素养提升实践活动，有兴趣的教师和同学可登陆中央电化教育馆官网，查看相关通知，预祝大家取得好成绩。

六、项目评价

教师组织学生展示作品，通过自评、互评、教师评相结合的方式完成评价，并将评价结果填入表 4-8。

表 4-8 “设计制作微课”评价表

学生姓名： 小组名称： 班级：

类　别	标　准	分值	得分
微课设计	1. 坚持以幼儿为本的原则，微课设计符合五大领域教学要求。 2. 微课选题恰当，设计新颖，符合幼儿园教育教学特点，具有丰富性、科学性、艺术性	20	
微课制作	1. 制作技能熟练。 2. 作品完整，播放效果较好。 3. 具有可应用性，可用于幼儿教学或日常幼儿园活动	60	
学生素质	1. 按时完成任务。 2. 遵守课堂纪律，规范使用教学设备，爱护教学设施。 3. 学习态度积极，能有效与同学沟通合作，精神面貌好	20	
合　计		100	

自我反思：本项目学习有哪些收获，存在哪些问题，哪些技能需要进一步夯实？

老师、同学评价：

评价人：

年　　月　　日

七、项目延伸

请同学们课后尝试完成以下任务，将完成情况填入表 4-9。

（1）协助幼儿园在职教师开发一件微课作品。

（2）积极参加教育部教育技术与资源发展中心（中央电化教育馆）组织的全国师生信息素养提升实践活动。

表 4-9 岗位（竞赛）任务反馈表

学生姓名： 小组名称： 班级：

作品名称		应用场景	
使用了哪些操作技能			
反思与提升			
应用效果			
请将作品上传学习平台			

【赛教结合】

2024 年全国师生信息素养提升实践活动关于微课的要求：

微课是指教师围绕单一学习主题，以知识点讲解、教学重难点和典型问题解决、技能操作和实验过程演示等为主要内容，使用摄录设备、录屏软件等拍摄制作的视频教学资源。主要形式可以是讲授视频，也可以是讲授者使用 PPT、手写板配合画图软件和电子白板等方式，对相关教学内容进行批注和讲解的视频。

制作要求：报送的微课作品应是单一有声视频文件，要求教学目标清晰、主题突出、内容完整、声画质量好。视频片头要求蓝底白字、楷体、时长 5 s，显示教材版本、学段学科、年级学期、课名、教师姓名和所在单位等信息，画面尺寸为 640×480 像素以上，播放时间一般不超过 10 min，视频中建议出现教师本人讲课的同步画面。

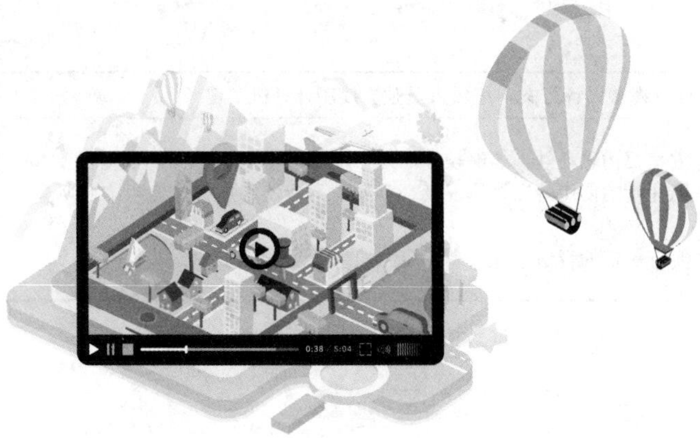

项目五 设计制作音视频作品

一、典型工作任务描述

音频和微视频作品在幼儿园一日生活、五大领域教学活动、节庆活动、家园沟通等工作中具有广泛应用。如在主题教学活动中，为了营造教学情境，让幼儿更直观地理解学习内容，教师通常会运用音视频等多媒体教学手段，对成品音乐、微视频作品进行剪辑，或自主拍摄素材，利用多媒体技术制作成音视频作品，构建让幼儿身临其境的学习情境。或者在家长开放日、“六一”儿童节等幼儿园大型活动中，教师把活动场景录制下来制作成微视频短片，用于家校沟通或资料留存。掌握照片、音视频编辑技术，制作个性化音视频作品，日益成为新时代幼儿园教师信息素养提升的新要求。音视频剪辑典型工作任务分析见表 5-1。

表 5-1 “设计制作音视频作品”典型工作任务分析

工作环境	正常办公环境
工作过程	设计方案 → 下载安装软件 → 收集素材 → 编辑素材 → 视频粗剪 → 视频精剪（添加字幕与音效；添加特效与调色） → 导出成片
工作对象	幼儿园实际工作需要的个性化音视频作品
工具和材料	工具：多媒体计算机、智能手机，剪映或其他视频剪辑软件，美图秀秀或其他图片处理软件，格式工厂或其他格式转换软件。 材料：图片素材、视频素材、音频素材、文字素材、其他素材
工作方法	1. 研讨法：与同学讨论制订音视频设计方案。 2. 案例教学法：多学习他人的作品，启发作者的创作灵感

续表

劳动组织形式	集体讨论制订音视频设计方案，编辑人员独立使用计算机实现
工作要求	1. 作品设计方案要构思巧妙，能够较好地为工作服务。 2. 要充分考虑儿童的使用特点，体现童真童趣，不能使用损害儿童听力和听觉感受的素材。 3. 编辑人员要有一定的音乐素养、审美能力和艺术创作能力

二、学习情境描述

根据设计制作音视频作品典型工作任务分析，学习情境设计需要让学生经过工作需求分析、设计音视频作品方案、收集素材、编辑素材、导出作品的完整过程，见表 5-2。

表 5-2 “设计制作音视频作品”学习情境设计

学习情境	设计制作音视频作品		学时建议：12 学时
学习情境描述	学生根据教师下发的学习任务书，研讨制订音视频作品设计方案，合作完成收集素材、编辑素材、导出作品等任务，设计制作出一件完整的音视频作品		
学习目标	知识目标	1. 熟悉作品设计制作流程。 2. 了解音视频剪辑相关的基础知识，掌握媒体传播规范。 3. 熟练掌握图片、视频、音频编辑的操作方法	
	能力目标	1. 能够编写构思新颖的音视频设计方案。 2. 能够从多种渠道采集图片、音频、视频等原始素材。 3. 能够利用素材和音视频剪辑软件完成短片制作	
	素质目标	1. 培养发散性思维、联想思维，提升创新思维和创新能力，提升团队合作能力，提高信息素养。 2. 增强艺术修养和审美情趣，增强感知大自然客观事物的敏感意志，增强对美好事物的发现与创造能力。 3. 树立以幼儿为中心的理念，增强媒体传播意识和素养	
学习内容	1. 收集各类需要的素材，下载安装相关的软件。 2. 视频剪辑技术：处理素材、剪辑合成、添加特效、视频调色、添加音乐和音效、添加字幕、合成展示		
教学条件	硬件：多媒体机房、每台计算机均能够登录互联网。 软件：视频剪辑软件“剪映”、图片处理软件“美图秀秀”、文件格式转换软件“格式工厂”		
教学方法与组织形式	1. 教学方式方法：案例教学法、任务驱动法、合作探究法。 2. 教学组织形式：分组讨论制订设计方案，学生独立操作计算机完成任务		
教学流程	活动内容	教 师 活 动	学 生 活 动
观摩：获取资讯	布置任务	发放学习任务书和学习资料，引导学生自主学习，完成课前学习任务	在学习任务书引导下完成学习任务，了解音视频作品在幼儿园的应用
	案例分析	展示教学案例，进行案例分析	了解音视频作品设计制作流程，明确知识技能要求
设计：制订计划	设计方案	组织小组研讨，帮助学生形成方案	以小组为单位研讨音视频作品的设计制作方案
	确定方案	组织学生研讨，帮助学生完善方案	以班级为单位研讨完善，并确定方案

制作： 实施计划	项目实施	围绕案例示范讲解操作技术，引导学生完成任务	学习操作技术，根据小组研讨的音视频作品设计方案完成作品开发任务
展评： 评价反思	检查评价	组织学生展示作品，反思改进，评定学生成绩	展示自己的作品，根据自评、互评、教师评反思改进，评定本项目成绩，填写评价表
创新： 应用创新	项目延伸	鼓励学生日常自主设计制作音视频作品	协助幼儿园教师创作作品，或基于日常学习生活开发作品

三、布置任务（见表 5-3）

表 5-3　“设计制作音视频作品”任务书

项目名称		设计制作音视频作品
具体任务	课前任务	1. 阅读设计制作音视频作品典型工作任务分析，了解音视频在幼儿园的应用。 2. 观摩案例作品，通过案例分析掌握设计制作音视频作品知识技能点。 3. 小组合作研讨作品开发方案
	课中任务	1. 设计音视频作品开发方案。 2. 下载安装音视频编辑软件。 3. 收集处理素材。 4. 编辑素材形成故事线。 5. 优化合成作品。 6. 打包输出作品
	课后任务	1. 协助幼儿园教师创作作品。 2. 制作日常学习生活作品
任务要求		1. 学生 4～6 人结成一个教研组。 2. 每个教研组从幼儿园日常活动或大型集体活动中选取一个中心主题，如六一演出视频剪辑、毕业班汇报演出视频剪辑、小班的一天、儿童故事表演等，围绕中心主题设计一项 2 min 左右的视频剪辑作品，编写出设计制作方案。 3. 作品设计要符合幼儿园教学实际要求，配合主题活动，体现视频剪辑核心技能，要求素材种类不少于 3 种，素材可以是网上下载的图片、视频、音频资料，也可以是日常生活中的图片、音视频资料。 4. 学生根据小组的设计方案自主完成作品制作，确保主题鲜明且内容积极向上。在创作过程中，合理添加特效，有效增强表达效果；色调选择需紧密贴合主题氛围，营造和谐统一的视觉体验；配乐要与视频内容相协调，以增强情感共鸣和叙事连贯性。对作品的播放速度、音量大小以及节奏变化等要素需进行细致调控，确保快慢得当、音量适中、节奏流畅，从而全面提升作品的观赏性和艺术感染力

四、典型案例分析

视频

教学案例：
开心果笑笑成长记

（一）教学案例

毕业班视频剪辑作品《开心果笑笑成长记》。

（二）案例分析

1. 素材

制作音视频作品的素材包括图片、音频、视频、文字，如本案例包括图片 18 张、视频 4 段、录制音频 4 段、背景音乐 1 首、字幕素材若干段。

2. 视频作品设计制作方案

主题：记录幼儿成长过程的关键环节，表达生活的美好、成长的希望以及积极的生活追求。

故事线：按照幼儿的成长规律，把相应的素材整合在一起，加上幼儿自己的配音作为相邻片段的过渡，最后以一段手机拍摄的表达幼儿感谢之情的片段结束。

制作要点：对于手机拍摄、录制的素材，要进行拍摄方向、光线明暗、色调、声音高低、画面内容等方面的处理，在开始、过渡片段、幼儿自述和结尾部分需要添加字幕，在视频片段间加视频过渡特效，必要的地方添加转场特效，整个作品需要添加背景音乐和首尾的淡入淡出效果。

（三）音视频作品设计制作技术分析（见表 5-4）

表 5-4 “设计制作音视频作品”知识点和技能点

类　别	知识点	技能点
编写设计方案	音视频作品的结构、组织要素	编写脚本
收集处理素材	素材的类别，收集素材的渠道和方法	收集图片、音频、视频，转换为同一格式
处理素材	软件的功能，处理素材的方法，项目管理区、工具面板、节目监视器的使用方法	导入素材、对素材排序、分类整理素材、选中、重命名、删除，轨道的增加，标记的添加、素材的裁剪拼接、视音频的分离，改变音量、收尾淡入淡出效果处理等，文本、特效、贴纸、转场、滤镜等添加方法
优化合成作品	音视频编辑技巧	添加特效、音效、背景、字幕等
打包输出作品	打包的含义和方法	打包文件、输出文件、使用文件

五、项目实施

任务一：设计音视频作品开发方案

【任务引导】观看微课“音视频编辑技术在幼儿园的应用”，请思考拟设计制作的音视频作品想表达什么信息或主题，目标观众是谁，通过这个作品想达到什么目的？

【任务操作】小组合作进行音视频作品开发需求分析，选取一个主题，设计编写音视频作品开发方案，填入表 5-5。

视频
音频编辑技术在幼儿园中的应用

视频
微视频在幼儿园中的应用

表 5-5　音视频作品设计方案

作品名称	
使用场景	
设计制作方案	
素材清单	

【课程思政】

践行社会主义核心价值观

设计制作多媒体作品均应坚持正确、健康的宣传导向，传播富强、民主、文明、和谐、自由、平等、公正、法治、爱国、敬业、诚信、友善的社会主义核心价值观，选题、素材选取、内容呈现应恰当、积极、健康，有效利用多媒体技术增强教学效果和工作质量。

任务二：下载并安装音视频编辑软件

【任务引导】 观看微课“下载并安装音视频编辑软件”，了解常用音视频处理软件“剪映”、图片处理软件“美图秀秀”有哪些功能？

【任务操作】 请按照以下操作提示，下载安装音视频编辑软件。

音视频编辑软件有许多，这里我们主要介绍三款，一是音视频剪辑软件“剪映”；二是图片处理软件“美图秀秀”；三是文件格式转换软件“格式工厂”。

视频

下载并安装音视频编辑软件

操作步骤①：下载“剪映”软件

在网络搜索引擎中输入“剪映专业版”，找到相应的下载地址，下载保存即可，如图 5-1 所示。

图 5-1　搜索下载“剪映专业版”软件

操作步骤②：下载“美图秀秀”软件

在网络搜索引擎中输入“美图秀秀”，登录“美图秀秀”官方网站，选择与自己计算机相匹配的版本，下载保存即可，如图 5-2 所示。

图 5-2　搜索下载“美图秀秀”软件

操作步骤③：下载“格式工厂”软件

在网络搜索引擎中输入“格式工厂”，找到相应的下载地址，下载保存即可，如图 5-3 所示。

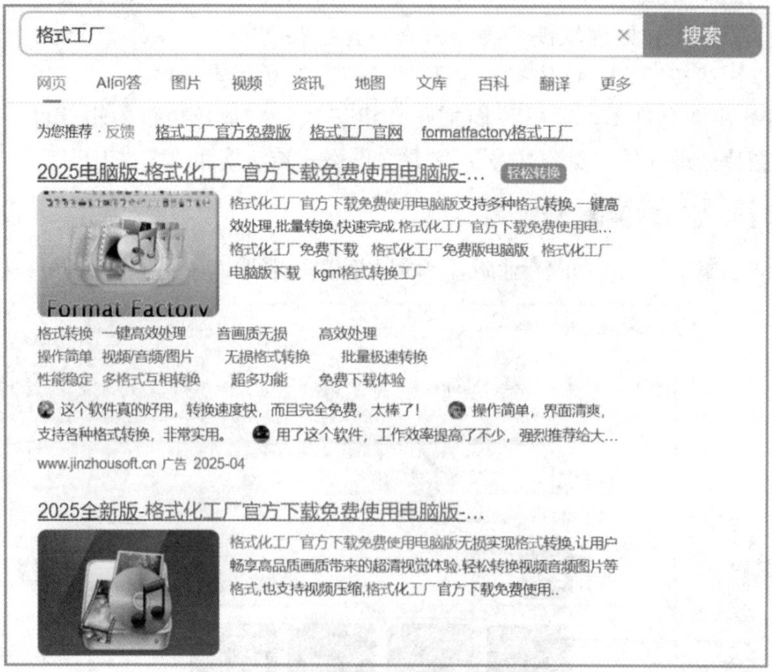

图 5-3　搜索下载“格式工厂”软件

【知识拓展】

音视频编辑软件简介

1. “剪映”简介

剪映是一款功能强大的视频编辑工具，适用于手机、平板、PC 等多端使用，提供了全面的剪辑功能、多样的滤镜和美颜效果，以及丰富的曲库资源。软件发布的系统平台有 iOS 版和 Android 版、macOS 版。无需专业基础，轻松编辑视频，免费在线视频编辑器，功能全面、操作简单，无需任何经验即可快速上手。

2. “美图秀秀”简介

美图秀秀是 2008 年 10 月 8 日由厦门美图科技有限公司研发、推出的一款免费影像处理软件，全球累计超 10 亿用户，在影像类应用排行上保持领先优势。2018 年 4 月，美图秀秀推出社区，并且将自身定位为“潮流美学发源地”，这标志着美图秀秀从影像工具升级为让用户变为核心的社区平台。主要功能包括全能修图、滤镜相机、动态相机、闪光夜拍、瘦脸瘦身、面部重塑、自然美妆、一键美颜、潮趣拼图等。

3. “格式工厂”简介

格式工厂（Format Factory）是由上海格式工厂网络有限公司开发的面向全球用户的互联网软件。主要功能是将所有类型的音视频文件转换为 MP4、3GP、MPG、AVI、WMV、FLV、SWF 等视频制作所需要的文件格式。

任务三：收集处理素材

视频

收集并处理视频素材

【任务引导】观看相关微课，思考收集素材有哪些注意事项，为什么要将素材转换为同一格式。

【操作提示】请按照以下操作提示，收集作品所需要的素材。

操作步骤①：收集并处理视频素材

1. 收集视频素材

专业素材网站：520shipin、Mixkit、Mazwai、VJ 师等网站提供了丰富的视频素材，涵盖混剪、影视、搞笑、风景、实拍等多种类型，很多素材支持免费下载。如网上搜索“VJ 师”，打开光厂（VJ 师网）网站，可搜索下载视频素材，如图 5-4 所示。

社交媒体和短视频平台：抖音、快手、B 站等平台上有大量用户上传的短视频，可以通过关键词搜索或浏览热门话题来获取相关素材，如图 5-5 所示。

影视作品和纪录片：合法获取并适当引用影视作品和纪录片中的片段，但需注意版权问题，确保使用素材不侵犯他人权益。

原创拍摄：根据视频主题进行原创拍摄，获取独特的视频素材。注意，如果是手机拍摄视频，尽量采用横屏模式，方便后期处理和剪辑。

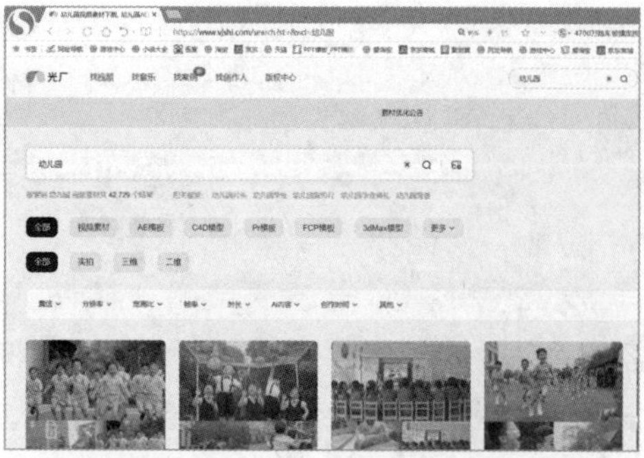

图 5-4 VJ 师官方网站搜索下载视频

图 5-5 抖音平台搜索下载视频

2. 转换视频文件格式

“MP4”是各种视频编辑软件广泛支持的视频文件格式，具有高度的兼容性和灵活性，非常适合用于视频剪辑和分享。为便于编辑，我们把各种渠道收集的视频文件转换为“MP4”格式的文件。打开“格式工厂”软件，选择“视频”，单击“MP4”按钮，在弹出的对话框中单击“添加文件”按钮，将文件添加后单击“确定”按钮即可，如图 5-6 所示。

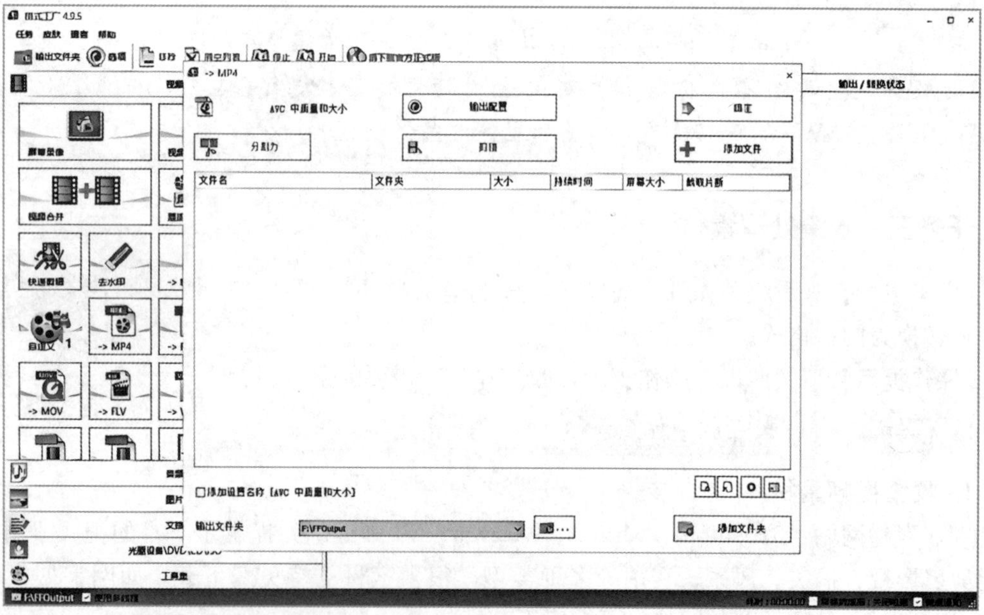

图 5-6 用“格式工厂”软件转换视频文件格式

操作步骤❷：收集处理音频素材

1. 收集音频素材

视频

采集音频素材并转化为同一格式

常用的音频分为人声、音响和音乐 3 种类型，其中，人声包括对话、旁白和独白。常见的音频格式有 CD、WAV、MP3、MIDI、WMA、OGG、FLAC、APE 等。声音素材可以自己录制，也可以从网上下载，还可以从其他渠道获取。网上可以免费下载，也可以付费下载，如果涉及商业使用，要考虑音乐版权的购买。下载音频素材需要在网络搜索引擎中输入歌曲的名字，找到相应的下载地址，下载保存即可，如图 5-7 所示。收集的音频素材最好保存在同一文件夹中，方便取用。

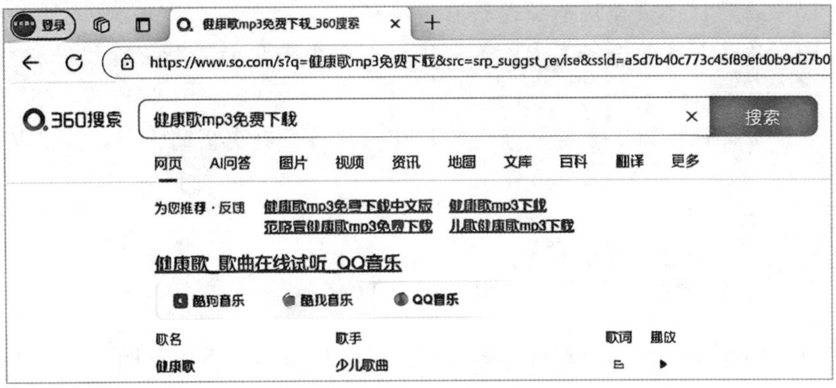

图 5-7 搜索下载音乐

2. 转换音频文件格式

从各种渠道获取的声音素材往往存储格式不一致，采样率不同无法进行统一编辑。采样率即采样频率，是指录音设备在 1 s 内对声音信号的采样次数，采样率越高，声音的还原就越真实、越自然。采样率不同的音频是不能够在音频剪辑软件中编辑合成的，需要转换为同一格式，通常转换成“. mp3”格式文件。

打开“格式工厂”软件，单击“MP3”按钮，在弹出的对话框中单击“添加文件”按钮，将文件添加好后单击“确定”按钮即可，如图 5-8 所示。

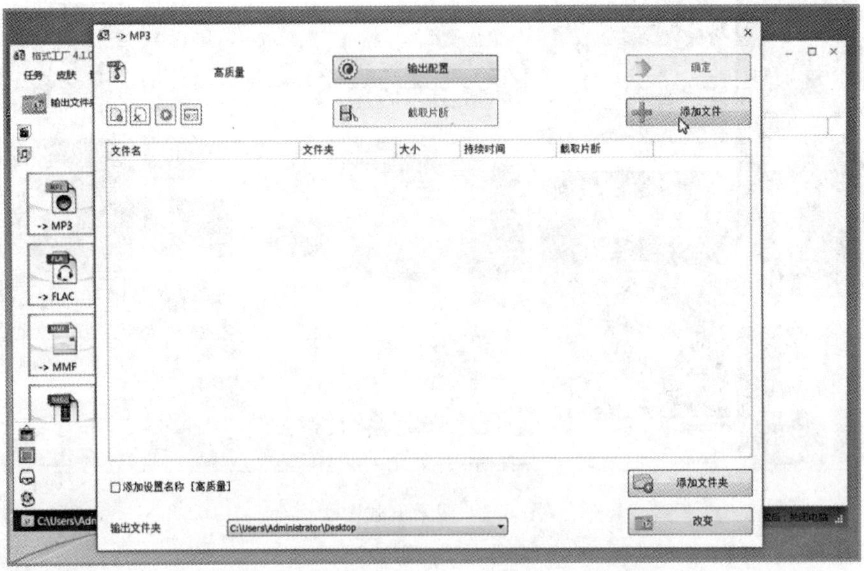

图 5-8 用“格式工厂”软件转换音频文件格式

小提示

收集素材需要注意以下问题：

（1）版权问题：在收集和使用素材时，务必注意版权问题，避免侵犯他人权益。对于需要付费的素材，应合法购买或获取授权。

（2）素材质量：尽量选择高清、无水印、无广告干扰的素材，以提升视频的整体质量。

（3）素材多样性：为了丰富视频内容，可以收集多种类型的素材，如实拍、动画、特效等。

操作步骤③：收集并处理照片素材

1. 收集照片

照片或图片是视频中常见的素材种类，可以自己拍摄，也可以从网上下载。手机拍摄尽量采用横屏模式，注意光线明亮便于后期处理。网上下载可以在网络搜索引擎中输入图片种类的关键字，找到相应的下载地址，下载保存即可，如图 5-9 所示。收集的照片或图片素材最好保存在同一文件夹中，方便取用。

视频

收集并处理照片素材

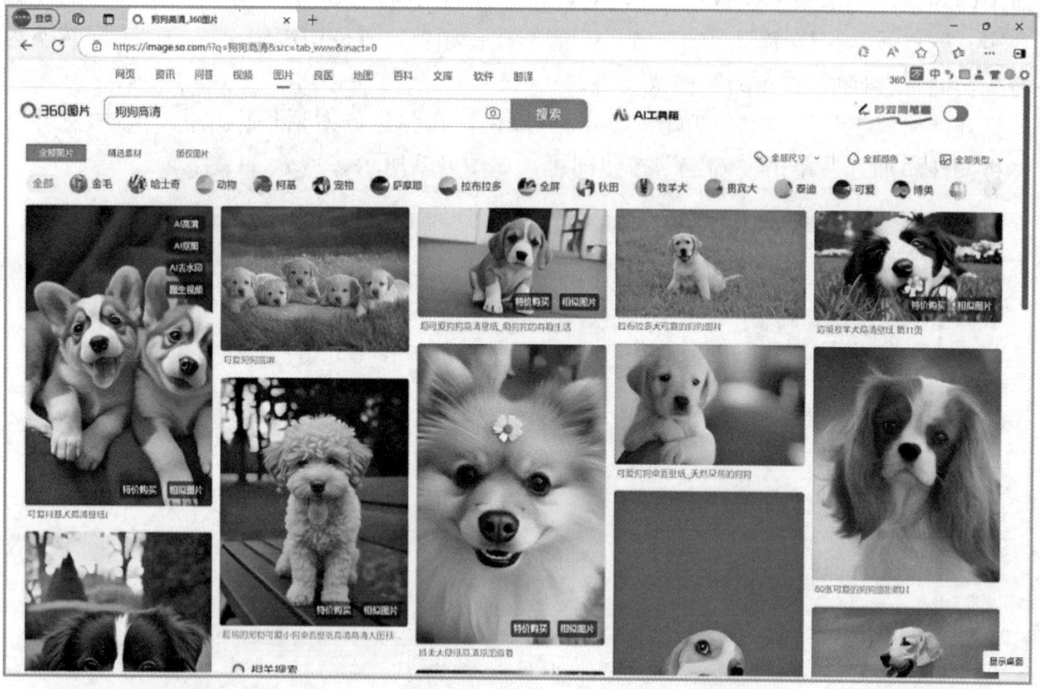

图 5-9 搜索下载图片

2. 美化照片

收集到的照片素材可能在拍摄过程中光线不足导致亮度不够，也可能存在其他瑕疵，用美图秀秀的“美化图片”功能可以对照片美化，如图 5-10 所示。

图 5-10　“美图秀秀”的功能界面

利用“美化”面板可以调整照片亮度、对比度、饱和度、清晰度等属性，如图 5-11 所示。利用“场景”面板可以给图片添加场景，如图 5-12 所示。修改完成后，单击“保存”按钮保存文件。

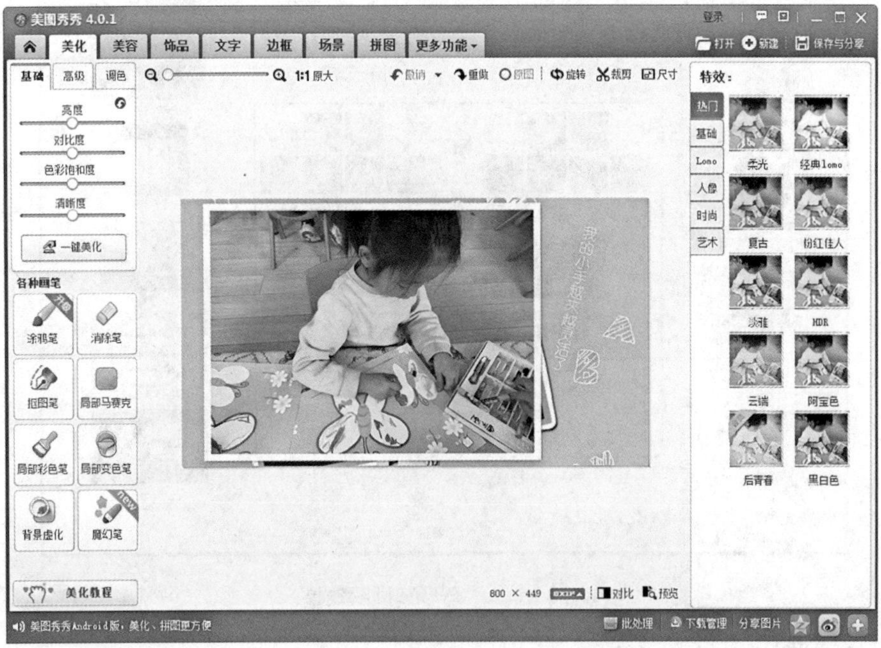

图 5-11　美图秀秀的“美化”面板

图 5-12　美图秀秀的“场景”面板

3. 拼接照片

利用美图秀秀的“拼图”功能，可以将多张照片拼接为不同的造型，如图 5-13 所示。

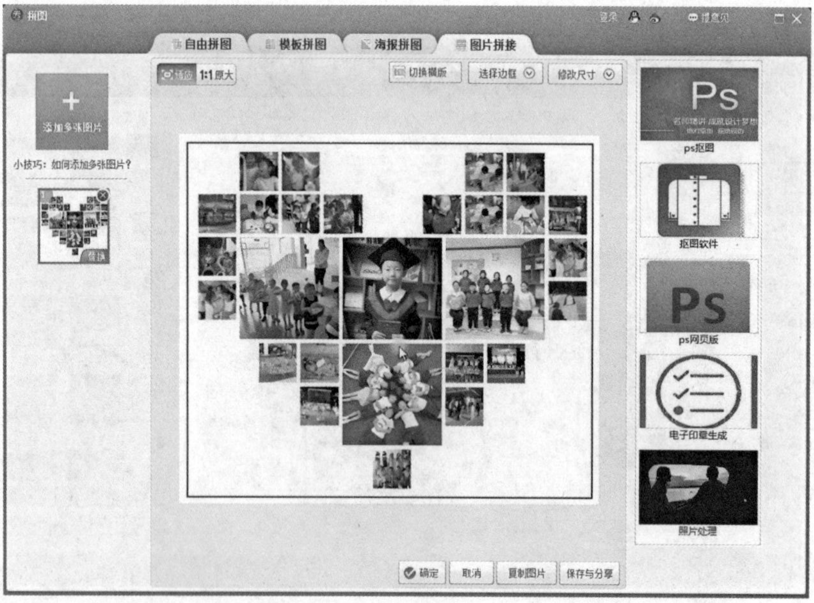

图 5-13　“心形”拼图效果

4. 批处理照片

美图秀秀的“批处理”功能可以将多张照片统一处理为同一格式。“批处理”功能在第一次使用时需要安装，如图 5-14 所示。

图 5-14　美图秀秀的“批处理”功能

任务四：编辑素材形成故事线

【任务引导】观看微课“视频剪辑 1”和“视频剪辑 2”，请思考视频内容剪辑时除了按照逻辑和时间顺序展开，还有哪些展开方式？如何选择最合适的镜头来表达主题？

【操作提示】请按照以下操作提示，对素材进行“粗剪”。

操作步骤①：新建文件

双击“剪映”软件图标打开软件，在欢迎界面中单击“开始创作”按钮，如图 5-15 所示。软件的工作界面如图 5-16 所示。

图 5-15　“剪映”软件欢迎界面

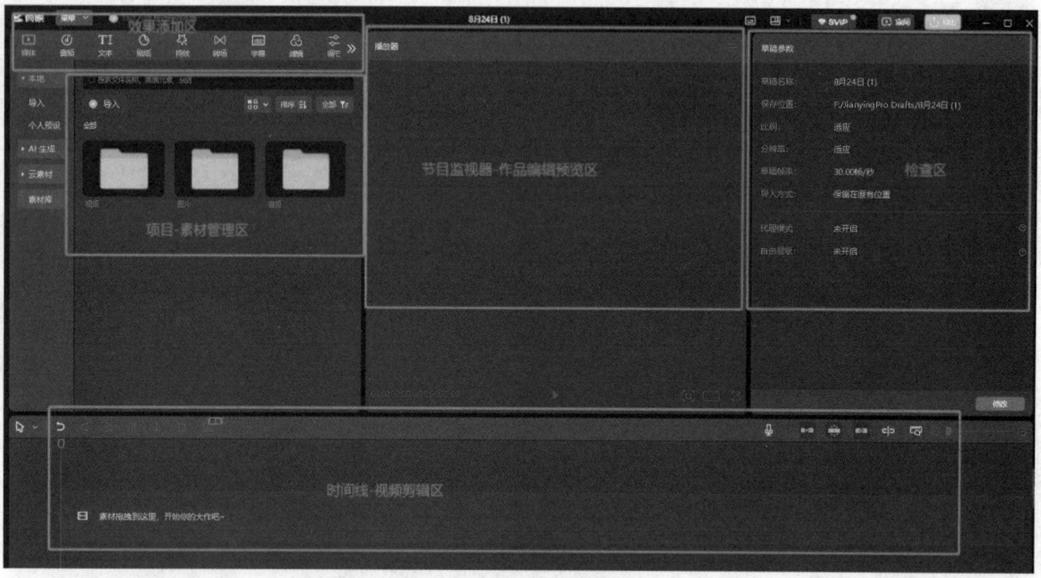

图 5-16　软件的工作界面

操作步骤❷：导入素材

视频

导入素材

选择“导入”命令，弹出“请选择媒体资源”对话框，素材可以是单独的音视频文件，也可以是音视频文件夹，选择拟编辑的素材，单击“打开”按钮即可，如图 5-17、图 5-18 所示。

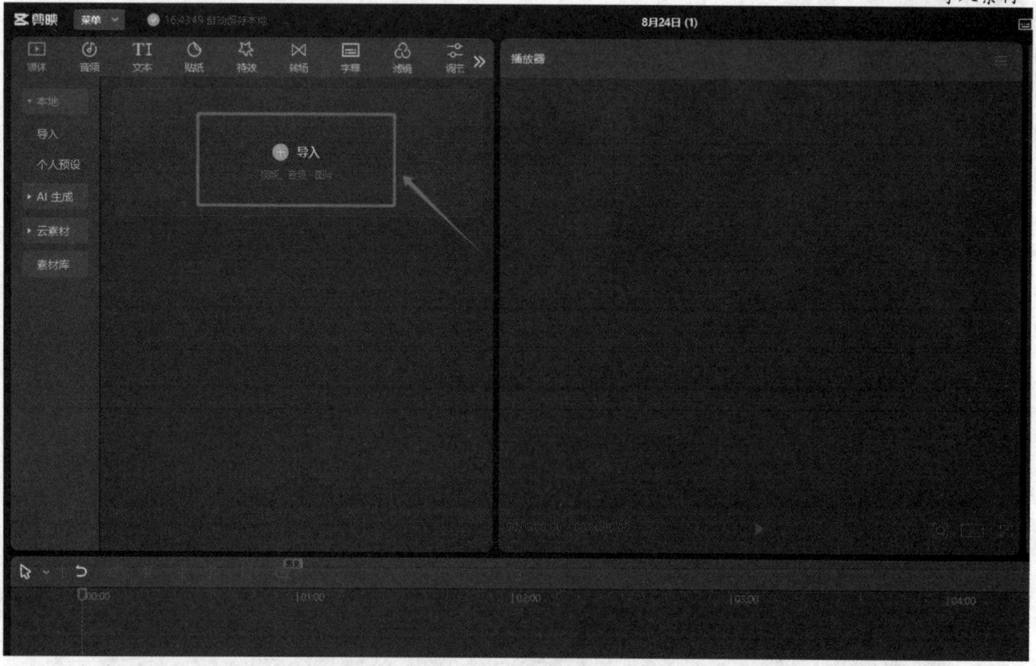

图 5-17　导入素材

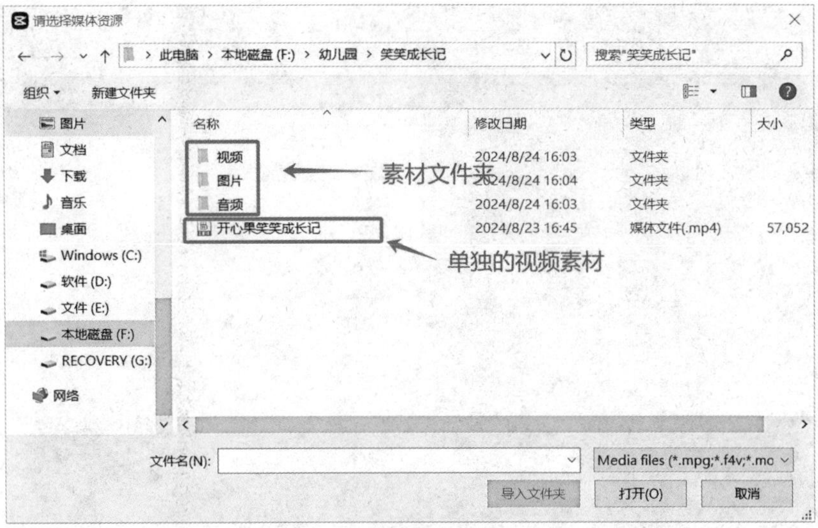

图 5-18　“请选择媒体资源”对话框

导入素材还可以从保存音视频资源的文件夹中选中要导入的素材或素材文件夹，直接拖动到项目素材管理区的空白处，如图 5-19 所示。

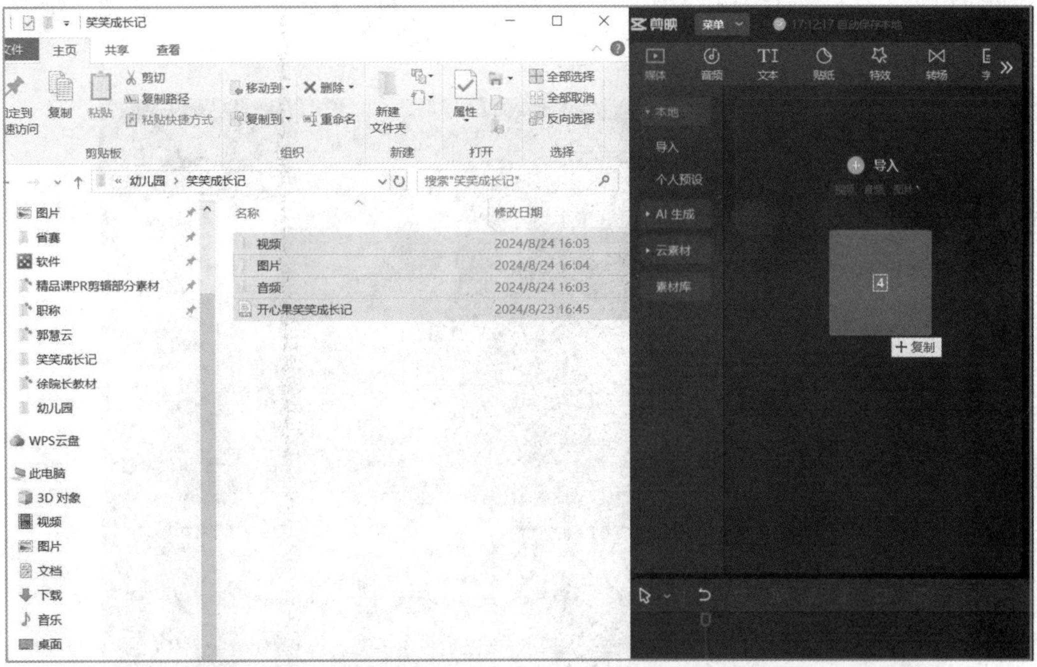

图 5-19　从资源管理器拖动素材文件夹到项目素材管理区

操作步骤③：拼接素材

单击素材，可以在节目监视器的作品编辑预览区观看素材原始效果。拖动素材到时间线-视频剪辑区的轨道，同样可以在节目监视器的作品编辑预览区看到素材画面内容，如图 5-20所示。拖动时间滑条，通过节目监视器画面可查看素材内容。

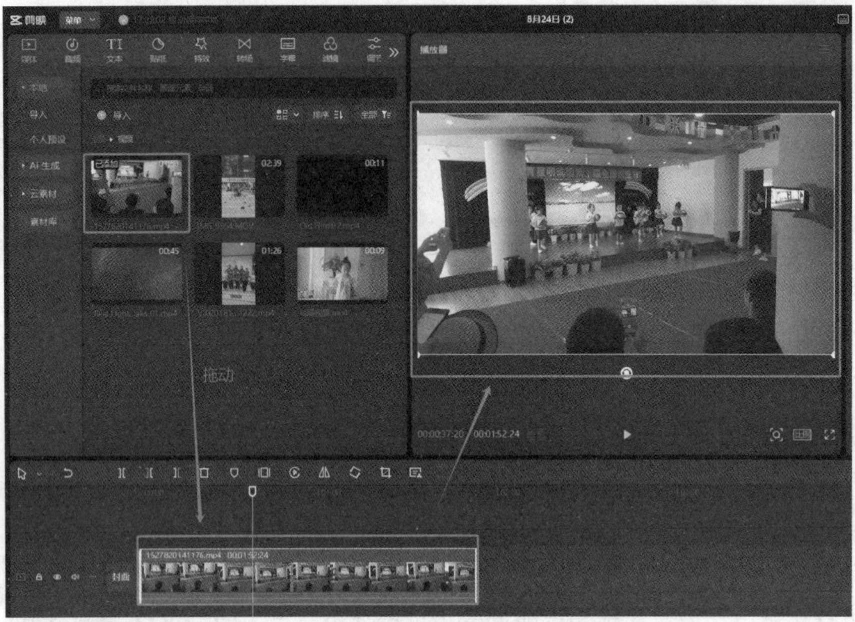

图 5-20　将素材拖动到时间线-视频剪辑区轨道

也可以单击项目-素材管理区中素材右下角的“+”键，素材会跳到时间线-视频剪辑区轨道上，如图 5-21 所示。

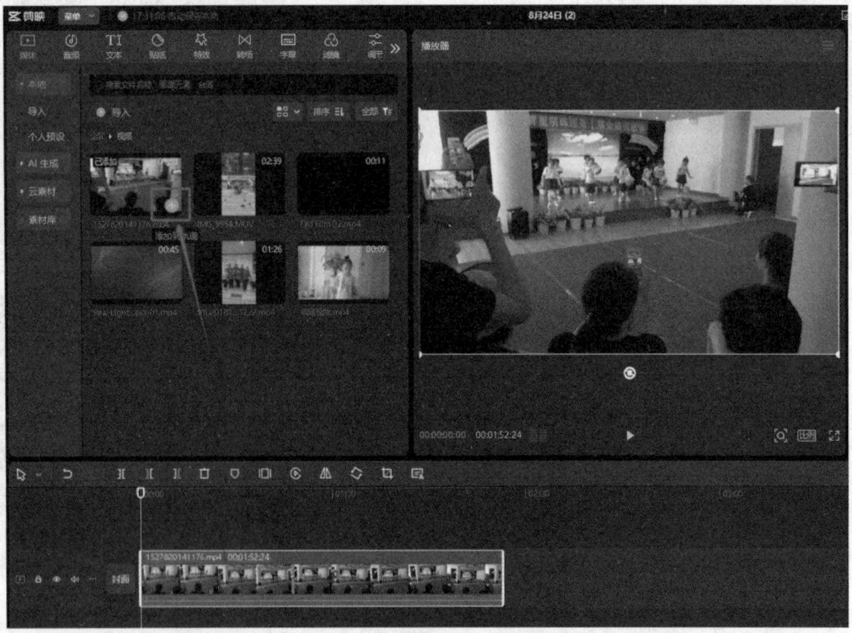

图 5-21　单击素材右下角“+”键将素材加入时间线-视频剪辑区轨道

时间线面板有多个视频轨道，当一个轨道不够用时，可以直接将素材往轨道 1 上面拖动，软件会自动添加轨道 2、轨道 3，便于素材整理及排序，如图 5-22 所示。

图 5-22 添加视频轨道

操作步骤④：调整素材时长和画面内容

1. 统一调整图片时长

在剪映软件中，每一张图片的时长默认为 5 s，如果做电子相册或者其他视频短片，觉得图片时长太长或者太短，可对图片的默认时长进行修改。单击“菜单”→“全局设置”→“剪辑”→“图片默认时长”，修改数值即可。时长单位可以是“秒”，也可以改为“帧”，如图 5-23 所示。

将图片素材重新拖入时间线面板，可看到每张图片的时长已修改，如图 5-24 所示。

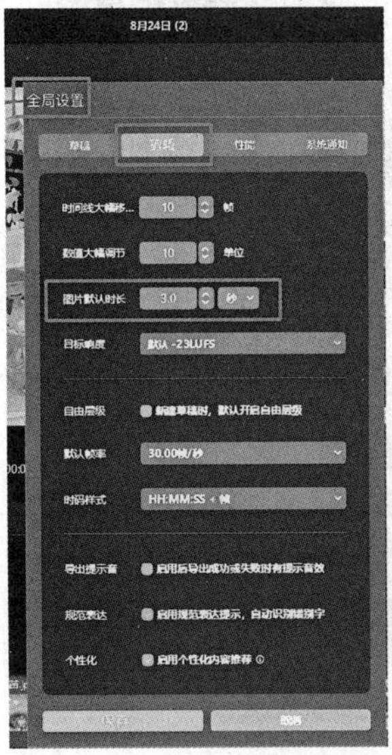

图 5-23 统一调整图片时长

图 5-24 图片时长修改效果

2. 调整视频时长和内容

有些视频素材或者与其他素材尺寸不一致，或有干扰画面，或视频内容时间过长，或部分画面不稳定、画面杂乱，都可以通过裁切和调整只留下想要的画面内容。如本案例中“亲子运动会”视频素材为竖屏拍摄，与其他图片宽高比例不一致，且没有占满整个画布，可在节目监视器选中素材，直接拖动放大到填满画布，调整上下左右的位置，使自己想要的画面充分展示在节目监视器中，如图 5-25 所示。

图 5-25　将竖屏素材调至横版样式

然后对视频素材进行裁切，A 键和 B 键是选择工具和剃刀工具的快捷键，拖动时间滑条观看素材内容，用“剃刀工具”将其开头和结尾不需要的画面内容去掉，留下中间想要的画面。也可直接拖动视频素材的开头和结尾，粗略改变时间长短，留下想要的画面。裁切完成后单击快捷键【A】键，将工具恢复至选择工具的模式下，如图 5-26 所示。

图 5-26　使用剃刀工具裁切素材

再如案例中“合唱表演”视频素材画面显示的方向不同，可以在节目监视器选中素材，单击旋转图标将其方向调整为横版，再使其填充整个画布即可，如图 5-27 所示。

或者在时间线面板选中素材，在右侧检查区面板使用“画面”→“基础”→“旋转”命令，将其调整−90°，再拖动“缩放”滑条将其填充整个画布即可，如图 5-28 所示。

操作步骤⑤：初步形成故事线

根据作品开发方案，将处理好的素材按照顺序拖动至时间线轨道，拼接起来形成初步故事线，如图 5-29 所示。

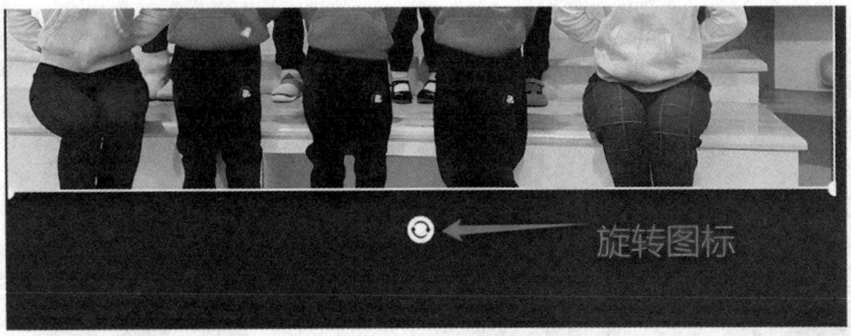

图 5-27　调整视频素材方向

图 5-28　使用面板调整方向并填充

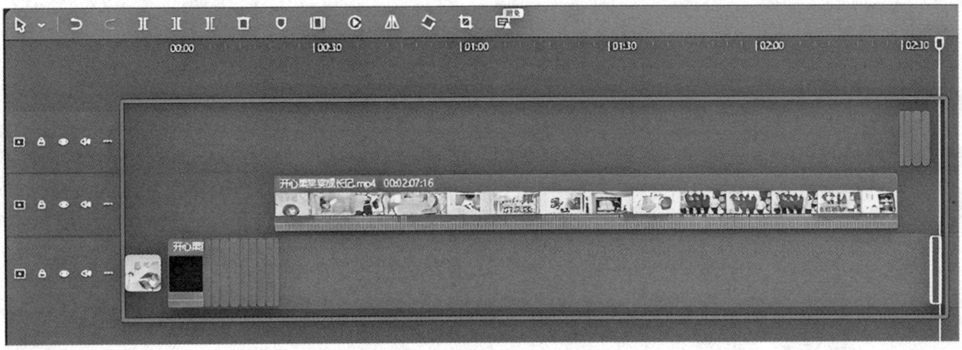

图 5-29　将素材按顺序拼接

操作步骤⑥：添加背景音乐

音视频作品是音画艺术，是视觉和听觉艺术的结合。音乐是影视艺术语言的重要载体，对诠释主题具有至关重要的作用。导入背景音乐素材“萤火虫的舞蹈.mp3”，添加至时间线面板，如图 5-30 所示。

图 5-30 添加背景音乐至时间线面板

任务五：优化合成作品

【任务引导】 请思考如何处理画面及配音配乐，使作品主题能够得到清晰的表达？

【任务操作】 请按照以下操作提示，对音视频进行“精剪”。

进行初步剪辑之后，需要对视频进行精细调整和完善，使视频的节奏、氛围、画面、音效等各个方面都达到最佳状态，突出主题，提升观众的观看体验，增强视频的艺术表现力和感染力。

【课程思政】

善于研究

扎实肯干、钻研业务是高质量工作的前提。幼儿园教师应传承中华民族精益求精的工匠精神、追求卓越的创新精神、奋斗进取的劳动精神，培养脚踏实地的工作作风，提升创新意识和教育教学研究能力，不断发现新问题、分析新问题，积极寻求解决问题的新策略、新方法、新技术、新路径，促进工作高质量发展。

操作步骤①：匹配视频与音频节奏

根据音视频的内容和风格，对镜头的切换速度、场景的过渡等进行调整，使音视频的节奏更加紧凑、流畅。画面和音乐要进行匹配剪辑，反复拖动时间滑条，观看画面内容是否和背景音乐的节奏相匹配，对不匹配的地方进行精确剪辑，调整每一帧的素材时长使其与音乐节奏相匹配，反复观看调整效果，直至节奏流畅、衔接自然，如图 5-31 所示。

例如，本案例中背景音乐素材持续时间太长，且最后结尾部分的 ending 鼓点很明显，可以搭配剃刀工具裁剪音频素材长度，使背景音乐的结尾与视频最后一张图片对齐，然后为背景音乐的 ending 音符添加标记，使其与最后一张图片的开头对准，使声音和画面匹配，如图 5-31 所示。

图 5-31　修改使声音和画面匹配

一般情况下，音视频的开头结尾音量较弱、中间音量较强，可以利用“基础”面板为背景音乐设置淡入淡出效果，如图 5-32 所示。

图 5-32　为背景音乐设置淡入时长

操作步骤②：添加背景

由于“图片”轨道不能直接作为视频背景的最底层，需要为视频添加一个背景。例如，我们为视频添加白色背景。首先，在“效果与媒体”区域中，单击“贴纸”类别，利用“搜索栏”功能查找并选中“白色背景”贴纸，拖动至时间线面板的“图片”轨道上，如图 5-33 所示。

图 5-33　将“白色背景”贴纸添加至时间线面板

其次，将贴纸转换为视频素材。选中该“贴纸”素材，在其右键快捷菜单中选择“新建复合片段”命令，将贴纸转换为一个独立的视频素材，如图 5-34 所示。

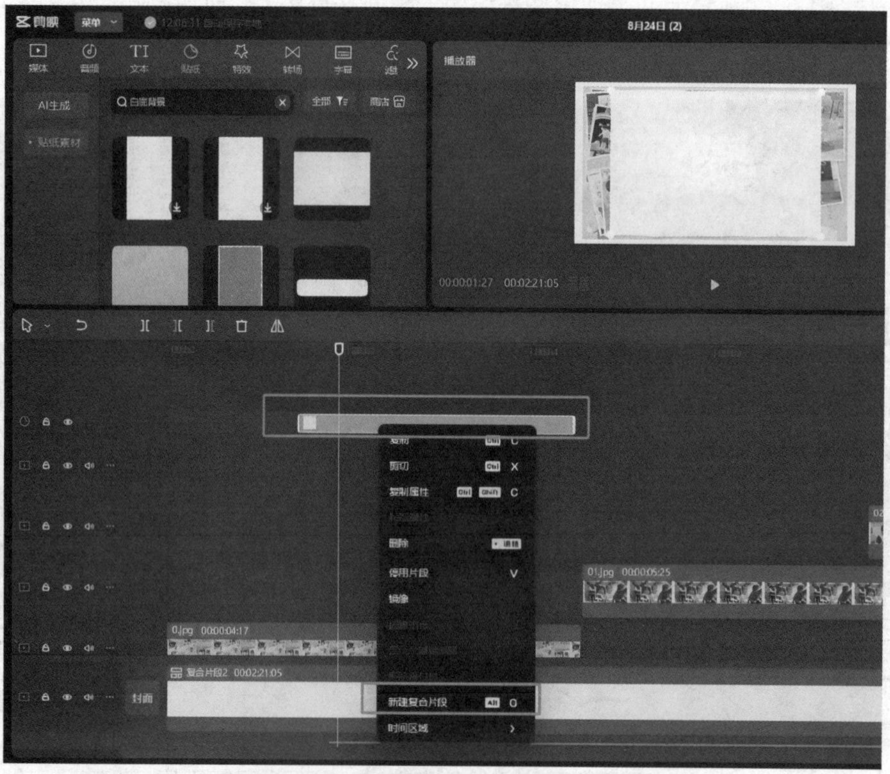

图 5-34　将贴纸转换为独立视频素材

最后，制作背景层。将这个新的视频素材拖动至时间线面板的最底层视频轨道，以确保其作为相册的背景层，如图 5-35 所示。将图片素材全部选中，将其缩放值调整至 94%，使背景和图片有层次感。

图 5-35　白色背景贴纸作为相册背景层效果

视频

添加特效

操作步骤③：添加特效

特效可以让作品更生动、有感染力。例如，我们可以为开头添加特效。选中开篇图片素材，在右侧“检查区”单击“动画”→“入场”→“交错开幕”，修改“动画时长”为 1 s，如图 5-36 所示。

图 5-36　为片头添加“交错开幕”效果

为图片添加动画的方法类似，如本案例中为“01”图片素材添加“渐显”入场动画。向左拖动“01”图片素材，单击“动画”→“入场”→“渐显”，“动画时长”为默认的 0.5 s 即可，如图 5-37 所示。

图 5-37　“渐显”入场动画添加效果

操作步骤④：设置关键帧

关键帧是视频或动画中运动或变化的关键画面，在两个关键帧之间，软件可以自动生成过渡帧，作品创作者只需要关注和设置关键帧，软件能够自动完成中间的变化，大大提高了作品制作的效率。如本案例中为“01”图片素材和“02”图片素材添加“位置”关键帧。将两个图片素材分别放在时间线面板上对齐（将“01”图片素材放在“02”图片素材视频轨下）。选中“02”图片素材，在开始的位置打上“位置关键帧”，向右移动视频至屏幕外；然后选中“01”图片素材，在其开始位置打上“位置关键帧”，移动时间线至图片的 3 s 处，向左移动视频到屏幕外；再选中“02”图片素材，向左移动到屏幕居中，关键帧自动生成，如图 5-38 所示。

图 5-38　自动生成向左滑动关键帧效果

为图片素材和视频素材添加关键帧的方法类似。如本案例中，将“200 花”图片素材放置在“运动会”视频素材轨道的上面，将其开头和“运动会”视频的结尾对齐，在开始的位置打上“位置关键帧”，将“200 花”图片素材向右移动至屏幕外，时间线向后移动 3 s。再将“200 花”图片素材移动到居中位置即可，如图 5-39 所示。

图 5-39　视频与图片的关键帧效果

操作步骤⑤：视频调色

视频的色彩搭配和色调能够提升视频的吸引力和观赏性，还能够营造特定的氛围、统一整体风格、修复色彩问题、强调主题和叙事。幼儿成长视频宜选择明亮或柔和的色调，营造出温馨、活泼、积极向上的氛围，展现幼儿的纯真与快乐。

视频整体色调建议选择明亮活泼的色调，如淡黄色、浅粉色、浅蓝色等暖色调，营造明亮、欢快的氛围，适合展现孩子们在户外游戏、学习新知识、探索世界等场景，展现幼儿的活泼好动和好奇心。或者选择温馨柔和的色调，如浅橙色、米白色、浅棕色等，传达温暖、舒适的感觉，适合展现孩子们在教室内的学习场景、午睡时光或与家人互动的温馨画面，展现幼儿的成长与亲子间的关爱。

1. 滤镜调色

在“效果添加区”单击“滤镜”→“滤镜库”，选择想要的滤镜效果，直接拖动至所有视频素材的最上方轨道，并将滤镜效果拉长覆盖至下方所有的视频素材即可，如图 5-40 所示。

如果添加滤镜色调后不满意，可以调整右侧“滤镜参数”的强度值，或者用【Backspace】键或【Delete】键删掉继续尝试，直到满意为止，如图 5-41 所示。

2. 自定义调色

在“效果添加区”单击“调节”→“调节”→“自定义”→“自定义调节”，直接将“自定义调节”拖动至所有视频素材的最上方轨道，并将其拉长覆盖至下方所有的视频素材即可，如图 5-42 所示。

图 5-40　添加“柔光”滤镜效果

图 5-41　调整滤镜参数值效果

图 5-42　添加“自定义调节”至时间线

在右侧“调节”属性面板勾选“智能调色”复选框，观看是否为自己想要的色调，如果是，即完成调色任务，如图 5-43 所示。

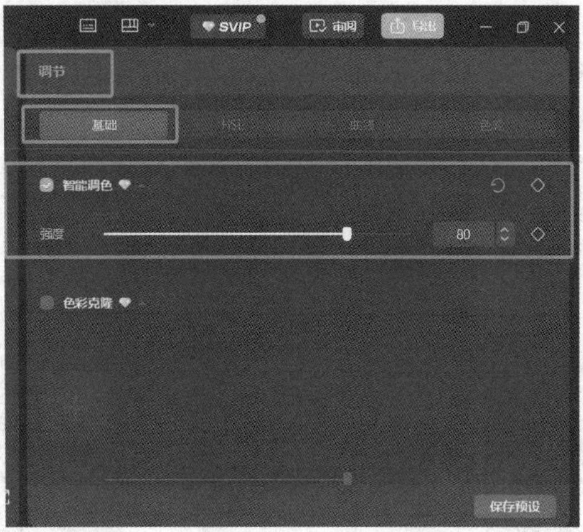

图 5-43 “智能调色”效果面板

如果对“智能调色”效果不满意，可在“调节”面板中调整参数。如“亮度：5”“对比度：6”“高光：9”“阴影：“5”“锐化：8”“清晰：7”，如图 5-44 所示。

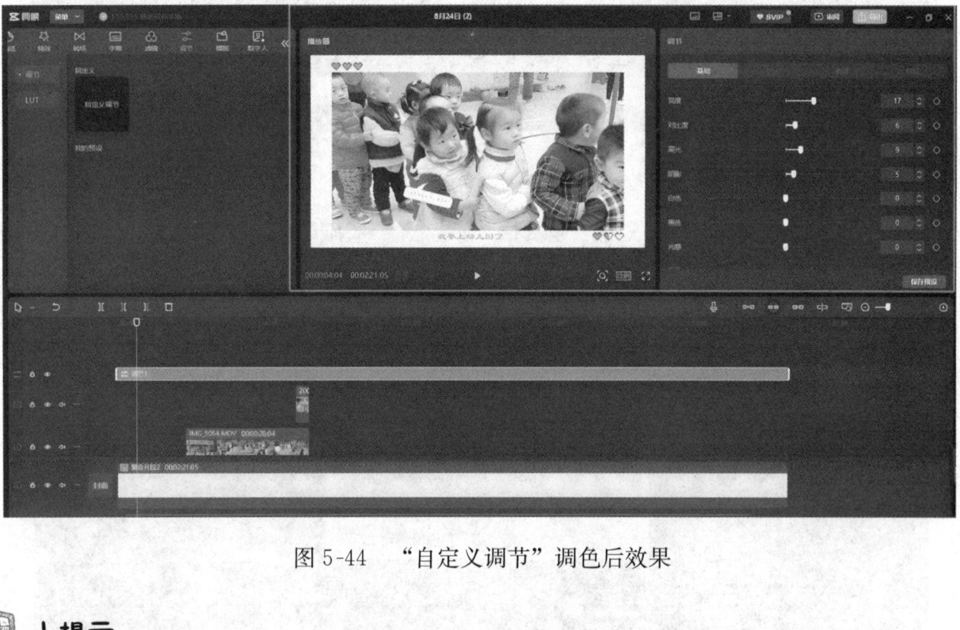

图 5-44 “自定义调节”调色后效果

小提示

调色应注意以下原则：一是保持自然。调色时应尽量保持画面的自然感，避免过度修饰导致画面失真；二是统一风格。整个视频的色调应保持统一风格，避免出现色调混乱的情况；三是考虑观众感受。调色时应考虑观众的视觉感受，确保画面色彩和谐、舒适、易于接受。

操作步骤⑥：添加字幕

字幕是电影、电视节目、宣传片、广告片等多种影视作品中不可缺少的元素。如为影片画面添加的文字说明，歌词、对白和解说词，片头的标题、片尾的工作人员表等。常见的字幕有三类：标题式字幕、同步字幕和滚动字幕。

视频
添加字幕

1. 添加“标题式字幕”

（1）添加默认文本。在“效果添加区”单击“文本”→“新建文本”→“默认文本”，将其拖动至时间线最上方轨道，放置在“01”图片素材需要文字出现的位置，并调整好字幕时长，如图 5-45 所示。

图 5-45　新建文本放至时间线面板

（2）修改文字。选中“默认文本”素材，在右侧“基础”属性栏中分两行输入“开心果笑笑成长记（幼儿园篇）”文字，如图 5-46 所示。

图 5-46　输入文字

（3）修改参数。在右侧“基础”属性栏中对“字号”“字间距”“行间距”等参数进行修改，制作出合适的文字样式。本案例字号为 15，字间距为 2，行间距为 5，如图 5-47 所示。

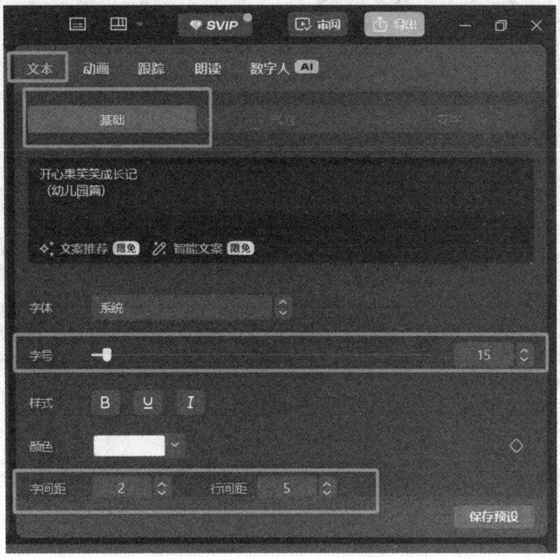

图 5-47　修改文字参数

（4）为字幕添加效果。选中“字幕”素材，在右侧属性栏单击“花字”，选中想要的花字效果即可，如图 5-48 所示。

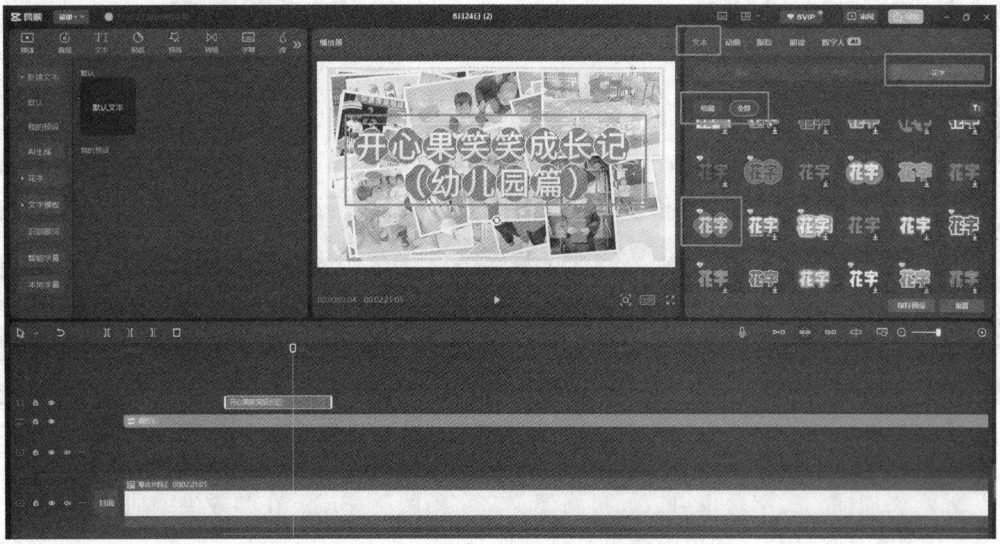

图 5-48　添加“花字”后的效果

（5）为字幕添加“气泡字：彩虹效果“。选中“字幕”素材，单击“气泡”，选泽喜欢的“彩虹效果”即可，如图 5-49 所示。

（6）为“字幕”添加入场动画。选中“字幕”素材，单击“动画”→“入场”，选中合适的入场动画，这里选中“星星弹跳”效果，修改动画时长为 1.5 s，如图 5-50 所示。

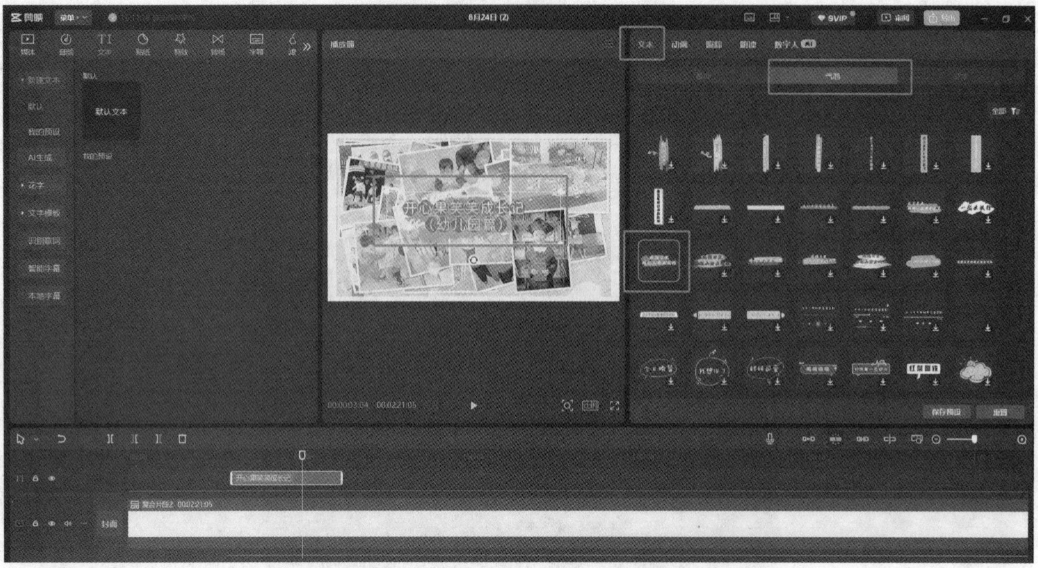

图 5-49　添加“气泡字”后的效果

图 5-50　添加入场动画“星星弹跳”后的效果

另外，添加标题式字幕也可以通过新建“文字模版”完成。在“效果添加区”单击“文字模板”，选择喜欢且合适的模版效果，将其拖至时间线最上方轨道，放置在“01”图片素材需要文字出现的位置，并调整好字幕时长，如图 5-51 所示。

选中“文本”素材，在右侧“基础”属性栏中分两行输入“开心果笑笑成长记（幼儿园篇）”文字，修改其缩放值即可，如图 5-52 所示。

2. 添加“同步字幕”

方法一：智能“识别字幕”。选中需要添加同步字幕的素材，在其右键快捷菜单中选择“识别字幕/歌词”命令，文字就会匹配视频素材且出现在视频轨上方。这种方法的缺点是非会员有次数限制，每月限免 5 次，且字幕需要校对，有的文字会出现错别字，如图 5-53 所示。

图 5-51　添加“字幕模版”

图 5-52　输入文本并修改缩放值效果

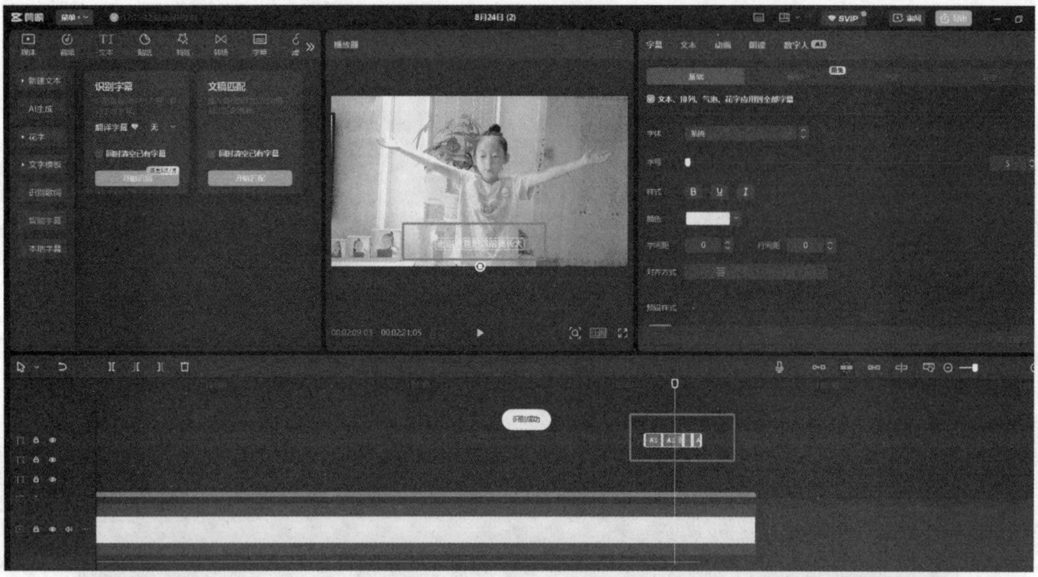

图 5-53　智能识别字幕效果

方法二：智能“识别字幕”。在“效果添加区”单击“文本”→“智能字幕”→“识别字幕”→“开始识别”，这种方法会识别时间线上所有素材的字幕。这种方法的缺点同上，如图 5-54 所示。

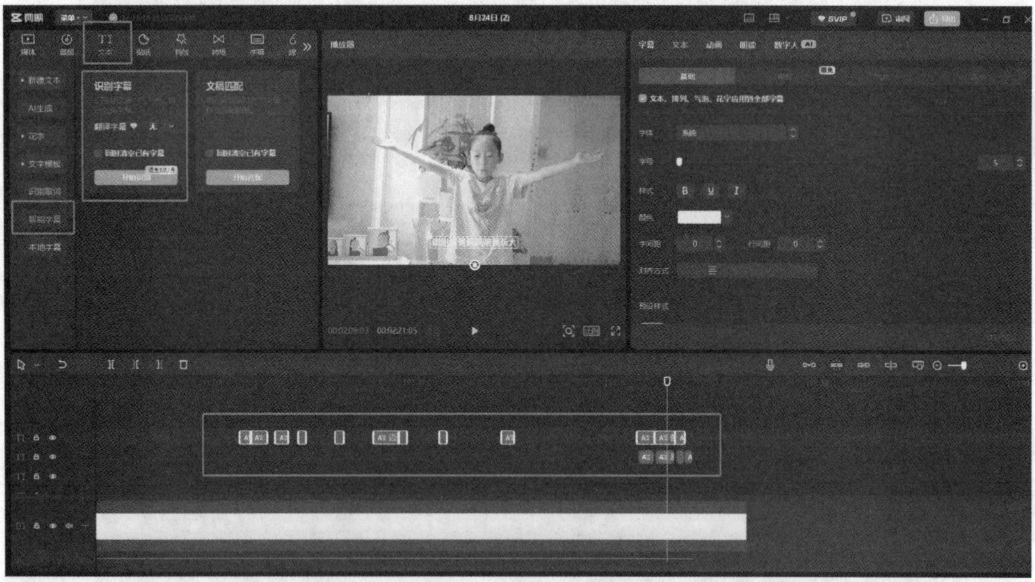

图 5-54　智能识别字幕效果

方法三：智能“文稿匹配”。提前通过手机语音转文字的功能将字幕准备好，在“效果添加区”单击“文本”→“智能字幕”→“文稿匹配”，将文字复制在“输入文稿”画框中，如图 5-55 所示。然后单击“开始匹配”按钮即可，如图 5-56 所示。这种方法的缺点是匹配字幕不太精准，需要校对位置。

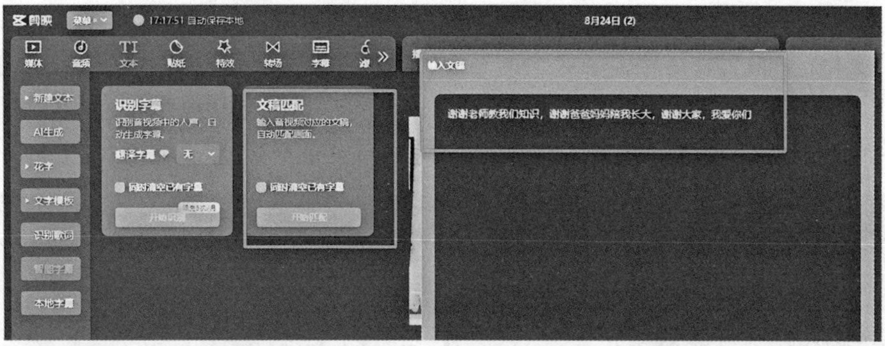

图 5-55　输入文稿

图 5-56　文稿匹配效果

3. 添加“滚动字幕”

（1）为结尾“心”形图片素材制作动画效果。选中“心”素材，将时间线放置在素材开始位置，在右侧属性栏开启“位置”和“缩放”关键帧，再将时间线放置在素材中间位置，将素材选中拖动至视频画面左边，再次单击右侧属性栏的“位置”和“缩放”关键帧，形成动画效果，并为“滚动字幕”留出位置，如图 5-57 所示。

图 5-57　结尾动画效果

（2）修改基本参数。在“效果添加区”单击“新建文本”→“默认文本”，将其拖动至时间线视频上方，放置在结尾需要文字出现的位置，将提前准备好的字幕输入。字体“悠然体”，字号“5”，样式“加粗”，颜色“黑色”，行间距“－2”，对齐方式“居中”，在输入文本框“未完待续”4个字后选中文字，将字号改为“10”，如图5-58所示。

图5-58 调整“滚动字幕”参数效果

（3）制作滚动字幕动画效果。选中字幕，时间线放置在字幕开始位置，由于字幕是由下往上滚动，因此将字幕选中拖至视频画面下方，出框，在右侧属性栏开启“位置”关键帧，将时间线放置字幕中间位置，将字幕选中拖至视频画面右中心，再次单击右侧属性栏的“位置”关键帧，形成滚动字幕效果，如图5-59所示。

图5-59 “滚动字幕”效果

操作步骤⑦：添加音效

下面，我们为“笑笑成长记“添加配音。

（1）添加音效素材。在“01.jpg”“100 苗.jpg”“200 花.jpg”“300 果.jpg”这 4 张图片下方对应的音频轨道上，添加对应的“入园第一天.mp3”“苗儿班.mp3”“花儿班.mp3”“果儿班.mp3”音频素材，如图 5-60 所示。

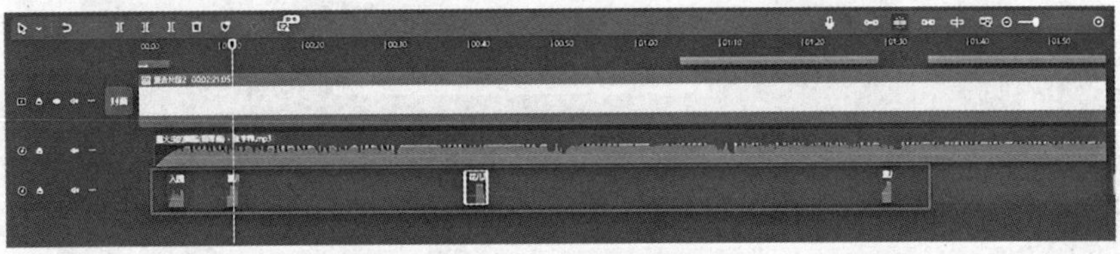

图 5-60　添加音频素材

（2）调整音效音量大小。如果音效音量整体较低，可选中音频素材，用鼠标向上拖动音波线调大音量，调至最高即可，如图 5-61 所示。

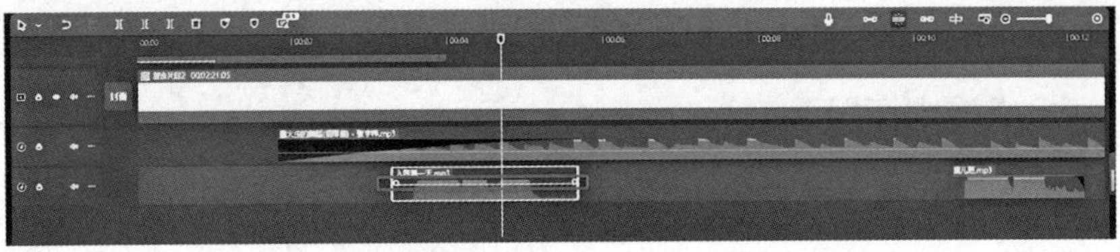

图 5-61　调整音频音波效果

（3）分离音频并加入淡化效果。选中视频素材，在其右键快捷菜单中选择“分离音频”命令，选择音频轨道上分离出来的音频素材，在右侧属性栏修改“淡入时长”为 2 s。如图 5-62 所示。

图 5-62　调整音频进入效果

修改音量。单击快捷键【B】，对分离音频对应的背景音乐，裁切开，在右侧属性栏修改“音量”为“−3.5”，如图 5-63 所示。

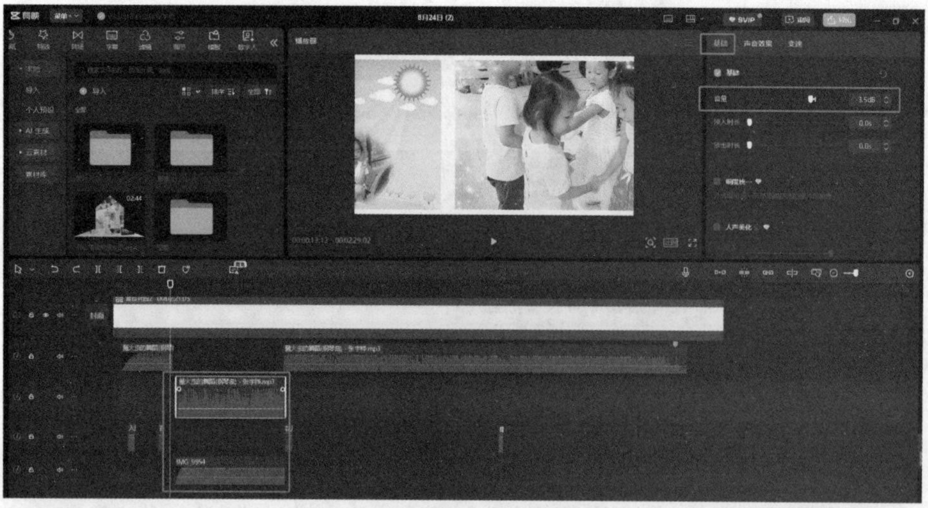

图 5-63 调整音频音量效果

任务六：合成输出作品

【任务引导】 观看微课“导出视频”，请思考如何打包素材？导出视频时需要注意的事项有哪些？

【任务操作】 请按照如下操作提示，打包输出作品。

制作一件影视剪辑作品往往需要大量素材，如果不同的素材来自不同的文件夹，当被编辑过的文件存储路径或者名称发生改变，再次打开项目文件时，会被询问改变的文件位置。若无法找到该文件，则无法对此项目文件再次进行编辑，给文件打包可以有效避免上述问题。

视频

导出视频

操作步骤❶：输出渲染成片

选择“导出”命令，打开“导出”对话框，如图 5-64 所示。

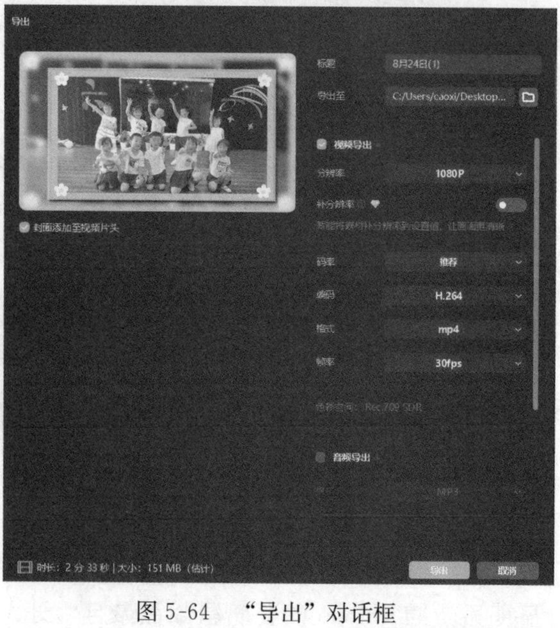

图 5-64 “导出”对话框

添加封面图片，设置好的封面会显示在“导出”对话框的左上角；设置“标题”，为导出的视频作品命名；单击“导出至”后面的“文件夹”图标，设置作品导出的存储路径；勾选“视频导出”复选框，设置分辨率等属性的参数，一般分辨率为 1 080P，码率为“推荐”或“更高”，码率越高，文件所占内存越大；编码选择“H. 264”；格式选择“mp4”；帧率选择“30 fps”或“60 fps”，帧率越大，视频越清晰，质量越高，所占内存也越大。下面的“音频导出”、“GIF 导出”及“字幕导出”复选框不需要勾选，当用户需要单独导出音频或字幕等，再勾选即可。右下方会显示“估计文件大小”，如果对此不满意，可以重新设置视频导出的参数，将质量降低或提高即可。单击“导出”按钮，即可将短视频作品渲染输出。

操作步骤②：打包视频工程文件

1. 打包自用

打开软件操作界面，来到草稿界面，单击“导入工程”相关文件右下角的三点图标，如图 5-65 所示，单击“上传”按钮。

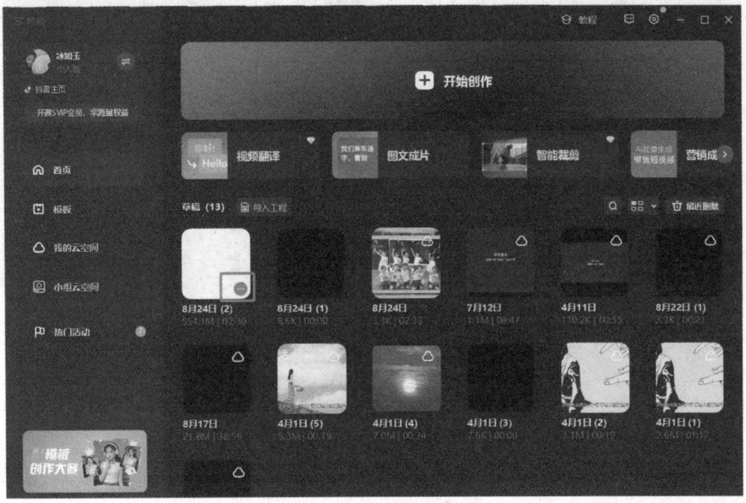

图 5-65　草稿界面

在打开的对话框中选择“我的云空间”→“上传到此”，即可将文件打包上传至云空间，如图 5-66 所示。

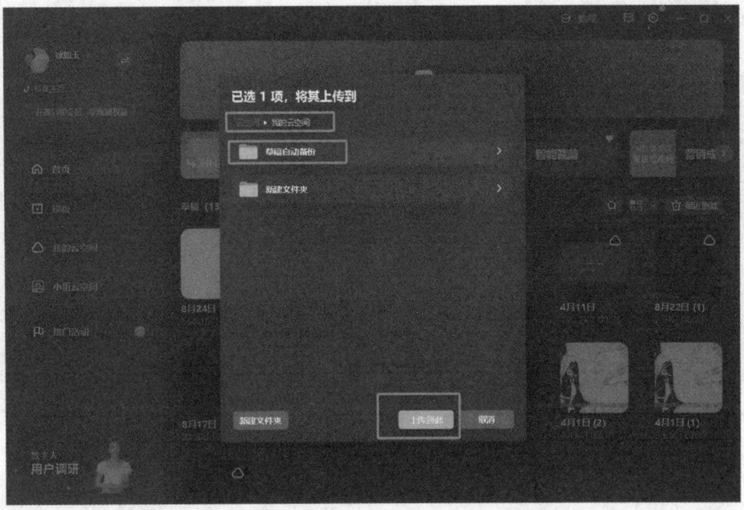

图 5-66　上传“云空间”对话框

打开任意计算机上的剪映软件，登录自己的账号，单击“我的云空间”，找到工程文件，即可将其重新下载到草稿中。

2. 打包他用

在“草稿”界面，单击“小组云空间”→“创建”→“保存并邀请”（最多可以创建 3 个小组），如图 5-67 所示。

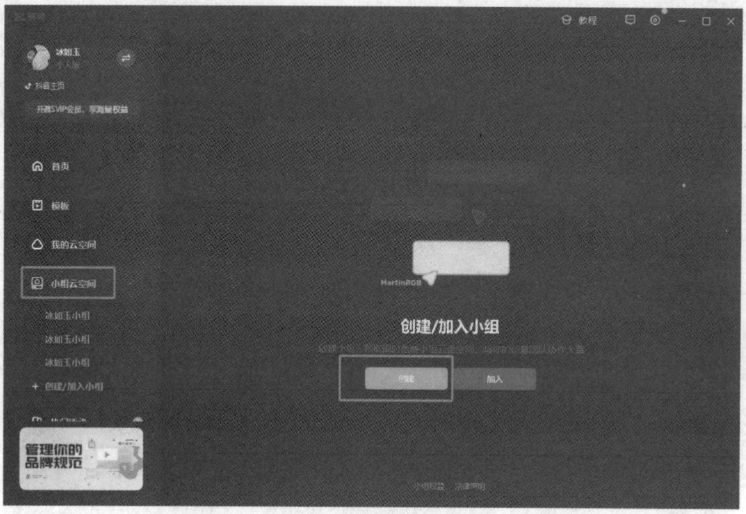

图 5-67　创建“小组云空间”对话框

创建好“小组云空间”后，可以在右上角单击“管理”按钮，在打开的“小组管理”对话框中修改“小组名称”，如图 5-68 所示。

选择“邀请组员”→“复制口令”→“发给其他小组成员”命令，其他成员在初次打开剪映时根据提示加入小组即可，如图 5-69 所示。

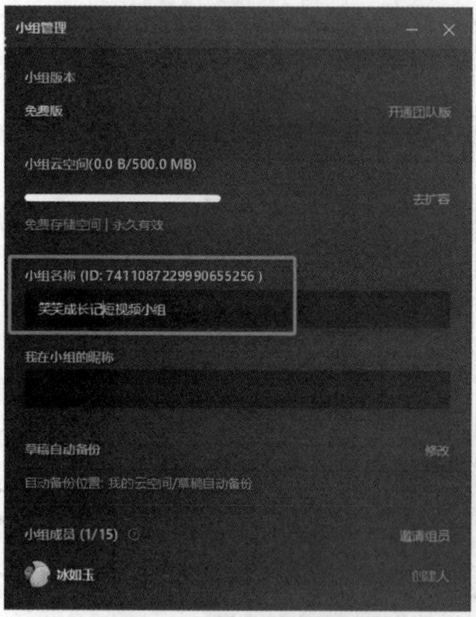

图 5-68　“小组管理”对话框

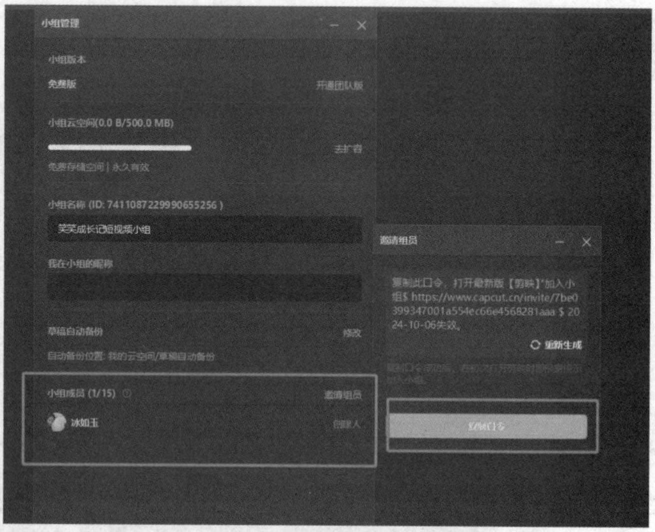

图 5-69　“邀请组员”对话框

重新回到首页“草稿”界面后，单击需上传的工程文件右下角的三点图标，单击“上传”按钮，选择自己新创建的小组即可。上传成功之后，小组成员即可在小组中看到上传的工程文件，利用右键快捷菜单中的“下载“命令，即可把工程文件下载到自己的剪映草稿中，如图 5-70 所示。

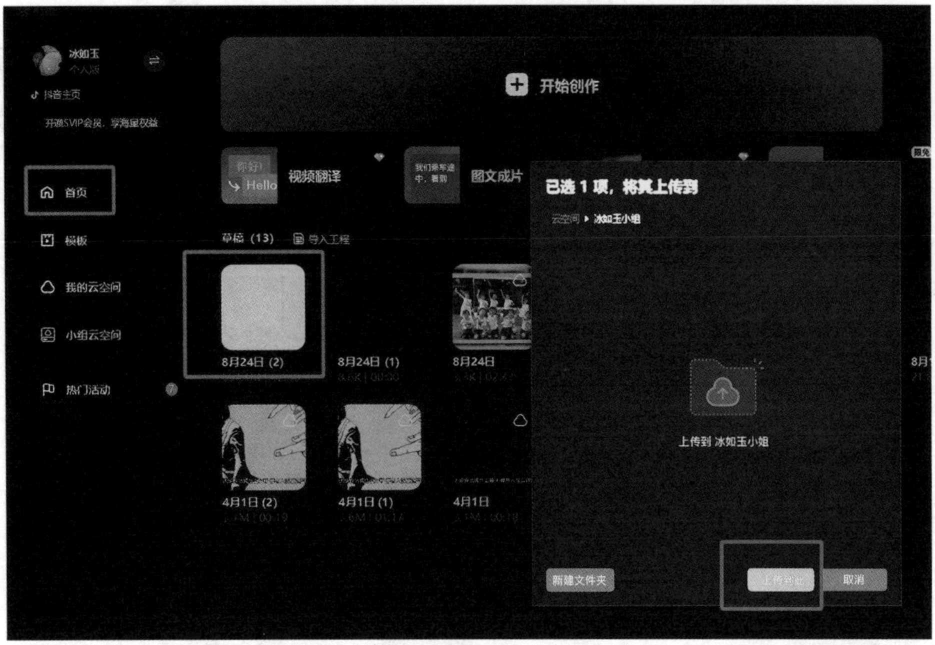

图 5-70 上传工程文件至小组云空间

【课程思政】

善于合作

高质量的幼儿教育需要集体的智慧和努力，幼儿园教师应具有集体荣誉感和集体主义精神，掌握沟通合作技能，积极参与研讨教研，遵守团队规则，准确表述自己的想法，学会倾听，尊重他人，与他人积极合作、团结协作、互助共赢，培养团队精神和协作能力。

【知识拓展】

一、AI 生成图画

AI 可根据用户的文本描述从训练数据（学习过的海量图片库）中检索相关的视觉元素，智能地融合、重组后生成一张新的图片，但 AI 并非创作，而是精于融合与合成。

下面介绍用“即梦 AI”生成图画。登录“即梦 AI”官网，单击右上角的“登录”按钮，使用抖音 App 扫码或者使用手机验证码授权登录，选择“AI 作图”，如图 5-71 所示。

“AI 作图”的核心功能是图片生成和智能画布，分别进行图像与生成图像编辑，用户可通过图片生成创建基础图像，再利用智能画布编辑，最终形成完整作品。

（一）构思提示词

提示词要涵盖图片的核心维度：清晰定义主体内容，如人物表情、服装、发型，或动物的动作、毛发、颜色、体型，以及物体的材质、结构、功能等；构建具体的场景设定，如时间、空间、天气、场所、环境等；指定风格参考，如写实风、漫画风、手绘风、剪纸风等；明确色彩与色调，如柔和粉、彩色霓虹、褪色胶片等；设计构图与视角，如仰视、俯视、对称构图、黄金分割等；添加必要的细节，如特别效果、材质质感等。

（二）图片生成

在“图片生成”面板中输入提示词，例如，“一群幼儿开怀大笑，老师微笑着看着幼儿，蝴蝶在窗户边，阳光照进幼儿园教室，幼儿园教室场景，写实风格，全景，温馨欢快氛围，高清”。面板中有“灵感导向”“导入参考图”“文字效果增强”选项，用户可以根据创作需要选择。依次设置生图模型、清晰度、图片比例、图片尺寸，单击“立即生成”按钮即可，如图 5-72 所示。

图 5-71 “即梦 AI”界面

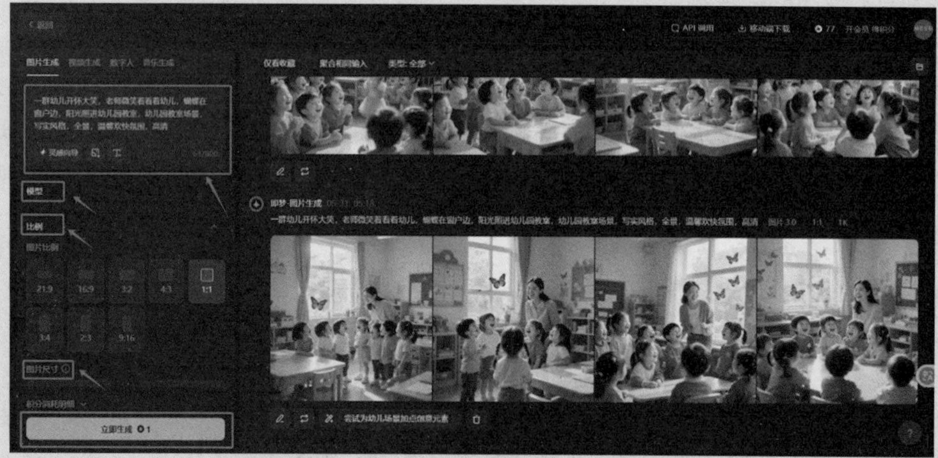

图 5-72 “图片生成”面板

（三）图片编辑

对 AI 生成的图片可进行细节修复、局部重绘、扩图、消除等二次编辑。选择“去画布进行编辑”可以在智能画布中对图片进行添加文字、抠图、局部重绘等操作，如图 5-73 所示。

二、AI 生成视频

AI 生成视频并非“拍摄”或“创作”，而是基于海量视频数据的时空解构与高精度重组，其本质是依托庞大训练库的“动态拼图”。

下面介绍用“可灵 AI”生成视频。登录“可灵 AI”网页版，单击左下角“登录”按钮，使用快手 App 扫码或者手机验证码授权登录，选择“视频生成”，如图 5-74 所示。

图 5-73　AI 图片编辑

图 5-74　“可灵 AI”界面

“可灵 AI”提供了文生视频、图生视频和多模态编辑三种视频生成方式。文生视频是通过语言描述生成动态视频。图生视频是将静态图片转化为动态视频。多模态编辑是在已有视频基础上，通过文字、图片或视频片段进行元素替换、增删或修改，如图 5-75 所示。

（一）文生视频

生成吸引人的 AI 视频要按照导演的思维构思提示词，包括明确构图安排，选择拉远全景或推近细节的景别，设定俯拍或仰视的视角高度，控制画面内容范围，清晰定义核心主体及其动作，描绘主体间互动方式，构建具体地点与环境，传达特定情绪，营造故事氛围，精准描述光线性质（柔和/强烈）及方向等，还需考虑镜头移动（如推进、摇动）、时间流转（快慢动作、场景切换）及声音氛围（安静、喧闹、音效）等动态元素。

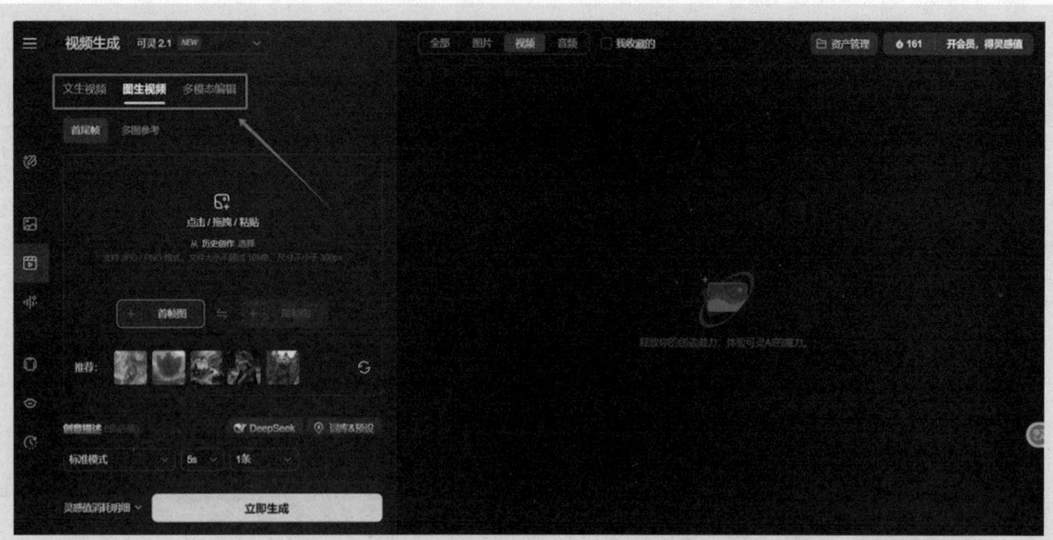

图 5-75 视频生成模式

“可灵 AI”嵌入了 DeepSeek-R1 模型，提示词可以先用自然语言描述，再用 DeepSeek-R1 润色。例如，用自然语言输入：“一群幼儿拿着乐器在玩音乐游戏，开怀大笑，老师微笑的组织幼儿活动，蝴蝶在窗户边，阳光照进幼儿园教室，幼儿园教室场景，写实风格，镜头由近景到远景，看到教室里的环境创设，教室里摆放着一些乐器和一些幼儿的手工作品，温馨欢快氛围。”DeepSeek-R1 润色后：“一群活泼可爱的幼儿手持彩色乐器围坐在地毯上开心演奏，老师蹲在孩子们中间微笑指导，窗外透进金色阳光映照着飞舞的蝴蝶，教室内陈列着木制积木架和童趣手工作品，镜头从孩子们的笑脸缓缓拉远展现整个温馨明亮的教室环境，自然光线与暖色调墙面交织出欢快的写实氛围。”单击“立即生成”按钮，如图 5-76 所示。

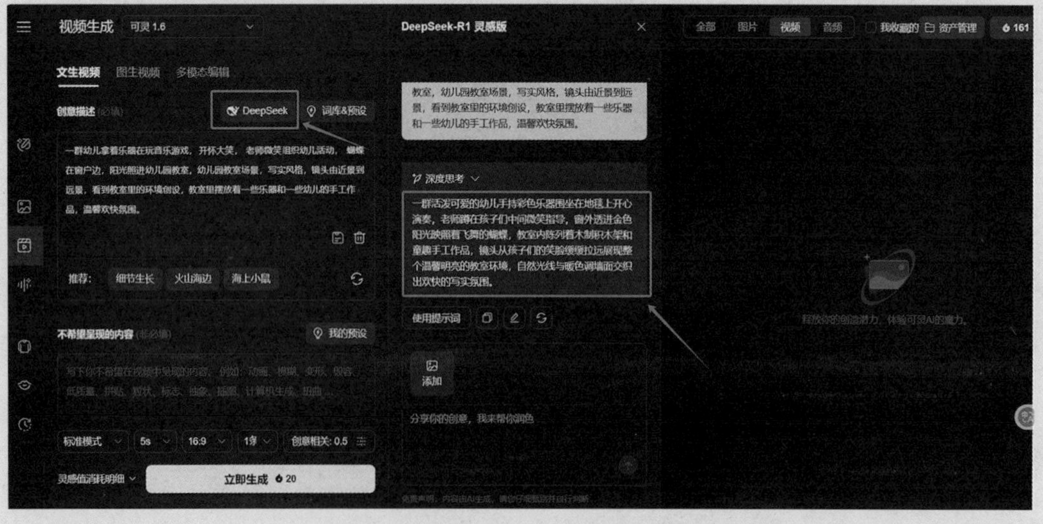

图 5-76 用 DeepSeek-R1 润色提示词

（二）图生视频

选择图生视频，上传首帧图和尾帧图，进行创意描述，单击“立即生成”按钮，即可实现图生视频，如图 5-77 所示。

图 5-77　“图生视频”面板

三、AI 生成音频

AI 生成音乐的过程可分为三个层面：一是多模态理解能力，如豆包 AI 能根据文本或图片内容提取情感基调，匹配相应音乐风格；二是人声合成技术，如天工 SkyMusic 通过深度学习实现逼真的人声颤音与方言发音；三是风格适配机制，如 Suno AI 支持用户上传参考音频，可克隆特定音色。

下面介绍使用“海绵音乐”生成音频。“海绵音乐”支持文生曲、图生曲、音乐克隆与定制、多维度自定义创作等。登录“海绵音乐”网页版，单击左下角“登录”按钮。如图 5-78 所示，使用快手 App 扫码登录或者手机验证码授权登录。

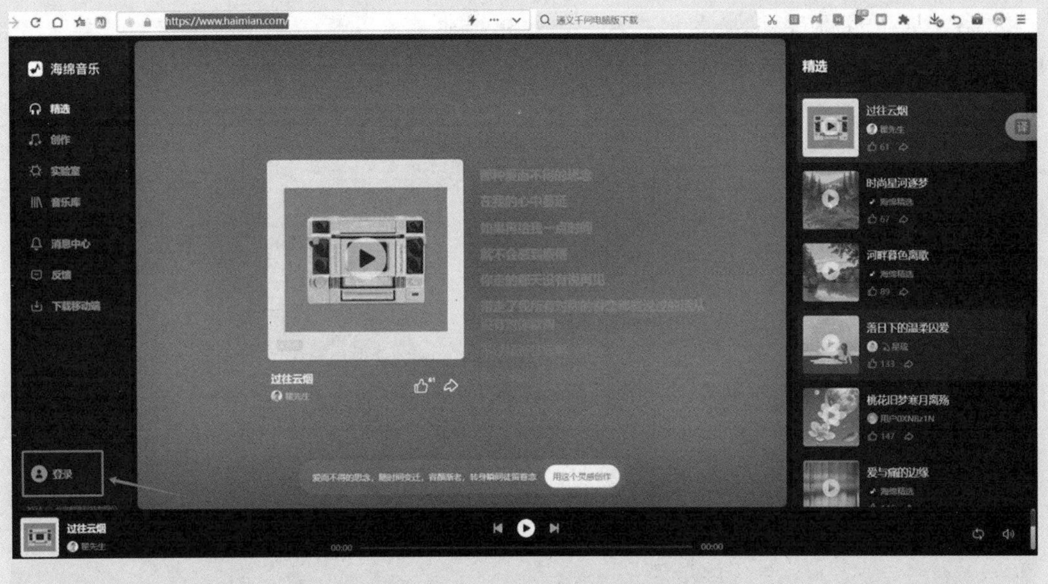

图 5-78　“海绵音乐”界面

生成高质量 AI 音乐需要从音乐创作者的视角构建提示词，明确音乐类型与核心主题，设定情感基调（如欢快/忧郁），指定风格流派与参考艺术家，通过调性与和声音色彩塑造氛围，精准定义乐器编排（主奏/伴奏）、节奏参数及动态对比，规划曲式结构（前奏—主歌—副歌）与声乐特征等。

单击“创作”按钮，输入提示词，例如，“幼儿园，孩子们快乐地玩游戏”，可以上传幼儿玩游戏的图片。单击“AI 写词”按钮，AI 可自动根据提示词并结合图片内容生成有主歌和副歌的歌词，如图 5-79 所示。

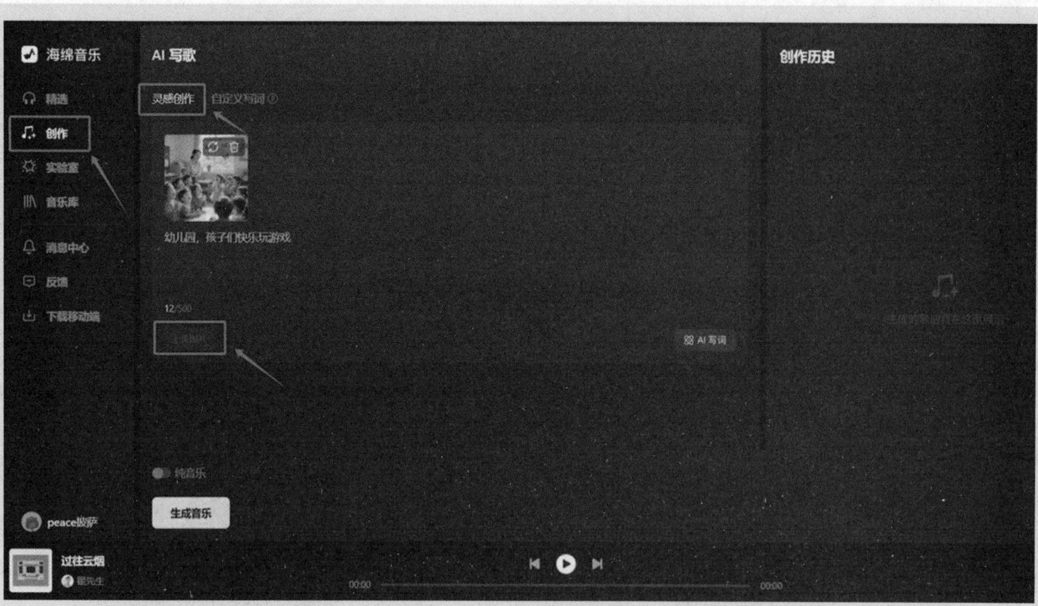

图 5-79 “AI 写歌”面板

选择“设置风格”，根据歌词内容，依次选择曲风、心情、类型和特征等，单击“生成音乐”按钮。如图 5-80 所示。

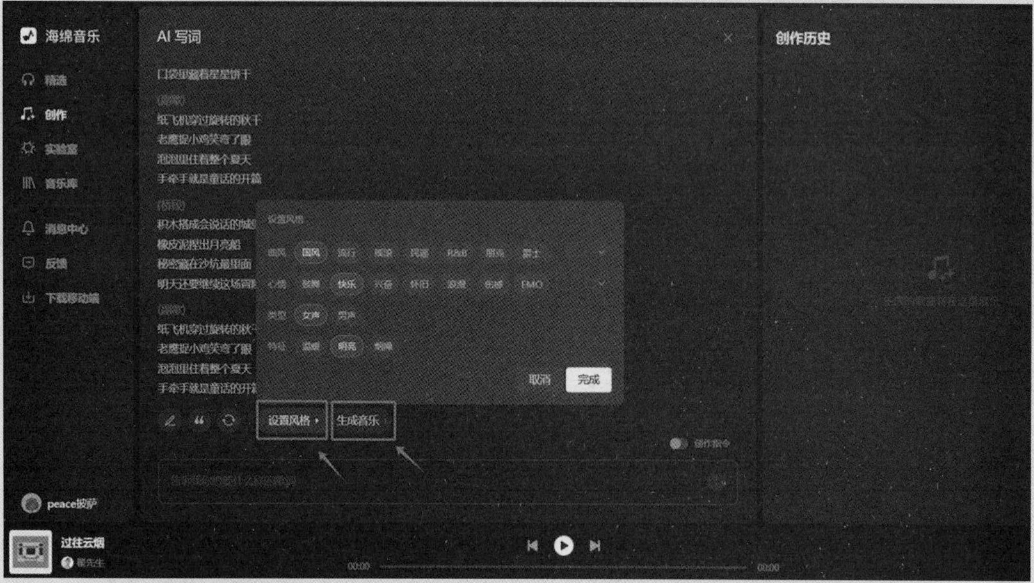

图 5-80 设置 AI 音频风格

AI 自动根据歌词内容，生成三首《纸飞机与彩虹糖》歌曲，用户也可以提前输入歌名。进行试听后选择满意的音频，单击“下载音频”按钮即可，如图 5-81 所示。

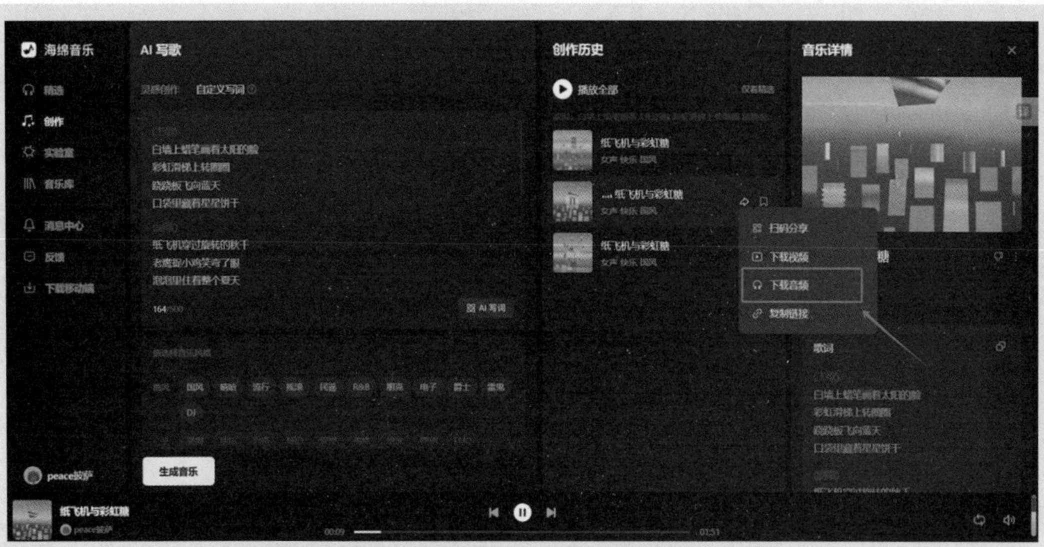

图 5-81　下载 AI 音频

六、项目评价

教师组织学生展示作品，通过自评、互评、教师评相结合的方式完成评价，并将评价结果填入表 5-6。

表 5-6　“设计制作音视频作品”考核评价表

学生姓名：　　　　　　　　　　　小组名称：　　　　　　　　　　　班级：

类　别	评 价 标 准	分值	得分
方案设计	1. 作品符合幼儿教育教学特点，具有实用性。 2. 方案作品设计新颖，主题明确，具有创新性。 3. 目标受众明确，能够在短时间内有效传达信息或情感	10	
作品内容	1. 内容结构清晰完整，逻辑清楚，内容积极。 2. 视频画面清晰、稳定，色彩饱满，能够给观众带来良好的视觉体验。 3. 剪辑流畅，特效使用得当，能够提升视频的观赏性和吸引力	20	
制作技术	1. 音效、配乐与视频内容相匹配，能增强观众沉浸感和情感共鸣。 2. 剪辑节奏符合主题内容，能吸引观众注意力。 3. 画面设计新颖，色彩协调，风格统一，整体美观。 4. 素材丰富，视频转换过渡自然，技能全面	60	
学生素质	1. 遵守课堂纪律，规范使用教学设备，按时完成任务。 2. 积极承担团队任务，能与成员有效沟通，共同推动项目的顺利进行。 3. 具备版权意识，在使用音乐、图片等素材时，能遵守相关法律法规和平台规定，确保素材的合法性和合规性。 4. 学习态度积极，能保持高度的责任心和敬业精神	10	
合　计		100	

续表

类 别	评 价 标 准	分值	得分
自我反思：本项目学习有哪些收获，存在哪些问题，哪些技能需要进一步夯实？			
老师、同学评价： 考核评价人： 年 月 日			

七、项目延伸

请同学们课后尝试完成以下任务，将完成情况填入表 5-7。

（1）协助幼儿园在职教师开发一件音视频作品。

（2）基于某一日常学习及生活开发一件音视频作品。

表 5-7 岗位（竞赛）任务反馈表

学生姓名： 班级：

任务名称		应用场景	
使用了哪些操作技能			
反思与提升			
应用效果			
作品粘贴处（或将作品上传学习平台）			

项目六

设计制作幼儿素质教育报告

一、典型工作任务分析

幼儿园培养目标是以全面提高全体幼儿基本素质为宗旨，促进幼儿德、智、体、美全面发展。幼儿的素质教育是每一位幼儿园教师都必须关注的问题。为了解每一位幼儿在幼儿园的表现和素质发展情况，教师需要对幼儿入园信息、身体素质、课堂表现、生活表现等数据进行客观观察、记录和分析，以便随时掌握幼儿的生活和学习动态，及时纠正其不良表现，制订个性化发展方案。

Excel 是强大的数据处理工具，用于记录、计算和管理数据，被广泛应用于办公、教育等方面。作为一名新时代的幼儿园教师，掌握一定的数据库管理和数据收集、分析、处理技术，利用数据管理、记录和评估幼儿发展，已经成为一项必备的教育技能。设计制作幼儿素质教育报告典型工作任务分析见表 6-1。

表 6-1 “设计制作幼儿素质教育报告”典型工作任务分析

工作环境	正常办公环境
工作过程	工作需求分析—设计数据存储结构—收集数据—分析数据—输出幼儿素质教育报告
工作对象	幼儿园实际工作需要的班级成绩单、素质发展报告单和分析图表
工具和材料	工具：多媒体计算机和 Excel 2016 软件。 材料：记录幼儿日常状态的数据资料
工作方法	1. 观察法：观察幼儿日常表现并记录，根据数据分析结果及时与家长沟通。 2. 案例教学法：多学习他人的作品，提升自己的数据处理能力
劳动组织形式	独立观察并记录，与同事研讨分析数据，与家长沟通数据分析结果
工作要求	1. 表格设计方案要简单实用，格式美观大方，能够较好地为教学服务。 2. 要充分考虑幼儿园教学特点，全面体现幼儿的教育、素质等信息。 3. 具有一定的信息素养和数据分析能力。 4. 具有良好的语言表达、沟通理解能力

二、学习情境描述

根据设计制作幼儿素质教育报告典型工作任务分析，学习情境设计需要让学生经过工作需求分析、设计成绩单字段、收集数据、分析数据、输出幼儿素质教育报告作品的完整过程，见表 6-2。

表 6-2　“设计制作幼儿素质教育报告”学习情境设计

学习情境	设计制作幼儿素质教育报告		学时建议：8 学时
学习情境描述	学生根据教师下发的学习任务书，与同学合作进行工作需求分析，设计数据存储结构，独立收集数据、输入数据、分析数据，设计制作出一套完整的报告单		
学习目标	知识目标	1. 了解 Excel 界面及软件功能。 2. 掌握电子表格数据录入和分析操作。 3. 理解数据与幼儿素质之间的关系	
	能力目标	1. 增强社会性知识的收集与获取能力。 2. 能够根据需要完成幼儿园教学和管理数据的构建。 3. 能够利用 Excel 软件制作完成各类数据报表	
	素质目标	1. 牢固树立以幼儿为本的教育理念，增强专业意识和专业素养。 2. 增强语言交流和沟通理解能力。 3. 提高现代信息素养和数字素养，增强数据收集、处理、利用能力	
学习内容	1. 数据管理：根据管理需求设计数据库结构，并根据具体应用环境分类制作数据清单。 2. 数据存储：数据录入、单元格基本操作、格式设置。 3. 数据分析：函数应用、图表设计、数据分析和应用		
教学条件	硬件：多媒体机房、每台计算机均能够登录互联网。 软件：办公软件 Excel 2016		
教学方法与组织形式	1. 教学方式方法：案例教学法、任务驱动法、小组教学法。 2. 教学组织形式：分组讨论制订数据库结构，学生独立操作计算机完成数据处理任务		
教学流程	活动内容	教 师 活 动	学 生 活 动
观摩：获取资讯	布置任务	课前发放学习任务书，提供学习资源，引导学生自主学习，完成课前学习任务	完成课前学习任务，理解收集数据、分析数据、利用数据的意义
	案例分析	展示教学案例，进行案例分析	掌握数据的存在形式，理解数据管理的技能要求
设计：制订计划	设计方案	组织学生分组研讨，帮助学生形成方案	以小组为单位研讨，根据幼儿园工作需求设计素质教育报告制作方案
	确定方案	组织学生研讨，帮助学生完善方案	以班级为单位研讨完善方案，确定幼儿素质教育报告的结构，明确方案

制作： 实施计划	完成任务	围绕案例讲解操作技术，引导学生完成学习任务	学习操作技术，完成收集数据、录入数据、分析数据、利用数据相关任务
展评： 评价反思	检查评价	组织学生展示作品，反思改进，评定学生成绩	展示自己的作品，根据自评、互评、教师评反思改进，填写评价表
创新： 应用创新	项目延伸	组织学生与幼儿园在职教师对接，协助完成真实工作任务	协助幼儿园教师完成真实工作任务，在工作中反思提升数据管理能力

三、布置任务（见表 6-3）

表 6-3　“设计制作幼儿素质教育报告”任务书

项目名称		设计制作幼儿素质教育报告
具体任务	课前任务	1. 学习幼儿素质教育报告典型工作任务分析、数据和数据库基本知识。 2. 观摩幼儿素质教育报告案例，根据案例分析了解设计制作素质教育报告知识技能点。 3. 小组合作进行幼儿园需求分析，设计幼儿管理数据表
	课中任务	1. 设计幼儿数据管理方案。 2. 制作班级成绩单。 3. 制作素质教育报告单。 4. 制作幼儿素质分析图表
	课后任务	1. 协助幼儿园在职教师进行班级数据管理。 2. 完成日常学习和工作中的实际任务
任务要求		1. 学生 4～6 人结成一个教研组。每个教研组设计一份素质教育报告制作方案，素质教育报告由班级成绩单，幼儿素质发展报告单和幼儿素质分析图表 3 个数据报表组成，要求原始数据表格素材不少于 3 个。 2. 根据各报表字段搜集幼儿园日常教学管理中涉及的数据。将数据分类录入相应报表，通过函数计算，进行汇总分析。 3. 表单设计要符合幼儿园教学实际要求，结合教学活动，展现多方面素质教育情况。 4. 学生根据小组的设计方案独立完成作品制作，要求表单制作应与主题配合，对数据的关联和图表分析要客观恰当

四、典型案例分析

素材

教学案例：幼儿素质教育报告

（一）教学案例

幼儿园中班素质教育报告。

（二）案例分析

（1）素材：幼儿各项表现的量化分值。

（2）素质教育分析报告设计方案：数据表中各列可存储测量幼儿表现的各项指标，各行可存储幼儿记录，存储不同数据的表可按照功能存储为班级成绩单、考勤单等，依据基础数据的数据分析和图表分析，形成不同需求的幼儿素质发展报告。

（三）幼儿素质教育报告技术分析（见表 6-4）

表 6-4 “设计制作幼儿素质教育报告”知识点和技能点

类　别	知 识 点	技 能 点
设计班级成绩单	数据和数据库基本知识	1. 数据库结构设计。 2. 数据的输入和设置。 3. 单元格基本操作。 4. 单元格数据计算
制作素质教育报告单	函数的意义及应用	1. 使用函数判断数据。 2. 设置单元格条件格式。 3. 使用函数计算
制作分析图表	图表的类型与应用环境	1. 创建图表。 2. 编辑和美化图表

五、项目实施

任务一：设计幼儿数据管理方案

【任务引导】幼儿日常管理需要存储哪些数据？在数据库管理中数据以什么形式存储？

数据（data）是计算机专业术语，指所有能输入计算机并被计算机程序处理的符号的介质的总称，符号、文字、数值等一般称为数字数据，语音、图像、视频等一般称为模拟数据。数据是现代信息技术发展的产物，可以记载客观事物的属性，从这些属性中我们可以获得描述客观事物特征的信息。数据是客观存在，其本身并没有意义，只有我们对数据进行分析处理，从中获得有用的信息后，数据才会产生价值。数据和信息是不可分离的，收集数据、存储数据、分析数据、利用数据的目的是从数据中获得有价值的信息。

数据库是数据的集合，是数据管理的高级形式。一般情况下，人们将有关联的数据以某种数据模型组织形式用计算机存储起来，可以对数据进行增、删、改和检索等操作，便于用户及时获得更新后的数据，还可用于计算、汇总、分类等数据分析，以获得有用的信息。

Microsoft Excel 是微软公司的办公软件 Microsoft Office 的组件之一，是一款基础数据库管理软件。Excel 创建的文件一般称为工作簿，由若干二维电子表格组成，每个电子表格以行、列的形式存储数据，表格中的行一般称为记录，表格中的列一般称为字段，行与列交叉的单元称为单元格。使用 Excel 可以存储数据、生成数据分析模型、编写公式以对数据进行计算、以多种方式透视数据、以各种具有专业外观的图表显示数据等。

幼儿园日常管理中经常需要记录幼儿的日常表现，如幼儿的出勤、评比成绩、托费或餐费等。为了对幼儿进行个性化管理，幼儿园教师经常进行日常观察或问卷调查，获得的大量数据也需要借助计算机的强大功能进行存储、分析，掌握 Excel 表格处理操作可通过数据管理提升幼儿教育和幼儿园管理的水平。

【任务操作】

请各小组对幼儿园进行数据管理需求调研，根据幼儿园数据管理需求设计一张或若干张数据表格？将设计方案填入表 6-5。

表 6-5　幼儿园数据表设计方案

作品名称	
使用场景	
设计方案	

【课程思政】

善于管理

幼儿园教师不仅是一位教育者，还是班级组织的管理者，应掌握班级建设、班级教育活动组织、幼儿发展指导、综合素质评价、与家长及社区沟通合作等班级常规工作的方法与要点，研究班级工作的规律，建立良好的班级秩序与规则。利用数据库管理可有效建立班级管理框架，及时记录和保存幼儿发展状态，有效运用多种方法评价幼儿的学习和发展状况，针对性制订班级和个性化教学方案，实现精细化管理，促进幼儿全面发展。

任务二：制作班级成绩表

【任务引导】Excel 中常用的数据类型有哪几种？常用的数据录入方式有哪几种？

【任务操作】请根据以下操作提示，完成自定义数据表的制作和数据收集任务。

下面以“班级成绩表”为例，讲解 Excel 表格数据处理常用操作。

操作步骤①：启动 Excel 2016

启动 Excel 2016 的方式有很多，通常使用以下几种：

1. 从“开始”菜单启动

单击桌面左下角的“开始”按钮，在弹出的“开始”菜单中选择“所有程序”→“Microsoft Office”→“Microsoft Office Excel 2016”命令。

2. 通过打开工作簿文件启动

在计算机中找到一个已经存在的工作簿文件（扩展名为“. xlsx”），双击该文件图标。

如果桌面上有 Excel 2016 快捷方式，也可通过双击该快捷方式图标启动。

启动 Excel 2016 后进入 Excel 的主界面窗口，如图 6-1 所示。一个标准的 Excel 主界面窗口由快速访问工具栏、标题栏、“文件”选项卡、功能区、名称框、编辑栏、工作区和状态栏等几部分组成。

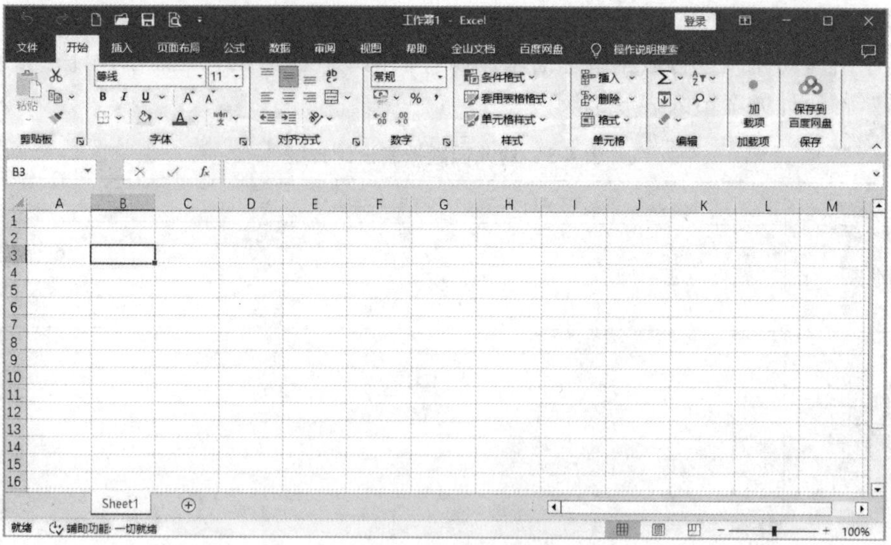

图 6-1　Excel 的主界面窗口

操作步骤②：创建工作簿

Excel 创建的文件称为工作簿，文件的新建、打开、保存、关闭方法与 Word 基本相同。

第一步：启动 Excel 2016 后，系统自动创建一个名称为“工作簿 1”的空白工作簿，包含 3 张工作表：Sheet1、Sheet2 和 Sheet3，默认“Sheet1”为当前工作表，可直接进行数据操作。保存工作簿可单击快速访问工具栏中的“保存”按钮，弹出“另存为”对话框，如图 6-2 所示。在“文件名”文本框中输入“中班成绩单”，单击“保存”按钮即可。文件扩展名为 . xlsx。

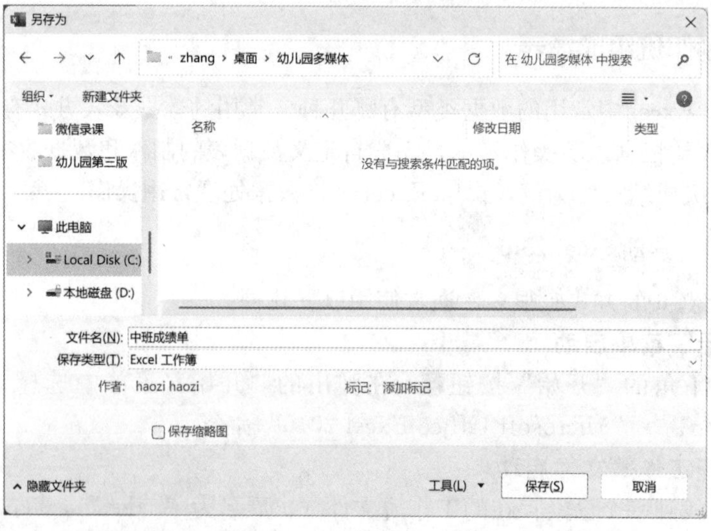

图 6-2　“另存为”对话框

第二步：为便于识别，我们通常会给工作表命名。双击“Sheet1”工作表标签，进入标签名编辑状态，输入“中一班”后按【Enter】键，Sheet1 工作表名称修改为“中一班”，如图 6-3 所示。

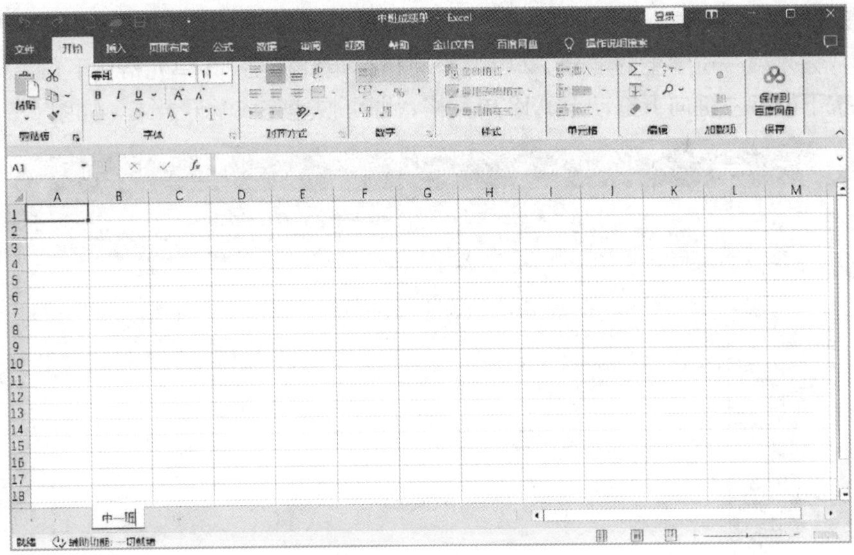

图 6-3　工作表重命名

操作步骤③：录入数据

在 Excel 中可以输入的数据类型有：文本（包括字母、汉字和数字代码组成的字符串等）、数值（能参与算术运算的数、货币数据等）、时间和日期、公式及函数等。输入数据时不同的数据类型有不同的输入方法。

1. 输入文本

双击单元格可进入编辑状态，输入完毕后可将鼠标指针移至其他单元格，并单击即可。如双击 A1 单元格输入文本“中一班成绩单”，依次双击 A2 至 M2 单元格输入其他字段，如图 6-4 所示。

图 6-4　输入文本

若重复输入文本或输入连续的数字，使用 Excel 自动填充功能可实现快速录入。如双击 A3 单元格，输入第一位学生的学号“Z1-01”，将鼠标指针移至 A3 单元格右下角，待其形状变为“+”，按下鼠标左键向下拖动至 A18 单元格，即可快速完成学号录入，如图 6-5 所示。

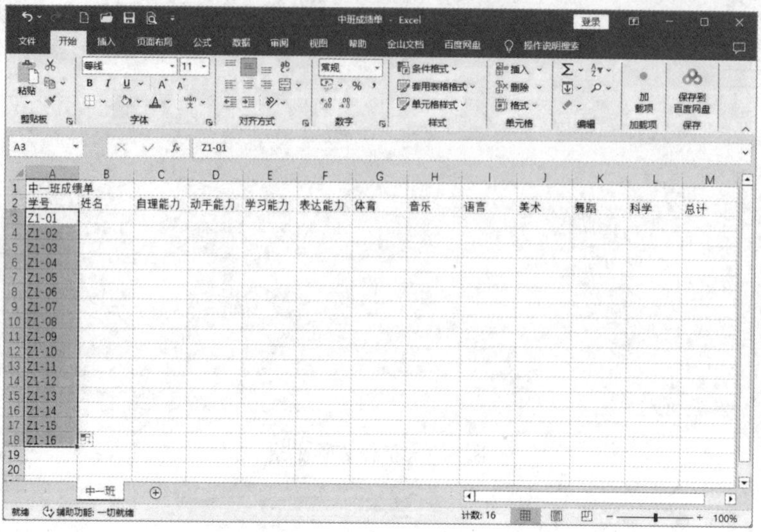

图 6-5 使用自动填充功能录入数据

2. 输入数字

Excel 中录入的数字可以是能够计算的数值型数据，也可以是不能计算的文本型数据。选中单元格，打开“开始“选项卡，单击”数字”工具组中“数字格式”右侧下拉按钮 ，在弹出的下拉列表中选择数据类型选项即可。利用“数字”工具组可完成各种类型数据的录入，如图 6-6 所示。

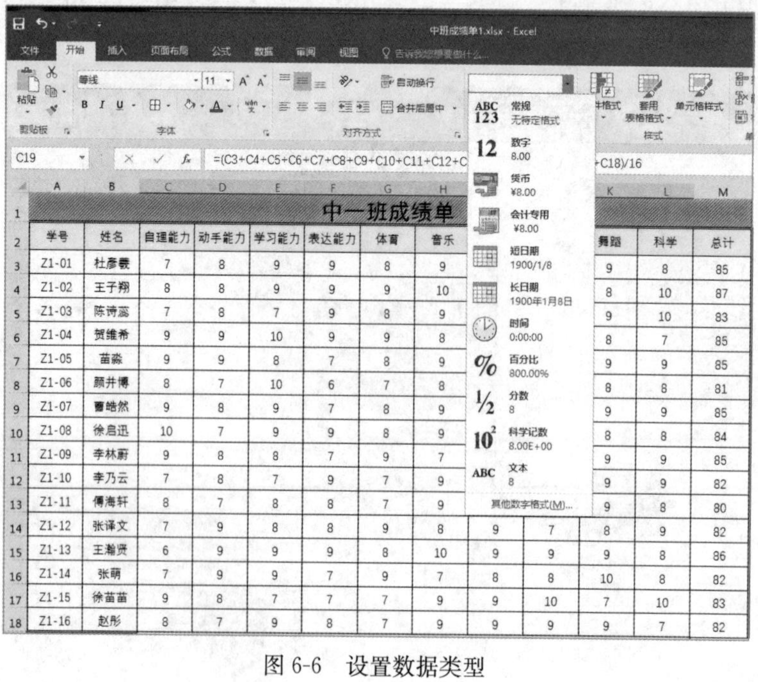

图 6-6 设置数据类型

Excel 录入数据

在 Excel 中输入一些有规律的数据时，除了要注意输入规则外，还可以使用一些快速输入数据的技巧，以提高输入数据的效率。

➤ 使用填充柄填充输入

使用填充柄可以在输入数据或公式的过程中，给同一行（或同一列）的单元格中快速填充某种有规律的数据，只需拖动当前单元格的填充柄即可完成。当前单元格的填充柄位于该单元格边框的右下角，当光标指向该位置时，会自动变为填充柄形状+，此时按下鼠标左键不放并拖动填充柄，便能对拖动过程中填充柄所经过的单元格区域进行数据填充。

➤ 填充相同数据

在填充区域的起始单元格中输入要填充的数据，在该单元格中使用填充柄拖动直到填充区域的最后一个单元格，即可将数据填充到填充柄移过的单元格，如图 6-7 所示。

➤ 填充数据序列

在填充区域的前两个单元格中依次输入要填充的数据序列的前两项，选定这两个单元格，使用填充柄拖动直到填充区域的最后一个单元格，新填充的数据与先前输入的两个数据按照单元格顺序一起构成一个数据序列，且每两项间递增（或递减）的值（也称为步长）与先前输入的两个数据间的步长相同。如在 C1、C2 中输入 2、4 后，拖动填充柄到 C9 后的结果如图 6-8 所示。

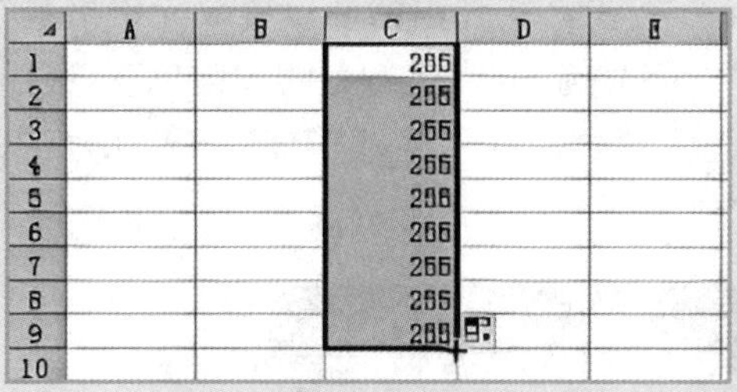

图 6-7　相同数据填充效果

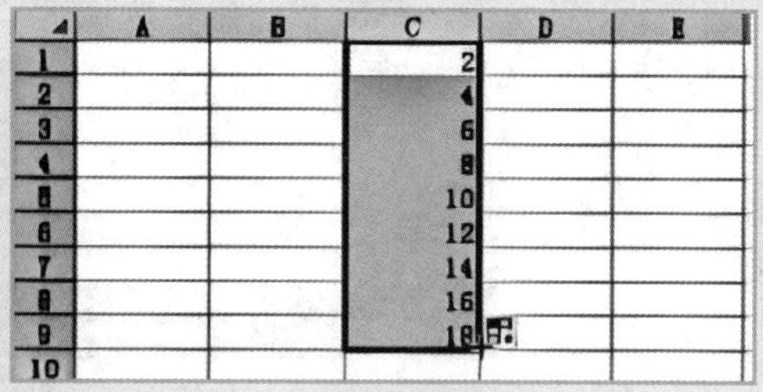

图 6-8　数据序列填充效果

操作步骤④：设置单元格格式

选中单元格，单击“开始”选项卡中“字体”工具组右下角的启动器按钮，弹出“设置单元格格式”对话框。该对话框包含 6 个选项卡，如图 6-9 所示。

“数字”选项卡：设置单元格中数据的类型。

“对齐”选项卡：可以对选定单元格或单元格区域中的文本和数字进行定位、更改方向和指定文本控制功能。

“字体”选项卡：可以设置选定单元格或单元格区域中文字的格式，包括字体、字号、字形、下画线、颜色和特殊效果等选项。

“边框”选项卡：可以为选定单元格或单元格区域添加边框，还可以设置边框的线条样式、线条粗细和线条颜色。

“填充”选项卡：填充选定的单元格或单元格区域，使用“图案颜色”和“图案样式”选项可以为单元格填充双色图案或底纹，使用“填充效果”选项可以为单元格填充渐变效果。

“保护”选项卡：用来保护工作表数据和公式的设置。

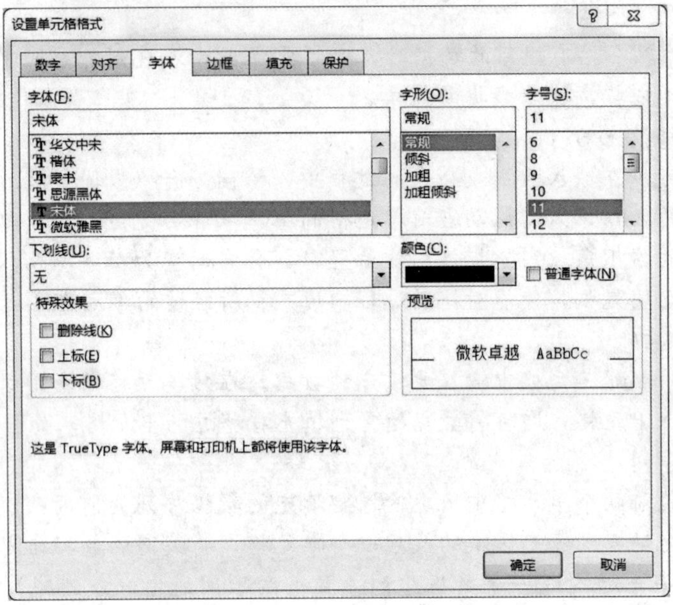

图 6-9 “设置单元格格式”对话框

1. 设置字体格式

选中 A1 单元格，单击“开始”选项卡“字体”按钮，在弹出的“设置单元格格式”对话框中打开“字体”选项卡，设置字体为“黑体”，字号为“20”，颜色为“蓝色”；选择 A2 至 M2 单元格，设置字体为“黑体”，字号为“12”。其余数据字体“宋体”，字号为“12”，如图 6-10 所示。

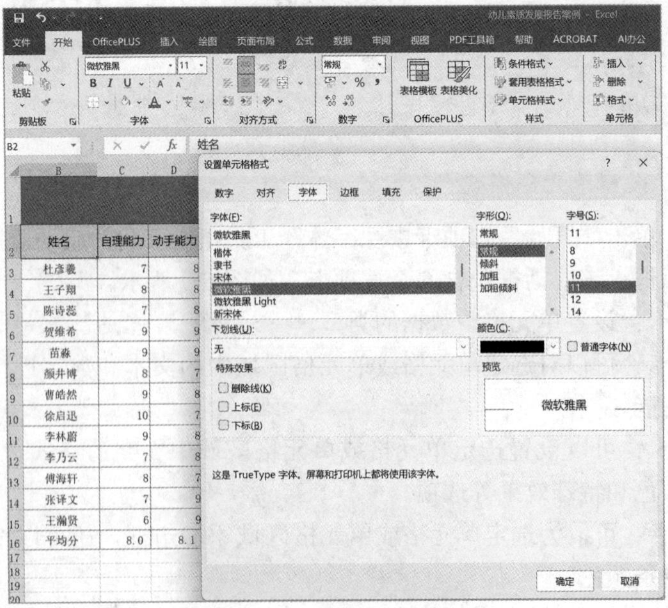

图 6-10 字体格式设置

2. 对齐方式

选中 A1 至 M1 单元格，在“开始”选项卡“对齐方式”工具组中单击 合并后居中 右侧下拉按钮，在下拉列表中选择“合并后居中”命令，如图 6-11 所示。其他单元格对齐方式可单击“居中“按钮设置为居中对齐。对齐方式也可以通过“设置单元格格式”对话框实现。

图 6-11　单元格合并居中

3. 设置边框和填充

在默认状态下，Excel 中的数据表格都没有边框线，通过设置边框和填充格式可对数据表格添加多种样式的边框线和填充格式。

（1）设置边框。选择 A1∶M18 单元格区域，打开“设置单元格格式”对话框的“边框”选项卡。在“样式”列表中选择代表“单实线”，在“预置”栏中单击“内部”按钮可设置内边框为单实线，如图 6-12 所示。在“样式”列表中选择代表“双实线”，在“预置”栏中单击“外边框”按钮可设置外边框为双实线。设置完毕单击“确定”按钮即可。

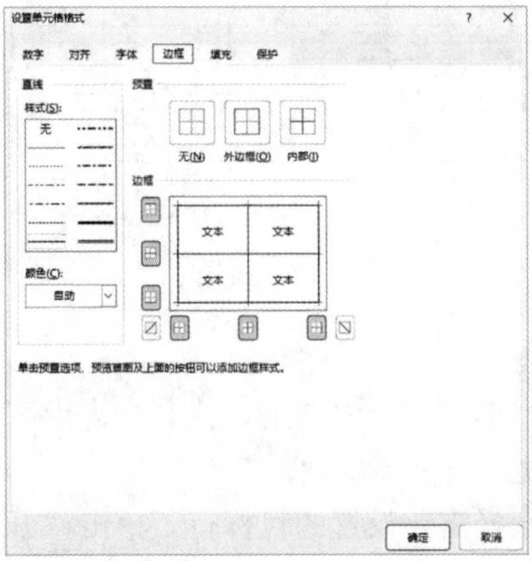

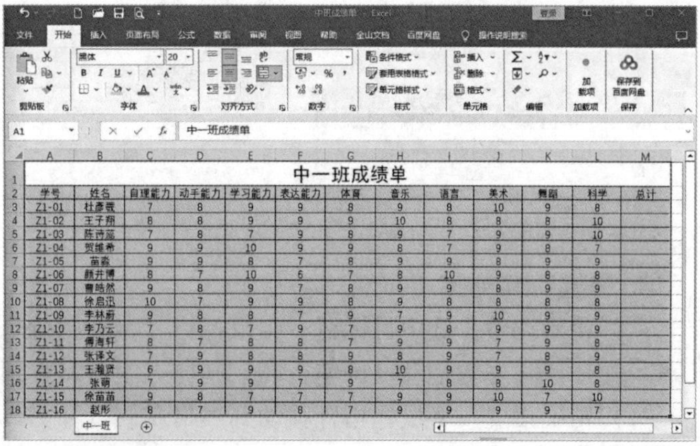

图 6-12　设置内边框格式

（2）设置填充。选择 A1 单元格区域，打开“设置单元格格式”对话框的“填充”选项卡，选择“背景色”中的任一按钮可为单元格设置背景颜色，如图 6-13 所示。单击“图案颜色”的下拉按钮▾，在颜色控件选择任一颜色，单击“图案样式”的下拉按钮▾，在弹出的样式中选择任一样式，可为单元格设置填充图案，如图 6-14 所示。

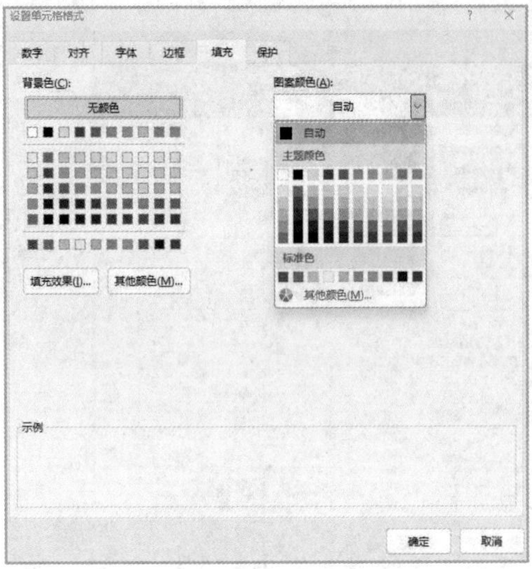

图 6-13 “设置单元格格式”对话框（1）

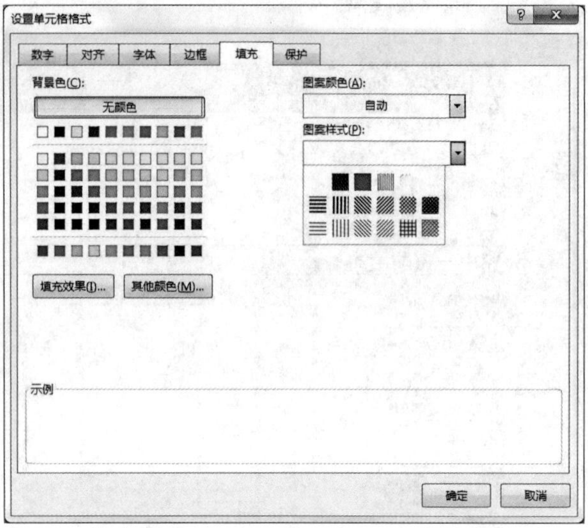

图 6-14 “设置单元格格式”对话框（2）

本案例中，为标题设置背景颜色为绿色，为字段设置黄色 50%灰度填充，如图 6-15 所示，单击“确定”按钮完成操作。

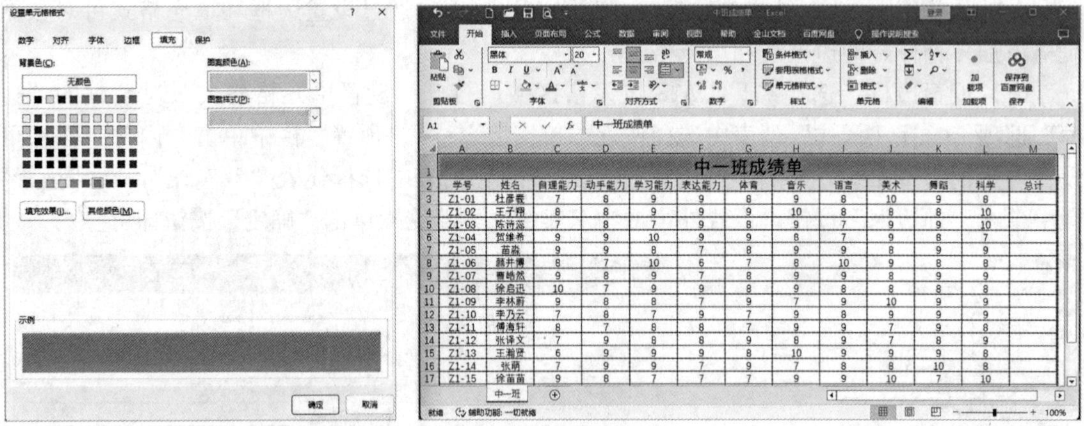

图 6-15 单元格填充效果

4. 设置行高列宽

（1）粗略调整。选中目标行，将鼠标指针移动到行与行单元格分隔线上，待其变为十字形状，按住鼠标左键拖动可调整行高。同样方法可调整列宽，如图 6-16 所示。

（2）精确设置。将鼠标指针移动到表格左侧行标上，选择需要设置的目标行，单击“开始”选项卡“单元格”工具组中“格式”的下拉按钮，在弹出的下拉列表中选择“行高”或“列宽”选项，如图 6-17 所示。在弹出的对话框中输入数值，单击“确定”按钮即可。

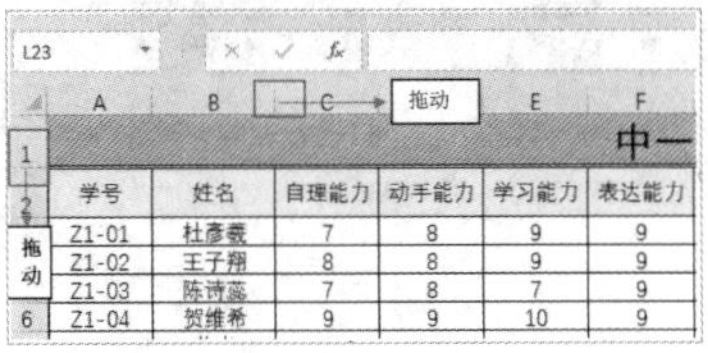

图 6-16　粗略调整行高列宽

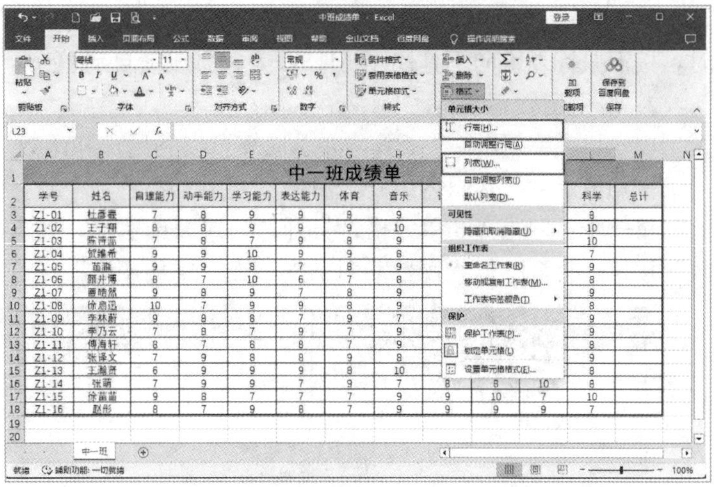

图 6-17　精确设置行高列宽

操作步骤⑤：单元格数据计算

数值计算是 Excel 的重要功能之一，可以通过公式或使用函数计算。完成第一个数值计算后，还可以通过快速填充功能将公式或函数复制到其他单元格，完成相应数据的计算。下面以计算总成绩为例进行操作说明。

1. 编辑公式计算

Excel 公式是一个等式，基本格式为“＝表达式”，由等号“＝”开头，后面是一个表达式。表达式由运算符和运算数组成，运算符包括算术运算符、比较运算符和文本运算符等，运算数可以是常量、单元格引用、单元格区域引用及函数等。步骤如下：

第一步：双击 M3 单元格，定位文本插入点，或者选中 M3 单元格，将文本输入点定位在编辑框中，输入“＝C3＋D3＋E3＋F3＋G3＋H3＋I3＋J3＋K3＋L3”，然后按【Enter】键，在 M3 单元格中可计算出第一位学生的总成绩，如图 6-18 所示。

图 6-18　公式法计算总成绩

第二步： 选中 M3 单元格，将鼠标指针移至单元格右下角，待鼠标指针形状变为“+”时，按下鼠标左键向下拖动至 M18，完成总成绩自动填充，可计算出所有学生总成绩。

2. 利用函数运算

Excel 中提供了多个函数，如总成绩可以利用求和函数“SUM”计算，平均成绩可以利用求平均值函数“AVERAGE”计算。步骤如下：

第一步： 双击 M3 单元格，打开“公式”选项卡，单击“函数库”工具组中的“插入函数”按钮，打开“插入函数”对话框，在“常用函数”中选择“SUM”，如图 6-19 所示。

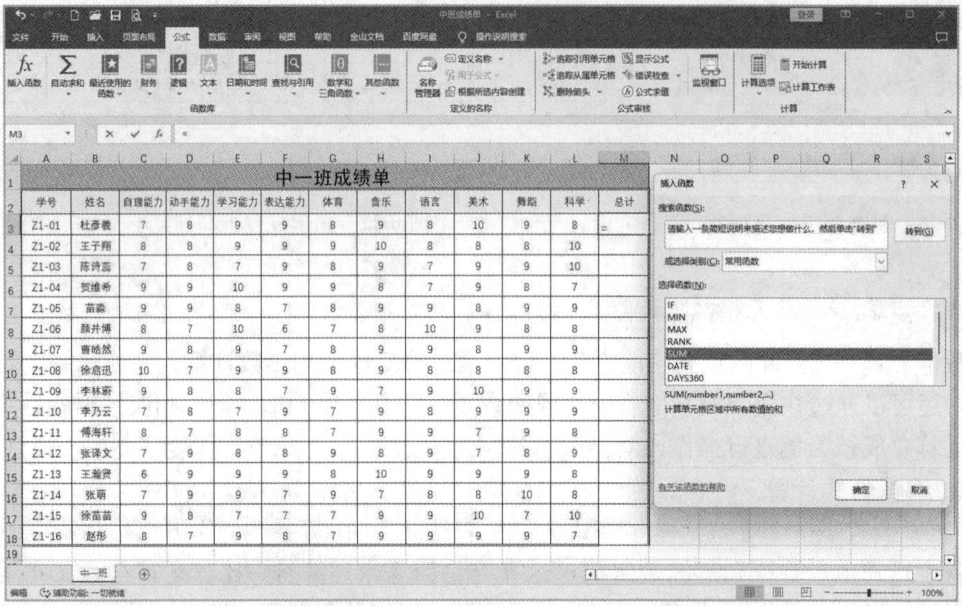

图 6-19 “插入函数”对话框

第二步： 单击“确定”按钮，弹出“函数参数”对话框，如图 6-20 所示。单击 Number1 右侧折叠按钮，在弹出的函数参数范围选择框中输入 C3：L3，或用鼠标拖动选择 C3：L3 区域，如图 6-21 所示。

第三步： 设置好函数参数范围后再次单击折叠按钮，返回“函数参数”对话框，单击“确定”按钮，即可计算出第一位学生的总成绩。选中 M3 单元格，待鼠标指针形状变为“+”，按下鼠标左键向下拖动至 M18，完成总成绩自动填充，如图 6-22 所示。

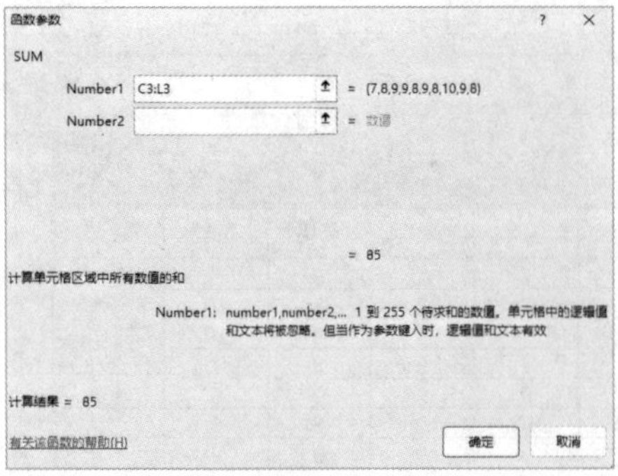

图 6-20 “函数参数”对话框

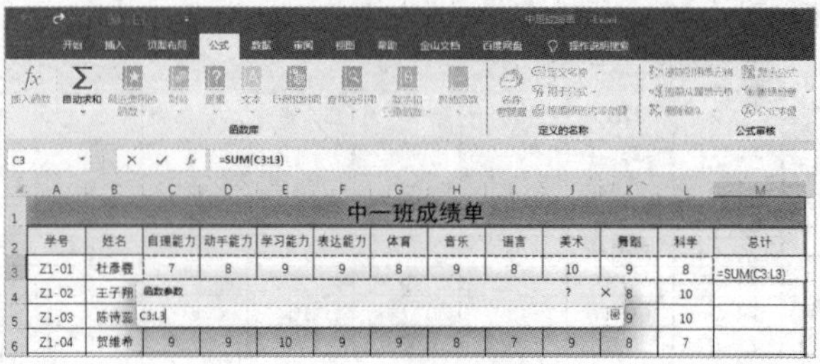

图 6-21 选择函数参数范围

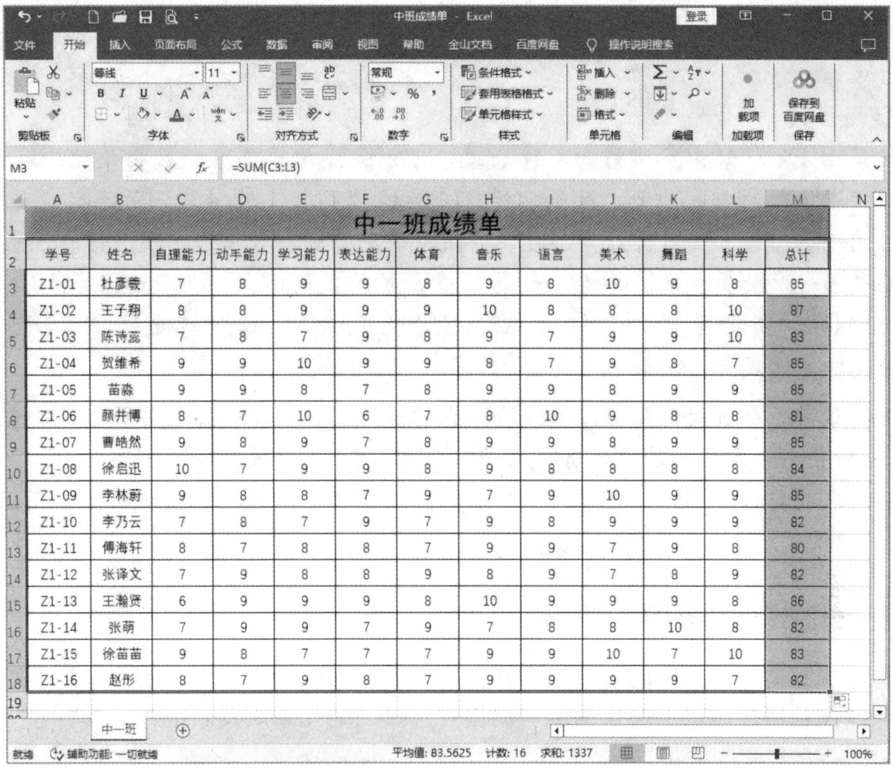

中一班成绩单												
学号	姓名	自理能力	动手能力	学习能力	表达能力	体育	音乐	语言	美术	舞蹈	科学	总计
Z1-01	杜彦薇	7	8	9	9	8	9	8	10	9	8	85
Z1-02	王子翔	8	8	9	9	9	10	8	8	8	10	87
Z1-03	陈诗蕊	7	8	7	9	8	9	7	9	9	10	83
Z1-04	贺维希	9	9	10	9	9	8	7	9	8	7	85
Z1-05	苗淼	9	9	8	7	8	9	9	8	9	9	85
Z1-06	颜井博	8	7	10	6	7	8	10	9	8	8	81
Z1-07	曹皓然	9	8	9	7	8	9	9	8	9	9	85
Z1-08	徐启迅	10	7	9	9	8	9	8	8	8	8	84
Z1-09	李林蔚	9	8	8	7	9	7	9	10	9	9	85
Z1-10	李乃云	7	8	7	9	7	9	8	9	9	9	82
Z1-11	傅海轩	8	7	8	8	7	9	9	7	9	8	80
Z1-12	张译文	7	9	8	8	9	8	9	7	8	9	82
Z1-13	王瀚贤	6	9	9	9	8	10	9	9	9	8	86
Z1-14	张萌	7	9	9	7	9	7	8	8	10	8	82
Z1-15	徐苗苗	9	8	7	7	7	9	9	10	7	10	83
Z1-16	赵彤	8	7	9	8	7	9	9	9	9	7	82

图 6-22 复制函数计算总成绩

Excel 公式和函数

公式和函数是 Excel 的重要组成部分，可以对数据进行批量计算及计算结果的同步更新。

1. 编辑公式

公式可用于简单数据的计算。公式的输入格式为：“=单元格 1 运算符 单元格 2 运算符 单元格 3 ……”

在 Excel 公式中，使用的运算符主要有以下三种：

(1) 算术运算符。算术运算符主要用来完成基本的数学运算，如加、减、乘、除等，常用算术运算符包括：加 (+)、减 (-)、乘 (*)、除 (/)、百分号 (%)、负号 (-)、乘幂 (∧)。

在 Excel 公式中，算术运算符的运算优先级与数学中的相同。

(2) 比较运算符。比较运算符主要用来判断条件是否成立，若成立，则结果为 TRUE (真)，反之则结果为 FALSE (假)。Excel 中的比较运算符有：小于 (<)、小于等于 (<=)、大于 (>)、大于等于 (>=)、等于 (=)、不等于 (<>)。

比较运算符的优先级低于算术运算符的优先级。使用比较运算符的公式如“=4<>5”表示判断 4 是否不等于 5，其结果显然是成立的，因此该公式的结果为 TRUE。

(3) 字符运算符。字符运算符主要用来连接两个或多个字符串，运算结果为连接后生成的新字符串。字符运算符只有一个：连接 (&)。

字符运算符的优先级高于比较运算符的优先级，但又低于算术运算符的优先级。使用字符运算符构成的公式如“=How&are&you”，表示公式中的3个字符串连接到一起，结果为“How are you”。

2. 使用函数

函数是由Excel预先定义好的特殊公式，可以完成比较复杂的数据处理。Excel 2016为用户提供了丰富的内置函数，按照功能可分为统计函数、数学与三角函数、逻辑函数、日期与时间函数、文本函数、财务函数、查找与引用函数、数据库函数、信息函数等12种类型。函数通过参数接受数据并返回计算结果，如函数表达式SUM（A3∶E10）表示求A3到E10区域中所有数据的和，其中A3∶E10就是SUM函数的参数。

函数的输入格式为：函数名（参数1，参数2，……）

其中，参数的个数和类别由该函数的功能和性质决定，各参数之间用逗号分隔。

Excel中使用频率较高的函数有：求和函数SUM、平均值函数AVERAGE、最大值函数MAX和最小值函数MIN。“开始”选项卡的“编辑”工具组中列举出了常用函数，以方便用户使用。

任务三：制作幼儿素质发展报告

【任务引导】请思考常用的函数有哪些？

【任务操作】请按照以下操作提示，制作自定义的幼儿素质发展报告。

操作步骤①：数据判断

在幼儿发展评估中，幼儿园教师经常需要根据数据作出“优”“良”“合格”等级评价，使用Excel的逻辑函数可以快速完成。

第一步：打开工作表“幼儿素质发展报告单.xlsx”，选择E3单元格，单击“公式”选项卡中的“逻辑”按钮，在弹出的下拉列表中选择“IF”选项，如图6-23所示。

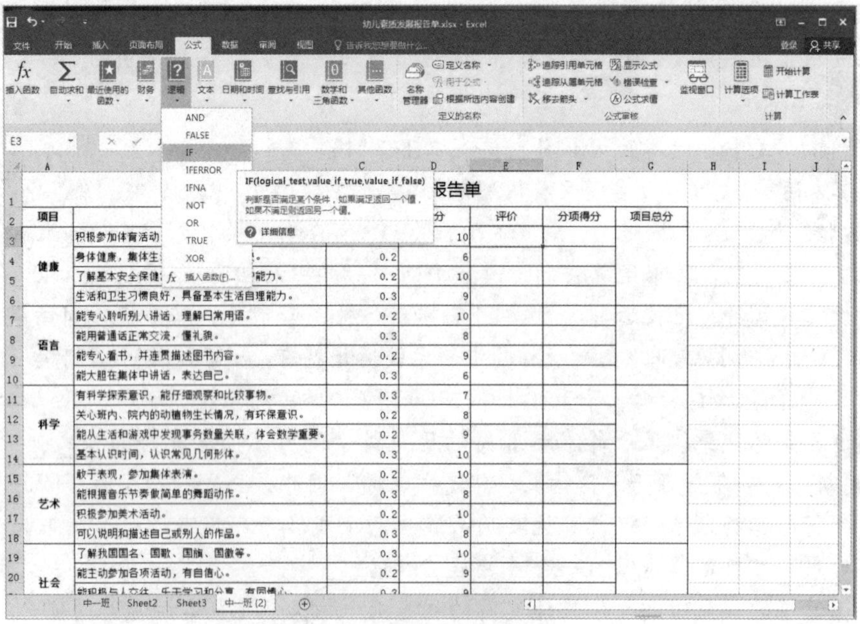

图6-23 选择“IF”选项

第二步：打开“函数参数”对话框，在“logical _ test”数值框中输入“D3>=9”，在“value _ if _ true”数值框中输入“优秀”，表示 D3 单元格中的数值大于等于 9，则该学生评价为“优秀”，如图 6-24 所示。

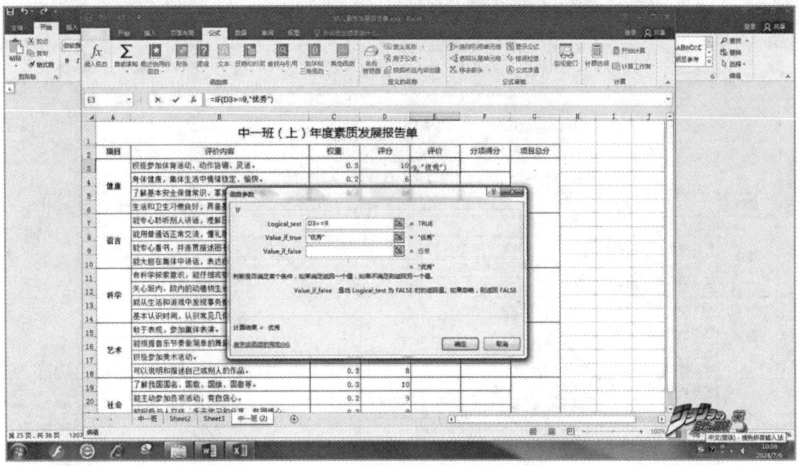

图 6-24　IF“函数参数”对话框

第三步：将鼠标指针定位至“value _ if _ false”数值框中，单击编辑框左侧“IF”函数，将打开另一个“函数参数”对话框，可进行函数嵌套设置。

第四步：在新打开的“函数参数”对话框中，“logical _ test”数值框中输入“D3>=7”，在“value _ if _ true”数值框中输入“良好”，表示 D3 单元格中的数值大于等于 7 且小于 9，则该学生评价为“良好”；在“value _ if _ false”数值框中输入“合格”，表示 D3 单元格数值小于 7，该学生成绩评价为“合格”，单击“确定”按钮即可得出第一个评价结果，如图 6-25 所示。

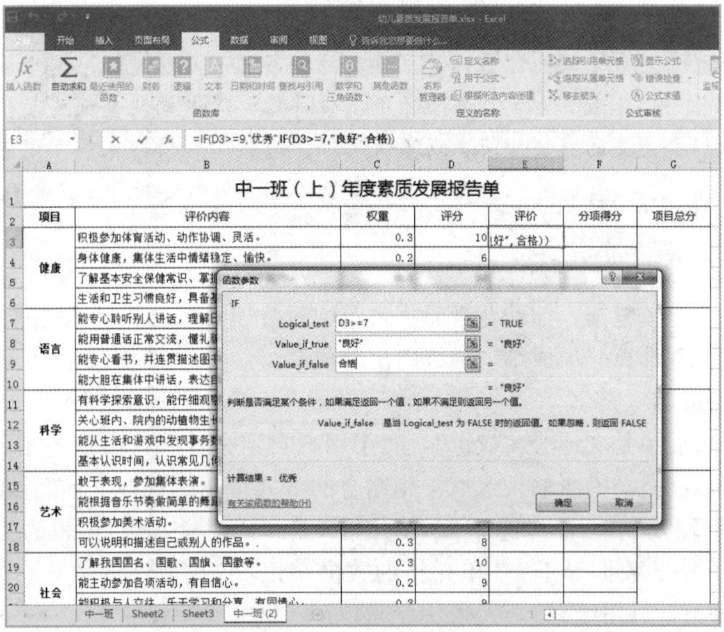

图 6-25　IF 函数嵌套设置

第五步：选择 E3 单元格，将鼠标指针移至单元格右下角，待形状变为“＋”，按下鼠标左键向下拖动至 E22 单元格，复制函数可完成各项评价，如图 6-26 所示。

中一班（上）年度素质发展报告单						
项目	评价内容	权重	评分	评价	分项得分	项目总分
健康	积极参加体育活动、动作协调、灵活。	0.3	10	优秀		
	身体健康，集体生活中情绪稳定、愉快。	0.2	6	合格		
	了解基本安全保健常识、掌握自我保护能力。	0.2	10	优秀		
	生活和卫生习惯良好，具备基本生活自理能力。	0.3	9	优秀		
语言	能专心聆听别人讲话，理解日常用语。	0.2	10	优秀		
	能用普通话正常交流，懂礼貌。	0.3	8	良好		
	能专心看书，并连贯描述图书内容。	0.2	9	优秀		
	能大胆在集体中讲话，表达自己。	0.3	6	合格		
科学	有科学探索意识，能仔细观察和比较事物。	0.3	7	良好		
	关心班内、院内的动植物生长情况，有环保意识。	0.2	8	良好		
	能从生活和游戏中发现事务数量关联，体会数学重要。	0.2	9	优秀		
	基本认识时间，认识常见几何形体。	0.3	10	优秀		
艺术	敢于表现，参加集体表演。	0.2	10	优秀		
	能根据音乐节奏做简单的舞蹈动作。	0.3	8	良好		
	积极参加美术活动。	0.2	10	优秀		
	可以说明和描述自己或别人的作品。	0.3	8	良好		
社会	了解我国国名、国歌、国旗、国徽等。	0.3	10	优秀		
	能主动参加各项活动，有自信心。	0.2	9	优秀		
	能积极与人交往，乐于学习和分享，有同情心。	0.3	9	优秀		
	理解和遵守日常生活中的行为规则。	0.2	8	良好		

图 6-26　成绩评价结果

【课程思政】

善于观察评价

观察和评估幼儿发展是幼儿园教师的主要岗位任务之一，通过观察发现幼儿的优势和劣势，家园协作制作个性化教育方案，帮助幼儿扬长补短，促进幼儿全面发展。幼儿园教师需增进对中国特色社会主义的思想认同、政治认同、理论认同和情感认同，增强专业认同和专业情感，尊重幼儿人格，富有爱心、责任心、事业心，善用观察和评价提高教育质量。

操作步骤②：综合数据计算

如果成绩组成比较复杂，如幼儿素质报告单中对分项指标设置了不同的权重，可以综合利用公式和函数分别计算分项成绩，最终得出总成绩。

1. 计算分项成绩

第一步：分项成绩是“评分＊权重”，属于用户自定义计算，可以利用公式计算。公式可以用鼠标选择单元格与键盘输入运算符相结合的方式编辑。选择 F3 单元格，输入“＝”，选择 C3 单元格，输入“＊”，再选择 D3 单元格，F3 单元格内显示编辑的公式为“＝C3＊D3”，表示该单元格的数据等于 C3 单元格的数据乘以 D3 单元格的数据，如图 6-27 所示。按【Enter】键即可计算出结果。

第二步：将鼠标指针移至 F3 单元格右下角，待形状变为“＋”，按下鼠标左键向下拖动至 F22，利用自动填充完成其他分项成绩计算。

项目	评价内容	权重	评分	评价	分项得分	项目总分
健康	积极参加体育活动、动作协调、灵活。	0.3	10	优秀	=C3*D3	
	身体健康，集体生活中情绪稳定、愉快。	0.2	6	合格		
	了解基本安全保健常识、掌握自我保护能力。	0.2	10	优秀		
	生活和卫生习惯良好，具备基本生活自理能力。	0.3	9	优秀		
语言	能专心聆听别人讲话，理解日常用语。	0.2	10	优秀		
	能用普通话正常交流，懂礼貌。	0.3	8	良好		
	能专心看书，并连贯描述图书内容。	0.2	9	优秀		
	能大胆在集体中讲话，表达自己。	0.3	6	合格		
科学	有科学探索意识，能仔细观察和比较事物。	0.3	7	良好		
	关心班内、院内的动植物生长情况，有环保意识。	0.2	8	良好		
	能从生活和游戏中发现事务数量关联，体会数学重要。	0.2	9	优秀		
	基本认识时间，认识常见几何形体。	0.3	10	优秀		
艺术	敢于表现，参加集体表演。	0.2	10	优秀		
	能根据音乐节奏做简单的舞蹈动作。	0.3	8	良好		
	积极参加美术活动。	0.2	10	优秀		
	可以说明和描述自己或别人的作品。	0.3	8	良好		
社会	了解我国国名、国歌、国旗、国徽等。	0.3	10	优秀		
	能主动参加各项活动，有自信心。	0.2	9	优秀		
	能积极与人交往，乐于学习和分享，有同情心。	0.3	9	优秀		
	理解和遵守日常生活中的行为规则。	0.2	8	良好		

图 6-27　计算分项成绩

2. 计算各项目总成绩

本案例设置了 5 个项目，需要分别计算各项目总成绩，可用求和函数分区域计算。

第一步：选择 G3 单元格，单击“公式/函数库/插入函数”按钮 *fx* ，弹出“插入函数”对话框，在“常用函数”中选择求和函数“SUM”，如图 6-28 所示。

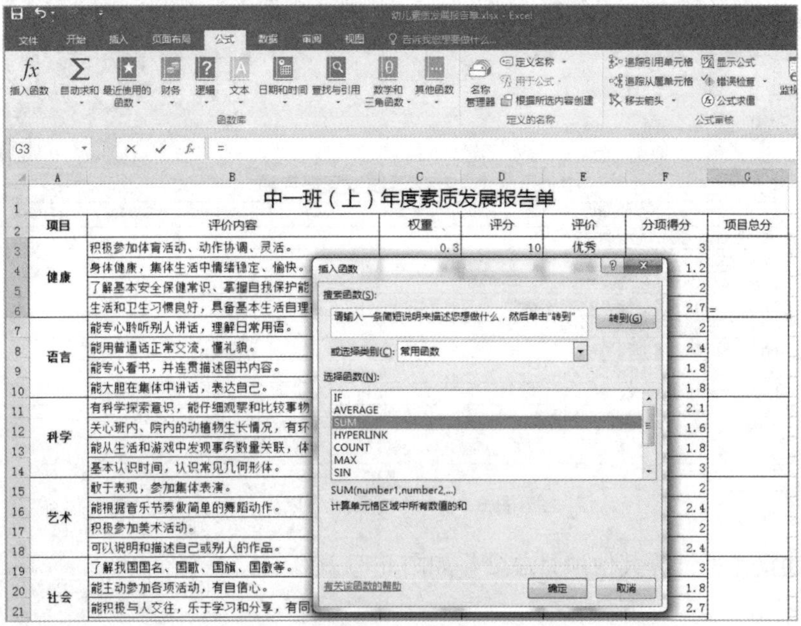

图 6-28　选择求和函数“SUM”

第二步：单击“确定”按钮，弹出“函数参数”对话框。单击 Number1 右侧折叠按钮，选择求和参数 F3：F6 单元格，如图 6-29 所示。

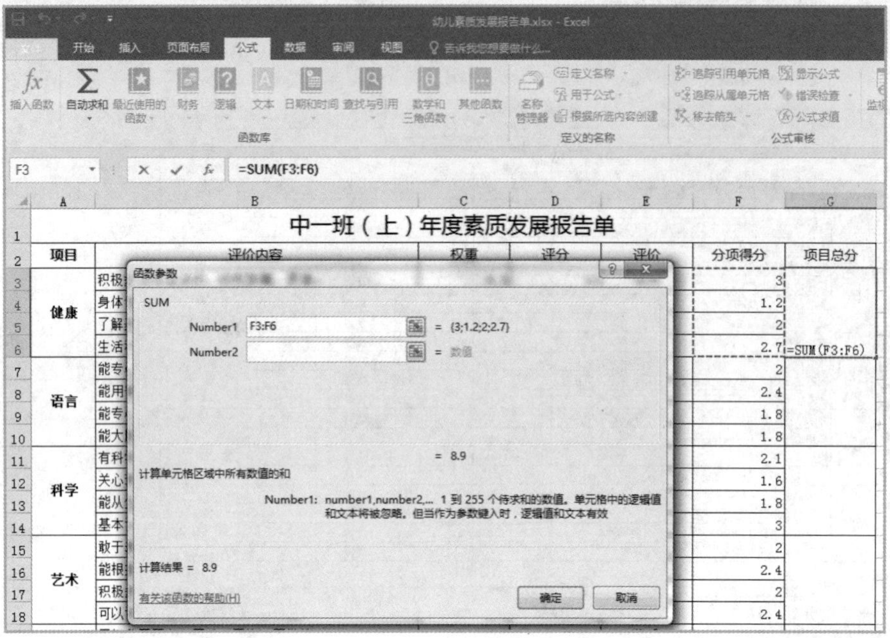

图 6-29 选择求和参数

第三步：再次单击折叠按钮，返回“函数参数”对话框，单击“确定”按钮，即可计算出“健康”单项的总成绩，如图 6-30 所示。

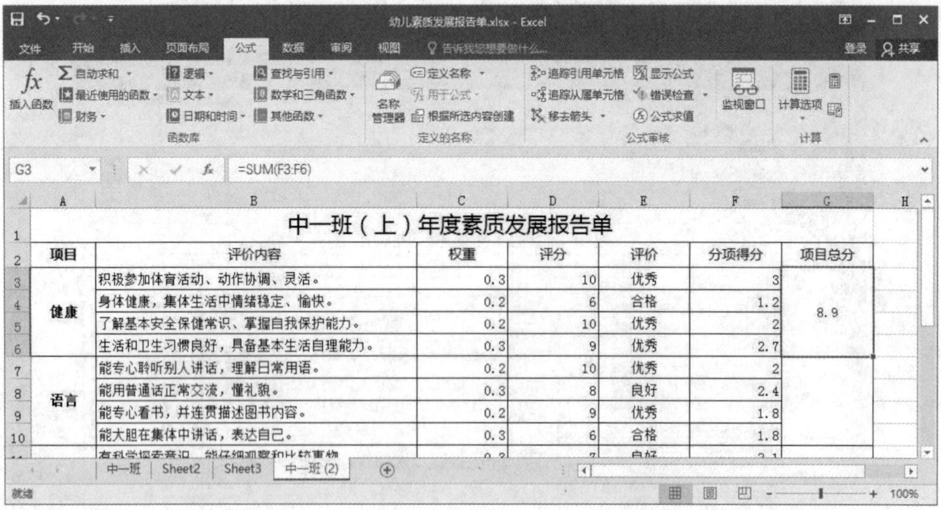

图 6-30 区域求和结果

利用上述操作可计算其他项目总分，如图 6-31 所示。

中一班（上）年度素质发展报告单

项目	评价内容	权重	评分	评价	分项得分	项目总分
健康	积极参加体育活动、动作协调、灵活。	0.3	10	优秀	3	8.9
	身体健康，集体生活中情绪稳定、愉快。	0.2	6	合格	1.2	
	了解基本安全保健常识、掌握自我保护能力。	0.2	10	优秀	2	
	生活和卫生习惯良好，具备基本生活自理能力。	0.3	9	优秀	2.7	
语言	能专心聆听别人讲话，理解日常用语。	0.2	10	优秀	2	8
	能用普通话正常交流，懂礼貌。	0.3	8	良好	2.4	
	能专心看书，并连贯描述图书内容。	0.2	9	优秀	1.8	
	能大胆在集体中讲话，表达自己。	0.3	6	合格	1.8	
科学	有科学探索意识，能仔细观察和比较事物。	0.3	7	良好	2.1	8.5
	关心班内、院内的动植物生长情况，有环保意识。	0.2	8	良好	1.6	
	能从生活和游戏中发现事务数量关联，体会数学重要。	0.2	9	优秀	1.8	
	基本认识时间，认识常见几何形体。	0.3	10	优秀	3	
艺术	敢于表现，参加集体表演。	0.2	10	优秀	2	8.8
	能根据音乐节奏做简单的舞蹈动作。	0.3	8	良好	2.4	
	积极参加美术活动。	0.2	10	优秀	2	
	可以说明和描述自己或别人的作品。	0.3	8	良好	2.4	
社会	了解我国国名、国歌、国旗、国徽等。	0.3	10	优秀	3	9.1
	能主动参加各项活动，有自信心。	0.2	9	优秀	1.8	
	能积极与人交往，乐于学习和分享，有同情心。	0.3	9	优秀	2.7	
	理解和遵守日常生活中的行为规则。	0.2	8	良好	1.6	

图 6-31　幼儿素质发展报告总体效果

Excel 条件格式

条件格式即在设置该格式的单元格区域中，将符合条件的单元格数据以相应的格式显示，不符合条件的保持原来的格式，如可以将不及格的成绩以红色字体显示，将 90 分以上的成绩以蓝色且加下画线的形式显示。其中的条件和对应的格式均可由用户自己设定。设置条件格式的步骤如下：

（1）选择要设置条件格式的单元格区域。

（2）单击“开始/样式/条件格式”按钮，在弹出的菜单中有多个菜单项，如图 6-32 所示。

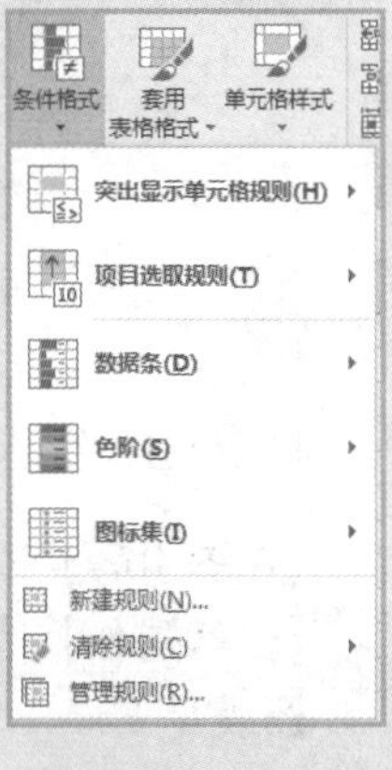

图 6-32　“条件格式”菜单

• 突出显示单元格规则：用户可以使用大于、小于及介于等比较运算符来设置条件规则，该规则常用于突出显示用户所关注的数据。

• 项目选取规则：可通过满足某个条件的前（或后）几个或高（或低）于平均值等方式设置条件规则，常用于突出和强调异常数据。

• 数据条：把当前单元格中的数据以数据条的形式来表示，数据条的长度即代表单元格中的值的大小，长度越长值越大，越短则越小。在观察大量数据时，数据条可帮助用户更直观地查看当前单元格相对于其他单元格中的值。

• 色阶：将多种颜色间的渐变过程与数据大小的变化过程相联系，在用色阶设置时，颜色的深浅程度就表示当前单元格中数据的大小。例如，在红、白、蓝色阶中，可以指定数据较大的单元格颜色更红，数据较小的单元格颜色更蓝，而中间值的单元格颜色则为白色。色阶格式可帮助我们了解数据的分布和变化情况。

• 图标集：在图标集选项下，将单元格区域中的数据按照某些阈值分为 3 到 5 个类别，每个类别用一个图标来代表，设置效果中图标的不同代表当前值所在的类别不同，间接地表示该数据值的大小。例如，用 3 个方向的箭头集合表示 3 个类别，绿色的上箭头代表较大值；黄色的横向箭头代表中间值；红色的下箭头代表较小的值。也可以选择只对符合条件的单元格显示图标。通过图标集选项可起到对单元格添加注释的作用。

（3）在图 6-32 所示的菜单中选择合适的选项后，会弹出图 6-33 中的某一个子菜单，根据要求在子菜单中选择相应的命令项。

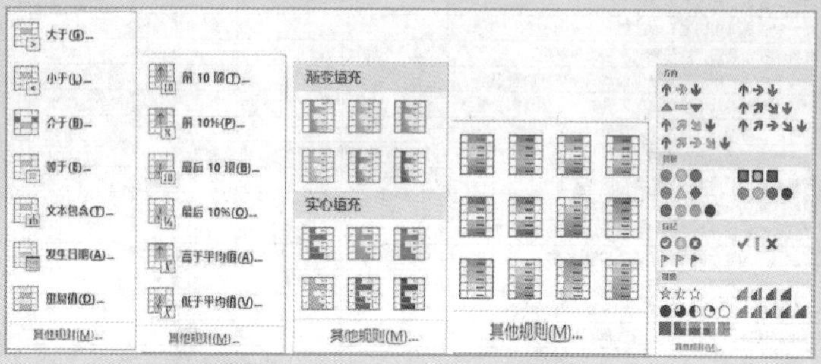

图 6-33 条件格式菜单的前 5 个子菜单

（4）对于图 6-33 中的前两个子菜单在选择某一选项后还会弹出对应规则的设置界面，图 6-34 所示为在第一个子菜单中选择“大于”选项后弹出的设置界面，图 6-35 则为在第二个子菜单中选择“值最大的 10 项”选项后弹出的设置界面，根据提示按要求进行设置即可；对于后面的 3 个子菜单，在选择某一选项后即已完成设置过程，可直接查看设置结果。

图 6-34 “大于”条件格式设置界面

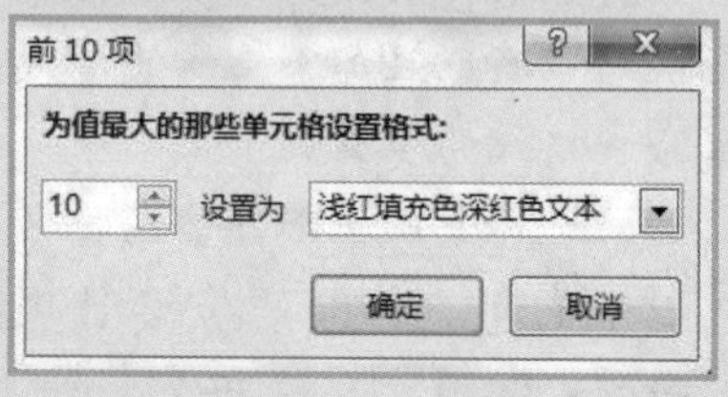

图 6-35 “前 10 项”条件格式设置界面

任务四：制作幼儿素质分析图表

【任务引导】 Excel 图表有哪些类别？请思考每种图表适于呈现怎样的数据关系？

【任务操作】 请按照以下操作提示，制作自定义的分析图表。

图表是 Excel 中常被用来表现数据关系的可视化图形工具，用于更直观地呈现数据及数据间的关系，如饼图可直观呈现部分在总体中的比例，折线图可直观呈现数据的发展趋势，柱形图可直观呈现数据间的对比等。Excel 2016 中大约包含 15 种图表类型，每种图表类型中又有很多子类型，用户既可以使用 Excel 的“推荐图表”，也可以自定义图表，以满足不同使用需求。

操作步骤①：创建图表

下面以在“幼儿素质分析图表.xlsx”工作簿中创建柱形图为例，讲解图表操作过程。

1. 选择数据区和图表类型

选择B3：K4单元格区域，单击“插入”→“图表”→“柱形图”按钮，在弹出的下拉列表中选择“簇状柱形图”选项，如图6-36所示。

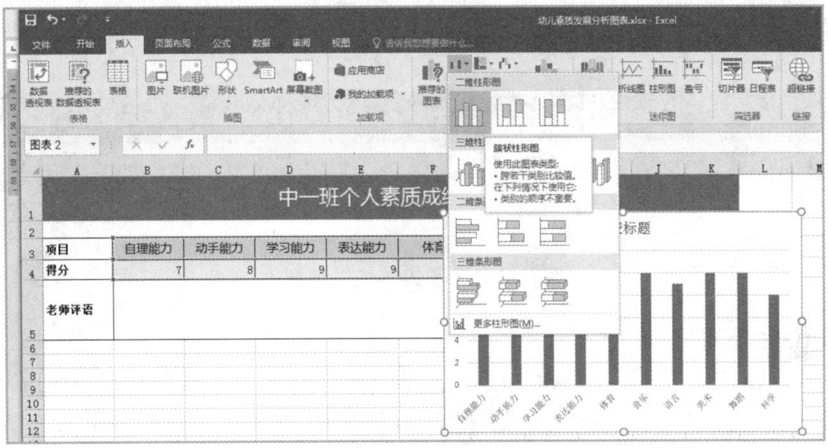

图6-36　选择图表类型

2. 调整图表

在表格编辑区可以看到插入的图表。将鼠标指针移动至图表边框，拖动鼠标调整图表位置至表格下方。将鼠标指针移动至图表四边的控制点上，待其变为↔形状时，可以调整图表大小，如图6-37所示。

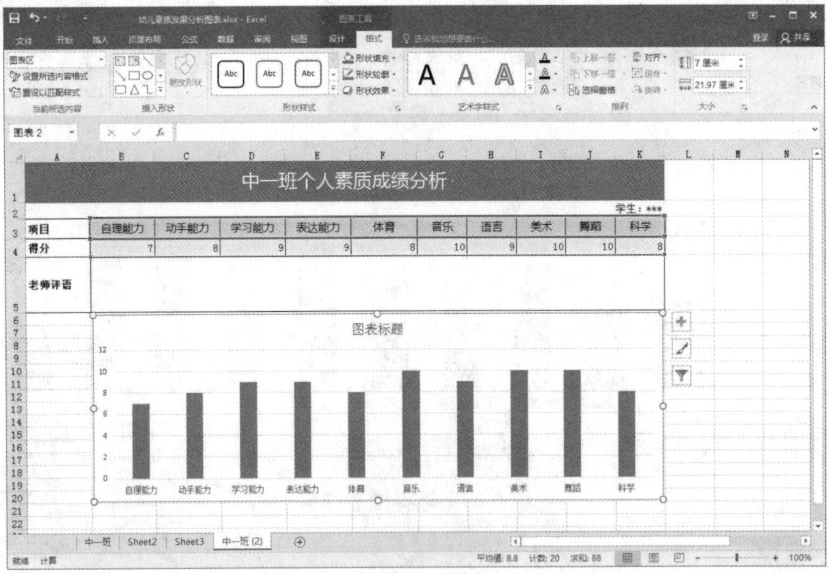

图6-37　调整图表大小和位置

操作步骤②：编辑图表

图表主要由图表区、绘图区、图表标题、数据系列、坐标轴、图例、模拟运算表和三维背景等子对象组成。通常当鼠标指针停留在这些图表子对象上方时，就会显示该子对象的名称，以方便用户查找或编辑。

在图表区单击即可选中该图表，图表被选中后功能区会出现图 6-38 所示的“图表工具”选项卡，该选项卡中包含“设计”和“格式”子选项卡，可对选中的图表进行多种编辑操作。

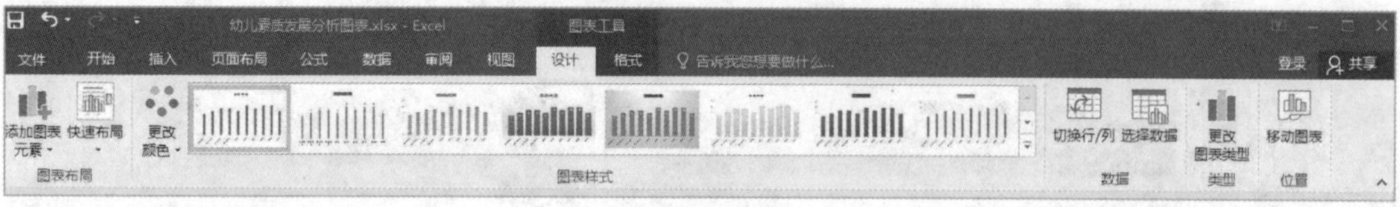

图 6-38 “图表工具”选项卡

1. 编辑图标样式

选择图表，在“图表工具/设计”选项卡的“图表样式”工具组中单击列表框右侧的按钮，在弹出的下拉列表中选择“样式 16”，如图 6-39 所示。

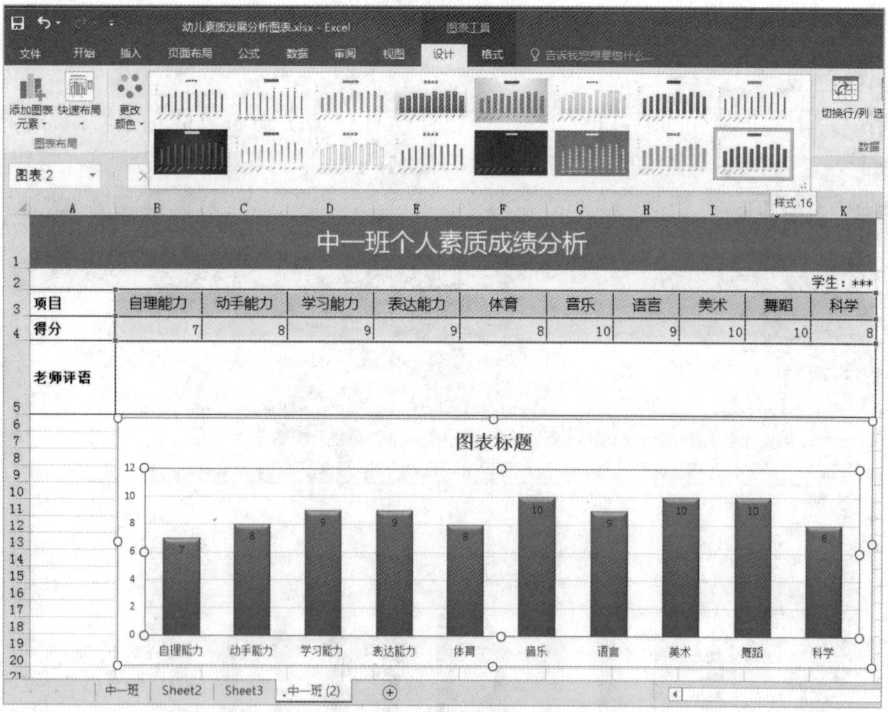

图 6-39 选择图表样式

2. 选择布局

在“图表工具/设计”选项卡中的“快速布局”工具组中单击列表框右侧的按钮，在下拉列表框中选择“布局 9”选项，如图 6-40 所示。

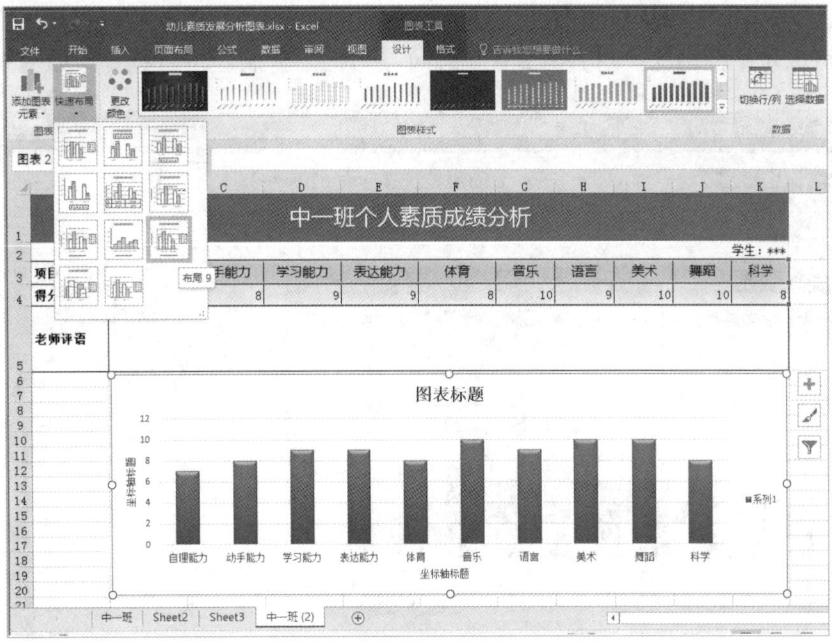

图 6-40　选择图表布局

3. 编辑坐标轴

单击“图表工具/设计”→“图表布局”→“添加图表元素”按钮，在下拉列表中选择“坐标轴”，在下一级列表中选择“主要横坐标轴”或“主要纵坐标轴”，如图 6-41 所示。在“轴标题”选项中可设置横坐标轴标题或纵坐标轴标题。

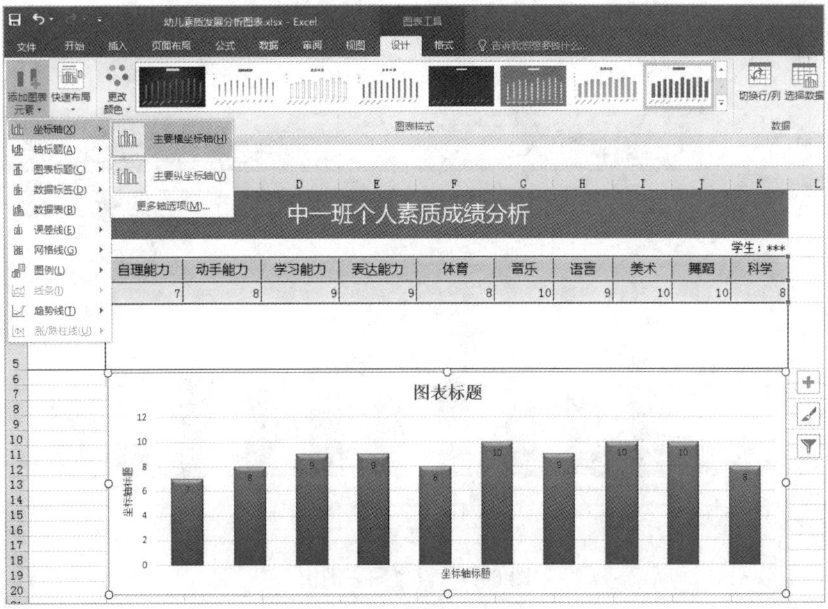

图 6-41　设置坐标轴格式

在“坐标轴”下拉列表中选择“更多轴选项”，在界面右侧打开“设置坐标轴格式”导航窗口，其上方四个图标从左至右依次是“填充与线条”、“效果”、“大小与属性”和“坐标轴选项”。可以对坐标轴的“对齐方式”或“文字方向”等属性进行设置，如图 6-42 所示。

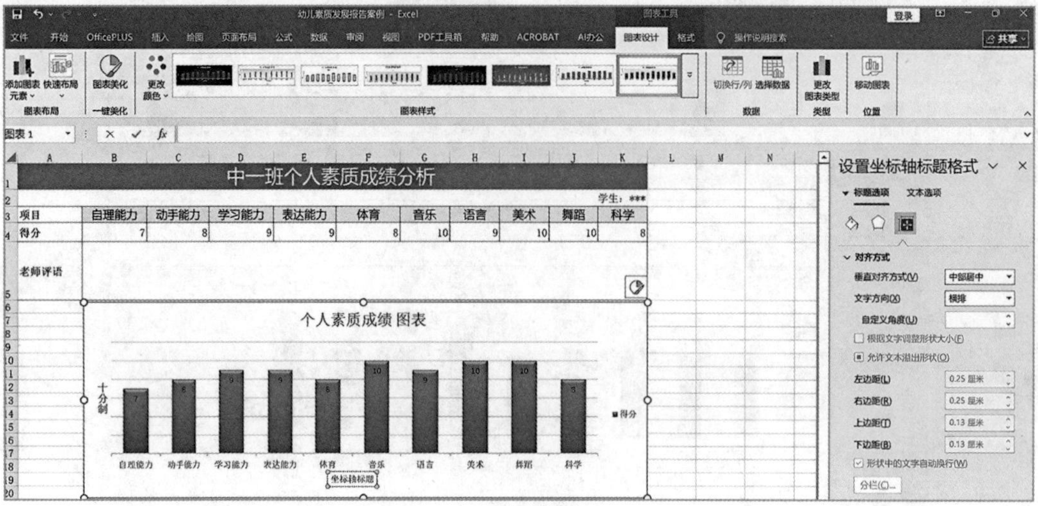

图 6-42　设置坐标轴标题格式

4. 关闭图例

单击“图表工具/设计”→“图表布局”→“添加图表元素”→“图例”按钮，在下拉列表中选择“无”选项，关闭图例，如图 6-43 所示。

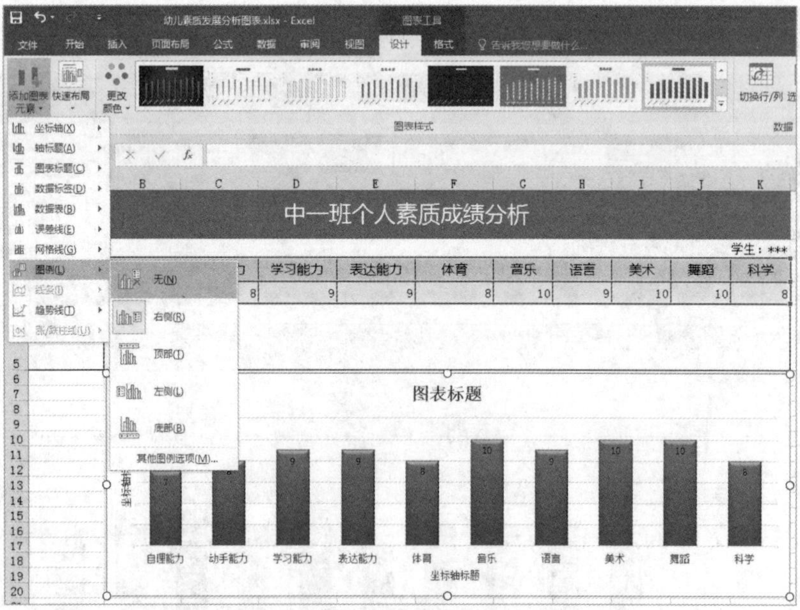

图 6-43　设置图表图例

5. 编辑标题

选择图表标题，将文本插入点定位在标题中，删除原有文本，输入新的文本“个人素质成绩图表”。用同样的方法，将文本插入点定位在纵坐标轴标题中，输入新的文本“十分制”，可通过“开始”选项卡中文字工具进行文字编辑，如图 6-44 所示。

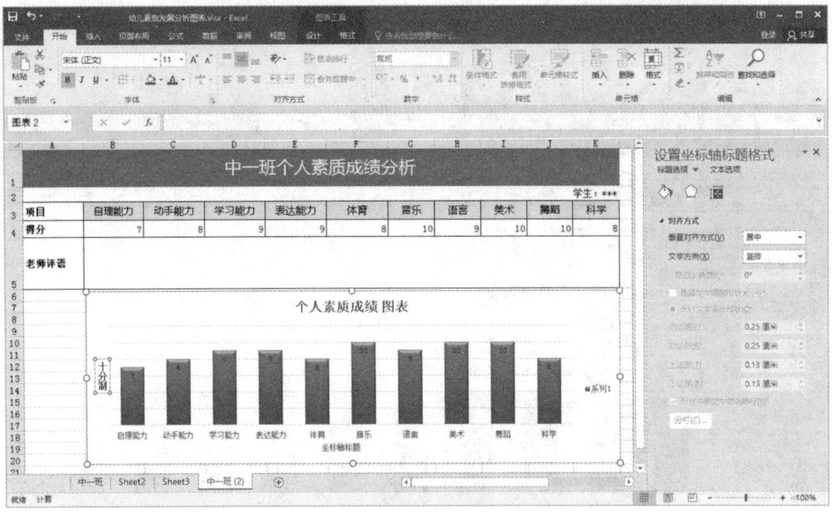

图 6-44 设置标题

6. 编辑系列

单击“图表工具/设计”→“图表布局”→“数据”→“选择数据”按钮，打开“选择数据源”对话框，如图 6-45 所示。

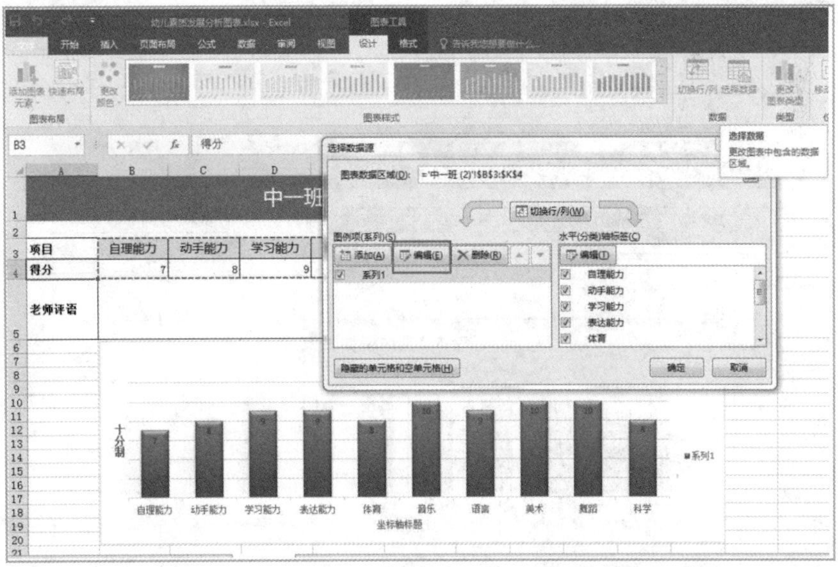

图 6-45 “选择数据源”对话框

选择“系列 1”，单击“编辑”按钮。打开“编辑数据系列”对话框，在系列名称一栏中，选择数据表中“得分”，如图 6-46 所示。单击“确定”按钮，完成对数据系列的编辑，如图 6-47 所示。

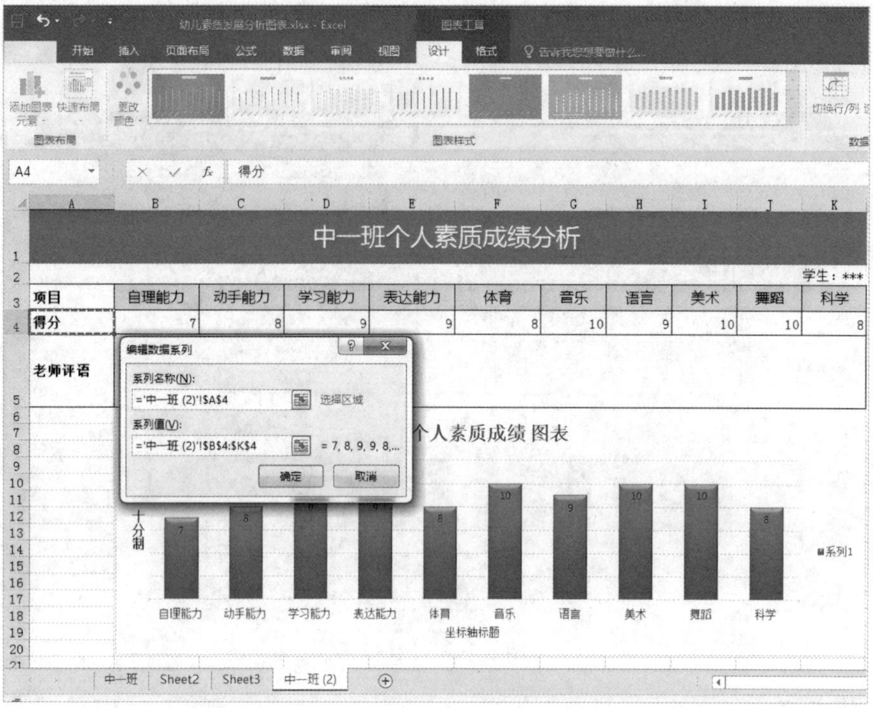

图 6-46 “编辑数据系列”对话框

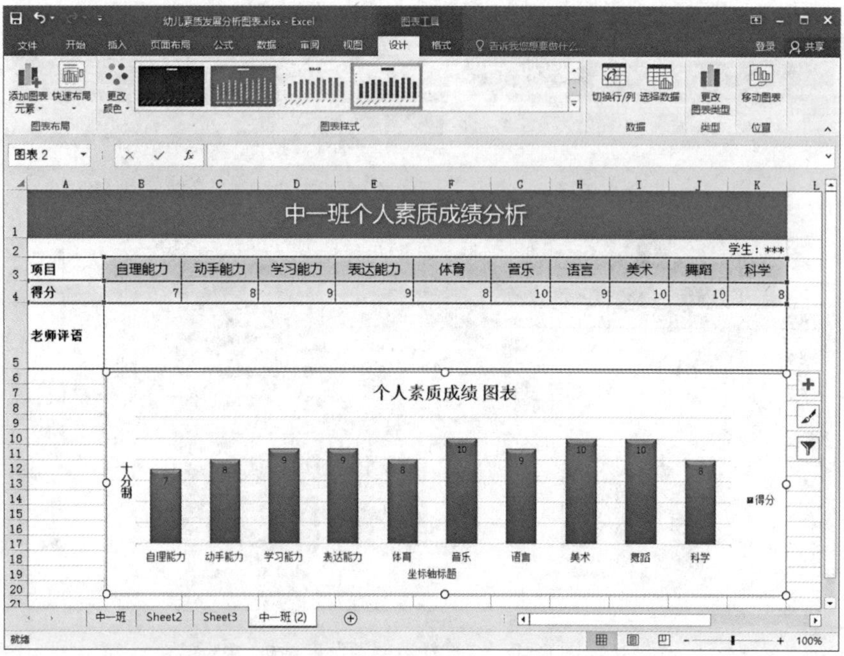

图 6-47 编辑数据系列效果

操作步骤③：美化图表

为了使图表更美观，还可通过格式设置对图表进行美化。

1. 设置形状样式

设置形状样式是对图表中各种边框颜色及边框样式等进行设置。操作步骤如下：

（1）选择要设置格式的图表，进入“图表工具/格式”选项卡，如图 6-48 所示。在该子选项卡的“当前所选内容”选项组上方有一个下拉列表，从中可以选择要设置格式的图表子对象。

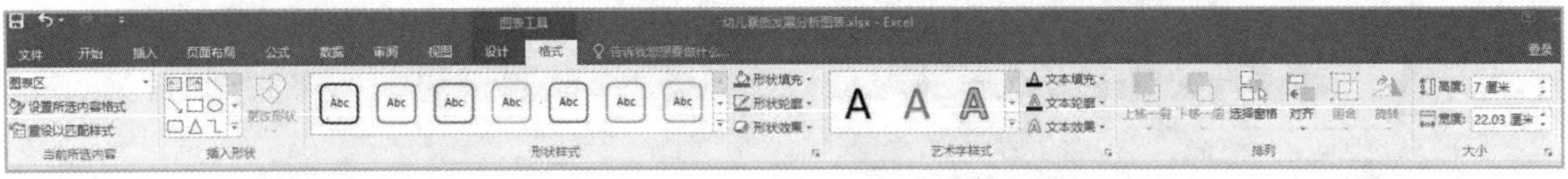

图 6-48　“格式”子选项卡部分按钮

（2）在“当前所选内容”选项组下拉列表中选择想要设置格式的图表子对象后（也可以直接通过单击该子对象进行选择），单击“形状样式”选项组右下角的按钮，会弹出与该子对象对应的格式设置对话框，图 6-49 所示为选择图表区后弹出的“设置图表区格式”窗格。

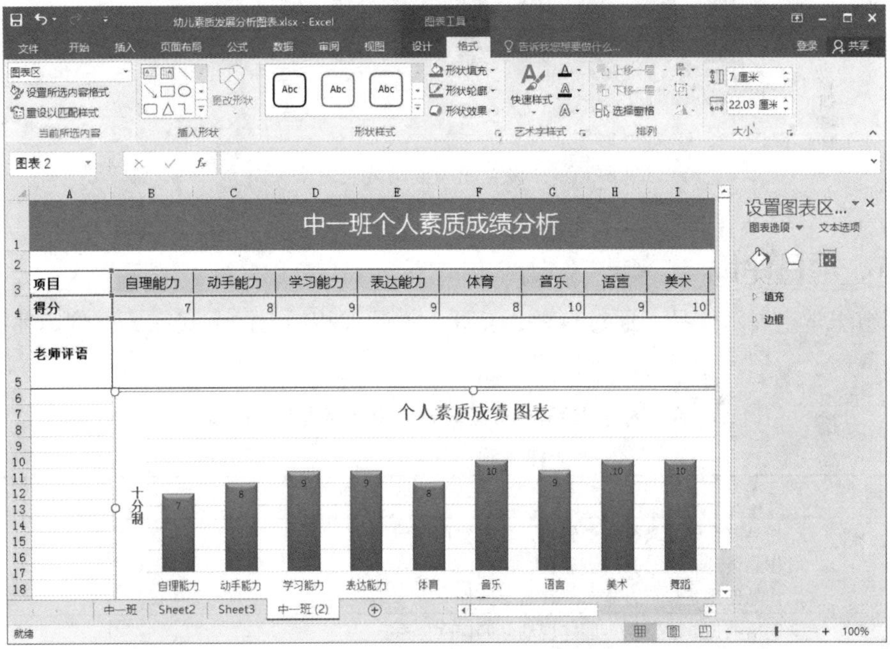

图 6-49　“设置图表区格式”窗格（1）

（3）在窗口左侧选择要设置格式的选项，右侧进行相应格式的设置，完成后单击“关闭”按钮即可。

2. 设置文本样式

设置文本样式的操作与设置形状样式的操作类似，具体步骤如下：

（1）选择要设置格式的图表，在“图表工具/格式”→“当前所选内容”选项组的下拉列表中选择要设置格式的图表子对象（也可以直接通过单击该子对象进行选择）。

（2）单击“艺术字样式”选项组右下角的按钮，弹出图 6-50 所示的“设置图表区格式”窗格。

（3）在窗口左侧选择要设置格式的选项，右侧进行相应格式的设置，完成后单击“关闭”按钮即可查看设置效果。

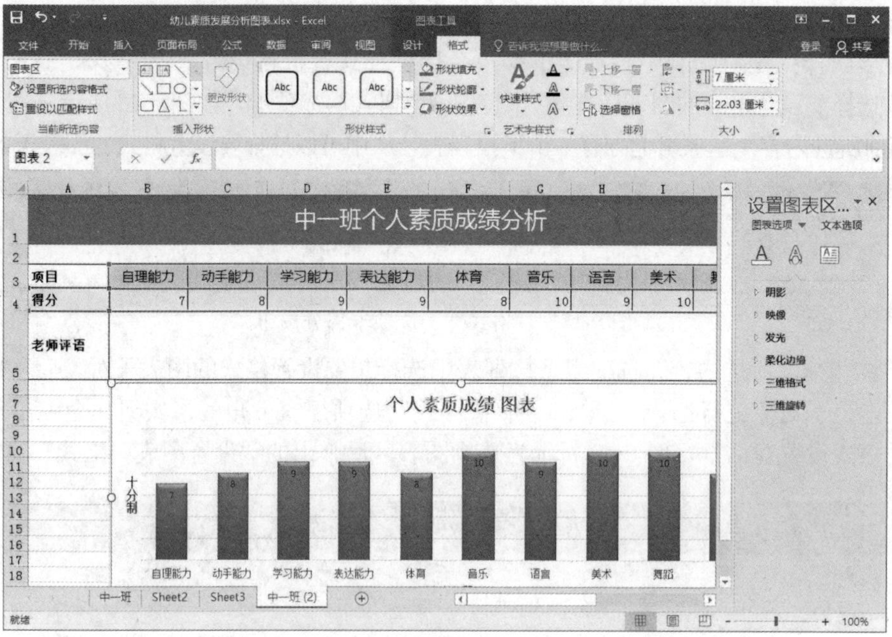

图 6-50 “设置图表区格式”窗格（2）

六、项目评价

教师组织学生展示作品，通过自评、互评、教师评相结合的方式完成评价，并将评价结果填入表 6-6。

表 6-6 “设计制作幼儿素质教育报告”评价表

学生姓名： 小组名称： 班级：

评价内容	评 价 标 准	分值	得分
内容设计	1. 作品符合幼儿教育教学特点，具有实用性。 2. 作品设计新颖，具有创新性。 3. 作品使用素材符合要求，具有丰富性	20	
技术运用	1. 表格数据处理得当，能体现幼儿园课程体系。 2. Excel 操作技能熟练，作品完整。 3. 作品符合幼儿的考核特点，可用于幼儿教学评价活动	60	
学生素质	1. 无迟到、早退、旷课现象。 2. 遵守课堂纪律，规范使用教学设备；按时完成任务。 3. 积极与同学合作交流，主动承担工作，精神面貌好	20	
合 计		100	
自我反思：本项目学习有哪些收获，存在哪些问题，哪些技能需要进一步夯实？			
教师、同学评价： 考核评价人： 年 月 日			

七、项目延伸

请同学们课后尝试完成以下任务，将完成情况填入表 6-7。

（1）协助幼儿园在职教师进行班级数据管理。

（2）完成日常学习和工作中的实际任务。

表 6-7　岗位任务反馈表

学生姓名：　　　　　　　　　　　　　班级：

任务名称		应用场景	
使用了哪些操作技能			
反思与提升			
应用效果			
作品粘贴处（或将作品上传学习平台）			

项目七 设计制作微信公众平台作品

一、典型工作任务描述

微信作为一种新媒体软件和新型通信工具，已经深入人们工作生活的方方面面。微信公众平台和视频号以其便捷、高效的特点在幼儿园得到了广泛应用，成为家园信息沟通、主题教育活动、家园协同育人以及幼儿园文化输出等活动的重要载体。开通微信公众号或建立微信群、视频号，定期推送幼儿园工作动态、主题宣传作品、通知公告等，已经成为当代幼儿园教师的日常工作内容之一。“设计制作微信公众平台作品”典型工作任务分析见表 7-1。

表 7-1　“设计制作微信公众平台作品”典型工作任务分析

工作环境	正常办公环境
工作过程	1. 注册微信公众平台账号。 2. 提炼总结幼儿园某一主题教育活动的内容，采集相应的图片、音频、视频等素材。 3. 利用微信公众平台进行图文信息创作，适当结合秀米、壹伴插件等编辑器进行排版。 4. 发布微信公众平台作品
工作对象	通过微信公众平台传播的，承载某一完整主题内容的信息
工具和材料	工具：多媒体计算机、智能手机、微信以及秀米编辑器、壹伴插件等编辑器。 材料：脚本文字素材、音频素材、视频素材、图片素材
工作方法	1. 研讨法：研讨制订作品设计方案。 2. 案例教学法：观摩优秀案例作品，由借鉴走向创新
劳动组织形式	撰稿、拍摄、编辑可由多人合作，也可由一人完成，作品经由审核人、审批人通过后方可发布

续表

工作要求	1. 作品设计方案要构思巧妙，能够完整表达主题，服务于工作需要。 2. 要充分考虑受众的特点，传播积极健康的信息。 3. 编辑人员要有一定的信息技术素养和审美能力，审核人、审批人要有一定的语言文字素养和较强的政治素养

二、学习情境描述

根据设计制作微信公众平台作品的典型工作任务分析，需要让学生经过工作需求分析、注册账号、采集素材、创作作品、预览发布作品的完整过程，见表 7-2。

表 7-2　“设计制作微信公众平台作品”学习情境设计

学习情境名称	设计与制作微信公众平台作品		学时建议：4 学时
学习情境描述	基于幼儿园某一宣传、家园沟通等工作需要，学生根据教师下发的学习任务书，研讨作品设计方案，合作完成素材采集、注册微信公众平台账号、创作作品等任务，开发一例完整的微信公众平台作品		
学习目标	知识目标	1. 了解微信公众平台的使用规范。 2. 掌握申请注册微信公众平台账号的方法。 3. 掌握微信公众平台图文创作的界面及编辑器功能	
	能力目标	1. 能够选择适宜的主题，编写作品脚本。 2. 能够利用不同渠道采集或创作所需的音频、视频、图片等素材。 3. 能够申请注册微信公众平台账号，并利用图文信息创作的界面及编辑器设计制作图文并茂的作品	
	素质目标	1. 增强教学研究能力、总结提炼工作经验的能力、文字写作能力。 2. 提升信息素养和创新能力，规范使用网络资源和幼儿信息，培养良好的学风和学术规范。 3. 增强政治敏感意识，遵守网络传播规范，传播正面信息	
学习内容	1. 微信公众平台账号的注册。 2. 图文信息的方案设计与制作。 3. 微信公众平台作品的优化与发布		
教学条件	硬件：多媒体机房、每台计算机均能够登录互联网。 软件：微信、秀米、壹伴插件等编辑器		
教学方法与组织形式	1. 教学方式方法：案例教学法、任务驱动法、小组教学法。 2. 教学组织形式：分组讨论制订设计方案，学生合作完成任务		
教学流程	活动内容	教师活动	学生活动
观摩：获取资讯	布置任务	发放学习任务书和学习资料，引导学生自主学习，完成课前学习任务	在学习任务书引导下完成学习任务，了解微信公众平台作品在幼儿园的应用
	案例分析	展示教学案例，进行案例分析	了解微信公众平台作品的设计制作流程，明确知识技能要求

设计： 制订计划	设计方案	组织小组研讨，帮助学生形成方案	以小组为单位研讨微信公众平台作品开发方案
	确定方案	组织学生研讨，帮助学生完善方案	以班级为单位研讨完善，确定作品方案
制作： 实施计划	项目实施	围绕案例示范讲解操作技术，引导学生完成任务	学习操作技术，根据作品方案完成学习任务
展评： 评价反思	检查评价	组织学生展示作品，反思改进，评定学生成绩	展示自己的作品，根据自评、互评、教师评反思改进，填写评价表
创新： 应用创新	项目延伸	鼓励学生协助幼儿园教师创作作品	协助幼儿园教师创作作品，提高宣传能力

三、布置任务（见表 7-3）

表 7-3 “设计制作微信公众平台作品”任务书

项目名称		设计制作微信公众平台作品
具体任务	课前任务	1. 阅读设计制作微信公众平台作品典型工作任务分析，了解微信公众号在幼儿园的应用，学习互联网与新闻传播规范。 2. 观摩“欢欢喜喜过大年”案例及其他微信公众号作品，通过案例分析掌握设计制作微信公众平台作品知识技能点。 3. 小组合作研讨作品开发方案，并撰写文稿
	课中任务	1. 注册微信公众平台账号。 2. 设计作品方案。 3. 编辑作品。 4. 发布作品。 5. 设计制作微信视频号作品
	课后任务	协助幼儿园教师创作作品
任务要求		1. 学生 4～6 人结成一个教研组，每个教研组要有教研组长和管理制度。 2. 每个教研组从幼儿园日常主题教育活动或大型集体活动中选取一个主题，设计制作一件 3～5 min 的配乐微信公众平台作品。 3. 作品要符合幼儿园教学实际要求，符合新闻传播规范和微信平台使用规范，体现多种微信公众平台作品创编形式

四、典型案例分析

素材

教学案例：欢欢喜喜过大年

（一）教学案例

微信公众平台作品“欢欢喜喜过大年”。

（二）案例分析

（1）制作微信公众平台作品的基本流程。首先，注册申请一个微信公众平台的账号；其次，根据幼儿园主题教育活动确定微信公众平台的作品主题，根据主题搜集整理相应的素材，建立素材库；然后，撰写文章提纲和内容，利用微信公众平台或者编辑器对文本内容和相应的素材进行排版；最后，排版制作完成后，发布输出作品。

（2）公众平台文章排版编辑器的种类。常用的微信公众平台编辑器有 365 编辑器、壹伴、135 编辑器、秀米编辑器、小蚂蚁编辑器等。我们需要充分了解各编辑器的特点与优势，选用适合自己的编辑器。

（三）微信公众平台作品制作技术分析（见表 7-4）

表 7-4 “设计制作微信公众平台作品”知识点和技能点

类 别	知 识 点	技 能 点
注册账号	微信公众账号、微信群使用规范	注册申请微信公众平台账号
采集素材	1. 拍照、拍摄基本知识。2. 网络素材使用规范	1. 多渠道采集素材。2. 编辑素材
创作作品	新闻传播规范	1. 撰写文稿。2. 下载使用编辑器。3. 制作作品。4. 发布作品

五、项目实施

任务一：注册微信公众平台账号

【任务引导】请学习申请微信公众号的方法，并了解各账号类型的功能。

【任务操作】请按照如下操作提示，完成申请微信公众账号的任务。

微信公众平台简称公众号。曾命名为“官号平台”“媒体平台”“微信公众号”，最终定位为“公众平台”。它是由微信开发公司推出的企业或个人官方账号，旨在为用户提供一个发布资讯和与粉丝互动的平台。

第一步，进入官网

打开微信公众平台官网，单击右上角“立即注册”按钮，弹出选择注册账号类型界面，如图 7-1 所示。

第二步，选择账号类型

微信公众平台的类型主要分为订阅号、服务号、企业微信、小程序 4 种，如图 7-2 所示。四种账号类型在功能上有一定的区别。

（1）订阅号：主要功能是为用户传达资讯（类似报纸杂志），主要适用于个人、媒体、企业、政府或其他组织等，每天可以群发一条信息。

（2）服务号：主要偏于服务交互（类似银行、114，可提供服务查询），每个月可群发 4 条消息。如果想用公众平台获得更多的功能，例如开通微信支付，建议可以选择服务号，个人不能申请服务号。

图 7-1　微信公众平台官网

（3）企业微信：原企业号已升级为企业微信，是腾讯微信团队专门为企业打造的专业办公管理工具，具有与微信相同的沟通体验，拥有丰富免费的应用，能够与微信消息、小程序、微信支付等互通，可助力企业高效办公和管理，适用于企业、政府、事业单位或其他组织。如果用于管理内部员工、团队，可申请企业微信，如打卡签到、行政审批等。

（4）小程序：小程序可以在微信内被便捷地获取和传播，为用户提供了便捷的使用体验，增加了微信的使用率，如“跳一跳”“微信发票助手”等。

总体而言，微信公众平台的定位和用途是向用户提供咨询和服务。基于幼儿园教师与幼儿、家长之间的沟通交流等使用需求，我们选用订阅号即可满足要求。

第三步，填写个人基本信息

（1）填写个人邮箱，然后单击“激活邮箱”。每个邮箱仅能申请一种账号，如某个邮箱已经申请过订阅号，该邮箱不能再申请服务号、小程序以及企业微信。每个邮箱也只能申请一个账号，不能重复申请。微信公众平台账号类型如图 7-2 所示。

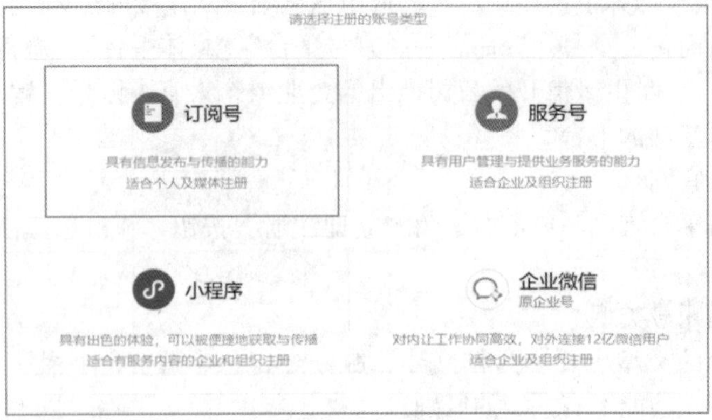

图 7-2　微信公众平台账号类型

（2）登录自己填写的邮箱，查看官方发送的验证码，如图 7-3 所示。

（3）回到微信公众平台注册页，将邮箱验证码填入，并按要求填写密码、确认密码后，单击“注册”按钮即可。

第四步，选择注册地、账号类型

注册地选择默认内容；账号类型选择我们个人用户可以注册使用的“订阅号”即可，如图 7-4 所示。页面中显示了“订阅号”支持的权限，如每天只可群发一条消息、消息显示于订阅号列表中，等等，更多内容可以单击“了解详情”查看官网文档。单击“选择并继续”，弹出“温馨提示”对话框，确认类型无误后单击“确定”按钮即可，公众号类型选定后不可更改。

图 7-3　邮箱内微信公众平台发送的验证码

图 7-4　选择注册账号类型

第五步，信息登记

（1）选择主体类型。我们是以个人名义注册的订阅号，所以选择“个人”即可，如图 7-5 所示。

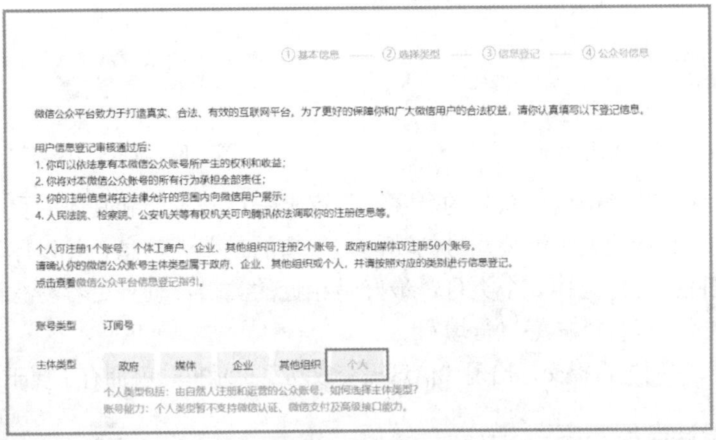

图 7-5　选择微信公众平台主体类型

(2) 填写个人信息。主要填写内容有个人身份信息和管理员身份信息（图 7-6），创作者信息为选填项，自愿填写即可。在个人信息填写时需要注意以下五项具体要求：

①管理员身份认证时，所绑定的微信账号需要绑定银行卡，否则无法认证；

②绑定管理员身份，不会扣除任何费用，所以不必担心；

③绑定时，微信官方会进行人脸识别验证，按官方要求操作即可；

④一个身份证只能注册一个订阅号；

⑤同一个手机号可以注册 5 个公众账号，所以身份信息和手机号不是完全绑定的。

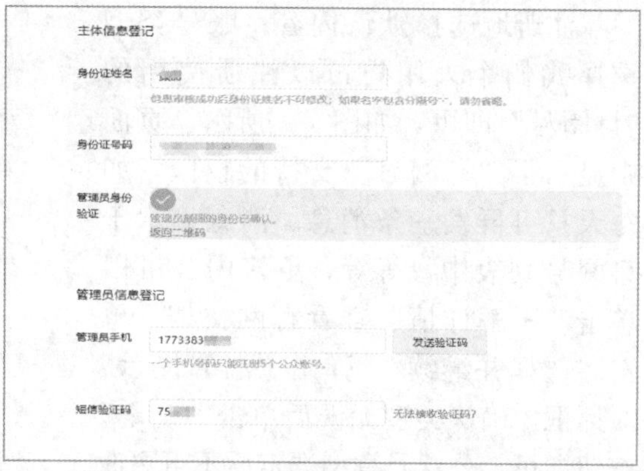

图 7-6 主体信息登记

(3) 单击“继续”按钮后，进行二次主体信息确认。无问题后单击“确定”按钮进入下一步，如图 7-7 所示。

第六步，填写公众号信息

填写账号名称、功能介绍、内容类目和运营地区，如图 7-8 所示。

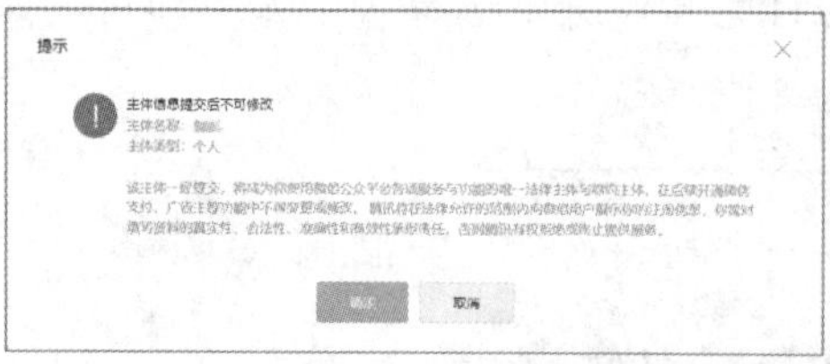

图 7-7 确认主体信息登记

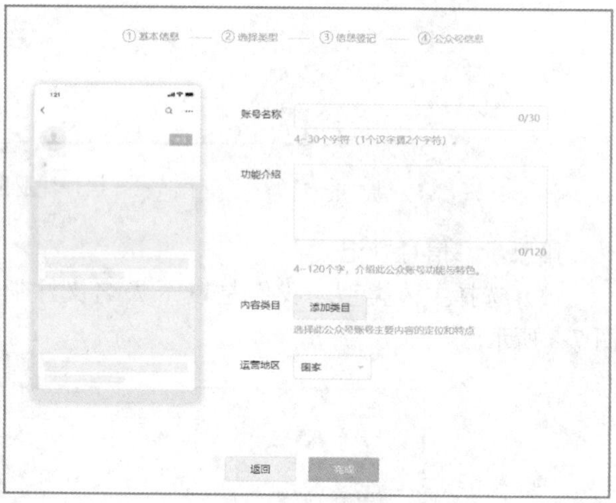

图 7-8 填写公众号信息

(1) 账号名称：就是微信公众号的名字，具有唯一性，不能和别人的重名。

(2) 功能介绍：让他人了解公众号的功能，传播的是哪类信息，可以体现自己的特色。

(3) 内容类目：支持选择 3 个类目，最好是相近的类目，垂直更容易有流量。

(4) 运营地区：按自己喜好自行填写。

单击“完成”按钮进行提交，出现“信息提交成功”提示框，就拥有了属于自己的公众号。

任务二：设计作品方案

【任务引导 1】观看案例“欢欢喜喜过大年”，思考制作微信公众平台作品需要哪些素材？

【任务引导 2】在幼儿园里，哪些主题或内容适宜制作微信公众号作品？

公众号是一种信息传播载体，只有创作优质的原创内容，才能吸引用户关注阅读。设计微信公众平台作品包括挖掘选题、确定标题、撰写内容、组织素材等。

（1）挖掘选题：公众号文章存在的意义是为用户提供有价值的信息，选题要聚焦用户，根据用户兴趣和需求进行选题。幼儿园公众号的受众主要是家长和同行，家长的需求一般为了解孩子在幼儿园的生活学习动态，学习育儿经验方法等，同行的需求一般为了解幼儿园工作动态、交流特色活动、学习先进经验等，我们可以从多方面挖掘好的选题。

（2）确定标题：标题是文章的第一印象，是吸引读者的第一步。标题应该简洁明了，突出文章的主题和亮点，包括体现文章主要内容的关键词。标题字数适宜，太多会显得累赘，太短不足以表现主题，通常控制在 32 个字以内。

（3）撰写内容：文章的整体结构一般包括引言、主体、结论三部分，引言可以吸引读者的注意力，主体部分要有逻辑性和层次性，结论部分要有总结和升华。内容表达要突出重点，让信息传达更加清晰，易于读者抓住核心内容。文字要通俗易懂，避免过于专业的术语，可以适当运用比喻、排比、对比等修辞手法增强表现力和感染力。

（4）组织素材：传统的文字阅读难以满足当今读者的需求，适当加入配图、视频、音频等多媒体素材，可以让文章更加直观生动。图片要清晰、美观，能够传达文章的主题和内容；音频、视频要清晰、短小精悍，能够增强文章的氛围感和吸引力。

除此之外，还可以利用微信公众平台的功能增强作品的互动性与持续性。如利用留言区、评论区，鼓励读者参与讨论，持续更新内容，保持与读者的联系，提高读者的阅读体验。

【任务操作】请各小组研讨选题，设计一例微信公众平台作品，填写表 7-5。

表 7-5　微信公众平台作品设计方案

选题来源	
文章标题	
文字内容	
素材列表	

任务三：编辑作品

视频 遵守微信使用规范

视频 制作并推送微信文案

【任务引导 1】微信公众平台自带的编辑器具有哪些排版功能?

【任务引导 2】常用的秀米编辑器有什么特点和优势?

【任务操作】请按照操作提示，将表 7-14 中设计的作品编辑完成。

一、利用微信公众平台编辑器

操作步骤①：创建图文信息

打开公众号后台，单击“首页”，在“新的创作”区域有很多消息类型，单击“图文信息”即可开始创作，如图 7-9 所示。

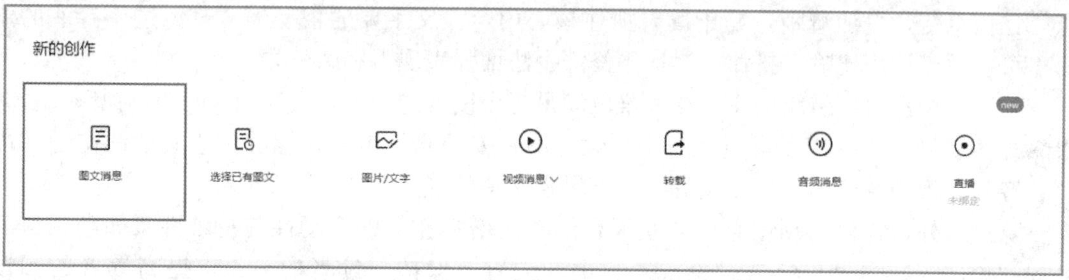

图 7-9　公众号后台“新的创作”界面

操作步骤②：设计制作文章

进入“图文信息”后，文章创作页上方可分为卡片预览区、工具区、内容创作区、文章设置区、预览发布区等 5 个区域，如图 7-10 所示。

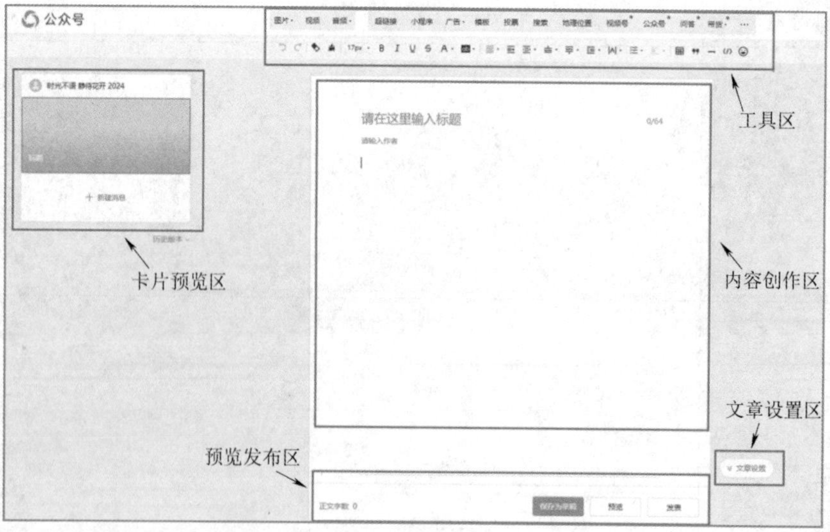

图 7-10　“图文信息”编辑界面

第一步，设置标题。在“标题”区输入标题，字数最多可输入 64 个字符。标题字号一般可以放大 18～24 px，可使用加粗、换色、重点划线等方式突出显示。也可以使用背景色、文字阴影、特殊符号和表情丰富内容。

第二步，设置作者。“作者”区可输入创作文章的作者名字，否则不能标记“原创”作品。“作者”区最多可输入 8 个字符。

第三步，编辑正文。“正文”区是进行文章内容和图片排版的主体区域，在排版设计时，需要注意以下 3 个方面：

（1）主题和颜色：选择与文章内容相匹配的背景颜色，可使用色彩搭配增强视觉效果。一般建议不要超过三种颜色，包括主色、辅色和点缀色。

（2）段落设置：段落长度一般不超过 4 行，以 2～3 行一段为宜。段落之间最好间隔一行，可以帮助文章看起来不那么密集，减少阅读压力。适当为文章两侧留白，两侧边距一般在 5～20 px。段落之间要对齐，如果段落太长，可适当添加分割线。

（3）字体设置：正文文字字号建议在 14～16 px；情感类文章适合 14 px；普通推文建议 15 px；新闻类推文建议 16 px。行距设置为 1.5～2 px，字间距在 0.5～2 px。两端对齐是常见的选择，也可以根据内容调整对齐方式，如图 7-11 所示。

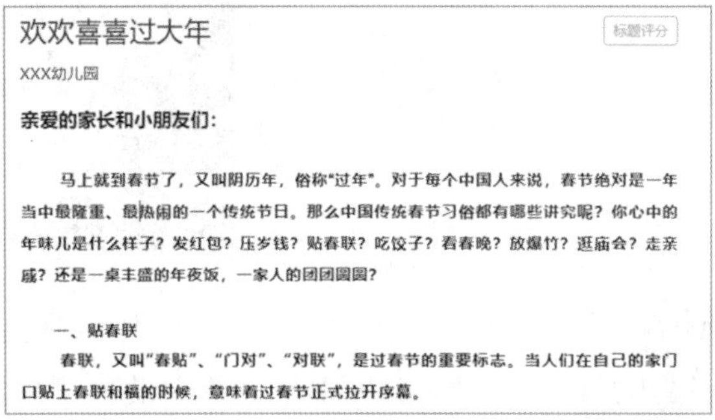

图 7-11　“正文”区文字排版

第四步，插入图片。在“工具区”→“图片”下拉菜单中有“从本地上传”和“从图片库选择”两种图片插入方式。新注册用户的图片素材库中是没有图片内容的，需要用户通过“上传文件”自行添加。图片大小不超过 10 MB，插入文中的图片底部会自动开启水印，水印内容一般是自己微信公众号的名称，如图 7-12、图 7-13 所示。

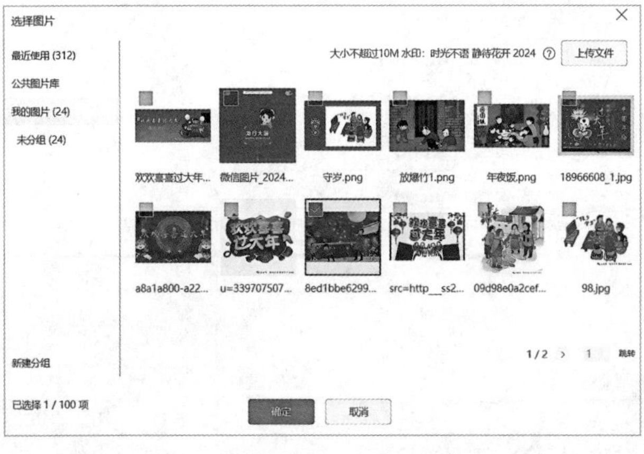

图 7-12　“插入图片”对话框

图 7-13　插入图片后的效果

一篇文章既会有封面和插图，也会有动态图或静态图。每张图片的大小和色调都会影响文章的外观。图片要与文章内容息息相关，增强视觉效果和辅助理解。图片尺寸应符合微信公众号规定，通常建议 900×500 像素。

第五步， 插入视频。在“工具区”单击“视频”按钮，弹出“选择视频”对话框，新注册用户的素材库中没有视频，需要用户通过“上传文件”添加。视频时长不能超过 1 h，支持主流的视频格式，如 mp4、flv 等。选择自己需要的视频，单击“确定”按钮即可添加到文章中，如图 7-14、图 7-15 所示。

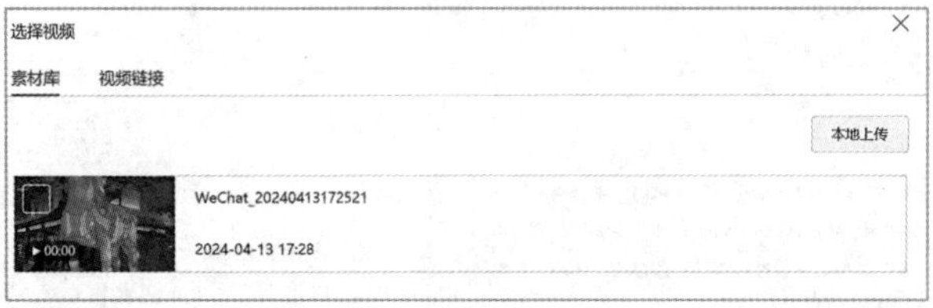

图 7-14 “选择视频”对话框

图 7-15 插入视频后的效果

第六步， 插入音频。“工具区”的“音频”下拉菜单中设有“音频”“音乐”两种类型。单击“音频”，打开“插入音频”对话框，新注册用户的音频素材库中是空的，需要用户通过“上传音频”添加，或者在“从视频号选择”对话框中搜索视频号进行添加。单击“音乐”，打开“插入音乐”对话框，在搜索栏中输入歌手或者歌名进行搜索，在搜索结果中选择需要的音乐，单击“插入”按钮即可，如图 7-16、图 7-17 所示。

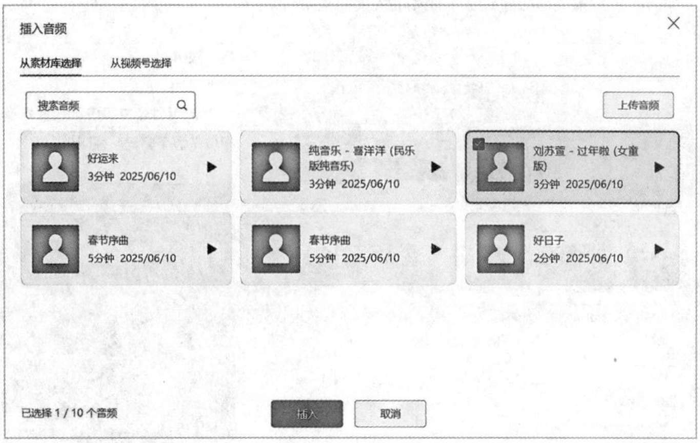

图 7-16 “插入音频”对话框

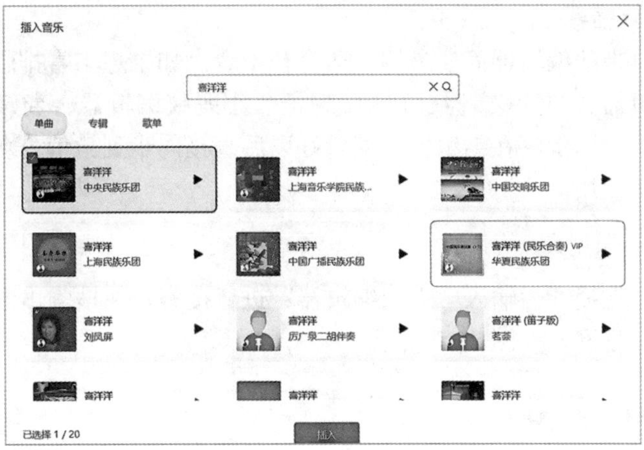

图 7-17　“插入音乐”对话框

第七步，文章设置。包括封面摘要、原创声明、打赏以及文章设置等内容。

封面和摘要：是文章的“门面”，是未进入文章正文时看到的图片和文字，设置有吸引力的图片和文字摘要至关重要，如图 7-18 所示。

图 7-18　设置封面和摘要

原创声明：自己创作的文章可以标记原创，注意在内容创作时要输入作者，否则无法标记原创。如果文章质量好，微信公众平台会进行推广。

赞赏：声明原创后才可以打开赞赏。

文章设置：主要包括原文链接、快捷私信、合集、不允许平台推荐、创作来源等。如果作品是系列文章，可以选择“合集”。

操作步骤③：预览发布

文章设置完成后，可以在左侧的“卡片预览区”预览，不符合预期效果可以调整。

【课程思政】

维护网络环境

微信公众平台传播信息要严格遵守由国家互联网信息办公室于 2017 年 9 月 7 日印发的《互联网群组信息服务管理规定》和《互联网用户公众账号信息服务管理规定》，做到尊重知识产权，尊重他人的肖像权、隐私权，不传播虚假、不实信息，维护网络安全和网络健康发展。

二、利用秀米编辑器

微信公众平台自带的编辑器简洁易用，适合初学者。如果想丰富排版效果，可借助各种编辑器，如秀米编辑器、365 编辑器、135 编辑器、小蚂蚁编辑器、壹伴插件等，很多编辑器能够与微信公众平台同步，在编辑器内编辑好以后直接同步到微信公众平台即可。这里主要介绍秀米编辑器的使用。

操作步骤①：注册用户

打开搜索引擎，在搜索栏输入“秀米编辑器”进行搜索，在搜索出的信息列表中选择并打开“秀米编辑器”官网，如图 7-19 所示。

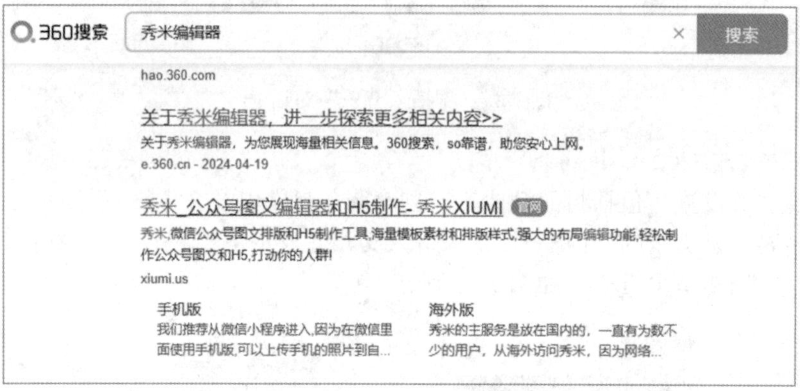

图 7-19 网站搜索“秀米编辑器”

进入官网后，单击右上角“登录”按钮，弹出登录界面，已经注册的用户直接输入用户名和密码登录即可。新用户需要注册，单击下方的“注册一个”弹出新用户注册界面，输入相关信息进行注册即可，如图 7-20、图 7-21 所示。

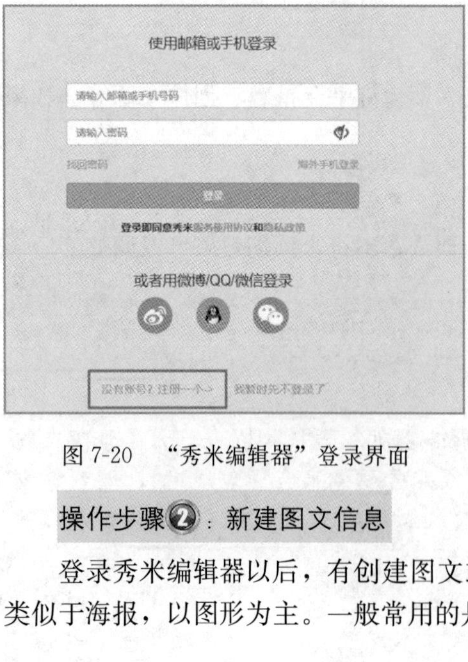

图 7-20 “秀米编辑器”登录界面

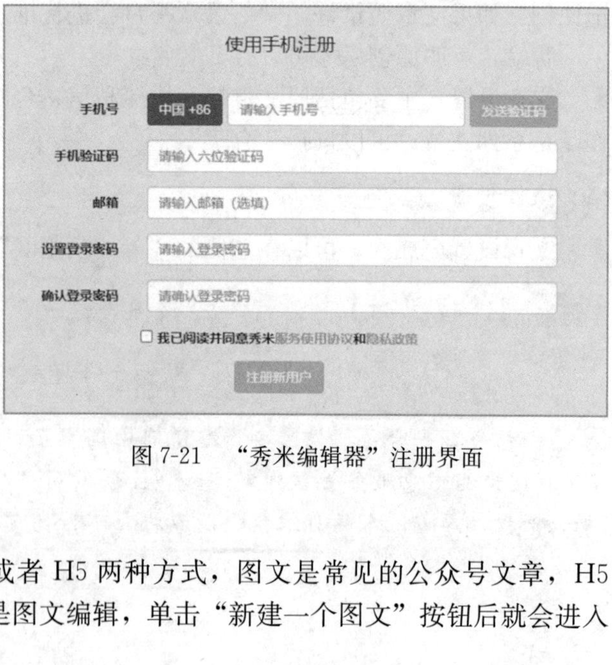

图 7-21 “秀米编辑器”注册界面

操作步骤②：新建图文信息

登录秀米编辑器以后，有创建图文或者 H5 两种方式，图文是常见的公众号文章，H5 类似于海报，以图形为主。一般常用的是图文编辑，单击“新建一个图文”按钮后就会进入

“新建图文”界面，如图 7-22 所示。

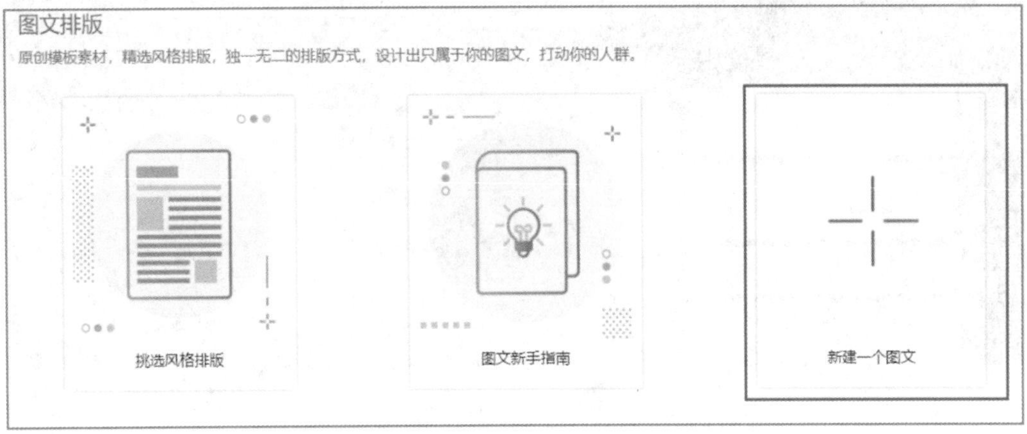

图 7-22　图文排版界面

操作步骤③：编辑图文信息

1. 添加编辑标题

选取左侧“图文模板”进入模板界面，单击上方“标题”按钮打开标题下拉选项，从软件提供的标题样式中选取适合自己的单击即可添加到文中，如果想要修订标题文字内容，选中标题中的文字更改即可，如图 7-23 所示。

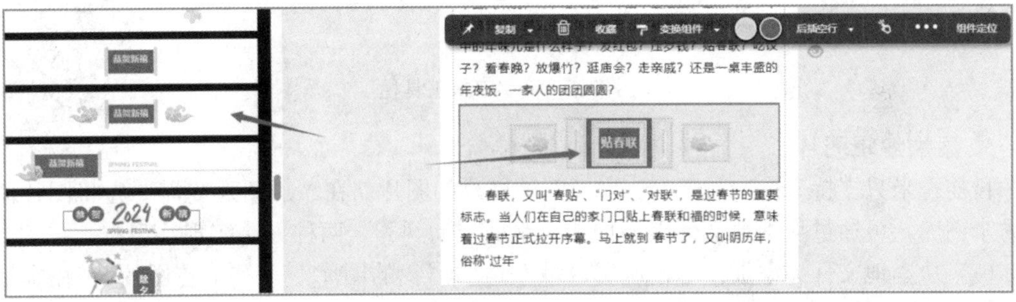

图 7-23　添加编辑标题

2. 添加编辑文字

图文编辑页面上半部分用来输入文章标题、摘要及选择文章封面图片。下方文本框输入文章正文内容。将鼠标指针定位到编辑区域的输入框里，即可输入文字，输完文字，单击编辑区域旁边的空白处即可退出输入状态。文本输入框会自动出现，如图 7-24 所示。

编辑的内容也可以通过复制粘贴、导入 Word 文档或者微信图文的方法导入，需要注意的是，复制粘贴的文本内容，秀米会默认清除掉原有的格式样式，保证在纯文本的基础上对内容进行排版。如果需要保留原有文本格式，在粘贴之前需要先取消勾选编辑区域右边“设置”中的“粘贴时清除格式”复选框。

进入编辑文字状态后，在文字输入框上方会自动弹出文字格式编辑工具，可以用来设置文本格式，如图 7-25 所示。

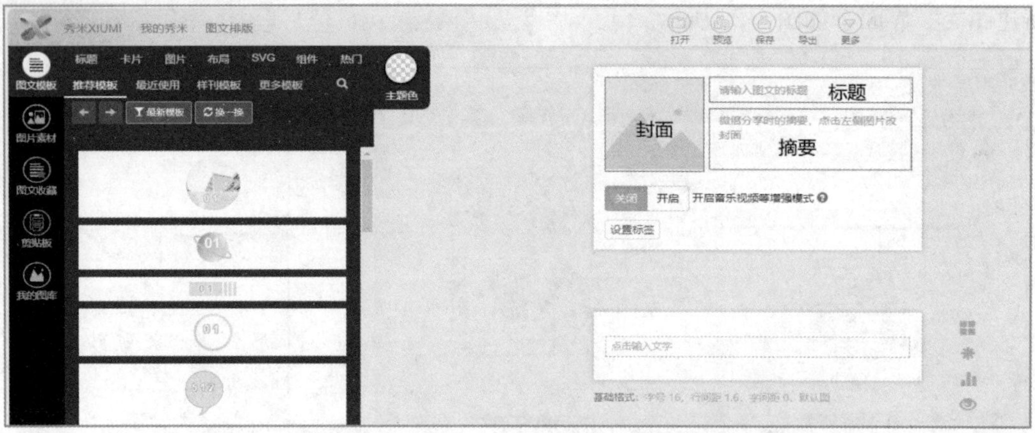

图 7-24　添加文字

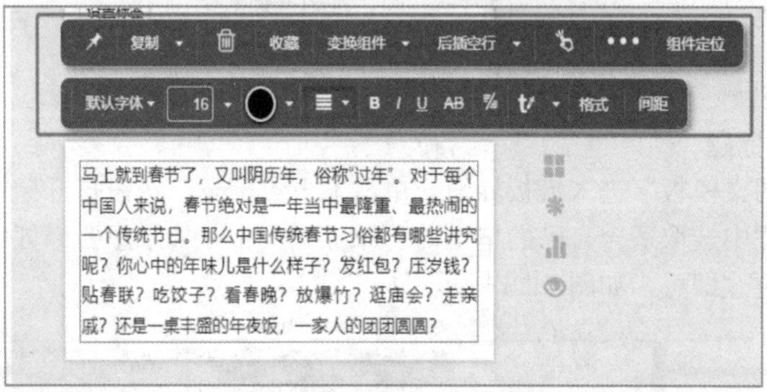

图 7-25　文字编辑工具栏

3. 添加编辑图片

目前秀米只支持 jpg、png、svg、gif 四种格式的图片。在添加图片前需要先将图片添加到秀米图库，可通过从本地文件夹添加或从桌面拖动到秀米两种方法实现。

（1）从本地文件夹添加：单击编辑区域左边的“我的图库”→“上传图片”，在本地文件夹中选择想要添加的图片，上传即可。

（2）从桌面拖动到秀米添加：直接使用鼠标拖动桌面上的图片到秀米“我的图库”编辑区域，松开鼠标即可添加到秀米图库。

在正文编辑区域，将光标定位到需要添加图片的地方，从“我的图库”找到需要添加的图片单击即可添加到文中，如图 7-26 所示。

用上述方法添加到文字中的图片通常自成一段，作为一个独立组件呈现。如果想要在文字段落里添加小图，可从“我的图库”“图片素材”里的“形状”、“插画”或“图标”图片中找到相应图片，按住【Alt+Ctrl】组合键不松手，将鼠标指针定位到文字段落里，再单击相应图片即可，如图 7-27 所示。用鼠标选中图片后拖动图片四周的锚点可调整大小。

在秀米中除了添加基础图片外，还可以通过“图文信息”→“图片”添加单图、双图、三图以及多图等，如图 7-28 所示。

图 7-26　添加图片

图 7-27　添加小图

图 7-28　添加双图

4. 设置编辑图文布局

在秀米中，图文结构除了单列布局，还可以设为左右两列组合布局、左中右三列组合布局、表格布局、上下滑动布局、左右滑动布局以及自由布局等多种形式。通过布局可将图文组合成为上下、左右等多种排版形式，呈现更加丰富的视觉效果，如图 7-29 所示。

图 7-29　添加两列组合布局

5. 添加卡片

在排版过程中，文字除了采用常见的段落格式布局之外，还可以采用卡片的形式呈现，为文字添加图片、插画、背景色等装饰，提升视觉效果，如图 7-30 所示。

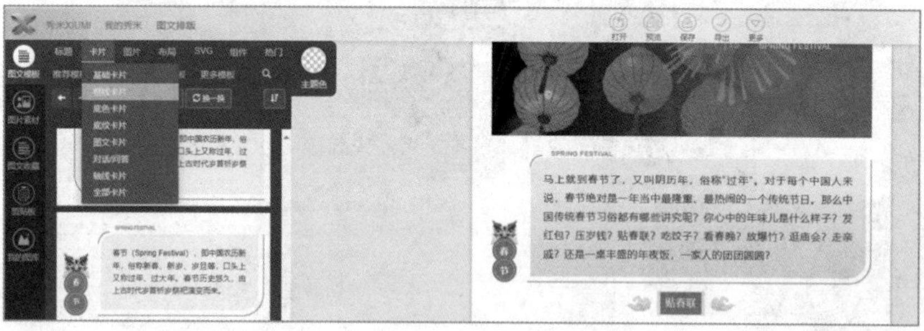

图 7-30　添加卡片

6. 设置页面背景

全文背景可设置为纯色、渐变色和图片背景。

（1）设置全文背景色：单击编辑界面右侧的“设置全文属性”按钮，弹出背景格式设置工具，单击调色板右侧下拉按钮，选取“背景色”，在弹出的“页面背景色”中，选取一个纯色或渐变色即可，如图 7-31 所示。

图 7-31　设置页面背景色

（2）设置全文背景图：单击左侧导航栏“图片素材”，进入“背景”查找适合的背景图片，单击编辑界面右侧的“设置全文属性”按钮，弹出背景格式设置工具，单击调色板右侧下拉按钮，选取“背景图”，选择背景图片，调整大小位置即可，如图 7-32 所示。

图 7-32　设置页面背景图

7. 添加音频、视频

如果文章需要推送到微信公众号，在微信公众号后台添加即可。若在秀米编辑器中添加，可在拟添加的位置留出空行，复制同步图文到公众号后台，用后台编辑器插入即可。

操作步骤④：保存预览

图文编辑过程中，可随时单击编辑区域顶部的“保存”图标保存文件，单击“预览”图标查看预览效果。图文编辑完成以后，可以在“我的秀米”页面下的“我的图文”查看、预览或再次编辑调整，如图 7-33 所示。

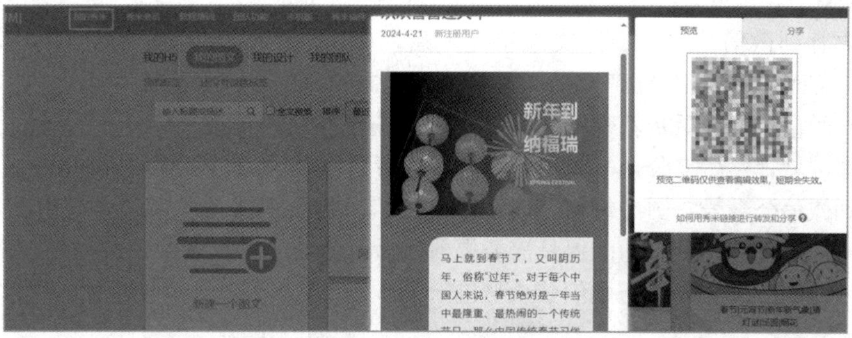

图 7-33　图文预览

【课程思政】

培养严谨的工作作风

制作微信公众平台作品需要培养严谨的工作作风，具有政治敏感意识，遵守职业规范，对文案内容、文字及符号、图片与视频认真审核把关，注重内容的真实性、规范性，共同营造安全、健康的网络环境。

任务四：发布作品

【任务引导 1】 在微信公众平台如何发布作品？

【任务引导 2】 在秀米编辑器中如何与微信公众平台同步作品？

【任务操作】 请按照操作提示，发布编辑完成的作品。

一、在微信公众平台发布作品

第一步，保存为草稿。作品编辑过程中要养成及时保存的习惯，可保存为草稿，后续从草稿箱打开继续编辑，直至作品完成。

第二步，预览。作品正式发表前要进行实体预览，在预览界面输入自己或者朋友的微信号就会在手机微信的订阅号信息里收到一条模拟链接，打开链接后可预览效果，如图 7-34 所示。此“预览”链接为临时链接，一定时间后会失效。

第三步，发表。作品核对无误后可向关注我们微信号的用户发送。特别注意的是，文章发布之后只能删除或者更改错别字，不能再次编辑，所以发布前一定要进行预览。

第四步，查看已发表文章。文章发布后，用户可以从手机微信的“订阅号列表”中看到该文章。也可以将其分享到朋友圈，扩大受众范围。

二、将秀米编辑器编辑的作品同步到微信公众号

利用秀米编辑器完成图文制作后，可将图文复制粘贴到微信公众号，也可以将图文同步到微信公众号中。

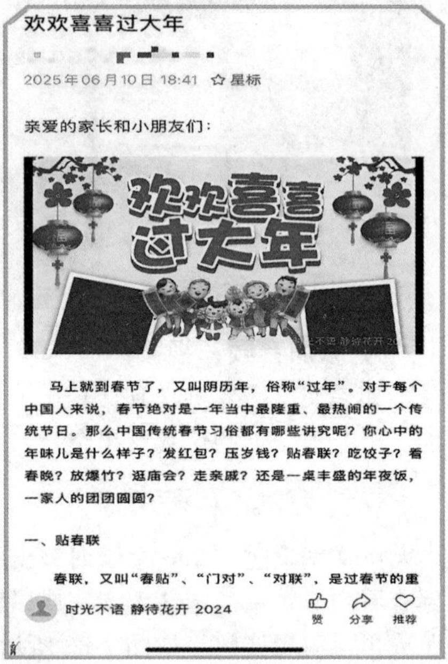

图 7-34　发送预览

复制内容到微信公众号：图文编辑完成后，单击编辑界面顶部菜单中的“导出”，选择“继续用复制粘贴”，然后使用【Ctrl＋C】组合键进行复制，在微信公众号后台新建图文素材，进入编辑界面，再按【Ctrl＋V】组合键将内容粘贴到正文区域，然后在公众平台填写标题、作者，以及添加封面等内容即可。

同步到微信公众号：图文编辑完成后，单击编辑界面顶部菜单中的“导出”，选择“同步到公众号”即可。此操作的前提是需要提前将微信公众号在秀米中进行授权，只有授权成功后，秀米编辑的图文才能与微信公众号进行同步。

【知识拓展】

微信公众平台的其他功能

1. 自动回复

当我们关注别人的公众号，对方会自动给我们发送一条欢迎消息，是因为设定了“自动回复”。我们也可以设定符合自己身份的回复功能。除了“关注回复”，还有“关键词回复”和“收到消息回复”。

2. 自定义菜单

公众号在会话界面底部设置了各式各样的自定义菜单，菜单项可按需设定，并可为其设置响应动作。用户可以通过单击菜单项，收到我们设定的响应，如自己的联系方式、过往文章合集、跳转链接等。

3. 合集标签

公众号可以创建话题，将相同主题的内容聚合为合集。公众号可以在合集内添加相同主题的内容，方便用户连续浏览，支持创建图文、视频和音频类型合集。

4. 数据

公众平台的后台含有很多不同的数据，如内容分析、用户分析、菜单分析、消息分析、接口分析、网页分析。内容分析能够看到文章的浏览量、阅读量、分享量；用户分析可看到粉丝用户的增长、总量以及属性等。多分析这些数据，看看数据趋势，有利于我们更好地改善文章内容，创作出更优质的内容。

5. 视频弹幕

弹幕是用户基于视频时间线的互动评论能力，可以在上传视频时开启，群发视频消息后即生效。用户在视频消息页面发表弹幕后，作者可以在公众号后台对弹幕进行查看、删除、优先展示等。

任务五：设计制作微信视频号作品

【任务引导】视频拍摄、剪辑有哪些注意事项？

一、申请微信视频号

第一步，打开微信，在底部导航栏找到“发现”按钮，然后单击进入。

第二步，在“发现”页面中，单击“视频号”按钮，如图 7-35 所示。

第三步，在“视频号”页面，单击右上方人头人像的图案，在跳转界面选择“发表视频”，打开“创建视频号”界面，如图 7-36 所示。

第四步，按照页面指引填写信息，包括上传个人头像、填写昵称等，勾选“我已阅读并同意《微信视频号运营规范》和《隐私说明》”，单击“创建”按钮即可创建视频号。

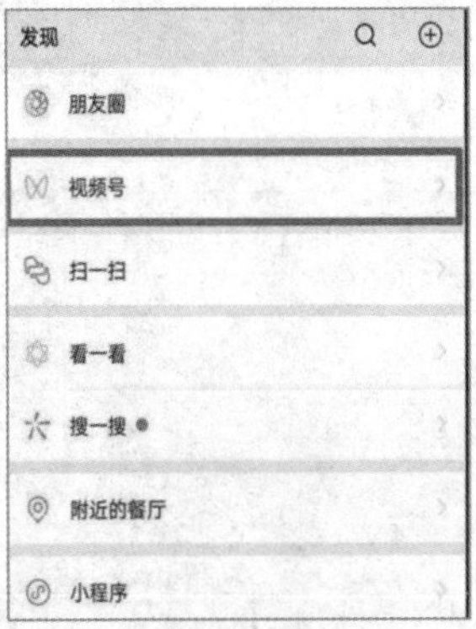

图 7-35　“发现”界面

图 7-36　“创建视频号”界面

二、制作微信视频号作品

制作视频号需要综合考虑选题和内容设计、拍摄、后期编辑、发布和推广等多项操作。

1. 选题和内容设计

制作视频号之前，需要确定主题和定位，这就需要我们深入了解目标用户的需求和兴趣点，定位自己的视频风格和方向。确定主题和定位后要重视脚本的撰写，对场景、画面、出镜人物、文字或解说、视频长度等进行详细设计。

2. 拍摄

视频拍摄需要注意以下几点：

（1）实景拍摄要选择视觉效果好的场景，有必要的光源，可以用专业的摄像机或者智能手机拍摄，保证画面清晰、稳定。

（2）同期收音要选择安静的环境，配必要的收音设备，保证声音清晰、音量适中。

（3）拍摄者要具备一定的信息素养，对画面的构图、景深和角度有一定的设计，根据不同的情况使用不同的镜头和拍摄角度来拍摄素材。

3. 后期编辑

后期编辑包括剪辑、音效、字幕等，需要注意以下几点：

（1）视频不宜过长或者过短，剪辑时长最好控制在 5 min 以内。

（2）为了提高视频的可读性，可以添加字幕和标题。字幕用于提供额外的信息或者解释画面中的内容，标题可以吸引观众的注意力并引导他们继续观看。

（3）可适当添加图片、背景音乐或者配音，以丰富视频内容，增加感染力。

（4）剪辑时要注意调整画面的节奏，对画面进行调整和修饰，使其与音乐或音效相配合，营造出更好的氛围和效果。

4. 发布和推广

发布和分享前，需要将视频压缩到合适的大小，视频太大会耗费用户流量。视频除了使用微信视频号发布以外，也可以通过朋友圈或者群聊的方式分享，还可以通过一些推广和互动活动吸引用户的关注。微信视频号发表操作流程如下：

第一步：登录微信视频号助手，使用微信扫码登录视频号主页，进入视频号后台，如图 7-37 所示。

图 7-37　微信视频号助手界面

第二步：在视频号后台单击“发表视频”按钮，进入视频信息填写界面。

第三步：按照信息提示，上传录制好的视频，填写相关信息，单击界面下方“手机预览”按钮，可使用手机微信预览；单击“发表”按钮，即可发表视频，如图 7-38 所示。

图 7-38　微信视频号信息填写界面

六、项目评价

教师组织学生展示作品，通过自评、互评、教师评相结合的方式完成评价，并将评价结果填入表 7-6。

表 7-6　“设计制作微信公众平台作品”评价表

学生姓名：　　　　　　　　　　小组名称：　　　　　　　　　　班级：

类别	标　　准	分值	得分
内容设计	1. 作品符合新闻传播规范，无意识形态问题。 2. 选题恰当，设计新颖，符合幼儿园教育教学特点，具有丰富性、科学性、艺术性	20	
技术运用	1. 排版技能熟练，图、文、视频、音频运用行当。 2. 媒体文件合成后整体完整，效果较好。 3. 具有可应用性，可用于幼儿教学或日常幼儿园活动	60	
学生素质	1. 按时完成任务。 2. 遵守课堂纪律，规范使用教学设备，爱护教学设施。 3. 学习态度积极，能有效与同学沟通合作，精神面貌好	20	
合　　计		100	

自我反思：本项目学习有哪些收获，存在哪些问题，哪些技能需要进一步夯实？
老师、同学评价：不足与改进建议 评价人： 年　月　日

七、项目延伸

微信公众平台已经成为幼儿园进行园所宣传和家校沟通的渠道。请同学们在“走园”或实习期间，协助幼儿园指导教师制作一期作品，填写表 7-7。

表 7-7　岗位（生活化）任务反馈表

学生姓名：　　　　小组名称：　　　　班级：

作品名称		应用场景	
使用了哪些操作技能			
反思与提升			
应用效果			
作品链接：			

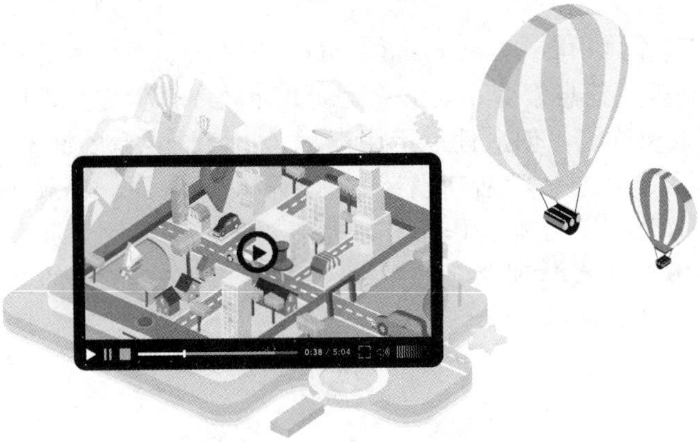

附录 A 课程标准

课程类型：专业基础必修课
课程学时：68 学时
课程学分：4 学分
适用专业：学前教育专业、早期教育专业
开设学期：第一学年

一、课程的性质与任务

（一）课程性质

本课程是学前教育专业、早期教育专业的专业基础必修课，是对传统专业教学中“计算机应用基础”“计算机与现代教育技术”两门课程进行改革，基于计算机多媒体技术在幼儿园的应用，运用工作过程系统化理念开发的学习领域课程，对幼儿园教师的现代信息技术和信息素养形成支撑。

（二）课程任务

本课程的任务是提高学习者的现代信息素养以及多媒体教学资源的开发能力，丰富幼儿园教育教学方法和手段；强化“以幼儿为本”的教育理念，提高幼儿园教师的质量意识和精益求精、追求卓越的工匠精神、创新精神，以及潜心钻研业务、踏实肯干的工作作风，促进幼儿园教师专业化发展；以高质量的教学资源开发和应用为手段，提高广大幼儿园教师、幼儿园管理者、家长等利益相关者对幼儿园信息化建设的重视程度，促进新技术与教育教学的深度融合，推进“互联网＋教育”从融合应用向创新发展转变。

二、课程的目标与要求

通过课程学习，使学习者能够熟练运用计算机、互联网获取信息，具备信息收集、识别、筛选、再加工能力，能够熟练掌握 Office、Camtasia Studio、XMind、美图秀秀等常用软件的基本知识和操作技术，提高现代信息素养；能够立足幼儿园教育教学实践，以计算机为工具，运用学前教育专业知识和技能，创造性地运用声、光、色、形等多媒体元素，设计制作高质量的主题教育网络图、主题教学活动设计方案、多媒体课件、微课、音视频作品、幼儿素质教育报告、微信公众平台推送作品等，提高教学设计和教学资源开发能力；能够深刻理解“以幼儿为本”的教学理念，培养终身学习、研究性工作的意识和习惯，提高师德修养和专业能力，学会向他人学习，学会与他人合作，树立对高质量学前教育的信念和追求。

（一）知识目标

（1）掌握幼儿园主题教育网络图开发的原则和方法。
（2）掌握幼儿园主题教学活动设计方案的编写原则和方法。
（3）掌握幼儿园多媒体课件设计的原则和方法。
（4）掌握幼儿园微课设计制作的原则和方法。
（5）掌握音视频编辑的基本方法。
（6）掌握幼儿素质教育报告的编写方法。
（7）掌握微信公众号申请的基本流程和微信宣传文案的编写方法。

（二）能力目标

（1）能够设计制作幼儿园主题教育网络图。
（2）能够设计制作科学、规范的幼儿园教学活动设计方案。
（3）能够设计制作适宜幼儿园主题教学的多媒体课件。
（4）能够设计制作适宜幼儿教学和幼儿自主学习的微课。
（5）能够设计制作适用于幼儿教学、节庆活动、家园沟通等的音视频作品。
（6）能够设计制作幼儿素质教育报告。
（7）能够运营微信公众平台并设计制作微信宣传作品。

（三）素质目标

（1）贯彻党的教育方针，坚定理想信念，践行社会主义核心价值观，弘扬中华传统美德，增强传承中华优秀传统文化的意识。

（2）牢固树立以幼儿为本的教育理念，提升师德修养，牢固掌握教师职业道德规范，增强专业认同和专业情感。

（3）增强踏实工作、诚实守信、吃苦耐劳的劳动习惯和劳动精神。

（4）增强质量意识、创新意识，培养批判性思维、联想思维和创新思维，激发想像力和创造力，培养精益求精、追求卓越的职业精神，树立对高质量学前教育的信念和追求。

（5）深刻理解国家加快教育现代化、建设教育强国的政策及要求，理解幼儿园推进“互联网＋教育”及教育技术与教育教学融合发展的重要意义，培养获取信息和运用多媒体技术的能力，自觉持续提升信息素养。

（6）增强团队合作精神，提高沟通交流、合作学习、互助协作的能力。

(7) 培养终身学习、研究性工作、反思改进的意识和习惯，掌握学前教育改革发展动态。

三、课程的结构与内容

(一) 课程结构

立足于现代信息技术与教育教学的深度融合与创新发展，基于 OBE 成果导向教育理念，以高水平教学资源开发为目的，以高质量幼儿园多媒体作品的设计与制作为驱动，依据幼儿园现代教育技术应用的典型工作任务分析，将幼儿园教师应用计算机与现代信息技术的 7 个典型工作任务转换为 7 个学习项目，构成本课程的 7 个教学模块，见附表 1。

附表 1　“幼儿园多媒体作品设计与制作”课程结构

内容模块	学习项目	学习任务	学时分配
项目一	设计制作主题教育网络图	1. 确定主题教育网络图设计方案。 2. 下载安装 X-Mind 思维导图制作软件。 3. 设计制作网络图框架结构。 4. 添加控件。 5. 美化格式并输出作品	4
项目二	设计制作教学活动设计方案	1. 设计教案及版面设计方案。 2. 制作教案封面。 3. 制作教案表格框架。 4. 图文混排。 5. 设置页面格式	12
项目三	设计制作多媒体课件	1. 设计多媒体课件开发方案。 2. 制作课件整体框架。 3. 收集处理素材。 4. 添加多媒体元素。 5. 优化输出课件	12
项目四	设计制作微课	1. 设计编写微课脚本。 2. 下载安装微课制作软件。 3. 设计与制作动画式微课。 4. 设计与制作交互式微课。 5. 设计与制作录屏式微课。 6. 微课的整体优化	12
项目五	设计制作音视频作品	—	12
项目六	设计制作幼儿素质教育报告	1. 设计幼儿数据管理方案。 2. 制作班级成绩单。 3. 制作素质教育报告单。 4. 制作幼儿素质分析图表	8

续表

内容模块	学 习 项 目	学 习 任 务	学时分配
项目七	设计制作微信公众平台作品	1. 申请注册微信公众平台账号。 2. 设计作品方案。 3. 编辑作品。 4. 发布作品。 5. 设计制作微信视频号作品	4
		综合考核	4
		合 计	68

（二）课程内容

项目一：设计制作主题教育网络图

（1）主要教学内容：新建、打开、保存 XMind 文件；添加、插入、删除主题与子主题；超链接、附件、编号、图标、概要、标签、备注、图片、外框、联系等控件操作；美化画布、主题；导出文件。

（2）重点与难点：教学重点为主题、控件、文件操作；教学难点为学生发散思维欠佳，难以围绕中心主题开发出完整的网络图主体框架，审美能力不足，主题与控件的布局和配色方案美观程度不足。

（3）学习要求：本项目学习结束后，基本要求是学生能够开发出一件不少于三级主题，十项控件应用全面的网络图作品；较高要求是作品布局合理、格式美观，与幼儿园教育教学实际相符。

项目二：设计制作教学活动设计方案

（1）主要教学内容：新建、打开、保存文档；录入、复制、移动、删除、查找与替换文本；设置文本与段落格式；插入与编辑艺术字、文本框；创建表格与设置表格格式；插入、删除、合并、拆分单元格与设置单元格格式；设置项目符号、编号、边框、底纹；插入与编辑图片、形状；设置页面格式与打印文档。

（2）重点与难点：教学重点为文本基本操作与设置文本、段落格式，表格、单元格基本操作与格式设置，图文混排与页面排版；教学难点为学生对图文混排技术和页面整体排版掌握不熟练。

（3）学习要求：本项目学习结束后，基本要求是学生能够制作完成一件图、文、表并茂的教案作品；较高要求是作品排版合理美观，与幼儿园教育教学实际相符。

项目三：设计制作多媒体课件

（1）主要教学内容：新建、打开、保存演示文稿；编辑幻灯片母板、模板、版式；插入与编辑文本、图片、图表、音频、视频；收集与处理图片素材；设置动画、超链接、幻灯片切换方式、放映方式；录制旁白与生成视频课件。

（2）重点与难点：教学重点为幻灯片模板与版式操作，插入与编辑幻灯片对象，设置动画、超链接、幻灯片切换方式、放映方式；教学难点为学生的设计和审美能力不足，幻灯片对象的布局、配色方案掌握欠佳。

（3）学习要求：本项目学习结束后，基本要求是学生能够设计制作一件与教案相对应的多媒体课件作品；较高要求是作品教学环节完整，版面布局合理美观，素材运用符合幼儿实际。

项目四：设计制作微课

(1) 主要教学内容：编写微课脚本；下载安装动画制作软件和录屏软件；动画制作软件操作技术：插入模板、场景、角色、道具、图片、音乐、视频、特效，为角色设置动作，设置旁白、互动触发功能，制作选择题、连线题等；录屏软件操作技术：插入片头、片尾、标注、音乐、转场效果，设置录制选项与屏幕录制。

(2) 重点与难点：教学重点为设计制作动画式微课、交互式微课、录屏式微课；教学难点为学生的应用能力不足，难以运用技术制作完整的微课作品。

(3) 学习要求：本项目学习结束后，基本要求是学生能够熟练掌握动画制作软件和录屏软件的操作技术，能制作一个微课片段；较高要求是学生能够编写一件完整的脚本，制作完成一件完整的微课作品。

项目五：设计制作音视频作品

(1) 主要教学内容：编写音视频作品开发方案；下载安装制作软件；素材的收集、整理、筛选、美化、转化为同一格式；素材编辑技术，如导入、剪切、拼接、调整时长和内容、整理形成故事线；作品编辑技术，如添加特效、动画、音效、背景、字幕及调色；打包输出作品。

(2) 重点与难点：教学重点为素材编辑技术和作品编辑设计；教学难点为音视频作品的方案和风格设计，决定了作品能否运用图片、视频有效表达主题。

(3) 学习要求：本项目学习结束后，基本要求是学生能够熟练掌握素材编辑技术和音视频作品编辑技术，能制作一个微视频成品；较高要求是学生能够编写一件完整的脚本，制作完成一件主题和叙事完整的微视频作品。

项目六：设计制作幼儿素质教育报告

(1) 主要教学内容：创建、打开、保存 Excel 工作簿；输入各种类型的数据；设置单元格数据类型、对齐方式、字体、边框、填充等格式操作技术；利用公式和函数进行数据运算；创建、编辑、美化图表。

(2) 重点与难点：教学重点为输入数据、设置单元格格式、数据计算与图表操作；教学难点为学生对利用函数进行运算和评价掌握不熟练。

(3) 学习要求：本项目学习结束后，基本要求是学生能够熟练掌握 Excel 操作技术，能熟练完成数据计算和图表操作，制作一件完整的幼儿素质教育报告；较高要求是学生能够根据幼儿园实际进行工作表结构设计，完成实际管理工作任务。

项目七：设计制作微信公众平台作品

(1) 主要教学内容：申请微信公众账号；制作微信公众平台推送作品。

(2) 重点与难点：教学重点为制作微信公众平台推送作品；教学难点为学生对新闻传播规则理解不到位。

(3) 学习要求：本项目学习结束后，基本要求是学生能够熟练制作一期微信公众平台推送作品；较高要求是作品图文并茂，具有一定应用价值和宣传效果。

四、学生考核与评价

(一) 考核安排

考核采用形成性评价和终结性评价相结合的方式，7 个学习项目的完成情况占 60%，期末综合考核占40%。7个项目的考核以个人为单位，按照每位同学完成项目的情况计分，期末考核以小组为单位，按照小组完成的情况计分，见附表2。

附表2 考核安排

考核项目	考核内容	考核方式	分值比例
项目考核	项目一 设计制作主题教育网络图	按考核评价表计分	10%
	项目二 设计制作教学活动设计方案	按考核评价表计分	10%
	项目三 设计制作多媒体课件	按考核评价表计分	10%
	项目四 设计制作微课	按考核评价表计分	10%
	项目五 设计制作音视频作品	按考核评价表计分	10%
	项目六 设计制作幼儿素质教育报告	按考核评价表计分	5%
	项目七 设计制作微信公众平台作品	按考核评价表计分	5%
综合考核	考核内容分为4项： 1. 网络图：根据抽签确定的主题开发主题教育网络图。 2. 教案：任选一个子主题编写教案。 3. 课件：任选一个子主题制作课件。 4. 说课：展示本组作品	通过抽签，每6人结为一个小组，在2 h之内，完成网络图、教案、课件制作。每小组推选1人说课，说课时间为10 min	40%

（二）综合考核评价标准（见附表3）

附表3 综合考核评价标准

内容	评价标准		分值
主题网络图（20分）	内容	充分考虑主题教育活动的生活化、兴趣性、适宜性，符合幼儿教育和家园协同育人实际，具有丰富性、科学性及可操作性等特点	10
	技术	主题网络图制作完整，结构清晰，技能全面，整体美观	10
教案（30分）	活动目标	1. 活动目标符合《中国儿童发展纲要》和《3—6岁儿童学习与发展指南》精神，符合各领域的总目标和幼儿年龄阶段特点，切合儿童的发展水平和发展需要。 2. 具有全面性，围绕主题，难度适当，对整个活动具有导向作用。 3. 陈述简洁明了、主体统一、针对性强、具体可操作，充分体现本领域特点，能考虑到各领域间相互渗透	5
	活动准备	1. 活动前的知识储备、环境创设（墙饰布置、区域材料准备、活动材料准备、空间安排等）均符合实现教学活动目标的要求。 2. 环境材料适宜，最大程度地支持和满足幼儿学习、探索、操作活动的需要。 3. 有效利用现代化教学手段，适用、适时、适当地增加活动的实效性和趣味性	5
	活动过程	1. 过程设计结构严谨，层次清晰，各环节之间过渡自然流畅，体现循序渐进，有层次感。 2. 教学方法和活动组织形式选择适宜，能体现幼儿的主体性，为幼儿提供感知与操作的机会，安排充分的思考和探索时间。 3. 提问具有思考性、启发性、开放性特点；能预测教学活动过程可能出现的问题并能设计出相应教学活动策略。	10

续表

内容		评价标准	分值
教案（30分）	活动过程	4. 活动详略得当，重难点突破时间充分，能较好地突出重点及突破难点；教学手段设计针对性强，既适合于幼儿的认知特点，支持儿童的学习，又有利于学习目标的达成	10
	版面格式	1. 文字表述逻辑清楚，无错别字。 2. 活动设计新颖，教学方法巧妙独特，有一定创新和突破。 3. 版面格式规范，图文并茂，多媒体技术应用全面，整体美观	10
课件（30分）	科学性	取材适宜，内容配合主题和教案，科学、正确、规范，体现幼儿年龄和领域适宜性	5
	教育性	教学内容设计完整，符合幼儿园保教活动要求，结构清晰，能激发幼儿兴趣	10
	技术性	1. 课件的制作和使用满足各项技术性要求，技术全面。 2. 操作简便、快捷、流畅，结构合理，能较好地服务于保教活动	10
	艺术性	1. 结构布局合格，色彩协调，风格统一。 2. 画面设计新颖，富有童趣	5
说课（20分）	说内容	1. 能结合主题网络图、根据幼儿年龄特征和发展水平阐述内容选择的理由。 2. 能正确分析、理解教学活动内容（素材），在客观分析幼儿的发展状况和已有经验的基础上，充分挖掘教材的价值，选取适合幼儿学习的内容	5
	说目标	1. 阐述目标的具体内容并说明目标制订的理由和依据。 2. 准确把握重点和难点，说明确定重难点的理由和解决重难点的方法和策略	5
	说过程和方法	1. 能清晰说明各环节的设计与目标达成的关系。 2. 能清楚阐述主要的教学方法及选用的理由。 3. 合理设计，准确预估教学效果，措施得当，应变性强	5
	现场表现	1. 仪表大方，举止文雅，表情自然、丰富，有亲和力。 2. 语言规范，条理清楚，逻辑性强，表达流畅，有感染力。 3. 时间把握准确（超时相应扣分）	5
评分分档	思路清晰，内容丰富，技术运用得当，符合领域特点和幼儿特点		86～99
	思路较清晰，内容完整，技术熟练，基本符合领域特点和幼儿特点		71～85
	思路较清晰，内容较完整，掌握基本多媒体技术		60～70
	该项未完成		0～60

五、教学实施与保障

（一）教学团队

建议跨专业、跨学科组建教学团队，校内计算机专业教师、教育技术专业教师、学前教育专业教师以及幼儿园在职教师组成的专兼组合的“双师型”教学团队，团队职称、学历、年龄等结构合理。校内专任教师应具有高校教师资格，大学本科及以上学历，半年以上幼儿园工作经历，校外幼儿园在职教师应具有指导学生实习或在高校担任教学任务经验。在一位教师难以具有全面素质的情况下，可以采用一堂多师、合作授课方式，由校内学前教育专业教师、校外幼儿园教师负责多媒体作品方案设计的教学，由计算机专业教师、教育技术专业教师负责作品制作的教学，在作品展示与评价环节，由学前教育专业和计算机专业教师共同完成作品点评和评价任务。在项目延伸环节，由校外幼儿园教师与学生共同完成实际工作任务，以巩固教学成果。

（二）教学设施

建议主要教学环境为校内研讨型多媒体教室和计算机机房，研讨型多媒体教室用于学生研讨作品设计方案和作品展示，计算机机房用于学生完成作品制作任务。教学硬件配备计算机，教学软件配备 Windows 10 操作系统，安装 Office 2016 办公软件。

（三）教学方法与手段

1. 学习组织形式

建议采用小组学习方式，每 4～6 人结为一个学习小组，既便于学生合作学习，又是对学习者进行教研活动的训练。分组时以学生自愿结组为主，教师进行适当干预，要注意兼顾学生的学习基础、学习能力、学习态度等个体差异。

2. 教学模式

建议采用行动导向的项目式教学模式，借鉴项目式教学“资讯、计划、决策、实施、检查、评价”六步骤教学模式，采用“观摩、设计、制作、展评、创新”五环节教学模式，引导学生边学边做，学习的过程即是学生运用专业知识和多媒体技术开发作品的过程。“观摩”即获取资讯，观摩经典案例，分析幼儿园典型工作任务和作品应用场景，学习软件基础知识，明确项目任务；“设计”即根据案例分析，将多媒体技术与作品内容建立关系，研讨设计作品开发方案；“制作”即学习软件操作技术和幼儿园工作要求，实施作品开发方案，完成作品开发任务；“展评”即展示作品，通过教师评、自评、互评等多元评价，进行作品交流、反思及学业评价；“创新”即布置延伸任务，鼓励学生与幼儿园教师共同完成实际工作任务，开发高水平作品。教学流程可参照附图 1。

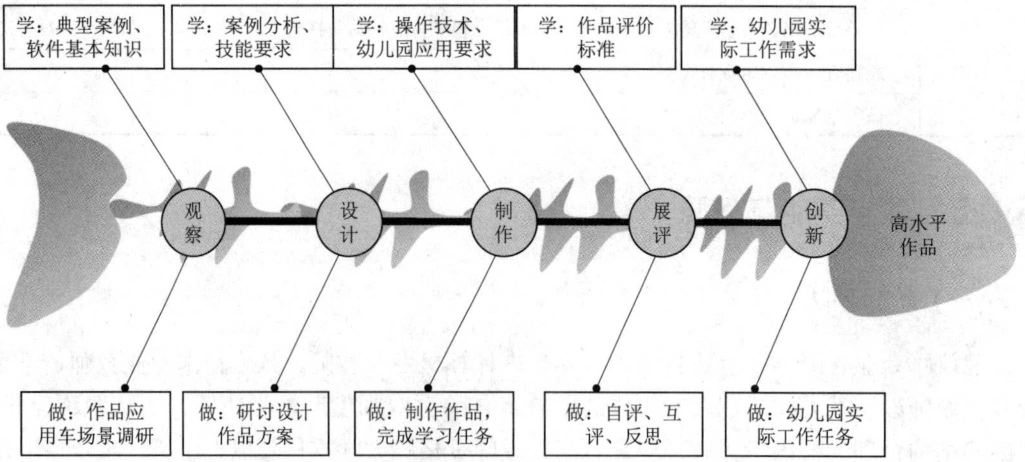

附图 1　课程教学流程

3. 教学方法

建立采用案例教学法、项目教学法、引导文教学法、任务教学法、小组合作教学法等行动导向的教学方法。

案例教学法：针对学习者普遍存在的技术会做不会用、难以开发高水平教学资源的突出问题，每个项目均开发了典型案例，用案例作品串联教学。通过观摩案例创设学习情境，通过案例分析引出知识技能点，教师以案例为载体教技术，由手把手到放开手、甩开手，学生模仿案例设计制作作品。通过观摩、模仿、创新，使学生将教育技术与幼儿教育教学深度融合，并向创新应用转化。

项目教学法：基于幼儿园实际工作任务和工作过程，依据 OBE 教育理念，以作品开发为驱动，让学员完成观摩、设计、制作、展评、创新五个环节，引导学习者经历完整工作过程，提高完成实际工作的能力，用信息技术改造传统教学，使资源开发与日常教学深度融合。

引导文教学法：教材本身就是引导文件，通过一系列任务引导学生一步步完成作品设计与制作任务，促进学生自主学习、合作探究、协同工作，将劳动精神、工匠精神、创新精神培养融入教学全过程。

任务教学法：项目分解为一系列相互关联的任务，按照工作的顺序引导学生由简入繁递进式完成任务，以学生为中心，采用任务驱动法，学生在做中学，教师在做中教，教、学、做一体，为学生提供了极大自主学习和创作空间，有利于培养学生的创新思维和创新能力。

小组合作教学法：学生分组学习、研讨、探究，使每一位学生均有效参与教学，激发学生的主观能动性。小组教学利用学生感受分工合作的工作方式和管理模式，通过组内互助、组间交流，以及组长负责制、小组成员共同计分、组间 PK 方式等方式，充分调动课堂教学氛围，提高学生学习热情，培养团队意识和协作精神。

（四）教学资源

1. 参考教材

徐爱新．幼儿园多媒体作品设计与制作［M］．3 版．北京：中国铁道出版社有限公司，2024.

2. 课程资源

中国大学 MOOC：幼儿园多媒体作品设计与制作。

智慧职教 MOOC：幼儿园多媒体作品设计与制作。

参考文献

[1] 博赞 T，博赞 B. 思维导图 [M]. 卜煜婷，译 . 北京：化学工业出版社，2015.

[2] 胡雅茹 . 思维导图：创意高手的超强思考工具 [M]. 北京：北京时代华文书局，2016.

[3] 博赞，格里菲斯 . 思维导图实践版（第 2 版）[M]. 卜煜婷，译 . 北京：化学工业出版社，2016.

[4] 曲智男 . 画出你的世界：思维导图实战手册 [M]. 北京：电子工业出版社，2013.

[5] 博赞 . 博赞儿童思维导图 [M]. 索析，译 . 上海：华东师范大学出版社，2016.

[6] 陈星云 . 儿童思维导图 [M]. 北京：九州出版社，2016.

[7] 徐爱新，左小翠，高洁 . 计算机基础应用教程 [M]. 北京：中国铁道出版社，2015.

[8] 张驰 . 录音与电脑音频编辑 Audition：Cool Edit Pro 升级版 [M]. 北京：人民邮电出版社，2008.

[9] 李金明，李金蓉 . 中文版 Photoshop CS6 完全自学教程 [M]. 北京：人民邮电出版社，2017.

[10] 新视角文化行 . Premiere Pro CC 视频编辑剪辑制作完美风暴 [M]. 北京：人民邮电出版社，2014.

[11] 唐守国 . Premiere Pro 影视编辑从新手到高手 [M]. 北京：清华大学出版社，2009.

[12] 杨毅，李梅，雷颋，等 . 幼儿园多媒体课件设计与制作微课版教程 [M]. 北京：人民邮电出版社，2017.

[13] 卢明存，丁成 . 幼儿园多媒体课件制作实用教程 [M]. 天津：南开大学出版社，2016.

[14] 蔡跃 . 职业教育活页式教材开发指导手册 [M]. 上海：华东师范大学出版社，2020.

[15] 赵志群 . 职业教育工学一体化课程开发指南 [M]. 北京：清华大学出版社，2009.

[16] 徐国庆 . 职业教育项目课程：原理与开发 [M]. 上海：华东师范大学出版社，2016.

[17] 赵红顺 . 电气控制技术实训：活页式教材 [M]. 2 版 . 北京：机械工业出版社，2019.

[18] 邓泽民，侯金柱 . 职业教育教材设计 [M]. 2 版 . 北京：中国铁道出版社，2012.

[19] 辜东莲，刘建平 . 学习领域课程工作页教材建设探索 [J]. 中国职业技术教育，2009（35）：41-42.

[20] 姜大源 . 工作过程系统化课程的结构逻辑 [J]. 教育与职业，2017（13）：5-12.

[21] 杨上影 . 微课设计与制作 [M]. 北京：高等教育出版社，2017.

[22] 刘万辉 . 微课教学设计 [M]. 北京：高等教育出版社，2015.

[23] 刘万辉 . 微课开发与制作技术 [M]. 北京：高等教育出版社，2015.

[24] 王冬雪 . 幼儿园微信公众号的开发与应用研究 [D]. 哈尔滨师范大学，2020.

[25] 林国凯 . 幼儿园微信公众号创建与优化策略 [J]. 科技世界，2021（31）：189-190.

[26] 龚栩 . 微信公众号在幼儿园中的应用刍探 [J]. 文理导航（下旬），2024（02）：16-18.